從古蹟發現歷史

卷の一：家族與人物

車克華◎著

蘭臺出版社

謹以本書敬獻給

王啓宗　教授

—— 感謝他多年來對作者治學與爲人的指導

目　次

林序　　　　　　林會承　……………　*1*

閻序　　　　　　閻亞寧　……………　*5*

清代士林潘家之發展——
　兼及北台仕紳交往之網絡關係　………………………　*1*

板橋林家三遷暨舊三落大厝之研究——
　板橋林家發跡的故事　……………………………　*105*

清代泉州舉人莊正在台活動考及其意義——
　以四方石刻史料爲文本　…………………………　*163*

清代宜蘭舉人黃纘緒生平考——
　從平民到舉人的傳奇　……………………………　*181*

新竹市蔡氏宅第門樓與蔡氏家族之發展——
　一座門樓背後的家族故事　………………………　*233*

頭城陳家新長興店舖的歷史研究——
　兼及和平老街的興衰　……………………………　*253*

金門魯王「漢影雲根」摩崖石刻新解——
　一代末路王孫的悲情　……………………………　*275*

金門「提督衙」之歷史背景——
　身經百戰、提督江南的楊華　……………………　*309*

金門將軍第的歷史研究——
　　大腳將軍盧成金的傳奇 …………………… *331*

一門三節坊的歷史研究——
　　蔡家三位節婦的辛酸標記 …………………… *367*

金門黃氏酉堂之歷史研究——
　　一位黃姓郊商的故事 …………………… *385*

跋 …………………………………………………… *427*

序

林會承 *

　　初識克華兄是在閱讀他的著作——特別是一些古蹟報告書中的歷史研究——的一段時間之後,當時我自英返台不久,正全力從事澎湖的聚落研究,希望能建構出台灣村莊聚落的解析體系,由於經常駐足於田野之間,熟悉於面對黝黑魯直的村民、熱鬧的遶境陣頭和喧囂的野台戲,因此當天即使是在學校的研究室中,克華兄不自覺地散發出來的古典學院的氣質,在我當時充滿了鄉野情境的腦海中,還是形成了強烈的對比。在此之後,我們多次在學校碰面,雖然總覺得他少了一點泥土的味道,但也逐漸感受到他對於台灣古蹟歷史寫作的執著與期待。

　　古蹟調查研究修復計畫報告書的格式源自於專業的成規,諸家作法不一,繁簡各異,但是大致上包括:歷史研究、建築研究及修復計畫三大部分。近年來,一則因計畫主持人及審查委員互動頻繁,二則因『古蹟修復工程採購辦法』的明令公布施行,報告書的體例漸趨一致,包括了:歷史考證、環境調查、建築體興修歷程、建築體調查測繪、修復計畫、經營管理等項目。無論是早期者或近期者,古蹟報告書均屬於科際整合式的研究成果,其內容涵蓋了:歷史、建築史、景園、保存

---

* 國立臺北藝術大學建築與古蹟保存研究所教授兼所長

科學、生物科學、古蹟修復、企業管理等學門,其中之歷史研究的成果為古蹟價值的認知基礎之一,因此一直是報告書中不可或缺的一部分。即使如此,由於計畫主持人所持態度的不同,其品質也有明顯的落差,其中有部分不僅視其為聊備一格者,內容更是錯誤百出,但是多數的計畫主持人則延聘歷史學者負責,論述的水準也較為整齊。若將已完成的報告書粗略地回顧,大致上可以感受到部分參與者將它視為偶一為之的短論,少數人將它視為一筆小業務,只有極少數者將它視為研究的主體之一,克華兄屬於最後者,同時也是成果最為豐碩的一位。

多次,克華兄以認真的態度提到古蹟研究具有發展成為一門學問的潛力,但是我因關注於台灣建築史及聚落分析,而不曾認真地去思考這個問題,直覺的反應是:一門獨立的學問理當擁有具體的研究對象、自成體系的研究內容,以及基本的研究議題及方法。如果古蹟研究可以發展成為一門獨立的學問,很顯然地,它應是以古蹟的「物」為中心,透過個案研究累積而成的知識體系,它的研究面向至少包括了:建築史、環境史、建築科技、工藝史、保存科學,以及因古蹟使用功能而有的家族史、經濟史、政治史、社會史等;資料的來源則以田野測繪、訪談及調查為主,而以古文書、字契及有限的史料為輔。

各種學術領域均有其研究上的特質及挑戰,從素材的構成上來比擬,這個學門的特質應該是有如一張大拼圖,目前的500多座古蹟則分別為組成整體圖像的其中一小片,每一小片在空間、時間、人物、事務等方面都有明確的範圍,但是涵蓋面都不致於很大;這項特質的優點在於每個研究對象具體而微,可以集中而深入地發掘其內所蘊含的一手資料,其次,屬於建築

空間形式及工藝科技範疇者，可透過個案的累積而歸納整理成有系統的知識，但是像：家族、經濟、政治、社會等面向的知識，雖然可以如同俗話所說的「見微知著」或「以小喻大」，但是除非擁有足夠多的典範性案例，否則容易流於片面之詞，較難窺得全貌；除此之外，古蹟研究的主要目的係配合修復工程，研究對象由各級政府視預算編列情形而決定，加上多數古蹟之歷史文化的內涵多為地方性者，因此其在學術上的價值極可能歸屬於不同層級、範疇或地域者；另外一個關鍵的問題在於：一個獨立的學門，其各個面向的知識彼此之間應有所呼應、相互為用，然而由於古蹟報告書屬於應用性研究，因此目前多數的參與者，多只觀照其所負責的部分，而未能以科際整合的態度，透過不同面向的資料比對，從而發掘出一些特定議題的意義及價值。

　　至前為止，古蹟報告書中所揭露的一手資料尚未受到應有的尊重及有效的運用，同時我們對於這張「大拼圖」最終的顯影還是無法掌握，即使如此，克華兄基於其史學的敏感度所提出的學術期待，以及他對於古蹟研究的用心仍是值得肯定的。

　　最近克華兄將他在過去十幾年內完成的古蹟歷史論論文11篇重新加以編排及出版，以作為實踐他所構思的「古蹟史」的第一步。我個人一方面為他感到高興，另方面也很榮幸有機會針對他表達一點不成熟的想法，更期待他的理想得以早實現，讓台灣史的內涵更為堅實及豐厚。

序

閻亞寧 *

　　因著時代背景的影響,早期對臺灣的相關研究,多以大中國的立場出發,各種闡述或解釋的觀點,不能以平衡的角度深入研究;是一種不正常狀態下的常態現象。

　　受到釣魚台、退出聯合國等事件的影響,民國六十年前後,臺灣的社會產生了極大的變化;諸多文學、音樂、戲劇、電影、民俗以至建築文化領域的工作者,紛紛調整方向,轉以臺灣本土作為研究創作的領域,一時之間蔚為風氣並持續其影響至今。此種現象稱之為臺灣現代的文藝復興運動亦不為過。

　　民國六十二年起臺灣省文獻委員會與救國團合作,持續舉辦臺灣史蹟源流研究會,並延伸出會友年會與臺灣史蹟研究中心等。這些活動與組織對推動臺灣歷史研究及吸引年輕學子投入此一領域,當時的許多授課教師、輔導員、學員至今仍活躍在臺灣史的研究領域。

　　1982 年政府公佈了文化資產保存法,為國內文化資產的制度、研究、教育以及實質保存維護,開啓了新的局面。法定的文化資產原包括古物、古蹟、民俗藝術、民俗與有關文物以及自然文化景觀等五類,2001 年又增添了第六類的歷史建築。綜觀立法迄今的 20 年間,六類文化資產的保存工作,無疑以古蹟

---

* 中國技術學院建築系副教授

的表現最為突出。古蹟本身看的見摸的著，蘊涵的文化積澱深厚，但也早已和常民生活相互結合，成為社會的一部分。古蹟保存運動，可以和民眾的歷史紀錄與空間經驗結合，透過實質修復，更可以作為社群間的再凝聚力量。

除了考古遺址的專業以外，既往古蹟保存的研究主力，基本上由建築和歷史兩方面的專業者組成。七十年代的年輕學子，到了八十年代文資法公佈，需要研究人手時，已有頗多工作的經驗，正可以積極投入這股新的脈動，而成為其中引領風騷的人物。

臺灣的古蹟和臺灣的歷史，緊密扣合，兩者不可分。古蹟的歷史研究所得除了是依法修復的重要依據外，也是臺灣史研究中的重要一環；除了基本的學術研究性質，更兼有積極的社會實用性。進行古蹟的歷史研究，需要史學基本的文獻、田野、考證等論述功力外；更困難的是必須將研究建物與空間相互結合，由選址開始，一直到興築背景、形式規模及變遷等，都需經由史學的研究與建築的參校排比，才得以逐步釐清古蹟的空間生命史，並據以作為各種研判與實質修復的重要參考。

九十年代起臺灣史研究，無疑的是歷史學門中的顯學，但同時間能堅持投身於古蹟歷史，且有新意的研究者卻不多；很可能是工作浩繁重點難尋，以及不耐綿密的審查機制所致。近年臺灣史研究領域論述雖豐，但真切的將古蹟的歷史研究所得與實質空間修復接軌，並不多見。

古蹟的歷史，基本上多圍繞著人、事、時、地、物，這幾個因子互動，然多因「史料蒐羅不易復以老成凋零」，憑藉有限的志書和文獻極力爬梳，很可能事倍功半，難以突破前人研

究。此時敏銳的觀察力,豐富的想像力以及嚴謹的組織力,就成為十分重要的研究突破關鍵了。

　　克華兄長時間治臺灣史,近十餘年的主要論述並與古蹟研究結合,看似陳舊的題材,每經他梳理突顯新意,先進學者多有讚賞,並成為眾多後起者的參考典型,殊為不易。十多年來有幸與克華兄共同參詳古蹟研究課題,常見其為斟酌一二論點苦思不已,埋首史料書海中每每不能自拔,稍有突破則喜不自禁向我走告。成篇後倘有新資料出現抑或師友提示,輒不惜捨萬言之稿而重理為文,認真踏實、捨而後得的求真態度,人如其文。尤其大病之後,猶不懈怠,更令我欽服。茲值新書出版,匆匆數言,以表敬賀,兼為自我惕厲,是為序。

清代士林潘家之發展——兼及北台仕紳交往之網絡關係

壹、潘家先世、入閩與遷台

潘姓之源流,據鄭樵《通志》<氏族略三>記:「潘氏,芈姓,楚之公族,以字爲氏。潘崇之先,未詳其始。或言畢公高之子季孫食采于潘,謬矣。潘岳家風詩自可見。晉亦有潘父,恐自楚往也。漢有潘瑾,後漢有潘勉。又有破多羅式,改姓潘氏,虜姓也」。清人張澍,《姓氏尋源》卷十二<姓譜>云:「周文王之子季孫,食采于潘,因氏焉。」《廣韻》載:「畢公子季孫,食采于潘,因氏,出廣宗、河南二望。」[1]綜合上引,可知潘氏姓源當有三支:一出姬姓,乃周文王子畢公高之後,畢公高封其子季孫于潘,附庸于畢國,據說其地在今陝西省北部,子孫以采邑命氏。一支出芈姓,春秋時楚國有潘氏,以字爲氏,至於見于家傳者始祖爲潘崇,官拜楚穆王太師。一支出北方鮮卑族,後魏時,代北鮮卑有姓破多羅者,後改潘氏。不過在台灣之潘姓尚有一支源出原住民,蓋因清乾隆年間,台灣

---

[1] 以上轉引自何兆吉、曲雯編著《百家姓輩分字行》(江西人民出版社,2001年6月二刷)「潘」姓,頁二七~四八。

道台楊景素諭令土著遵清制，改漢姓，由於「潘」字有水有米有田，取潘姓者特多。

潘姓入閩始祖乃潘源節，潘殷景父子，於唐初隨玉鈐衛翊府左郎將陳元光入閩。這次陳元光率府兵入閩，是一次具有移民性質的進軍，對漢民在閩南地區的開發作用甚巨，根據近人考證統計，府兵將士與軍眷姓氏合計，可考者近九十種，其中當然有「潘」姓。這高達九十姓府兵將士及其家眷，蕃衍生息，形成唐代開發福建九龍江流域的重要力量，據地方志書及族譜的記載，今漳州各屬及台灣、東南亞各地許多姓氏居民，都是當年陳元光部屬的後裔。[2]

士林潘家由於並無族譜流傳下來，自然無法詳考出於何支，今僅能據潘師亮（字諸葛，號扶升，筆名芝蘭）于一九九九年手寫編著《我家家史》（按，無頁碼。另據潘師亮先生賜告，我家家史係根據其祖父潘迺文之手記及數年的搜集查證才編成的，由於偏重在潘元記長房之家史，故稱之為《我家家史》，不便名之為《潘家史》），以下將潘家遷閩渡台經過作一撮述：

據《我家家史》（以下簡稱我家史）記：潘源節為入閩始祖，為河南光州固始縣人，於唐高宗儀鳳二年（六六七）隨陳元光戍閩，時任府兵正校尉，嗣後隨軍討平廣寇，驅逐諸閩，開漳建治，合姓五十八氏屯於彰水之北，宅梁山下之火田村（在福建雲霄縣），寓兵於農，不料後中賊酋藍奉高計，與陳元光

---

[2] 詳見陳支平《福建六大民系》〈北方漢人入閩的歷史進程〉（福建人民出版社，2000年6月一刷）頁二七～四〇。

同赴于難。至宋高宗紹興廿年（一一五〇）追封昭德將軍，元配亦封，奉祀漳州北廟。

潘源節之後至宋光宗紹熙年間三百餘年，開枝散葉，蕃衍播遷，因族譜佚失，如何傳世不詳，僅知傳衍十四代，可考者有潘殷景、潘弼、潘存實（字鎭之）、潘嶷等人，餘不詳。唐末五代，天下大亂，王緒攻漳，潘嶷率族人避難，散居各地。現本支流派之世代，肇端自潘詒徽。

一　世：潘詒徽，字丕猷，宋光宗紹熙二年（一一九一）
　　　　避仇人，復攜家眷歸漳州龍溪，是爲漳浦始祖。
　　　　有二子。
二　世：潘武，字叔允，兄弟二人，行一，有子三人。
三　世：潘埜，字尊岳，金浦尉，宋主簿州判，行一。
四　世：潘彥玫，福房，徙居峩山許坑車田上際霞漳等地。
　　　　潘彥斌，祿房，本支派下傳第五世。
　　　　潘彥琇，壽房，徙居方田，瓜田等地。
五　世：潘世忠，大光朱處士，本支派往仁美，下傳第六
　　　　世，兄弟四人，行一。
　　　　次潘世祥，派往官田。復次潘世撫，派往栖柵。
　　　　再次潘世貴，派往筍江。
六　世：潘榮平，字德淵，元總管，行一。
七　世：潘起宗，字克系，國學士，行一。
八　世：潘利貞，兄弟三人，行二。
九　世：潘奕，兄弟五人，行五。
十　世：潘乾，居留山，行長。行二不明。

潘良，字本善，行三，居漳浦，早卒，妣帶子改嫁至深水洋。

十一世：潘朝，字溫肅，號崇盛，隨母改嫁到深水洋後，再移徙金浦石橋，為石橋始祖，妣朱氏慈敏。按《我家史》續記：潘氏堂號，原都用榮陽，閩南宗親認為南安爐內所使用的花縣較適宜。曾通知族親將堂號改為花縣，但本支派從朝公起，就使用石橋，故士林潘家自稱「閩南漳浦潘氏石橋支系」，同時「號編」輩序字勻，自第十二世起應用：「英雋開宏運、乾（清字輩）綱（光字輩）賴（迺字輩）以扶，同仁維大道，正己是先師」等字勻以區別輩分，表示昭穆倫序。

十二世：潘記（英字輩），字敦樸，妣林氏。

十三世：潘次（雋字輩），字開第，長子必達，次子光義。先後渡台從事開墾。

十四世：潘光義（開字輩），名滿興，字宜仲，號正甫，曾於雍正、乾隆間兩次來台，為遷台始祖。生於康熙三十九（一七〇〇）年九月十九日未時，卒於乾隆四十五年（一七八〇）十二月二十二日子時，享壽八十一歲。光義遷台初居今桃園八德市（昔八塊厝），潘氏族人尊稱潘光義為「福興祖」，今八德市有福興村，但不知福興村之名是否與潘光義有關，抑或居住於此故稱福興祖。光義元配吳氏衛諧，生廣生，續配吳氏德娘，生貴生。三

娶張氏換娘,生蒂生、董生、荇生。有關其三位妻室,潘家後裔相告:一說都是在大陸原籍所娶,一說張氏是在台灣才娶,又說張氏因不能忍受二吳氏欺負遂與夫一同到台灣開拓。換娘諱孝陵,雍正十一年(一七三三)十一月一日申時生,嘉慶十二年(一八〇七)正月二十四日子時卒,享年七十五歲,墳在唭哩岸草舖(埔?)綺山之陽穴喝彌勒獻肚形,坐壬向丙兼子,現遷葬在北投六號公墓。潘光義死後原厝雅埔山,至道光廿年(一八四〇)四房裔孫潘竹參歸省墳,遂將光義與元配吳衛詔櫬合葬浦東石橋社後菘雅林山,風水坐寅向申兼甲。《我家史》續載:潘光義曾受提學道蔣特舉鄉飲大賓,奏旌孝友,奉旨建坊入祠,貤贈二品(?)登仕佐郎。按此蔣學道應即是蔣允焄,或蔣元樞二人之一(以潘光義卒年考,自以蔣元樞可能性較高)。蔣允焄,字為光,號金竹,貴州貴筑人,乾隆二年(一七三七)丁巳進士,乾隆二十九年(一七六四)十二月以台灣知府護理福建分巡台灣道,三十年五月猶在任。乾隆三十四年(一七六九)由福州知府陞任福建分巡台灣兵備道,二月十一日到任,乾隆三十六年(一七七一),正月初三卸調任汀漳道。蔣元樞,字仲升,號香巖,江蘇常熟人,乾隆二十四年(一七五九)己卯舉人,乾隆四十一年(一七

七六）以台灣知府護理台灣兵備道，十二月二十九日到任，乾隆四十二年（一七七七）四月二十九日卸。張太夫人貤贈二品太孺人。

潘必達，字矢送，號正直，生於康熙三十三年（一六九四）七月四日，卒於乾隆二十八年（一七六三）九月十九日，享壽六十九歲。雍正年間曾來台，則已是三十歲以上之壯年，初居北投嘎嘮別，從事農墾，據《我家史》記：開墾土地自關渡廟前至唭哩岸山腰及嘎嘮別魚池共二百餘甲，潘必達能開墾如此多土地，顯非佃農之輩，殆為墾戶大租戶之流。後因咸豐三年（一八五三）地方械鬥，子孫先是避難至今金山鄉，再遷回今內湖昔稱「潘三（杉？）嶺水流東其地」從此分支四散。

十五世：潘董生（宏字輩），字威用，號瀛海，乾隆三十二年（一七六七）正月初三寅時生，道光五年（一八二五）十月初四日酉時卒，享壽五十有九歲。道光元年（一八二一）恩賜耆賓，例貤封登仕佐郎。妣陳氏鬧娘諱孝靜，乾隆四十一年（一七七六）五月十一日子時生，道光十八年（一八三八）四月廿二日酉時卒，享年六十四歲，貤封太孺人，乃淡水廳庠生陳耀長女，族人名之「階平堂姑」。潘董生奉母，率族人遷居忠奮庄（今石牌）。潘董生兄弟五人，行四。

長兄潘貴生（字良卿），二兄潘廣生（字乾吾），

三兄潘蒂生（字根樵），己身潘董生（字瀛海，別號用之。按此處《我家史》上下文互見矛盾，字號互顛倒。另據潘師亮見告，彼祖迺文公手記原本就是如此寫的，應該是字威用，別字用之，號瀛海。再，據神主牌位記載，長次順序顛倒，長爲廣生，次爲桂生，不是「貴生」）五弟潘荇生（字木君）。潘董生櫬無記載（再據潘師亮賜告，潘董生之墳，現在北投六號公墓，穴爲蜈蚣穴。十四世之張太夫人，與董生、其妻陳太夫人三人合葬在一起，個人亦曾與朱長曉、潘以長、吳奕德三先生前往調查。朱先生並在現場解說分析風水。），但其身後，組有祭祀公業「潘金石」，由各房輪流祭祀，潘金石祭祀公業，族人俗稱「大公」，至十六世四房又分爲「元、亨、利、貞」，每三年輪值祭祀。後再成立潘元記祭祀公業，俗稱「小公」，由十七世八房每隔七年輪值祭祀，大公有二尊牌位，小公有三尊牌位。

十六世：潘宮籌（運字輩），字策臣，出生日期無載（按，筆者據神主牌查知爲乾隆甲寅五十九年九月八日申時生，見下文），同治九年（一八七〇）正月十六日卒（按，應是咸豐丙辰六年正月十六日卒），軍功議敘從九品職銜，敕授登仕佐郎，以教學爲業，卜葬於東勢庄烘爐地。妣元配郭氏，生於嘉慶六年（一八〇一）六月十二日未時，卒

於道光十六年（一八三六）六月十五日午時，享年三十六歲，例封孺人，累封太孺人，乃淡水廳庠生郭添長女，族人稱為「聞胞姑」，卜葬於唭哩岸石頭子田，現已遷葬台北縣五股鄉天乙路天乙宮之右下方觀音山墓園。繼配呂氏，嘉慶二十一年（一八一六）十月二十七日生，日明治四十二年（一九〇九）九月初三日卯時卒，享壽九十四高齡，例封孺人，乃郡庠生鄉賓呂千長女，族人名之「掄堂姑」，一九八三年遷葬於台北市北投區十八分大慈寺左後方中正山下（即詹氏大宗祠後山）墓園。

潘宮籌兄弟四人，宮籌居長，潘金石派下元記；次宮算，亨記，字筦臣；三宮簪，利記，字筦臣；四宮箴，貞記，字竹臣。

十七世：潘永清（乾字輩），字筱江，號定民，嘉慶廿五年（一八二〇）八月二十七日巳時生，同治十二年（一八七三）九月十日寅時卒，享壽五十四歲，卜葬於外雙溪潘杉嶺。清咸豐恩貢生，軍功議敘訓導。誥授奉直大夫，陞分（戶？）部員外郎，遵例捐員外加六級。潘永清生平事蹟，此下《我家史》雜抄諸報紙、雜誌、志書，蕪亂無章，此處不贅引。潘永清元配吳氏碧玉，道光四年（一八二四）十二月十二日午時生，光緒廿五年（明治卅二年，一八九九）三月十六日未時卒，享壽

七十六歲，誥封宜人，累封太宜人，與永清合塋於潘杉嶺。繼配李氏克寬，道光十六年（一八三六）七月七日辰時生。光緒十二年（一八八六）九月廿二日寅時卒，享壽五十一歲，卜葬於潘杉嶺潘永清墳後不遠處。《我家史》續載：潘金石祭祀公業元記八房：潘永清（行一）字筱江。景清（行二）字懷江。秉清（行三）字樅江。鼎清（行四）清貢生，曾任戶部宣課司大使。盛清（行五），字涵江，欽加五品銜貢生，慈誠宮興建總董事，光緒五年（一八七九）元月建台北府時參與監督工事，完成永清在世之企業，也開設怡昌商行，取得掃把標記之英國石油台灣總代理，獻身公益，義行遠播，與板橋林國芳、大龍峒港仔墘陳維藩三人，時人譽之為「三粒五」（因三人在家族中都排行第五）。成清（行六）字魁江，號樵岡，光緒元年（一八七五）乙亥恩科舉人，候補浙江府正堂，劉銘傳曾委辦金山採金局事務，欽加四品銜內閣中書，善書法。應清（行七）字曉江。慶清（行八）字吉江，台北府城建城董事。

潘金石祭祀公業元記曾於民國四十四年（一九五五）輪由廿世潘以雄一房主辦，民國六十年後，公祭時族人參加並不踴躍，建立宗祠目的固然在祭祀祖先，實具有慎終追遠，祖功宗德的意義，

且宗族透過祭祖活動，因而認識宗親，進而團結現在族人，今祭祀公祭之停頓，亦不言可喻，反映今日潘家內部之情形。幸民國九十年七月改成財團法人台北縣潘瀛海宗祠籌備處，目前由潘以長先生掌其職，正積極奔走，聯絡族人，亟盼潘家族人從此眾心協一，再振家聲，宏揚祖烈。

十八世：潘光棯（綱字輩），字雪人，號霜，咸豐二年（一八五二）八月九日巳時生，光緒廿二年（明治廿九年，一八九六）二月廿二日巳時卒，享年四十五歲，卜葬於內湖大陂湖旁，生平履歷為曾任清廣東試用巡檢，武弁統帶鎮守南嵌，例贈登仕佐郎。妣李氏珍梅，咸豐七年（一八五七）十月廿五日酉時生，昭和十六年（一九四一）十月廿八日戌時卒，弟依次為潘光柏（字殷人），光榕（過繼四房）。

十九世：潘迺文（賴字輩），字煥堂，號章，光緒三年（一八七七）八月十一日亥時生，昭和十七年（一九四二）十二月五日寅時卒，享年六十六歲，卜葬於外雙溪共有林地。弟潘迺斌。妣張氏嘌，光緒六年（一八八○）十二月十二日子時生，民國三十七年（一九四八）十一月初四日巳時卒，與迺文合葬於外雙溪共有林地，潘迺文為明治廿八年（一八九五）十月十九日芝山巖國語（日語）傳習生第一期修業，修業證書尚保存於士林國小。

嗣後因芝山巖事件，後半生隱居山仔腳山腰，含怨度日，賷恨以終。

二十世：潘以雄（行一），字世英，妣林氏玉。

潘以傑（行二），字世豪，妣曹氏滿。

潘以猛（行三），字世勇，早逝。

潘以強（行四），字世剛，妣林氏嬪嬪。

潘以廉（行五），早逝。

潘以伍（行六），字世烈，未娶。

潘以雄為《我家史》編著者潘師亮之父親，為「以」字輩，明治卅六年（一九〇三）三月初二日巳時生，昭和九年（一九三四）十月十一日卒，享壽卅二歲。以雄為芝蘭公學校第十七屆畢業，士林簡易農校畢業，於新竹糖廠任期職間，惡疾去世，身後蕭條，幸賴林玉含辛如苦，以助產為生，撫養兒女。林氏生於明治四十一年（一九〇八）十一月十九日申時，卒於民國四十七年（一九五八）四月十四日卯時，與先夫以雄合塋於外雙溪共有林地。

《我家史》所記至廿世為止，且以「潘元記」世系為主，茲略將其世系圖表以十六世為基準整理如下諸表。

潘源節 ─潘般景 ─潘弼 ┬潘存寬
　　　　　　　　　　├潘存賢　潘嶷 ─ ─ ─ ─（其後不詳，僅知緊汀九代）─潘詒徽
　　　　　　　　　　├潘存第　　　　　　　　　　　　　　　　　（漳浦開基祖）
　　　　　　　　　　├潘存寧
　　　　　　　　　　└潘存宋　表一：潘氏遷閩源流世系簡表

表二：閩南漳浦潘氏石橋支系簡表（至16世）

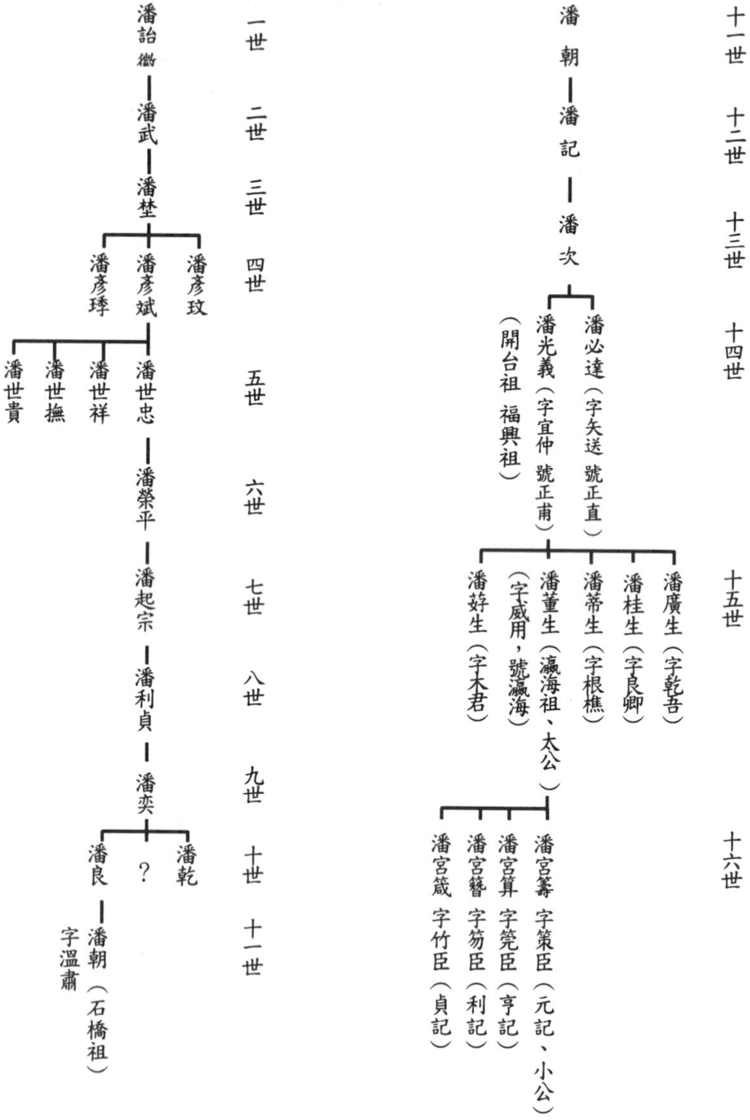

```
一世   潘詒徽 — 潘武
二世   潘武 — 潘埜
三世   潘埜 ┬ 潘彥斌
            └ 潘彥玫
            （另：潘彥璘）
四世   潘彥斌 ┬ 潘世忠
              ├ 潘世祥
              └ 潘世撫
       潘彥璘 — 潘世貴
五世   潘世忠 — 潘榮平
六世   潘榮平 — 潘起宗
七世   潘起宗 — 潘利貞
八世   潘利貞 — 潘奕
九世   潘奕 ┬ 潘良
            └ 潘乾
            （？）
十世   潘良 — 潘朝（石橋祖）
              字溫肅
十一世  潘朝 — 潘記
十二世  潘記 — 潘次
十三世  潘次 ┬ 潘必達（字矢送 號正直）
              │  （開台祖 福興祖）
              └ 潘光義（字宜仲 號正甫）
十四世  潘光義 ┬ 潘廣生（字乾吾）
                ├ 潘桂生（字良卿）
                ├ 潘蒂生（字根樵）
                ├ 潘董生（字威用，號瀛海）
                │  （瀛海祖、太公）
                └ 潘妤生（字木君）
十五世
十六世  潘董生 ┬ 潘宮籌（字策臣）（元記、小公）
                ├ 潘宮算（字筅臣）（亨記）
                ├ 潘宮饕（字笏臣）（利記）
                └ 潘宮葳（字竹臣）（貞記）
```

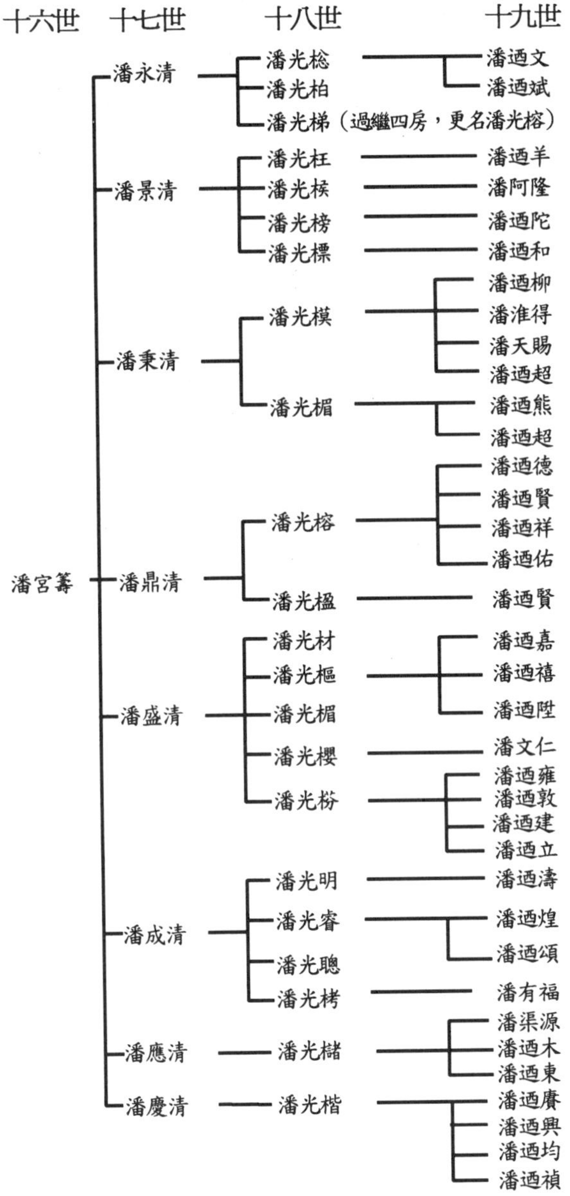

清代士林潘家之發展——兼及北台仕紳交往之網絡關係 ~13~

表三：潘元記世系圖（16世至19世）

```
十六世    十七世      十八世                    十九世
                    ┌ 潘光梣 ──────────┬ 潘迺文
           ┌ 潘永清 ┤ 潘光柏            └ 潘迺斌
           │        └ 潘光梯（過繼四房，更名潘光榕）
           │
           │        ┌ 潘光柱 ────────── 潘迺羊
           ├ 潘景清 ┤ 潘光棪 ────────── 潘阿隆
           │        │ 潘光榜 ────────── 潘迺陀
           │        └ 潘光標 ────────── 潘迺和
           │
           │                            ┌ 潘迺柳
           │        ┌ 潘光模 ───────────┤ 潘淮得
           ├ 潘秉清 ┤                   │ 潘天賜
           │        │                   └ 潘迺超
           │        │                   ┌ 潘迺熊
           │        └ 潘光楣 ───────────┴ 潘迺超
           │
           │                            ┌ 潘迺德
           │        ┌ 潘光榕 ───────────┤ 潘迺賢
           │        │                   │ 潘迺祥
  潘宮籌 ──┼ 潘鼎清 ┤                   └ 潘迺佑
           │        └ 潘光楹 ────────── 潘迺賢
           │
           │        ┌ 潘光材 ────────── 潘迺嘉
           │        │ 潘光樞 ────────── 潘迺禧
           ├ 潘盛清 ┤ 潘光楣 ────────── 潘迺陞
           │        │ 潘光櫻 ────────── 潘文仁
           │        │                   ┌ 潘迺雍
           │        └ 潘光枌 ───────────┤ 潘迺敦
           │                            │ 潘迺建
           │                            └ 潘迺立
           │
           │        ┌ 潘光明 ────────── 潘迺濤
           ├ 潘成清 ┤ 潘光睿 ────────── 潘迺煌
           │        │ 潘光聰 ────────── 潘迺頌
           │        └ 潘光桮 ────────── 潘有福
           │
           │                            ┌ 潘渠源
           ├ 潘應清 ── 潘光楷 ──────────┤ 潘迺木
           │                            └ 潘迺東
           │
           │                            ┌ 潘迺虞
           └ 潘慶清 ── 潘光楷 ──────────┤ 潘迺興
                                        │ 潘迺均
                                        └ 潘迺禎
```

貳、新店潘氏宗祠神主牌稽考

潘家家世衍傳已略如上節所敘，惟其中仍有若干不足及失實處，筆者利用民國九十一年二月九日上午，潘家在今新店市安興路六十一號三樓宗祠舉行祭祖之時，承蒙同意，將宗祠中相關神主牌位，一一請下檢視抄錄，惜「各人公媽各人栽（奉祀）」，今宗祠中眾多牌位，已被各房子孫，一一請回奉祀，僅餘下七方牌位，今以潘光義為基準，按輩份先後一一抄錄於下，並略為探討稽考：

（一）開台祖潘光義牌位

陽面：清誥贈通奉大夫，旌孝友，太學生，考光義潘府君神主／子廣生、桂生、蒂生、董生、荇生、孫劉（？）、治、籌等同奉祀。

內函：生康熙三十有九庚辰（一七〇〇）九月十九日未時／贈二品封，曾祖考名滿興，一字宜仲／號正甫，卒諱光義，行二，元配吳夫人衛話生廣生公／繼配吳夫人德娘，生桂生公／繼配張夫人換娘，生蒂、董、荇（按「／」為轉行之處，標點符號為筆者所加，以下同。）女二，壽八十一／卒乾隆四十五年庚子（一七八〇）十二月廿二日子時。

牌位陰面：公櫬原厝雅埔山，道光二十年庚子（一八四〇）四房嗣孫竹參公／西歸省墳吉涓，十一月初八日甲午日丁卯時，奉公與／元配吳太夫人櫬，合塋浦東石橋社後社，菘雅林

山／坐寅向申兼甲庚庚寅庚申分金，咸豐九年己未（一八五九）九月／曾孫永清遵例捐員外加六級，請貤贈二品封典。

（二）潘光義之妻張孝陵牌位

陽面：皇清誥贈夫人，累贈宜人，妣孝陵，潘母張太夫人神主／子蒂生、董生、荇生，長孫宮籌奉祀。

內函：（因屢試拆卸不下，無法閱讀抄錄，誠屬遺憾！）

（三）潘宮籌之父潘董生（瀛海）牌位

陽面：皇清誥贈通奉大夫／累贈奉直大夫／敕贈脩職佐郎／雍進士，考瀛海潘府君神主／子宮籌、宮算、宮簪、宮箴、孫清奉祀。

內函：生於乾隆三十二年丁亥（一七六七）正月初三日寅時／贈二品封，祖考名董生，字用之／號瀛海，諱正官／行四，配陳太夫人，生丈夫子四女／二，壽五十有九／卒於道光五年歲次乙酉（一八二五）十月初四日酉時。

（四）潘宮籌之母陳孝靜牌位

陽面：皇清誥贈夫人，累贈宜人，敕封孺人，妣孝靜潘母陳太夫人之神主／子宮籌、宮算、宮簪、宮箴。孫清奉祀。

內函：生於乾隆四十一年丙申（一七七六）五月十一日子時／祖妣陳太夫人，名鬧娘，卒諱孝靜／配先祖考瀛海公／生

子四女二,享壽六十有三齡／卒於道光十八年戊戌（一八三八）閏四月廿二日酉時。

（五）潘宮籌牌位

陽面：（由於漫漶煙燻模糊,幾無字跡可辨讀。）

牌位陰面：同治元年壬戌（一八六二）十月廿三壬寅日寅時葬大道庭山,迨／九年（一八七〇）庚午正月廿八甲午日午時圲（疑為迁字俗寫）鴻臚山。越二月初八甲／辰日辰時吉葬,並立碑,穴坐寅向申兼甲庚庚寅庚申,分／金坐尾十四度,向嘴半度,龍格合捲廉殿試,三台鼎峙,山名鴻臚,立寅申,山取鼎甲傳臚,三及第之義云。

內函：生乾隆五十九年甲寅（一七九四）九月初八辰日申時／考諱上宮下籌,字上運下謀,號上策下宸,別號上竹下壽,行一,享年六十有三／卒咸豐六年丙辰（一八五六）正月十六甲戌日甲戌時。

（六）潘宮籌之妻郭淑寶牌位

陽面：皇清誥封夫人,累封宜人,敕封孺人,妣淑寶,潘母郭太夫人之神主／子永清、景清、秉清、鼎清、盛清、成清、應清、慶清,孫,等奉祀。

內函：生於嘉慶六年歲次辛酉（一八〇一）六月十二日未時／母氏郭太夫人名瓊娘,卒諱淑寶／先考策宸公元配,生子二女四,享年三十有六齡／卒於道光十有六年丙申（一八三六）六月十五日午時。

清代士林潘家之發展——兼及北台仕紳交往之網絡關係～17～

（七）潘宮籌繼室呂順堃牌位

陽面：誥封二品夫人，潘母順堃，呂太夫人神主／男八大房奉祀。

內函：無。

（八）潘宮籌之弟潘宮簪（笏宸）牌位

陽面：清貤封奉直大夫，貢生，笏宸，潘府君神主／男漢清、淵清、澳清、淦清，孫光棣等仝奉祀。

內函：無。

（九）潘宮簪妻郭徽柔牌位

陽面：清貤封宜人，姒徽柔，潘母郭太宜人神主／男漢清、淵清、澳清、淦清暨孫等仝祀。

內函：生加（按應是嘉）慶甲戌年（十九年，一八一四）四月十六日寅時受生／母郭伴娘，壽元七十七歲／卒光緒庚寅年（十六年，一八九〇）十二月初八日未時別世（按，此牌位字跡潦草歪斜，錯別字頗多，也反映宮簪一房裔孫已失學不文）。

另，民國九十一年四月二十日上午，筆者與高雄樹德大學吳奕德教授，再度前往士林大南路潘氏老宅勘察，竟意外在後進公媽廳供桌上發現兩方神主牌位及一祭祀紙帛，一小型神龕牌位，茲將其資料，抄錄如下：

（一）潘應清牌位

　　陽面：清敕授脩職郎監生，考應清，潘七郎神主／男光櫖（光）楷奉祀（按，文字皆金粉書寫，已剝落消退，但仍可辨讀）。

　　內函：先考應清，字曉江，策宸祖考之第七子也。壽二十有八，生於道光／己酉年（二十九年，一八四九）正月二十日吉時，卒于光緒丙子年（二年，一八七六）八月二十一日□時，明治／壬寅（光緒二十八年，一九○二年）卜圲老梅莊頭圍崁仔腳山之麓，坐丁向癸兼午子分金（按，一九九四年遷葬五股觀音山麓）。

（二）謝瑞（推測或是潘應清之妻）

　　陽面：皇朝敕封宜人，妣瑞，潘母謝太宜人神主／（以下幾乎無字，無法辨讀）。

　　內函：生於道光丙午年（二十六年，一八四六）舊曆元月初一吉時／卒於大正癸亥年（十二年，一九二三）舊曆六月初三日戌時。

（三）潘光櫖（小型神龕）

　　陽面：顯考光櫖，號樵漁，潘公神主／顯妣玉涼，潘媽賴孺人神主男三大房奉祀。

（四）祭祀紙帛

清代士林潘家之發展——兼及北台仕紳交往之網絡關係～19～

顯考名成清公一位正魂／生於民國前六十七年十一月三日吉時建生／卒于民國前七年九月廿六日吉時別世。

顯妣名潘氏儀娘一位正魂／生於民國前五十五年三月四日吉時建生／卒於民國後二十四年七月二十八日吉時別世。

顯考名光睿潘公一位正魂／生於光緒庚寅年（十六年，一八九〇）七月十六日吉時建生／卒于民國戊子年（一九四八）二月二十二日辰時別世。

顯妣名潘吳氏邦甲娘一位正魂／生於光緒己丑年（十五年，一八八九）〇月〇日吉時建生／卒于民國丙子年（一九三六）四月廿九日吉時別世。

故考名迺煌潘君一位正魂／生於宣統辛亥年（三年，一九一一）三月十九日吉時建生／卒于民國丁丑年（一九三七）三月二十九日吉時別世。

故考名迺頌潘君一位正魂／生於民國乙卯年（大正四年，一九一五）十一月廿三日吉時建生／卒于民國壬辰年（一九五二）四月四日辰時別世。

顯妣名潘李氏……（以下無法辨讀）生於民國前二十三年七月二十一日／卒於民國五十六年二月六日卯時。

根據以上諸神主牌位內容，固可補足訂正《我家史》若干記載，但仍有一些問題，仍待進一步予以探討、釐清：

（一）關於開台祖潘光義部份

按楊緒賢《台灣區姓氏堂號考》記：清代潘氏族人渡海來台者，以福建漳籍居多。如「漳浦縣：雍正年間，潘必達入墾今台北市北投區，後裔移墾內湖區、台北金山。乾隆初葉，潘光義入墾今桃園八德，後裔移墾今北投。乾隆中葉，潘綱常入墾今高雄市。嘉慶年間，潘傳棟入墾今台北坪林，潘官佑入墾今宜蘭市」。[3]再據洪敏麟《台灣舊地名之沿革》記桃園縣八德市八塊厝地名：「今桃園縣八德鄉興仁、福興、瑞豐等村。在八德鄉之南部，八德台地上，海拔約二〇〇－二四〇公尺。八塊厝地方在雍正年間有客籍梅縣人吳清禮入墾，至乾隆初葉有閩籍漳州府詔安縣人呂朝金、呂蕃堂、邱理臣、邱漢明、邱日培、邱強芝及漳浦人潘光義之來墾。在乾隆十二年（一七四七）前後，在此僅有八戶人家建屋成村，故稱八塊厝。後來陸續有移民入墾，從乾隆中葉末葉之間，先後有漳籍詔安縣人…、南靖縣人…、平和縣人…、客籍汀州府永定縣人…、嘉應州鎮平人…、潮州府饒平縣人…、惠州府陸豐縣人…等人移來拓墾。至乾隆末葉，幾全墾畢，現閩籍占百分之九十二，粵籍僅占百分之八，以呂、邱為二大姓。」[4]據二書佐證《我家史》，大體可確定潘必達、光義二兄弟分別於雍正、乾隆初葉分別渡台至今關渡、八德拓墾，時潘光義約三十六歲，正是壯年有為之時，其兄潘必達若以雍正元年渡台估計，也正是三十歲青年之際。

---

[3] 楊緒賢《台灣區姓氏堂號考》（台灣省文獻會等，民國68年6月），頁二七一。

[4] 洪毓麟《台灣舊地名之沿革》第二冊（台灣省文獻委員會，民國72年6月）頁五一。

《我家史》謂必達從事墾殖,開墾土地、魚池共二百餘甲,恐非潘必達一人及身之功業,很有可能是累積數代之功,才有如此眾多土地與產業。

或許正是這個原因,潘光義可能於乾隆初葉,渡台前來投靠兄長潘必達時,發現兄長境況也未必良好,遂隻身轉往桃園八德一帶拓墾,初居八塊厝埔頭近大溪渡船頭地方。後來可能拓墾有成,生活尚稱可以才有餘力熱心鄉里公益,也可能因享高壽(八十一歲卒)在鄉頗有德望(奏旌孝友)才得以舉荐鄉飲大賓之耄耋殊榮。至於潘光義牌位上之「太學生」即國子監生,乃在國子監肄業諸生之名,亦稱太學生、國學生,雅稱上舍。監生由來有四,一曰優監,即廩、增生文行優者,於學政三年任滿,選拔入監者。二曰恩監,聖賢後裔及八旗漢文官學生考取,入監。三曰廕監,上品文武官或殉難大小文武官蔭一子入監者。四曰例監,納貲捐監,不入監肄業。例監又有二種,一為納貲求官者;另為納銀捐監,取得鄉試資格,可應鄉試。據此,則潘光義之「太學生」資格應即是納貲取得。較為奇怪者為潘光義卒後只是暫「厝雅埔山」,按厝之為義置也,厝與葬不同。葬係在地下掘一壙以埋葬。厝乃在地面上用土、水泥等掩蓋,暫置之以待葬期。待找得吉地及山向大利與適合之吉時良辰,再行落土安葬。但也有謂在地面上用水泥和土葬築一壙,上加以堅固之墓頂,可以永遠保存其骨骸,故用此厝法,

但用此法者為數極少。[5]而且從乾隆四十五年（一七八〇）十二月卒後暫厝，直至道光二十年（一八七〇）後，相距六十年才由第三代之「四房嗣孫竹參公」（按應即是潘宮箴，字竹臣，行四）西歸省墳，奉光義公與原配吳衛諳合葬，試問暫厝六十年才得以正式下葬，若僅謂尋找好風水、好時辰而耗費六十年未曾找到，最後還是回歸原鄉埋葬，未免於情理不通，殊不可解。當然，個人也不完全否定此項風水原因，因為的確有類似案例，在明清時代的福建地區曾有因過度重視風水而先寄厝再火葬，前後相隔二十五年之事例（詳見下文）。再按，潘光義三妻張換娘生於雍正十一年（一七三三），潘光義死亡於乾隆四十五年（一七八〇），時張換娘已四十八歲，在清代當時年紀可謂老年人，且生有三子，應可作主潘光義之埋葬方式，如今只是採取暫厝方式，此其中或有可能家庭中諸妻室或諸房派意見紛歧，不得不採取此暫厝方式。張換娘卒於嘉慶十二年（一八〇七），葬在唭哩岸（今北投石牌國小一帶）草舖綺山，未與其夫潘光義合葬，且其子潘董生（瀛海）率族人遷居今石牌一帶，則說明了潘家渡台第二代大約在乾隆末年離開桃園八德，移居今北投、士林一帶，嘉慶年間大有發展，所以張換娘死後才葬在石牌一帶，所以另一原因也有可能潘光義死時，因八塊厝一帶「幾全墾畢」，已達飽和無餘地可發展，家人已有計劃要搬離桃園八德至台北北投，所以塚墓才採暫厝方式，先

---

[5] 劉篁村〈淡北墳墓地雜記〉《台北文物》八卷二期（民國 48 年 6 月），頁四三。

擱置，待落腳定居確定後再行移葬。潘董生死後，留有不少資產，才會成立潘金石祭祀公業，後再分為元、亨、利、貞四派。不僅如此，潘董生之妻陳鬧娘（孝靜）極有可能即是後來大稻埕泉人領袖陳霞林之直系血親（論證見後文），董生得與陳家聯姻結秦晉之好，也正說明了其時潘家的地位聲望足與陳家匹配了。至此，吾人似可先作一簡單推論：士林潘家肇端於開台祖先潘光義，發達於第二代潘董生，大興於第四代清字輩。

（二）清代封贈制度

《我家史》及諸神主牌，常見「例封、累封、誥贈、貤贈」等字眼，這其中牽涉清代封贈制度，茲作一綜述，不一一細考。

在清代，凡九品以上文武官員，都可得到相對應的封階。如文職：正一品光祿大夫、從一品榮祿大夫、正二品資政大夫，從二品通奉大夫，正三品通議大夫，從三品中議大夫，正四品中憲大夫，從四品朝議大夫，正五品奉政大夫，從五品奉直大夫，正六品承德郎，從六品儒林郎（吏員出身的稱宣德郎），正七品文林郎（吏員出身的稱宣議郎），從七品征仕郎，正從八品修職郎、修職佐郎，正從九品登仕郎、登仕佐郎。封贈目的除顯揚本身外，還可推及父母妻室，「遂臣子顯揚之願，勵移孝作忠之風」。妻室封贈有九等，即一品夫人、二品夫人、淑人（三品）、恭人（四品）、宜人（五品）、安人（六品）、孺人（七品）、八品孺人、九品孺人。命婦稱號，僅限於嫡配正室，和嫡妻亡故之後的繼室，一般不推及妾媵等其它妻房。

至於對父母先祖的封贈，按制，官居一品者給誥命四軸，追贈三代（即推恩到曾祖父母而止）。二品、三品給誥命三軸，追贈兩代。四品、五品給誥命兩軸，推及父母及嫡妻。六品、七品給敕命兩軸，贈給父母妻子。在職官員也可請准將本身封贈加到父母、祖父母和曾祖父母的身上，如八、九品官，若其父母未獲封贈，則「皆令贈封父母焉」。七品到四品官常辭本身封贈給祖父母。二、三品官可給曾父母。若本身再進級加官，也可將新得的較高封贈轉移給長輩。如果兄弟數人同時任官，一般言，都是以官階最高的人封贈給父祖。但若父祖尚活著同在現任官，不論子孫官階多高，不得轉移，只能接受本身現任封贈。另外，所謂貤贈父母也有限制，如一品～三品官，不得貤封高祖父母，四品～七品官，不得貤贈曾祖父母。八品以下者，不得貤封祖父母。簡單地說，官位越大，貤封輩份越高，表明祖上的蔭德越加隆盛。[6] 據此，吾人可將潘氏家族封贈略為整理如下：

　　1.潘光義誥贈通奉大夫為從二品，此誥贈由來牌位背面有清楚地記載：「咸豐九年（一八五九）己未九月，曾孫永清遵例捐員外加六級，請貤贈二品封典」，可知確為捐納封贈而來。光義之妻張孝陵「誥贈夫人（二品）累贈宜人（五品）」，同樣，應亦是捐納而來。

---

[6] 郭松義、李新達等《清朝典制》（吉林文史出版社，一九九三年五月一版）第四章〈職官管理制度〉二節「世爵制度和封贈制度」，頁二八一～二八二。

2.潘董生「例貤封登仕佐郎」為從九品散階,其妻陳孝靜「貤封太孺人」此孺人應是九品孺人,由於其子潘宮籌以「軍功議敘從九品職銜,敕授登仕郎」可知董生與其妻陳孝靜之九品封誥乃因其子宮籌從九品職銜而來,非捐貲買來且是生前已封。至於陳孝靜神主牌位上之「誥贈夫人累贈宜人敕封孺人」,夫人應為二品夫人,宜人為五品,由誥贈一詞可知乃死後封典,非生前所封,按清制,五品以上用皇帝之誥命授予,稱為「誥封」,五品以下用敕命授予稱「敕封」,同理其人死後所封則稱「誥贈」。封典給官員本身的稱為「授」。陳孝靜之夫人、宜人封典顯非從諸子而來,乃從諸孫而來,其中潘盛清「欽加五品銜貢生」,潘成清曾「候補浙江府正堂」,知府為從四品,且是「欽加四品銜內閣中書」,潘永清「軍功議敘訓導(按正七品),誥授奉直大夫(從五品)陞分部員外郎(正五品),遵例捐贈員外加六級」,可知陳孝靜「宜人」散階為實至名歸,至於「二品夫人」,恐怕同潘光義一樣,乃捐納而得。

3.潘宮籌元配郭淑寶(瓊娘),神主牌上之「誥封夫人累封宜人敕封孺人」之由來同上,且是生前已封,可見清字輩諸子之顯親揚名,孝思不匱。至《我家史》所記之「例封孺人,累封太孺人」顯是不明清代典制,不知何所據?

4.其他如潘宮簪(笏宸)之「貤封奉直大夫」,及其妻郭徽柔之「貤封宜人」,同上述,茲不贅。潘宮籌繼配呂氏「例封孺人」,但呂氏死時已是日據時代之明治四十二年(一九〇九),已非清朝統治,何來封典,恐是私諡。

透過以上對潘家封典的探討，顯然可以發現潘家封典之獲得有的是從正途出身取得，也有不少是從捐納之異途取得，而且幾乎集中在渡台第四代中的清字輩時候，這正說明了此時的潘家正亟亟進入縉紳階層，也印證了個人前述的一項推論：潘家發達於潘董生一代，大興於清字輩一代。而且從乾隆初葉渡台開拓，至第四代在咸豐年間大興，前後歷經四代、百年，潘家才真正擠身縉紳階層，潘家備嘗艱辛努力，其名望地位顯然不是僥倖獲得，更非所謂暴發戶之流。其中雖有透過異途出身，刻意晉身縉紳階層的斧鑿之痕，卻也是實至名歸，潘家渡台第四代清字輩是有心的一代，真可謂潘家之跨灶兒。

參、士林潘家所參與、經理的地方公共事務

張仲禮在其名著《中國紳士－關於其在十九世紀中國社會中作用的研究》與續篇《中國紳士的收入》[7]屢屢提及晚清時代的中國縉紳階層最重要的服務是擔任朝廷官職，並負起領導地方責任，他們經理重要的地方事務，這些事務多半官府難以獨自處置，如仲裁紛爭、舉辦地方福利事業、傳授儒家學說、組織和監督公共工程，並在必要時擔負起當地的防務，這些事務，固然是縉紳效力桑梓，他們本身也代表公眾利益，並獲得官府

---

[7] 詳見（一）張仲禮著，李榮品譯《中國紳士－關於其在十九世紀中國社會中作用的研究》（上海社會科學院出版社，2002年1月四刷）與（二）氏著，費成康、王寅通譯《中國紳士的收入》（上海社會科學院出版社，2001年1月一版）二書內容。

的授權和允准,所有這些事務都處於官員和縉紳的控制之下,並且從中獲得利益「收入」,「紳士地位不僅意味著道德責任,而且是種謀生之道」。以此觀點來檢視士林潘家的發展,竟若合符節,又成了印證張氏論點的個案之一。一般而言,清代台灣的望族,所發揮的社會政治功能,不外乎:1、作為地方官吏諮詢忠告角色。2、辦理公共事務與社會福利事業。3、領導地方文教。4、領導團練自衛隊或助官平亂,也就是說這些仕紳或望族在地方社會都會運用不同的策略(strategies)來建立其支配模式(patterns of dominance),成為地方社會的領導階層。這些策略中,自然以參與地方寺廟的祭典、組織與活動為最重要,因為在清代台灣的寺廟是地方「文化權力網絡」(cultural nexus of power)的最關鍵的部分,既是領導階層支配地方社會的主要管道之一,也是展現其勢力、名望的重要公共領域(public sphere)。潘家在此諸方面的表現,十分出色,相當傑出。以下試分寺廟、建城、開圳、仲裁、文教、建街等項探討之。

一、士林新街的興建

士林區位在台北盆地北方,為北市十二個行政區中面積最大者,西連北投區,西南臨淡水河,南臨內湖區,北界台北金山鄉,東北萬里鄉、汐止鎮,因此地當台北入北投、淡水、金山、三芝要道。區內東北為山脈,以七星山為最高峰;東南有大崙山及大直諸山為界,西南一帶為河谷平原,分佈在磺溪,

雙溪下游為士林平原，基隆河、淡水河間者即社仔平原，亦得地利之便，因此漢人入墾此區頗早。

士林昔為平埔族毛少翁社、瓦笠社所棲息，原稱「八芝連林」或「八芝蘭林」，係譯自平埔族語 pattsran 音，即溫泉之意，再加其森林蒼鬱，故稱「八芝蘭林」，其後有省稱「八芝林」、「八芝蘭」或「芝蘭」之名。乾隆五年（一七四〇）本區已出現淡水保八芝蓮林莊、瓦笠莊之村落名；至乾隆二十五年，隸淡水廳淡水保，有石角莊、八芝蘭林莊、瓦笠莊、毛少翁社，另有八芝蘭林街。嘉慶年間隸屬淡水廳芝蘭一堡，迨及同治年間有芝蘭堡石角溝莊、芝蘭街、毛少翁社莊、毛少翁社，及大加臘堡社仔莊、溪洲底莊。光緒五年（一八七九）隸台北府淡水縣，有大加臘堡溪州底莊、溪沙尾莊、芝蘭一堡林口莊、員山仔莊、福德洋莊、棋林厝莊、社仔莊、州尾莊、石角莊、南雅莊、三角埔莊、東勢莊、番行仔莊、莊仔頂莊、公館地莊、菁碧莊、雙溪莊、番仔嶺莊、平頂莊、毛少翁社莊、及芝蘭二堡中州莊、溪水莊。光緒十三年隸台灣省台北府淡水縣芝蘭一堡，莊名不變、直迄乙未割台，仍如其舊。[8]

---

[8] 此段參考下列諸文改寫而成：（1）林萬傳〈士林區地名沿革〉《台北文獻》直字 77 期（臺北市文獻會，民國 75 年 9 月），頁六五〜八三。（2）洪敏麟《臺灣舊地名之沿革》第一冊（台灣省文獻會，民國 69 年 4 月），第 2 篇 2 章 11 節〈士林區〉頁二二五〜二三一。（3）盛清沂《台北縣志》卷五〈開闢志〉（台北縣文獻會，民國 49 年），第 33 章「士林鎮」，頁五〇〜五二。（4）黃得時〈台北市的疆域與沿革〉，《台北市發展史》第一冊（台北市文獻會，民國 70 年 10 月），頁一三七〜一四四。

咸豐年間，北台械鬥屢起，咸豐九年（一八五九）九月七日，漳州同安分類械鬥，「是日枋寮街火，漳同互鬥。並燒港仔嘴瓦窯、加臘仔等莊，旋而擺接，芝蘭一、二堡亦鬥，縱毀房屋。」[9]「芝蘭街」即在此次械鬥，慘遭焚燒。按，相傳雍正二年（一七二四）九月，有鄭姓漳人即在此建有十餘間茅屋式店舖，竹牆周繞，稱為「店仔街」。及雍正五年十月，又有業戶吳廷誥、曹朝招、賴玉蒼等人，增建店舖，益見繁榮，稱為「八芝蘭林街」。乾隆六年（一七四一）十月，吳廷誥、曹朝招、李應連、黃振文、張國瑞等捐獻建神農宮於街界，嗣後神農宮成街肆中心，廟前廣場變成農產品，日常消費品交易買賣之所在，宮之週遭亦形成前街（指西側街道，可通雙溪，有和尚橋通德行，在街肆被毀前，為士林最繁華地方）、後街（在前街西邊，捷運線東側）、大厝內（在神農宮後，約今中山北路五段七三一巷至七五一巷間，昔日有吳姓大厝得名）、平埔溝（宮前方福榮街）、下湖溝（宮東側）、新店仔（今文林路郭元益餅店一帶，乃繼前、後街後再形成之店舖而得名）。[10]

芝蘭街既被焚毀，事後有意重建，是時街民倡議復興，有三種意見，一在原址，一在芝山巖山麓，時縉紳潘永清力主遷地下樹林，一則「是時舊街之地點，已感不便矣。」[11] 二則建

---

[9] 陳培桂《淡水廳志》（台銀文叢第 172 種）卷十四〈祥異考〉頁三三六。
[10] 同註8。
[11] 潘光楷〈芝蘭新街移建及其他〉，《士林鎮誌》（士林鎮誌編纂委員會，民國 57 年 7 月），頁四八〇～四八二。

新市街於芝山巖，萬一泉州人再度攻來，只能退守石角，石角不守，勢必退到山邊的下東勢，會被逼入山區。[12]而且有次士林地區淹大水，經潘氏調查，發現只有下樹林一帶沒有淹水，其地勢像一只倒覆的炒菜鍋，中間高，四周低，該地座北朝南，後面即七星山、大屯山、風水極佳，遂決定中間這塊地作為後來慈誠宮建廟基地。[13]因此力主下樹林處理建設新街。按，下樹林一帶原泛指今捷運線以西，基隆河舊河道以東地點，約今仁禮、義信、智勇三里，及福文、福林二里部份之地，其地因係荒埔，樹木叢生而名，日後因建新街而繁華，於是下樹林遂成今福樹里代稱，至日據時期，日人將原稱下樹林地方劃入福德洋，而將今新佳里東半部地方劃稱下樹林，造成渾淆。不過士林在地老居民仍習慣稱福樹里地方為下樹林。[14]後略「下」字簡稱「樹林」，閩南語「樹林」之音同「士林」，「士」字易寫，字義又佳，寓有「士子如林，文風鼎盛」之意，所以後來新街被改稱為「士林街」，而成為日後士林區名之由來。

　　主意既定，眾人共襄義舉，大東街曹厝，大北街板橋林厝（即林本源家族），石角的楊厝、魏厝都願意割地出來建設新街；某張姓人士亦一馬當先欲起蓋屋宇，潘永清允諾提供建材，故張氏住家是新街最早蓋好一間，位於今慈誠宮左邊[15]，而板

---

[12] 蔣秀純〈耆老個別訪問記〉，《台北文獻》直字 77 期，頁一五～二九。
[13] 徐裕健《士林慈誠宮調查研究與修復建議》〈徐裕健建築師事務所，民國 82 年 6 月〉，頁二三與頁一〇〇～一一一。
[14] 同林萬傳前引文。
[15] 同註 12。

橋林家不僅擁有今文林路一帶田地，亦提供資金借貸，所建屋舖，先租後賣，方便鄉人。[16]新街之建，始於咸豐十年（一八六〇）庚申，庚屬金，申屬猴，乃食果金猴，遂認爲是「猴歇樹林」之吉年，更鼓舞眾志成城。計畫之初，先定路線、水溝、再劃定店舖，使新街市方正平均，整齊不紊。中央規劃爲廟址，廟前設大廣場，作爲農漁交易場所，即今士林市場部份。另外又在河邊種竹以擋風。續造碼頭渡船以利舟楫，又在街市東西開運河兩條，一頂下水擋，位於今文林北路一〇一巷道路；一下水擋，位大南路，俗稱「水棟」，既可防盜，又可供船隻進出泊停。接著又鋪造通舊街大石路及頂下水擋橋，設塚於西運河外緣等等。[17]關於新街之遷建始末，潘光楷有〈芝蘭新街移建記及其他〉詳述，茲引錄如下：

> 士林舊街，古芝蘭街也。前清中葉，此地四通八達，集散地方土產，兼販運海魚，遠自金包里、淡水、基隆，或自桃園方面，負販者肩挑來去，當時不愧爲台灣北部，物資集中地區。及至道光年間，台北商埠漸次宏開，河運之利用亦逐漸頻多，是時舊街之地點，已感不便矣。

> 咸豐九年，鄉中發生械鬥之後，街市被焚毀殆盡，是時街民倡議復興，縉紳潘永清先生力主遷地之說，得

---

[16] 蔣秀純，〈士林區耆老座談會議記錄〉，《台北文獻》直字77期，頁八～九。

[17] 張明雄〈士林城舊址調查記〉，《台北文獻》直字73期（民國74年9月），頁一八五～一八八。

多眾之贊同，立刻進行籌備，擇地於下樹林之處只（址）建設新街，即今之士林也。

永清先生，不佞之先伯父也。生平豪爽，仗義勇為。新街移建之議既成，慨然負責經始，乃先之以相地為急務，踏破芒鞋，慶獲大地主曹七合派下之同意，允個人自由租借，並獻廟地若干以作公用。

次為計畫市區，開文化之先例，先定路線，水溝，然後劃定店舖，使之方正平均，整然不紊，中央劃為廟址，廟前設大廣庭，以作內外農漁交易之所（即現在菜市場之一部）既見民房、商戶、櫛比為鄰，特設隘門，以防盜賊，又在河邊插竹，以阻風洪；造碼頭，以利舟楫；設渡船，以濟行人；並于街之東西，開鑿兩條運河，稱頂下水檔，用以防盜，用以入船（或可避風）；他如造路（通舊街大石路）鋪橋（頂下水檔橋）；以及崇神設塚等等，一切設施，盡備齊完善而後已。更因欲使街市之速成，自己負責多蓋店屋以為示範，然後勸導鄉村殷戶義務建房，不數年間，居然已成嶄新市肆，為遠近所稱揚。

雖然，就現在觀之，不過是一個舊式市街，然而在古代有此整然橫直之形式者，為台灣地方所僅見，即如現代市區改正，尤可不受摧毀之憂者，實令人追念。（下略）[18]

---

[18] 同註11。

總之,新街建設,在板橋林家出錢,士林地主捐地,潘永清、盛清兩兄弟居中策劃之下,新街建成一長方形城市,以慈誠宮為中心,四面設有街道,即今之大北路、大東路、大西路、大南路。在兩條街之交叉點皆設有隘門,北隘門座落在大北路、小西街交會點;西隘門設於小西街;東、南兩隘門設在大北路與小東路交會點。另外,新街房屋皆以丈八寬度興建,非常整齊好看,特別是各道路街角率由潘家先建,然後再獎勵他人興建。因為屋宇排列成四方整齊,加上四角落有隘門,遂讓人有種錯覺,誤以為有「士林城牆」,新街隘門後在明治四十年(一九〇七)左右拆掉,不復痕跡。[19]也因此次合作愉快順利,板橋林家與士林潘家此後相結聯盟,「板橋出錢幫助士林建築新街,士林壯丁幫助板橋守衛拓地,因此士林及板橋曾合作開闢淡水、石門、三芝等地。」[20]此即前引潘光楷宏文,指潘永清:「先生以儒者出身(恩貢生),富有建設經驗,曾與台灣大富豪林本源合作,在北部蕃山一帶,馬式督等地,(按,馬式督為馬武督地名之誤,詳見後)辦造林、製腦、撫蕃、墾田諸龐大事業,著有相當業績。又在淡水、石門、三芝等鄉,自力投資,從事墾拓,開鑿水圳三條(名成渠圳、現歸公營),延長數十里,開闢良田萬頃,利農利國。」[21]新街既成,盧舍且置,濟以設施,求其完善,人群絡續來到,潘氏「更因欲使街市之速成,自己負責多蓋店屋以為示範,然後勸導鄉村殷戶

---

[19] 同註16,前引文,頁九。
[20] 同註17,前引文,頁一八六。
[21] 同註11。

義務建房,不數年間,居然已成嶄新市肆,為遠近所稱揚。」同治十三年(一八七四)曾普查淡屬各庄人丁戶口,芝蘭保一十八庄中有關今士林地區一帶數字如下:「劍潭庄閩籍二十二戶,男三十二丁、女三十四口、幼孩十七口、幼女二十一口;角溝庄閩籍二十七戶、男三十二丁、女口(原缺)十三口、幼孩十二口、幼女十二口;芝蘭庄閩籍三十一戶,男四十二丁、女三十二口、幼孩二十一口、幼女二十三口;毛少翁社庄粵籍三十二戶,男五十二丁、女三十七口、幼孩二十六口、幼女十三口」[22]芝蘭庄應大體指今新街一帶(舊街後來雖經重建,然在同治六年再毀於地震),則男女人口計三十一戶一一八人,平均一戶約四人;加上其他庄社,合計一一二戶,男女人口四三九人(或四二九人,角溝庄女口估算為三十三口或二十三口)。以今日眼光來看,四百多人自然不算眾多,若以當年社會情況視之,當然不算少數,況週遭若干往庄社並未計入。因此市集的形成自是極自然不過的事,何況原本計畫在慈誠宮前設一大廣場,作為內外農漁交易場所,加上因河道,巷道的曲折,造成許多小空間容易吸引攤販聚集叫賣。久之,物以類聚,大東、大西兩街以肉類貨品為主、大南路為瓜果花菜、大北路為菜市、藥市、廟前是菜市、漁市。基隆河當時還有水運之利,也有從水路運載貨品到此販賣,而且基隆河那時水質乾淨,盛

---

[22] 《淡新檔案》第三冊(台灣大學,民國 84 年 10 月)第一篇行政〈民政類〉,檔案編號:一二四〇三‧四九「同治十三年分淡屬各庄人丁戶口清冊稿」,頁三四八~三五〇。

產魚蝦蚌貝,漁民通常一早出去漁撈,滿載而歸,迅轉運至此販售。因慈諴宮興建較晚,一開始大東街才是士林熱鬧的商區。

因此,總的說來,清代時期在咸豐十年興建新街以來,士林並未有如今所謂的「市場」。只是在街路兩旁,或者廟宇近旁、廣場等人潮交通往來頻繁場地,零售商人擺攤趕集在一起而已;而士林近郊農人或住家也會在深夜挑載農產品等至此處販售,或叫賣,或採買,尤其在神誕廟會時。基本上,清代時期謂的士林市場只是一個類似市集式的集貨、販賣場,並無固定的攤位,及管理機關與制度、設施,直到日據時期才有固定設施,設立市場管理。[23]

二、寺廟興建與管理

清代台灣社會,因荒蕪初闢,天災疫害頻仍,加以官府力量薄弱,兵燹械鬥屢屢,民間互助合作之風特盛,常有結社組織,多由同鄉、同族或同業組成,以共同信仰神明為中心而結合之,因而促成寺廟之興建發達。故台灣廟宇不僅是民間信仰中心,同時也成為聚落自治及行會自治之中心,兼具有自衛、自治、涉外、社交、教化、文化、娛樂等多元化之社會功能,舉凡地方之治安、產業、交通、教育、聯誼、娛樂……等等,莫不透過寺廟以推行。明乎此,實知寺廟與地方發展息息相關。換言之,台灣民間信仰的歷史,與台灣移民史、台灣開拓史是

---

[23] 關於士林新街與市場詳細始末,請參考卓克華〈士林市場歷史沿革考略〉,《台北文獻》直字139期(民國91年8月),頁一二一~一四四。

同步發展的,平行前進的。因此城鄉縉紳富戶往往首倡捐資,帶動寺廟的興建與修建,從而擔任「董事」、「首事」乙職。固然縉紳知曉運用寺廟來推進地方建設,興辦慈善公益事業,進而教化百姓,平定變亂,維持社會秩序,促進商務繁榮。另一方面不容否認,也有「炫燿性」、「鞏固性」的作用以穩定其在社會上的地位,並且可支配廟產、香火的收支。[24]明白這其中的作用,自然也可以了解潘家的介入參與士林三大古廟:惠濟宮、慈誠宮、神農宮的種種活動的原因了。

(一) 芝山岩惠濟宮

芝山岩惠濟宮之興革與漳州人在士林地區的開發息息相關。此地原為漳人黃氏放牧牛隻之私有地,乾隆十七年(一七五二)三月黃文欣慷慨捐獻,捨山獻基,推吳慶三為董事,附近漳民樂志捐貨,募集三千餘元,於同年十二月開

芝山岩惠濟宮正面全景

工,乾隆十九年四月竣工(一說乾隆二十九年,茲取上說,蓋以當時建廟情形,二年內竣工屬常情,一座小廟前後花費十二

---

[24] 詳見卓克華〈台灣寺廟對地方貢獻〉,《台北文獻》直字38期(民國65年12月),頁一八七～一九七。與陳小沖《台灣民間信仰》(鷺江出版社,1993年12月1版)一章〈台灣民間信仰的歷史淵源〉,頁一～三二。

年,有悖常理)。後可能於乾隆五十一年林爽文之變受損,五十三年吳慶三等人再度倡導重建,此時潘家開台祖潘光義尙在桃園八德奮鬥之中,自然未能介入此廟之興、修建。嘉慶八年(一八○三)因受白蟻及風害,由董事吳國鑑募集庄民修繕,今惠濟宮左側懷古園猶存有若干石柱可資佐證,其中有嘉慶癸亥年(八年)三對,敬獻者如「和邑弟子張順興敬奉」、「和邑弟子何士舉敬題」、「蘇上璟、何文玄、何振業、何門曹氏敬題」。嘉慶辛未(十六年,一八一一)年者有「信女林門曹氏敬之」、「詔邑弟子何祥興敬題」、「林成祖敬題」、「何士蘭敬題」,同壬申年(十七年,一八一二)「何宗泮題」等,可見直至嘉慶年間潘家仍未在士林地區取得地方事務領導權,亦可見士林曹家與何、林兩家通婚概況,此時仍以何姓宗族居優勢。道光五年(一八三五),該宮又因風雨破損,由董事何宗泮出面募集二千餘元重建,今懷古園有四對石柱可資證明,捐助者有「和邑弟子何正榮敬題」、「碧湖弟子楊仰峰敬題」、「眾裔孫仝立」等等,仍未見潘家蹤影。迨至道光二十年(一八四○)芝蘭士紳潘定民(即永清)在芝山巖東端建文昌宮(祠),並在此設學授業,名為芝山文昌祠義塾,且聘泉人傅人偉主持其事,此事有兩層意義:一者代表潘家於道光末年開始崛起,介入士林地區事務;二者也說明了潘家心胸開闊,並無泉、漳分類之見,肯延攬泉人負責漳人子弟的文教事業。傳說同治年間士林地區街內慈誠宮、舊街神農宮及芝山岩惠濟宮三宮事務聯合管理,並委由潘永清主持,同治十年(一八七一)惠濟宮有意修建,原由永清負責推動,尋因同治十二年永清之

去世，修建工程隨之停頓，後未能繼續，修廟工程之停頓且因此未能繼續，正反映潘永清地位之居重要性、影響性與主導性。光緒十六年（一八九〇）十二月，惠濟宮因火災受損，由董事潘盛清、林有仁、賴兼才等倡首募款，於十八年六月重建。日據時期大正六年（民國六年，一九一七）該宮又因蟻害，廟體損害嚴重，遂由主委楊錫侯、委員何慶熙、何炳奎、潘光楷、郭邦彥等合議重修，惜人事不齊，募款不足，其事未果。光復後，民國四十六年（一九五七）該宮已然破損腐朽，乃由主委潘光楷、委員林阿嬰等倡導改建，終因經費不足，僅改建部份，且以現代鋼筋水泥建材取代傳統建築，大失古貌[25]。嗣後該宮管理委員未見潘姓人名，固然代表潘家已漸漸退出士林地區之事務，也反映潘家勢力在士林已是消歇之象了。

(二) 慈誠宮

慈誠宮之前身為天后宮，於嘉慶元年（一七九六），由業戶何錦堂獻地捐建，位於今士林文林路七三一號附近，咸豐年間，台北之漳泉械鬥，芝蘭街（舊街）慘遭焚燬，天后宮亦遭波及被焚燬殆盡。咸豐八年（一八五九）因舊街被焚，街

士林慈誠宮大門

---

[25] 關於惠濟宮興建詳細沿革，見徐裕健《芝山岩隘門及惠濟宮修護規劃建議》（台北市政府民政局，民國81年9月），頁二一～四三。

民倡議重建,在潘永清力主遷地之下,得眾街民贊同,擇地於下樹林之處建設新街。在永清、盛清昆仲居中策劃,先定路線水溝,再劃店鋪規格,不數年居然形成一熱鬧街肆。新街成一方形,四面街道即今之大北路、大東路、大西路、大南路,並在中央規劃為廟址,也即今慈諴宮位置所在。光緒元年(一八七五)九月,新街的慈諴宮開始興建,由於當時潘永清已在同治十二年過世,遂由其弟盛清為興建總董事主掌其事,同時董事有潘成清、陳登元等,歷時五年,至光緒六年(一八八〇)八月告成。於是慈諴宮與前街的神農宮並稱士林街南北兩大宮。該宮自遷址新街,歷經多次整修,可怪者在歷次整修所留存之有限資料之中,卻少見到潘家參與之文獻紀錄[26],今僅知第一代委員為潘永清,第三代由潘光楷擔任。慈諴宮中有一壁碑「士林慈諴宮、神農宮兩廟方位居址,並其經歷概要」,碑文中有「開基士林新街開拓者潘永清,獻地大地主曹七合,興建總董事潘盛清,董事陳登元,潘成清,張從雲,賴兼才,吳登峰、陳國。……神農宮……改建董事潘盛清、林有仁、賴兼才,暨協力諸董事等。」另,筆者調查所知者廟中正殿前一對龍柱為潘家所捐獻,左龍柱落款「光緒參年(一八七七)丁丑仲春月穀旦／揀選縣正堂乙亥(光緒元年,一八七五)恩科／舉人潘成清盥題」,右龍柱為「欽加五品銜貢生潘盛清暨／潘姓同敬獻」。正殿中神龕前之後點金柱左柱有「光緒參年歲次丁丑三月穀旦／慈愛欽母儀保吾民若保赤子／八部員外郎恩貢

---

[26] 關於慈諴宮修建記錄,詳見徐裕健《慈諴宮》前引書,頁九～三〇。

生潘永清敬撰」，右柱為「誠和蒙聖德戴我后如戴蒼天／監生張從雲張魁元／監生張慶雲」。前點金柱之左柱為「光緒陸年歲次庚辰冬月穀旦／慈母戴同天慶一切眾生寰海共登仁壽寓／揀選縣正堂丙子科（光緒二年，一八七六）舉人陳登元撰並書」，右柱為「誠民依我后願大千世界風收永息蕩平時／陳姓眾家弟子同敬獻」。此四根點金柱較奇特者為民間習俗捐獻者皆是捐獻一對對成雙之柱子，少見一根根成單之柱子。其二，潘永清早已於同治十二年仙逝，焉能在光緒三年再提筆揮毫書寫柱聯，若謂生前已預備書寫好，試問如何能預知該廟落成竣工之時日，且「分」部員外郎，誤成「八」部員外郎，更可確知此柱聯為後人偽造，但後人肯偽造潘永清之筆跡，亦可窺知當潘永清在八芝蘭地區聲望與地位了。

除此之外，在中庭迴廊之右前柱捐獻者為「昭和戊辰春／林宗仙侶快同舟／改築委員長潘光楷敬獻」，左前柱為「昭和三年春／士行郡齋開運璧／改築顧問何炳奎敬獻」，又是單柱，實在可怪。在山川殿虎邊（右邊）臨時隔間之辦公室內，懸掛有一木製楹柱，內容如下：「光緒五年己卯（1879）孟秋吉旦／慈使眾而切瞻依洪惟我后」、「誠感神以通廣大克配彼天／雪人潘光棯敬謝」，此外慈誠宮在昭和年間的改築，據前殿右側壁上之大理石捐題碑所列人名，略略統計分析，知曹、賴、吳、林、何、郭等姓不少，而潘家也不落人後，其中「潘元記三百五十圓」、「潘萬機二百圓」、「潘迺文百圓」、「潘連耀三十圓」、「潘莫仔二十五圓」、「潘枝、潘能、潘迺種二十圓」。有關潘家捐獻留存資料，文物，僅略如上羅列。慈誠

宮為士林早期市街發展之重要據點，具有所謂「公廳」特質，是地方公眾事務中心，除作為公眾祭祀場所為宗教信仰中心及文化精神象徵外，且是地方活動社交空間，更何況潘氏老宅既在廟之斜對面，距離如此之近，於情於理，潘家應無不參與修建與祭祀活動之道理，今廟中眾多匾額中亦僅有一方潘有義於民國五十一年中元節所捐之「慈航普渡」匾，總之，據今留存資料，潘家參與活動敬獻匾聯之紀錄實在少見，寧非咄咄怪事。

(三) 神農宮

　　神農宮前身為土地公廟，名為福德祠，傳說建於康熙末年，為庄民四時朔望祈福膜拜之所。乾隆六年（一七四〇）一場洪水，福德祠付之蕩然，續由廟首李應連、賴玉倉、曹朝招、吳廷誥、黃必興、黃福文、林禹言、郭光鎮、張國瑞等九人，發起募捐建新廟，歷時八個月完工，改名為芝蘭廟，主神仍為福德正神。乾隆五十四年（一七八九）因廟身傾圮，時有信女吳門李氏，發心令其子吳勤倡首修建，果於五十七年重建竣成。嗣後嘉慶八年（一八〇三）淡水同知胡應魁巡視至此，深覺此廟屬「翹冇仔厝」，卻奉祀土地公，未免體制不合，眾庄民商議結果，主神改祀神農大帝，土地公反居配祀。其後於嘉慶十七年（一八一二）再行改建，再改廟名「神農宮」迄今，此廟後於嘉慶二十五年（一八二〇）、道光六年（一八二六）、道光二十八年（一八四八）有三次修繕，至光緒十七年（一八九一）由改建董事潘盛清、林有仁、賴兼才等人集資重建。該廟

嗣後多次修建、增建，今存史料，少見潘家有所參與，以在該宮現存二「敬字亭碑誌」為例，在捐題碑諸名字中，嘉慶二十五年（一八二○）四月，碑中人氏潘姓者有「潘義觀」捐銀三元，「潘興旺」捐二元，「潘瀛海、潘光明、潘安居」捐一元，此役首事為林世恩、郭寅衷、何宗泮、陳奠邦、吳意川、曹添花。道光五年（一八二五）梅月（四月），碑中潘姓者有「潘世傑」捐銀六元，「潘瀛海、潘安居、潘如正」捐二元，此役首事有林世恩、陳奠邦、何宗泮、吳意川、曹添花、郭寅衷、楊仰峰、鄭元昊、吳天麟、吳瓊瑤、陳騰蛟、張碧雍。嘉慶、道光年間兩次興建敬字亭工役，首事諸人中均未見潘家人參與，可見直到道光初年，潘家仍未主導士林地區公共事務，但捐題人名中已見「潘瀛海」之名，所捐之金額雖為箋箋之數，卻是潘家參與地方事務之先聲，亦是潘家現存最早之「歷史文獻」，真可謂彌足珍貴了。

　　綜合上述三廟沿革，其中慈誠宮之創建與潘氏昆仲關係頗深，神農宮於清末最重要的一次改建潘盛清參與其役，道光末年後潘永清介入惠濟宮更深，今芝山岩洞天岩岩壁上猶有「同治癸酉（十二年，一八七三）仲春（二月）」、「筱江潘永清題（旁為印章）」之「洞天福地」四字橫披手跡，諸如以上云云，更可確知士林潘家至清字輩才開始積極參與地方事務，惜永清於同治十二年去世後，竟一時有消沉之勢，不免令人惋惜慨嘆！

　　末了，個人順便將在北投、關渡諸老廟碑記中調查到有關潘姓者捐題名單整理如下，以方便同道、潘家對照查考，是否

確是士林潘家親人（因其中頗多是平埔族潘姓）。另，台北縣相關鄉鎮（如板橋、新莊、三重、蘆洲、土城）老廟，碑記中經初步調查均無潘姓或潘家者，謹此說明，至於全面性調查老廟，有待來日。

甲、北投區立農街慈生宮

（1）光緒八年（一八八三）十二月之「重興捐題碑記」其中潘姓者有如後：「潘金合、潘三合、潘光坪、潘德利、潘源成、潘天送、潘士金、潘杏村、潘崁官、潘長欽、潘石成、潘炉官、潘光輝、潘光懽、潘福星、潘士角、潘士金、潘士古、潘士觀、潘曾然、潘士圭」等人（為省篇幅，捐獻金額省略），董事為「潘杏花、林有志、林士獅」。

（2）昭和二年（一九二七）冬月之「慈生宮重修捐題碑記」潘姓者有「潘德記、潘讚昌、潘老終、潘士宗、潘士景、潘景廷、潘景能、潘士水、潘士樹、潘春卑、潘再淪、潘有木、潘乞食、潘士瑞」，董事為「潘贊昌、謝錦玉、何金石」。

（3）昭和四年（一九二九）孟冬之「慈生宮雜項捐題碑記」潘姓有「潘贊君、潘阿景、潘士忠、潘阿食、潘景能、潘光田、潘金鎮、潘梯、潘士用、潘景廷、潘望冬、潘赤貓」（每名各捐五元）。

乙、北投關渡宮

（1）道光四年（一八二四）十月之「天后宮重建捐題碑記」甲碑，潘姓有「潘正方、潘興旺、潘安居、潘位觀、潘董觀」。

（2）同上碑乙碑，僅有「潘洛觀」。

（3）明治三十年（一八九七）之「重修關渡宮碑記」碑文中有「潘元記」（捐六元），「潘寬謹」（捐五元），「怡昌號」（捐四元）。

三、墾地開圳

前引潘光楷〈芝蘭新街移建記及其他〉記載潘永清曾與台灣大富豪林本源合作，在北部蕃山一帶（馬式督等地）辦造林、製腦、撫蕃、墾田諸龐大事業，著有相當業績。又在淡水、石門、三芝等鄉，自力投資，從事墾拓，開鑿水圳三條，名成渠圳，現歸公管，延長數十里，開闢良田萬頃，利農利國。其後潘盛清「完成乃兄遺志，續開鑿成渠圳，以灌溉淡水、石門、三芝等地田園，及開發大溪山區，招撫土民，拓墾田地等，均功在地方」，馬式督一名應即馬武督之誤寫，約今新竹縣關西鎮。該鎮位於新竹市之東方，地當鳳山溪上源地帶馬武督溪流域。其東半部為加裏山脈斜亙，西半部為芎林台地，全域缺乏寬闊平原，聚落概在馬武督溪河谷沿岸地區。地名由來或譯自「Mautu」社名而來，意為勇敢向前進，此鎮可南通竹東、北埔，北通龍潭、大溪，東經馬武督山通復興鄉，西經新埔至竹

北。該鎮因多為台地與山坡地,水田不多,茶葉與柑桔為重要農作物,為新竹縣首要產茶地,此地居民、客籍占百分之九十五,其餘為閩籍。關西地方原是泰雅族棲居之地,雍乾年間,陸續有客籍人士入墾,至乾隆末年也陸續成莊,嘉慶年間形成舊街,道光初葉,蕃界一帶逐漸開闢就緒,山路交易日盛,接著製腦業興起,人民遷來者增多,遂又形成新街,道光九年(一八二九)改稱為「鹹菜甕街」或「鹹彩鳳街」,後再稱「咸菜硼街」,至日據時期因「關西」日語讀音為 Kansai,與客音讀咸菜硼 Hamt'suei 近似而易名。[27]潘家之介入此地開拓應在同治年間,且是以伐林、採藤、製腦為主,按洪敏麟前引書第二冊(上)記桃園縣大溪鎮「大溪一帶,原為凱達咯蘭平埔族人及泰雅族人居住。至嘉慶十九年(一八一四),林平侯卸官返新莊,遇閩粵發生械鬥,因新莊首當其衝,乃遷居本鎮下街,投以鉅資開墾,開拓內柵、頭寮、南興、缺子、中庄、員樹林等地,同治六年(一八六七)潘永清率眾開闢山區。翌年黃安邦招大批墾丁、腦戶、從三角湧翻山入本鎮東南面山區設隘抵禦泰雅族之襲擊,期間傷亡迭出,終於至光緒六年(一八八〇)墾殖成功。」[28]而根據《大溪誌》(一九四四)記載:一八六七年潘永清招募屯勇墾民在大溪沿山一帶開墾,降服原住民數

---

[27] 洪敏麟前引書第二冊(上)「關西鎮」,頁一四六~一四八。又此條資料得山水客工作室吳智慶兄之提示,謹此致謝!
[28] 同前註,頁九一。

十社,利用野生的樟樹製造大批樟腦,銷售國外[29]。可知同治年間潘永清盛清兄弟尾隨板橋林家之開拓山區熱潮,也投入鉅資,在今大溪、關西,甚至也可能在復興鄉一帶拓墾、製腦。關於此次開拓事業,必須從整個時代大背景說起,簡單的說,台北盆地平原地區大致在乾隆年代已完成拓墾,今後之開拓勢必往週遭的淺山丘陵地帶推展,這不免要受限於地形、水源及作物種類,因此嘉道年間的開拓工作一時有消沉延慢現象。但在咸豐十年(一八六〇)台灣被迫開港通商,進入世界貿易市場體系,茶及樟腦一時成為熱門出口產品,又是台北邊區非水田的最適合產物,促成了台北邊際土地的一大開發契機。陳培桂《淡水廳志》卷十六〈附錄三・志餘・紀地〉,記「近查大姑崁墾地最多,漸漸墾闢,可以直達山後。……其南雅內山之東十二隘(中略),南雅之南九隘(中略),南雅之西一隘(中略),共二十二隘,丁八十八名,係續墾戶金永成、潘定記、林源記、照例分給隘糧。」[30]此林源記即板橋林家之源記。潘定記,極有可能即潘定民(永清)組成,故名定記,若然,更可確證此事。由於其時尚未展開劉銘傳時代「開山撫番」之積極政策(約光緒十二年後),能得到官府的奧援資助不多,面對泰雅族的反撲及抵抗,傷亡必多,投資必鉅,所謂「諸龐大事業」,「著有相當業績」,殆為一含蓄客套語之形容,潘師

---

[29] 轉引自林滿紅《茶、糖、樟腦業與台灣之社會經濟變遷(一八六〇～一八七五)》(聯經出版公司,一九九七年四月初版)第五章,頁一七五。

[30] 陳培桂前引書,頁四五七。

亮賜告,潘家原在大料崁有一大茶園,芝山岩事件後被日人吞沒,此外未聞潘家在此地區擁有林產、土地,亦反映了開拓之艱辛與慘澹。

淡水、石門、三芝諸鄉之開拓,經查洪敏麟前引書台北縣三芝、淡水均無是項相關資料,但在石門鄉「頭圍仔」舊地名有如下記載:「今台北縣石門鄉德茂、富基二村,在大屯火山的北麓,地當富貴角與麟山角間的沿海地帶。……其開闢開始於乾隆末年,有漳人潘盛清,以及許盛、泉州人陳、郭二姓者,自淡水迂迴至此從事墾荒。」「老梅」舊地名條記:「今台北縣石門鄉老梅、七股、山溪等村,位於大屯山火山彙北側山坡至海岸一帶。據傳在乾隆末年有漳人潘碧者,入墾於此,鑿四合興圳,闢農田甚廣,即今大丘田為乾隆末年潘盛清,七股為潘恭等人所闢,後來轉讓給簡姓七人合股耕作,故以稱」[31]潘碧公之產業,後託潘永清代管,再轉為潘盛清,現仍由士林潘家掌管。今潘家在老梅仍約有十甲土地,過去石門八甲一帶也有大片田地,光復後因實行耕者有其田而被徵收(按,潘家在今淡水、石門、頭圍段、楓林小段,及崁子腳小段還有二〇〇多筆土地)。據此,地方對,人名對,年代雖錯,應可大體印證潘光楷說法。

另,吳智慶兄提供三件古契字,其中二件與潘家有關,更可確證潘家開拓石門之事,由於有關潘家留存史料極少,茲不避文抄之嫌,抄錄如下:

---

[31] 洪敏麟前引書第一冊,頁三三四。

（一）立補給墾契字，小圭籠社蕃土目鄭安吉，有承祖父遺下埔地壹段，在芝蘭三堡老梅莊，東至郭家小溪為界，西至潘家田崁為界，南至潘家橫岸直透為界，北至水溝轉出斜西直透大海為界。緣昔年祖父在日，經將此段業界，憑中明踏給付三界公社內之董事等，開墾成田，以作祀業，當日三面言定，照值價銀伍拾元正，銀收契立，兩相交訖，年配大糧口銀谷貳斗自給，以後毫無間言。茲因三界公社諸董事：潘光棯、潘合成、練益成、許永吉、鄭金福、賴四時、劉文香等來稱，此段業契咸豐年間遭亂遺失無存，再四求給補墾，悉照原界給交諸董事，前去掌管贌佃收租，作為春秋祭祀之資。保此埔地田業，委係祖父在日，明給之業，與別社番親等無干，亦無重給字據，以及來歷不明，如有等情，吉一力抵當，不干買主之事，此乃甘愿補給，并無抑勒，不敢反悔，用特再立補給墾契字壹紙，永遠付執為照。即日仝中，祖父在時，已收過墾契字內佛銀伍拾元正足訖，再照。

一批明，界內抽出風水一穴，坐西向東，址在草湳邊。因郭福那自同治甲子年間，安葬先父骨骸，但近來人心不古，屢次疊葬致傷，向三界公董事潘雪人、許永吉、賴四時等相商，免日後生端，備出艮（即銀）參拾弍元，交雪人等收入，以資演戲之儀。雪人即將抽出此地週圍，明踏立石窆界，分前後左右，自昔墓面前至弍（即貳的俗字）丈立石界，墓後至軟格上十五丈立石界，左畔至消水溝界，右畔至乾溝立石界，四至立界分明，交付郭

福那掌管。自今以後,界內不許眾人再葬,若已葬者,
准予照舊修理,或遷移別處可也:如有強葬者,係雪人
等出首阻擋,即日此炤。

　　　　代筆人　李元
　　　　為中人　潘贊
　　　　場見耆番　潘犬圖

同治拾壹年拾月　日立補給墾契字土目鄭安吉　戳記

(二)立憲新定例,永遠租憑約字,小圭籠社番土目慶
(?)三,仝白番進興、月生、萬竹(?)源成、金生
等,切就業問賦,就賦充粮台灣。緣乾隆年間,該社土
目等所轄下小圭籠庄、楓林庄、橫山庄、苦梅庄、九芎
林庄、崩山庄、石門庄、尖仔碌庄(即今尖鹿)、共八
庄地方,給付佃人自備工本,開墾山林埔地,栽種地瓜、
并帶坑水、築闢水田,盡行開竣,逐年配納租谷。蒙憲
諭給三等且以充口粮,歷掌無異。旋據屯外委李逢春赴
淡分憲冒稟,憲總信以為真,將三等口粮租額,採(?)
捕三灣屯餉,奈奔赴理番分憲王,稟明實情,經蒙兩廳
出示,勘丈在案。切思三等轄下山畬逼近海邊,墾熟坑
田,盡是磽瘠,此租谷實屬無幾,非界外田園可比,茲
蒙分憲王堂諭,交下佛銀(?)……,(以上字跡不明)
零碎之業,不堪丈量,自道光式拾年新定,逐年加增租
谷五十石,照依八庄均攤,以濟貧番口粮,永遠為例,
業佃兩愿,各具手摹,甘結完案,并移銷淡府,三等受
邀眾佃酌議,俱各照依憲斷,加增新舊如數空納,三等
日後定例粮租憑約字付各佃各號壹紙,永遠憑炤。

佃楓林庄潘碧公，應份新舊口糧大租各陸斗正，批炤。

道光式拾年〇月〇日立憲斷定例永遠糧租憑約字小圭籠等土目　戳記

　　根據以上二古契及筆者在民國九十一年七月七日與吳智慶、吳奕德、邵西川、潘家後裔前往石門鄉所作田調資料，參酌敘述析論如下（僅限與潘家有關者）：

　　（一）石門潘姓主要有二宗，一為平埔族潘姓，一為漳州詔安潘姓，漳州潘又分二支，一開台祖為潘開楨，妣黃引娘，墾號潘合成。此一潘姓字勻輩份與士林潘家完全相同，可確定同出一祖不同支。另一為潘碧公（按，洪敏麟文誤為潘碧）。潘碧公大約卒於道光末年，身後倒房絕嗣，留下土地十多甲，交給士林潘家掌管（原因不明），管理人初為潘永清，可能永清卒後再移交盛清，至今石門一帶土地仍是五房盛清名下。而潘碧公卒後之神主牌位與祭祀事宜卻交給江家負責至今，在江家正廳案桌上，江家祖先神龕在右，潘碧公牌位在左，以潘碧公為尊（神龕牌位內容如下：「祖德流芳／堂上歷代潘公暨媽之神位／陽上永遠奉祀」。）潘碧公在石門被鄉人尊稱為「潘伯公」，可能即為「潘碧公」之音訛，頗為靈驗，每年農曆八月一日拜拜「吃公」，士林潘家五房也會派兩名代表前來祭拜。近年僅有祭祀，「吃會」已停。

　　（二）石門鄉一帶，早在乾隆間小圭籠社番土目即將轄下八庄土地，招募漢人前來拓墾，其中有潘姓人家，潘開禎，開墾地段主要在崩山庄，墾號潘合成；潘碧公則在楓林庄。

(三)士林潘家介入石門之開拓,應是掌管潘碧公遺下土地之後,即大約道光末年咸豐初,此時與潘合成、練益成、許永吉等人合組「三界公」神明會,運用此一名義承租或買斷番社地開拓、闢圳、購田收租。

　　(四)同治十一年(一八七二)「三界公社」董事名單中,士林潘家之代表人為潘雪人(光楒),雪人出生於咸豐二年(一八五二),時年二十一歲便已出面調停處理侵葬、廟產、墾拓等等事宜,實在太年輕了,可見潘永清有意栽培訓練其長子。再,永清卒於翌年九月,說不定此時永清已察覺身體有恙,不久人世,也正在作「接班人」之訓練用意。

　　(五)「三界公」之三官大帝神像傳聞是潘合成、許永吉等由福建迎來,於同治十一年建廟奉祀,俗稱「三界公廟」或「大廟」。日據時大正十年(一九二一)由庄長潘迺明等發起、擴建改名「老梅凌虛宮」,同時恭迎台北天后宮天上聖母神像合祀,故又稱「媽祖廟」。光復後,民國七十七年重建,翌年三月完成,地下一層、地上二層,建坪二四〇坪,一樓為老人休閒活動中心,二樓奉祀媽祖,三樓奉祀三官大帝。

　　總之潘氏昆仲(永清、盛清)在咸同年間開始投資土地,於今淡水、三芝、石門一帶力闢良田,且投資水利,開鑿水圳三條為成渠圳,凡此皆須龐大資金,且因為是自力投資,未和板橋林家合作,不免所費不貲負擔吃重,至於「成渠圳」約在今石門鄉、三芝鄉交界一帶,分成三段,當地俗稱「大圳、二圳、三圳」又稱「頂圳、中圳、下圳」,灌溉區域遍及石門鄉之老梅、頭圍、石門及三芝鄉之新小基隆,長約十多公里,源

頭起於竹仔山之尖山湖,頂圳最長,約從源頭至德茂村,中圳段從猴洞溪至富基,下圳段從富基到老梅溪二汴一帶。此圳當年潘家同佃農費盡千辛萬苦開鑿成功,並設有一「監視所,為土塊造、台灣瓦屋頂,平房建築」僱人巡視圳道。日據後,先是總督府於明治三十四年(一九〇一)七月以律令第六號公佈台灣公共埤圳規則,將與公共利益有關的埤圳,認定為公共埤圳,由廳長管理,且組織公共埤圳組合,購買圳主權,以團體維護管理,後更聯合這些公共團體組成組合,以維持經營所屬各圳,潘家失去一大利權收益。迨及大正十年(一九二一)十二月以律令第十號公佈水利組合令,且在大正十二年三月三十一日解散前述的公共埤圳組合,重新組織水利組合,同時繼承各埤圳的一切權利義務。[32]光復後隸屬北基農田水利會管理迄今。潘家對今石門鄉之開拓貢獻可想而知了。餘如「開闢良田萬頃」等等,難免有誇大之詞,不必信以為真。

四、文教事業

前已略述道光二十年庚子(一八四〇)潘永清(定民)芝山岩東端建文昌祠,奉祀文昌帝君,並在此設學授業,名為芝山文昌祠義塾,後聘泉人傅人偉設硯講學,後傅人偉於是年冬月

---

[32] 見陳存良譯,淡水郡役所《淡水郡管內要覽》(原昭和五年十二月出版,今台北縣文化局 2001 年 12 月譯刊),第十三章水利,頁二七〇〜二七六。又民國九十一年七月七日,筆者與吳智慶、吳奕德、潘以長,潘以全等人,前往現場實際四調。

作〈芝山文昌祠記〉記其事:「己亥(道光十九年、一八三九)東渡,越歲安硯芝蘭堡。六月,潘子定民謀建文昌祠於上,俾諸生肄業其中,邀予至焉」。此事可視爲士林地區文教之淵源,不僅如此,「士林」地名之由來,昔年有「士子如林,文風鼎盛」之寓意說法,今雖已辨爲訛誤,但此說之背後正反映當年士林文風之盛。才會令人有如此揣想說詞,士林文風之盛,雖不必儘然歸功潘家之設教義塾,但其貢獻卻不容抹煞或忽視,潘永清實繫當年士林鄉邦之文運!再,士林大南路潘氏古宅存有若干古塑匾,其中如「禮耕義種」、「升堂入室」(按《我家史》解釋此匾之義爲:聽取民眾訴苦之處,幾百事端均可釋然而解,竟成了聽訟治民之含意,此說實錯,此典語出論語〈先進篇〉:「由也升堂矣,未入於室也」,乃喻學問技藝之道依次漸進深造之意。其位置所在或即是昔年潘宅之書房,或課讀弟子所在,恐非聽取民眾訴苦,調停仲裁糾紛之所在。不過,據潘師亮告,謂昔年聽聞請教過潘家長輩,說潘永清、潘光楷父子二代的確在此調停過眾人的紛爭。),後進公媽廳有副對聯「金殿夙傳宜科第文章,二三世後族開漳浦;石齋相伯仲鄉賢品學,數百年來派衍溪橋」,「鄉賢品學」一語最足以說明潘家注重文教之家風。芝山岩文昌祠之重要性與影響性,更可從日據之初「芝山岩事」窺知。按日人於乙未割台,初據台北,迅於總督府民政局下設學務部,以辦理國語(日語)學校推廣日文爲職責。遂於同年六月二十四日應李春生建議,設學務部於芝山岩惠濟宮內,並首創台灣第一國語傳習所於惠濟宮後殿

之文昌祠義塾，為上課學堂，此地點的選擇，論者推究的原因有二：

（1）芝山岩文昌祠義塾為台北文教的發端，聞世已久。同時學堂久設，有現成之教學設備。

（2）芝山岩惠濟宮建築本體，甫修建完成，廟舍煥然一新，加以附近環境清幽，為良好學習環境。[33]

設立以後，以學務部職員楫取道明、安積五郎、三宅恆德、關口長太郎掌庶務，中島長吉、桂金太郎、井原順之助任教務，平井數馬充舍監，招生入學，利誘台民子弟二十一人就讀。依入學先後，別為三組：甲組為柯秋潔、潘光櫧、陳兆鸞、潘光明、潘迺文、潘光楷六名；乙組為朱俊英、葉壽松、邱龍圖、張經、張柏堂、郭廷獻、吳明德、劉俊臣八名；丙組是林隆壽、施錫文、施錫為、柯秋金、柯秋江、吳文明、施錫輝七名；潘家子弟共計四名。並以井原順之助、中島長吉、桂金太郎分授各組課程，到同年十月十九日（陰曆九月初二）第一期國語（日語）傳習生甲組六名及乙組朱俊英一人，合計七名結業。明治廿九年（一八九六）一月一日晨七時，傳習所教員欲往台北城內賀年，行至圓山河岸，見河邊無舟，對岸戰聲連綿，感知不妙，急返傳習所，至是日正午時刻八芝蘭抗日義民賴昌等人，躡蹤追趕，襲殺楫取道明、關口、中島、桂金太郎等四人於芝山岩下，棄屍田中，平井、井原二人沿雙溪河逃至舊街河旁，經一番抵抗，仍被殺，棄屍溝中。日軍自台北來援，

---

[33] 徐裕健前引書《惠濟宮》，頁四〇。

亦多人被殲於基隆河畔,少數逃逸。義民並至芝山岩傳習所破壞圖書儀器設備,燒燬教材於金爐內,此即「芝山岩事件」概要。後來台民抗日行動雖遭鎮壓弭平,而日本內閣總理伊藤博文於事後在芝山岩撰書立碑「學務官僚遭難之碑」以紀念所謂「六士先生」,嗣後並建立神社,規定每二月一日為祭祀日,闢參道、修磴階,以明示芝山岩為日人治台之「教育淵源地」,同年總督府重設並直轄芝山岩被毀之傳習所,改稱為台灣總督府國語學校。[34]潘家於此事件慘遭無妄之災,先是潘光松於日據時期之初,被任命為士林保良分局主理,此事件的發生,日本當局認為潘氏事前已知情,且罹難前夕,六人還在潘家接受款待,居然未向日本憲警與六士示警,二個月後(二月十一日,陽曆三月七日)光松慘遭斬首。其子潘迺文之前也被迫入傳習所學習日語,為傳習所第一期結業生,事後曾內渡返回原籍避禍,才得以參閱潘家族譜。惟族人只同意可翻閱,不可抄寫。後返台憑著記憶,片片斷斷,零零碎碎,寫下潘家家史手記,臨終前猶殷殷盼望子孫能完成族譜大業。潘迺文返台後,情志大受打擊,遂隱居山仔腳,含恨而逝。光復後,即拆除神社,闢為芝山公園,民國四十七年另立新碑於雨農圖書館(該館即神社位置)前方,碑文為楊卻俗先生所撰,事件始末則多得自昔年傳習所學生潘光楷、吳文明兩位老先生口述,今碑猶存,不迻錄。此一事件綜合分析,可略為析論如下:

---

[34] 同前註,頁四〇~四一。另參潘師亮先生提供剪報影印資料:莊吉發〈抗日遺址-芝山岩〉,刊於 68‧8‧21 之中央日報副刊。

如前所述：日人之選擇芝山岩文昌祠為傳習所，正反映此處在士林文教之重要性與影響性，另一方面，豈不也是說明了當年潘永清創設義塾，甄植學子之重要性與影響性。

潘光松之被迫擔任保良分局主理，潘迺文等四名潘家弟子之被迫就讀傳習所，正表示潘家在士林的地位聲望，「動見觀瞻」、「馬首是瞻」，所以鼎革之際被迫帶頭表現，結果竟遭此屠戮的無妄之災，潘家之悲劇，也是亡國者被迫出仕異族者之無奈悲痛的常見下場。

除此外，光緒末年潘成清曾經理艋舺學海書院、新莊舊明志書院、新竹市新明志書院等院租諸事宜，也曾推薦保舉墾戶金興文（即陳獻深、張鳳儀、陳儒林等人）擔任董事，辦理興直、擺接、八里坌等處院租事務。書院各款經費，先是由成清保充艋舺郊商張春濤（張振昌號）貸放生息，後張春濤身故，再轉舉艋舺郊商例貢生賴成籌（德記號）承接。[35]

此事固然可見潘成清之社經地位，官府予以經理書院經費之職責，更反映當時諸文士，紳商兩棲之身份，與台北諸士族交遊往來之網絡關係。

五、台北府城建城工役

台北之設府，始於光緒元年（一八七五）六月十八日，沈葆楨奏請在北台建一府三縣（淡水、新竹、宜蘭），同年十二月，奏准在「福建台北艋舺地方添設知府一缺，名為台北府，

---

[35] 詳見卓克華《清代台灣的商戰集團》（台原出版社，1999 年 1 月初版三刷），五章三節〈文化功能〉，頁一五三～一五四。

仍隸於台灣兵備道」,時先由台灣府知府向燾署理,光緒四年(一八七八)三月試署台北知府林達泉抵達台北,因府治未定暫以新竹之竹塹廳署為府署。同年十月九日林達泉逝世,遺職改由原淡水廳同知陳星聚代理,翌年三月淡水與新竹分治,陳氏才正式到台北任職,並鼓勵紳商在預定的城內,投資興建民房,形成街肆,並積極建設台北府城。

　　台北府城的建造,籌劃於光緒七年(一八八一),由知府陳星聚召集三縣富賈紳民勸誘義捐,但嗣後因漳泉歧見,捐款數額,彼此推拖,加上所謂義捐樂捐實包括不樂之捐之「勸捐」與「派捐」,所謂勸捐指的是由當道指派當地紳士負責向居民勸募捐款;派捐則更是官府自行視紳民的財力狀況而指定捐款金額,屬於強制性。因此其後發生一連串罷捐與抗捐等情事,資金籌募不足,不免使建城工役一再拖延。終於在光緒八年(一八八二)元月廿四日興工,同十年竣工,建設經費高達四十二萬餘圓。府城規模,周徑一千五百零六丈,方位略偏東,城垣外側以石材堆砌,內以土砂填實,地基則以石條、橫木、木樁紮實;計東西壁各長四百一十二丈,南壁三百四十二丈,北壁三百四十丈;城高一丈八尺,厚一丈二尺。設城門五座:東門(景福門,一說照正門)、西門(寶成門)、南門(麗正門)、小南門(重熙門)、北門(承恩門)。日據時期,台北施行市區改正,於明治三十二年(光緒二十六年,一九〇〇)將城垣、城門拆除,幸經當時日本學者與後藤新平的呼籲建議,僅拆除了城垣與西門,其它四座城門僥倖保留下來。拆除的垣址被闢建為三線路(中有安全島),北門的外廓甕城後也被拆除,外

門石橫額「巖疆鎖鑰」則拆下做為總督官邸涼亭下的石礎，幸目前移置在北市二二八和平公園前門右側碑林中。光復後的城門日漸老舊斑駁，民國五十五年（一九六六），因為觀光理由，被改建為鋼筋混凝土造的北方建築形式，僅有北門碩果僅存保留原貌。[36]

在清代台北府城興建過程，士林潘家自免不了要有一番勸募捐獻，潘家究竟捐出多少，不僅《我家史》未見記載，連官書也無資料，今僅知《台灣慣習記事》第三卷六號中曾明確提及：在林維源、潘盛清、王廷理、王玉華、葉逢春、李清琳、陳鴻儀、陳霞林、潘慶靖、王天賜、廖春魁、白其祥、林夢岩、陳受益等十四位城工總理的督飭下，台北府城才能次第建造起來。[37]據此，《我家史》謂潘慶清為「台北府城建城董事」，恐怕是將潘慶「靖」誤成潘慶「清」了（再，潘慶清後代謂幼時曾聽聞長輩口述如此，頗堅持乃祖當年曾擔任城工總理，但潘家所提供文獻資料及個人所知見坊間若干著作，皆屬二手史料，不是一手史料之檔案，然則也有可能當年日文記載將慶「清」誤寫成慶「靖」，或是排版時誤植，留此一說，待有更多史料

---

[36] 有關台北設府築城詳情，參考：（1）尹章義〈台北設府築城考〉《台灣開發史研究》（台北，聯經出版事業公司，民國 78 年 12 月初版），頁三九七～四一九。（2）楊仁江《台北府城北門之調查研究與修護計劃》（楊仁江建築師事務所，民國 86 年 6 月），（3）李乾朗《台北府城牆及砲台基遺址研究》（台北市政府捷運工程局，民國 84 年 3 月）；等三書內容。

[37] 見《台灣慣習記事》第三卷 6 號，（台灣慣習研究會，1903 年 6 月）頁五〇八。

出現,予以考證。);潘盛清在建台北府城參與監督工事,則正確無誤,但職銜為城工總理非董事。再則,十四位城工總理之排行榜次序略可透露一些端倪,即潘盛清排在第二,第一為林維源,或可反映潘家在台北府城工役的份量,或代表潘家在城工捐款甚鉅,或說明潘家此時社會聲望與地位,此二項必有其一,又可能或兼而有之。

六、其它──調停械鬥

《我家史》又記載咸豐三年(一八五三)及九年(一八五九)發生兩次械鬥,潘永清皆以鄉試留滯在省垣福州,鄉里乏魯仲連調停,至於不可收拾,及永清歸梓,方見息事,可以知斯人之見重於鄉里者如是,地方遂有「頂港潘永清,下港許招英」之頌詞等等。惜潘永清未留下任何詩詞文集得以進一步舉證其事,再參以下節墓刻文字的考釋,鄙見此事恐怕不是如此單純。

綜合本節所述,顯見潘家參與經理地方公共事務頗深頗廣,如士林三大古廟之興建修繕與管理,府城工役之捐獻監工與勸募,士林新街之遷建規劃與創設,惠濟宮文昌祠義塾之創建且延聘名師教育,啟發士林文運,兼及經理北台諸書院之事務,並且進一步與板橋林家合作,開發今大溪、關西山區,從事製腦、伐木事業,又在今淡水、三芝、石門一帶拓墾,**鑿圳闢田**,功在地方。且能追隨時潮,商業方面,與友朋合設怡昌

商行，經營米糧、黃麻、什穀外，並代理英國石油銷售，在基隆、高雄、台南三地設站營運。

肆、潘家的社會關係——以潘宮籌墓刻文字為本

　　潘宮籌墓地週圍均是成片的竹林，墓地前側左右兩邊種有果樹數株，環蔽出一方墓園的範圍。墓體規模為二曲半，曲手間的轉角望柱由內而外，由高而低，依次有石印、石筆，左右對稱，中為墓碑，前為供桌，構造

潘宮籌墓

完整。堂地舖設有大塊尺磚，在台灣甚為少見，凸顯氣派，各曲手壁、望柱柱壁及鰻尾壁上均有石刻的題字，以篆、楷等字體書刻，內容或為吉祥頌詞或為追弔文字，工整秀麗，尚清晰可辨，這些文字既非行狀亦非墓誌銘、銘文、壙志，個人原擬稱之為「塚文」，經請教鄭喜夫、唐羽兩位先生，咸曰不妥，三人幾經思量，仍無適當名稱，兩位先進建議仍以通俗「墓刻文字」稱之，較明白易懂，欣然從之。這些墓刻文字均為當時獻祭之親友、長官、士紳勒石銘刻，其中有門生、官宦、姻親及望族等等，從而可以了解潘家當時社會關係與社會地位，進而探討昔年北台仕紳交往情形，因此種價值，於民國八十八年九月十日被核定為台北市市定古蹟。（個人亦是當時台北市古蹟審查委員之一，力主列為古蹟。）今試以墓碑為基準、採由左而右，由近而遠，分頌詞祝語，追弔文字兩大類一一臚列

之,並逐一加以疏證考釋,以探討潘家之社會關係,並可進一步了解潘宮籌的生平事蹟。

墓碑原文為:「石橋(按,橫排)/同治九年(一八七〇)春,山人王脩德窆/清敕封脩職郎,累封文林郎/授登仕郎,敘功巡政廳/誥封奉直大夫,通奉大夫/國子生,考策宸潘先生之墓/子秉清、永清、景清、鼎清、應清、盛清、成清、慶清(由左而右,由上而下)/孫光柏、(光)枉、(光)梌、(光)樅、(光)槃(由左而右)等立」(按「/」為轉折處,標點符號為個人所加,以下同;打「?」表示不敢確定其字)

一、頌詞祝語

(一)「鴻臚傳及第/鑾殿試開簾」「鼎峙三台輔/弓眠一案朝」「訓垂先丕典/學作後生模」「尚克承先業/無徒讀父書」。

(二)「壹門諸子貴/貳品大夫寺」,其左右落款為「策翁先生親家大人,教子成名,歷官部曹,/誥贈三代二品封典,群季俊秀,一門濟美,後當發/丁財,雋甲科為林,益字倚之矣/候選府正堂(內)(按,原無內字,應是漏刻)閣中書,舉人姻姪陳霞林,頓首拜題」。

(三)「孝廉山發祖/科第水朝宗」,左右落款為「策翁太老夫子大人吉穴,祖孝簾山峽,三儲帽/峰科嶺,三台輔弼,捲殿試簾上格,收科第水/朝宗,登堂拜謁脈,高風之感云/賞戴花翎候選道,受業門下林維源頓首」。

（四）「上堂官祿水／大聖貴人山」，左右荅款爲「策翁老伯大人，遷兆鴻臚山，官祿水，／朝貴人峰峙，時黎學道延蒸主講」、「舟艦淡獲探佳山水，定顯官貴焉／賜進士出身，刑部主事，姪陳蒸頓首拜題。」

二、追弔（含紀事）文字

　　（一）「策翁先生大老／伯大人，遷吉／壤於鴻臚山／龍脈，捲簾殿／試，貴峰屹立／應兆鼎甲魁／元，撰此作科／名記云／賜進士出身，分／發浙江即用／縣正堂，世愚／姪楊士芳頓／首拜題／同治九年歲／次庚午仲春／之月穀旦」。

　　（二）「策翁老伯大人遷吉／兆於鴻臚穴，取像／鼎甲三元及第，浚／遊左爵督戎幕／假歸，就聘陳香根／司馬，修廳志書，獲／唔家嗣定民老兄／，先生以同官部曹／寅好，邀著不停（？）遊／山聯吟，舊雨景仰／高風，實倍深山高／水長之慕也夫／，欽加侍讀銜，督辦陝／甘軍務糧台／欽差大臣營務處，內／閣票籤中書舍／人，壬子科舉人，世／姪楊浚頓首拜題」。

　　（三）「策翁太老夫子大人／教澤承先，書香啓／後，都人士相與矜／式，出門下者尤多／貴顯，柱等親承訓誨，登賢書官邑／宰，一本翁家嗣／定民師之德教爲／治教，深愧宦遊粵／西，間關萬里，莫躧／門而報德耳／廣西慶遠府思恩／縣正堂，乙卯科舉／人，受業門下士黃／玉柱偕／侯選縣正堂丁卯／舉人，受業門下士／詹正南頓首拜題」。

(四)「策翁宗先生大人／承祖德繼書／香,傳子八龍,俱／登貴顯,家君以／勸匪功,敘官司／教,薦升員外,渠／棣萼,或官詹事／貢成均、司榷務／進泮黌,入國學,／聯芳競秀;為東甯吾宗冠,今／翁遷兆鴻臚山／,三巒嶜秀,一渦暈平,天成台鼎穴也。時霽奉／命陳集閩中,得按牒而聯譜誼,深／以匏繫不獲親／炙儀容為憾／,然企慕潛德／幽光,宜爾子孫／蟊揖,甲第蟬聯,／霽等相與拭目俟之」、「欽命福建等處,提刑按察使司,按／察使,宗姪霽率／同族弟／賜進士出身,探花／及第,經筵講官／戶部右侍郎,南／書房行走加三／級,宗姪祖蔭,偕／同譜／弟賜進士出身,翰林／院編修,頭品頂／戴,山東等處承／宣布政使司布／政使,賞穿黃／馬褂,敢(勁之形訛抑或剛之音訛?)勇巴圖／魯,宗姪鼎新,領／同懷弟／欽加提督銜,鎮守／皖南等處地方／掛印總兵官,瑚／松額巴圖魯,／加三級,宗姪鼎立／同頓首拜題」。

(五)「貴穴正針地／盤格龍,甲／脈入穴,立／寅申兼甲／庚寅,庚申屬木,分金內局亥／卯未縫針,／天盤定向／收水,立寅／申兼艮坤,／坤向屬金,／內外盤均／坐尾十四度木,向嘴(觜?)／半度土,合／雙山三合／,玄空分金,／生入剋入／玄關竅通,／右水倒左,／出坤未庫,／絕處逢生,／乃自生向,／收右邊養／生官祿水／上堂吉,左／邊病死絕／水不到堂,／歸未庫,去／亦大吉。候選縣正／堂,壬戌舉／人,受業門下士,莊正／惴首拜書」。(按,此墓刻文字涉及風水堪輿專門用語,承蒙堪輿師新店研山堂朱長曉先生

協助斷句,並於九十一年四月二十七日帶領吳奕德、潘以長兩先生與筆者前往墓地親自分析解讀,謹此說明並致謝忱!)

（六）「公諱宮籌,字／運謀,別號／策宸,行一,／乾隆甲寅／九月初八／日申時生,／距卒咸豐／丙辰正月／十六日戌／時,壽六十／有三,配／郭太夫人,先／公卒,舉丈夫子二,繼配／呂太夫人,舉／丈夫子六,／公終後,卜／地屯山麓,／葬有日矣／,值鬥禍,舁櫬去尋,籲請／太守洪公奉（?）完趙,因厝／大道亭山,／今春二月／初吉辰日／辰時,遷兆／茲山,敬銘／諸石,用示／子孫毋忘／祖父元爾／,欽加同知銜／福建補用／縣正堂,世／姪羅曾均／頓首拜填」。

茲為方便考釋,並耐位於外雙溪潘三嶺之十七世潘永清及夫人、以及內湖大陂湖旁之十八世潘光松與夫人等墓刻文字,一併抄錄於下,以供參考:

（一） 潘永清墓及李氏墓

潘永清墓碑:「石橋／光緒壬辰（按十八年,一八九二）六月／皇清分部員外郎,恩貢生,考定民,潘府君／敕封孺人,晉封宜人,妣碧玉,吳宜人／之墓／男光松、（光）柏,出嗣男光梯敬立」（光悌後過繼給潘鼎清,改名光榕）

石印:「二水瀠洄堂匯澤／兩山彎抱案眠弓」,左右落款為「雪人宗姪,孝友性成,為其母卜築壽／域,以圖索對子,觀其山水灣抱,而知」、「其穴之吉也,是為跋／欽命廣西大主考,翰林院編修潘炳年拜題」、另一為「乙辛己亥分雙向／

坤艮巽乾鎮四維」左右落款為「誥封宜人，潘師母吳太宜人壽域／定民潘老夫子千古」、「欽差幫辦全台撫墾事務，受業林維源拜題」。

石筆：「光緒十七年辛卯仲秋／菩薩展屏開乙局」、「觀音列案聳辛方／廣東候補道，姻眷（愚？）弟陳霞林拜題」、「屏開東嶺饒佳氣／江西省吉安府吉水縣陳寶忠卜穴」、「江西省吉安府吉水縣陳寶忠卜穴／案列西山露秀峰／候選道，世誼姪林朝棟頓首拜」、「光緒十七年仲秋之月／眠案迴環抱」、「華表桿城門／通家弟陳登元拜」、「光緒辛卯（十七年）秋月／羅星鎮水口」、「高峰特（將？）達朝／候補知郭名昌拜題」。

李氏墓碑：「石橋／光緒七年仲秋／潘庶母李氏之墓／男光棯（光）柏、出嗣男光悌立石」。

（二）潘光棯墓

墓碑：「石橋／大正六年冬修／前清廣東試用巡檢／八芝蘭士林潘／公光棯，字雪人／（潘）媽李氏諱珍梅／合葬之墓／武弁統帶鎮守南崁／孝男潘迺文立」。另外，潘師亮老先生也提供若干照片，其中潘鼎清墓與潘宮籌之妻郭淑寶等墓碑，惜歲久字跡漫漶不清，又加上拍攝時反光，更不清楚，今勉強辨讀，抄錄如后：

（一）郭淑寶墓

墓碑：「石橋／同治甲子（三年，一八六四）臘朔／清敕封孺人，累封太孺人／誥贈宜人，晉贈夫人／妣淑寶潘母郭太夫人墓／男秉清、永清、景清、鼎清……（按以上諸字均無法辨識，僅清字比較清楚，應即是清字輩八大房）／孫……（諸字亦是難以辨識，應即是㭧、㭭、柏、㮤、㮹等人）等同立石。」

（二）呂順堃墓

墓碑：「石橋／民國癸亥年（民國七十二年，一九八三）／顯祖妣潘媽呂順堃派下佳城／子孫永遠奉祀」（按民國七十二年遷葬於北投十八分中正山下）

（三）潘鼎清墓

墓碑：「石橋／光緒己丑（十五年，一八八九）六月／清戶部宣課司大使，貢生，考鼎清潘府君墓／子光榕（光）楹立石」

茲將以上墓刻文字提及相關人物，疏考注釋如下：

1.林維源

林維源（一八三八－一九〇五），字時甫，號冏欽，淡水枋橋人，林平侯之孫。父國華，維源嗣其叔國芳為子，與兄維讓共同經營「林本源」號之墾務事業。納貲為內閣中書。光緒五年（一八七九）台北建城，督辦城工，事竣，授四品卿銜。十年（一八八四）中法戰爭，法軍犯台，兵備道劉璈治軍台南，以餉絀，議借百萬兩，不許；璈多方勸譬，乃借二十萬，隨後避居廈門。翌年和議成，巡撫劉銘傳邀其歸，禮之，遂捐五十萬為善後經費。授內閣侍讀，遷太常寺少卿。十二年（一八八六）四月，出任撫墾幫辦，地利大拓，墾田日廣，歲收租穀二

十餘萬石,遂為全台巨富。十七年(一八九一)以清賦功,晉太僕寺正卿,十九年(一八九三)板橋林家花園落成。甲午戰後,台灣割讓,台人自立民主國,被舉議長,不就,攜眷舉家內渡,居廈門鼓浪嶼以終。[38]墓刻文字中稍有疑問者,林維源在潘宮籌墓刻文字中自稱「受業門下」,在潘永清墓刻文字也自稱「受業」,不免一時困惑,林維源究竟是潘宮籌抑或潘永清之門下?幸落款前題,宮籌墓稱「策翁太老夫子大人」,永清墓則稱「誥贈宜人潘師母吳太宜人壽域」,又稱「定民潘老夫子千古」,是可確定林維源為潘永清學生,也惟有明白兩人之師生關係,才會明瞭何以當初潘氏昆仲建士林新街,板橋林家願意捐錢義助,也才會明瞭何以潘氏昆仲能和板橋林家合作,在北部山區(今桃園大溪、新竹關西一帶)合作從事造林、製腦、撫番、墾田等事。更可以明白何以在台北府城建城工役十四位城工總理名單中,林維源列名第一,潘盛清名列第二之原因了。

2.莊正:

莊正,字養齋,生平不詳,今僅略知:咸豐九年(一八五九)北台灣漳泉大械鬥,雙方傷亡慘烈,翌年和解,為消弭紛爭,漳人領袖板橋林維讓,乃以其妹嫁給泉州舉人莊正為妻,以謀二民系之和平相處。同治二年(一八六三)維讓、維源兄弟與莊正共設「大觀書社」,授課講學,兼有詩文之會,以謀

---

[38] 見國家圖書館特藏組編印《台灣歷史人物小傳──明清時期》(國家圖書館,民國90年12月增訂再版),〈林維源〉條,頁一一七。

漳泉文士和衷相處，十二年（一八七三）擴大改制為「大觀義學」，莊正撰「大觀義學碑記」詳敘原委，嗣後帶動板橋文風，貢獻厥多。墓刻文字中提及莊正為「壬戌舉人」，是年為同治元年（一八六二），再考「大觀義學碑記」中莊正自敘「歲癸亥余遊寓於茲，…余內渡十年，再游斯土，深幸士氣民情駸駸日盛。由是薰陶振作，使游淡北者，謂斯之風俗人才，冠絕海邦，豈不懿哉！…而余以親舍白雲，未敢淹留客路，…余忝倡是謀，且兩登講席……同治十又二年癸酉中春，溫陵莊正并書，監工楊昇明。」既然自敘渡海十年，此碑為同治十二年撰寫，則莊正為同治二年（癸亥）來台，換言之，他是在高中同治壬戌科（元年）舉人之後，才再度渡台「再游斯土」，是則在同治元年之前便可能曾首次渡台，而且極有可能住居在八芝蘭一帶，拜潘宮籌為師。同治元年返回福州鄉試，高中舉人之後，才再度來台，而莊正之娶林維讓妹為妻，也說不定是潘宮籌牽的線。同理，林維源之拜潘永清為師，正也說不定是莊正的引見與牽成。並且莊正所題墓刻文字中詳述此墓風水，也突顯了莊正深諳風水堪輿之學，說不定也曾參與墓址吉穴之選擇。不過，此處有一個可怪疑問地方，即同治十二年春創辦板橋大觀義學時，在捐貲碑記中，居然無潘永清或潘家之名，以潘永清與板橋林家、莊正與潘宮籌的師生關係，按理潘家應會捐輸義助才對，其中可能原因，個人推測有四：1、以板橋林家之財富，足可獨立支應此次設學建築費用，況且潘永清為師尊輩，不好開口。2、潘永清卒於同年 9 月，說不定此時已病倒在床，更不方便開口。3、其時潘家正全力投資拓墾今大溪、關西、

淡水、石門、三芝等地、手頭拮据，一時不方便。4、適合出面勸捐者為莊正本人，但碰巧莊正逢父母之喪，返回泉州老家奔喪，不在台灣，一時無適當人選出面勸捐募款。此中蹊蹺，恐只有待新史料發現，才能解決了！

3.陳霞林：

陳霞林（一八三四－一八九一），字洞魚，又字蓬渠，號問津。受教於陳維英。咸豐四年（一八五四）廳試第一，五年中舉，後官內閣中書、國史館校對，在北京設置公館，故人稱「陳部爺」。同治七年（一八六八）戊辰科挑取謄錄。曾參與《淡水廳志》採訪。中法戰爭期間，清廷重用在地仕紳，辦理團練，陳霞林亦為其一。戰後劉銘傳轉而重用林維源，而霞林遂與維源不睦，日後在台北府城建城工役，雙方爆發抗捐延怠情節，此一事件固然有漳泉分類關係，幕後另有兩人恩怨情仇之私人關係交雜糾葛。光緒十七年任廣東勸業道。就任前三日暴卒，最後官銜為「賞戴花翎廣東補用道欽加三品銜」。[39]陳霞林在墓刻文字中稱潘宮籌為「策辰先生親家大人」，在潘永清墓刻文字中自稱「姻眷（愚？）弟」，則顯然有陳霞林之直系血親嫁與潘家，經查潘宮籌娶妻郭氏、呂氏，潘永清妻室為吳氏、李氏，兩人皆無娶陳氏女，則若非永清以下諸弟如景清、秉清等等有人娶陳氏之女，則就是潘瀛海之正室陳鬧娘（孝靜）為陳霞林之姑婆或姨婆輩，由於資料殘缺，僅能作如此推斷，日後若有新資料發現，再行詳補。又，陳霞林不僅與潘永清有

---

[39] 同註38前引書，〈陳霞林〉條，頁二四一。

姻親關係，又同是大龍峒老師府陳維英之門生，同治六年（一八六七）新竹鄭用鑑辭世，陳維英率眾門生合送一黃絹楷書之輓聯，列名者有舉人陳霞林、舉人楊士芳、生員詹正南、廩生潘永清、生員陳登元等等（此處僅列與本研究有關者，餘不贅），合計舉人八人、貢生四人、廩生八人、生員五十六人，幾將北台地區名教之士全數網羅了。[40]

4.陳登元：

陳登元（一八四〇－？）字君聘，號心齋，別署耕蘭室主人，淡水廳紅毛港沙崙鄉（今桃園大園鄉沙崙村）人。受業於鄒慎修等，淡水廳附生，光緒二年（一八七六）舉鄉薦，十三年劉銘傳為巡撫，辦西學堂，延為講席。光緒十八年（一八九二）壬辰科三甲第五十名進士，欽點知縣，簽分山東。為報劉銘傳之恩，即時返鄉，銘傳迎於轅外，請任西學堂監督。及劉氏去，始卸任。二十一年日軍犯台，募勇五百人，稱台防正營，屯於八里坌。五月基隆不守，唐景崧出走，北部防軍紛紛解體，登元內渡不及，日本當局徵為保良局局長，二年後伺機內渡福建漳浦，未幾卒。[41]陳登元在潘永清墓刻文字中自稱「通家弟」，大概是與永清為同窗，而與陳霞林同姓陳，潘家既然娶陳家女，而光緒初年潘盛清為慈誠宮興建總董事，同時董事有潘成清、陳登元（見上文），顯見兩家關係之密切，所以「通家弟」顯然不是一種客套的稱呼了！

---

[40] 參周宗賢〈大龍峒陳悅記歷史沿革〉，《台北市陳悅記祖宅之研究與修護計劃》（漢光建築師事務所，民國81年8月）頁九～一〇。

[41] 同註38前引書，〈陳登元〉條，頁二三四。

5.楊士芳：

楊士芳（一八三六－一九〇三），宜蘭人，年十五入學讀書，同治元年（一八六二）舉人，七年赴京會試，中式三甲進士，殿試欽點浙江即用知縣，加同知五品銜。丁母憂，不赴任。曾任宜蘭仰山書院山長，乙未割台，嘗任日本宜蘭廳參事，並授佩紳章，明治三十六年（一九〇三）卒。[42]

6.黃玉柱：

黃玉柱，號笏山，淡水人，詩人黃宗鼎、黃彥鴻之父。咸豐五年乙卯科（一八五五）舉人。九年以知縣揀發廣西補授慶遠府思恩縣知縣，調補興業縣、賀縣知縣，在職期間，喜命治下塾師率徒入署背誦孝經，獎賞有差。歷署宜山、武緣、貴縣、蒼梧、宣化、臨桂、貴平等縣知縣。光緒二年（一八七六）廣西鄉試同考官，欽加同知銜，盡先補用直隸州知州，賞戴花翎。善畫松竹。[43]

7.楊浚：

楊浚（一八三〇－一八九〇）字雪滄，一字健公，號冠悔道人。福建晉江人，遷侯官。咸豐二年壬子科（一八五二）舉人。早年受知於王蓮叔，王出徐宗幹之門，故後來徐氏招之以為籌糧。同治四年（一八六五）赴京任內閣中書及國史方略兩館校對官。次年，左宗棠招之入福州正誼書局。六年，左氏邀

---

[42] 同註 38 前引書，〈楊士芳〉條，頁二七八。
[43] 同註 38 前引書，〈黃玉柱〉條，頁二六五。另，陳培桂《淡水廳志》記其為咸豐五年乙卯科舉人，劉懿璜榜，府學附生，現官廣西思恩知州。

之入幕，隨同掃蕩捻軍。同治八年（一八六九）來台，陳培桂聘纂《淡水廳志》，九年廳志甫成，因家遭祝融，匆匆歸里。光緒初年以後，致力講學，歷主漳州丹霞、廈門紫陽、金門浯江各書院；為有名藏書家，聚書至十餘萬卷，藏書室名「冠悔堂」、「行有信齋」。工詩，有「福建晚清第一詩人」及「寓台第一詩人」之稱。著作甚多，有《冠悔堂詩鈔》、《冠悔堂駢體文鈔》、《冠悔堂賦鈔》等，稿本多藏國立中央圖書館台灣分館，今國家圖書館亦有其舊藏善本。[44]

8.陳香根（培桂）：

陳培桂字香根，廣東高要人。道光二十九年己酉科（一八四九）舉人，同治八年（一八六九）任淡水同知，是年九月，英領事吉普理以建館購地，與民齟齬，陳兵海上，砲擊安平，兵備道令培桂任交涉，五閱月而事定，外人在台能堅明約束者，自此始。聘侯官楊浚修《淡水廳志》，十月而成，凡十六卷。[45]陳培桂總纂《淡水廳志》於同治九年正月開局採訪，延侯官楊中翰（浚）主筆，迄十月告成，繕稿呈「按察使銜署台灣兵備道兼提督學政」黎兆棠審閱。此役採訪者計有二十五人：1、署台灣府學訓導楊承藩，2、舉人吳子光，3、候選同知翁林萃，4、舉人張書紳，5、戶部湖廣司員外郎林維讓，6、候選知府內閣中書陳霞林，7、候選內閣中書蘇袞榮，8、候選道鄭如梁，9、五品銜候補府經辦李彤恩，10、五品銜通判翁林英，11、知州

---

[44] 同註38前引書，〈楊浚〉條，頁二七六。
[45] 同註38前引書，〈陳培桂〉條，頁二三二。

銜王春塘,12、州同銜候選縣丞李聯英,13、候選縣丞鄭化南,14、州同銜訓導鄭秉經,15、六品銜訓導林紹唐,16、三品銜候選道林維源,17、道銜分部郎林汝梅,18、舉人李騰芳,19、廩生陳經,20、貢生黃中理,21、生員蘇章榮,22、生員陳鷟生,23、生員傅以揚,24、監生高廷琛,25、員外郎銜生員潘永清。潘永清大名赫然在內,不過,排名殿尾,但不知此排行次序,是否反映其時之文名?功名?抑或家勢聲望?其中與墓刻文字有關之人物有:黎兆棠、陳培桂、楊浚、林維源、陳霞林等五名,修志始於同治九年初春,潘宮籌正式吉葬亦始於同年春,自可想見潘永清應有把握此次修志因緣,結交諸人,並延請諸人賜輓幛撰文追弔之機會。

9.「時黎學道延蒸主講」:

按此一「黎學道」應即是黎兆棠,字召民,廣東順德人。咸豐三年癸丑科(一八五三)舉人,後成進士。同治八年(一八六九)九月,任分巡台灣道兼提督學政。次年新設腦釐,十年再設茶釐,皆兆棠所為。時西人來台爭利,駛大舶至,威脅安平,致副將自戕,兆棠繩爭利者以法,卒潛引去。[46]據其履歷,年代、官銜俱符合,應確是其人。「延蒸主講」四字應是指延請陳蒸在府,縣學或書院「主講」儒學。另,「道」名須再作進一步解釋:清制省級地方官設有「提督學政」負責全省學校、科舉,稽查士習文風。起初依照授官出身,凡翰詹科道派任者稱「學院」,由部曹出任者叫「學道」。雍正時提高學

---

[46] 同註38前引書,〈黎兆棠〉條,頁三三六。

政地位，一律稱為學院，并加翰林院官銜，光緒三十一年（一九〇五）停罷科舉，學政改稱「提學使」。陳蒸稱黎氏為「學道」而不稱「學院」，顯然是黎氏出身部曹，或擔任過六部司官之職，陳蒸既然是刑部主事，與黎氏誼屬同朝為官之同僚，故如此稱之，同理，正因是同朝之誼，故知舊雨在台相逢，刻意稱「學道」以示同朝舊誼之親，而不逕稱「學院」了。或因此舊誼黎氏故「延請」陳蒸講授儒學吧！

10.林朝棟：

林朝棟（一八五一～一九〇四），諱松，名朝棟，字蔭堂，號又密，彰化阿罩霧（今台中霧峰）人，少保林文察長子。自幼習武，少時因練功傷一目，人稱「目仔少爺」。以世職襲騎都尉，循例納貲，敘兵部郎中。光緒十年（一八八四），法軍犯台，率鄉勇協助劉銘傳禦敵有功，保舉候選道員，委辦中路營務處，任撫墾局局長，賜號勁勇巴圖魯，欽加二品頂戴，賞穿黃馬褂，統領棟軍兼全台營務處。巡撫劉銘傳更給予「林合」墾契，許其在中路沿山之野及近海覆地招佃墾耕，並專賣全台樟腦。沿途設碙壘柵，駐棟軍以護腦丁。期間曾率軍平施九緞之叛。其後駐軍北港溪畔之國姓莊，墾田百數十甲，於是霧峰林家遂田連阡陌，富甲一方。二十一年（一八九五）割台議成，挈眷內渡，派駐江蘇海州，後辭職歸廈門，經營樟腦業。三十年卒於申江，年五十四。歸葬漳州原籍之香亭坂。[47]林朝棟自稱「世誼姪」，據此顯見霧峰林家與士林潘家交誼之密切，清

---

[47] 同註38前引書，〈林朝棟〉條，頁一一五。

俗雙方前輩有交情,即所謂「世家」、「通家」;又或與對方父祖有師生關係的,相稱時多加「世」字以表示特殊的「親近」關係,世代情誼,非同一般。林朝棟謙稱自謂「世誼姪」,與前述陳登元自謙稱「通家弟」,皆可見林、陳二人與士林潘家之特殊親近之誼,其它如楊士芳稱「世愚姪」,楊浚稱「世姪」羅曾均自稱「世姪」均可見三人與潘永清交誼的深厚。台灣俗語有「台灣五大家族」之稱謂,即指:板橋林家、霧峰林家、基隆顏家、鹿港辜家、高雄陳家,其中顏、辜二家是在日據時代才崛起的,高雄陳家約在清末日據初興起,嚴格講真正在清領時期者僅有板橋林家、霧峰林家兩大家族,一是全台首富,一是中部望族,一在北部,一在中部,又皆是漳人領袖,其中板橋林家林維源是潘永清之門生,兼具事業夥伴關係,霧峰林家林朝棟又與潘家是世代通好,再加上潘家與大稻埕泉人領袖陳霞林是姻親關係,潘永清又為大龍峒老師府陳維英門生,潘家縱橫依違在泉漳領袖、名流、望族之間,交遊與事業又遍及台中、板橋、新竹、大稻埕、大龍峒、士林、北投、淡水、三芝、石門、大溪、關西、宜蘭、福州等地,其交際結納之手腕實在高明,不得不令人佩服,嘆為觀止!也難怪當時福建按察使潘霨稱讚潘永清為「東甯吾宗冠」,其意思即是「東甯潘」,白話說法即為「台灣潘」,士林潘家在清末時期的確有極大機會發展,一躍為「台灣潘」,可與雙林家族並列「清代台灣三大家族」,可惜永清不長壽,天不假永年,諸弟也僅能守成;以後乙未割台,局勢頓變,時不我予,令人浩嘆不已!

11. **潘霨**:

潘霨（？～一八九二）清江西吳縣人，字偉如。同治八年（一八六九）授福建按察使，旋轉布政使。同治十三年牡丹社事件，清廷派欽差大臣沈葆楨來台處理，潘霨亦會同幫辦台灣事宜。後改授湖北布政使。光緒四年（一八七八）擢湖北巡撫，八年調為江西巡撫，十一年改為貴州巡撫。十六年奉召赴京，次年以病免。[48]

12. 潘鼎新：

潘鼎新（？～一八八八），清安徽廬江人，字琴軒，道光二十九年舉人。咸豐七年（一八五七）投軍，與太平軍作戰，擢為同知。十一年奉命募勇，立淮軍鼎字營。次年從李鴻章至上海，攻奉賢、川沙等地，擢道員。同治三年克湖州，定蘇浙，加銜賜號，駐屯松江。所部漸置新式槍砲，成為淮軍主力之一。同治四年（一八六五）北上鎮壓捻軍，擢山東按察使，六年遷山東布政使。光緒二年（一八七六）署雲南巡撫，次年因與雲貴總督劉長佑不和離職。後赴津辦直隸防務。十年中法戰起，李鴻章奏保為幫辦軍務兼署湖南巡撫，旋調廣西巡撫，督軍越南諒山。十一年法軍進攻，不戰而退，被革職回籍。[49]

13. 潘祖蔭：

潘祖蔭（一八三〇～一八九〇），清江蘇吳縣人，大學士潘世恩之孫，字伯寅，小字東鏞，號鄭盦。咸豐二年，一甲三

---

[48] 榮孟源等《中國歷史大辭典》〈清史〉下冊（上海辭書出版社，1992年10月1版），〈潘霨〉條，頁七七六。

[49] 同註 48 前引書，〈潘鼎新〉條，頁七七七。

名進士,授編修,遷侍讀,入直南書房,再遷大理寺少卿。咸豐十年(一八六〇)左宗棠襄理湖南巡撫駱秉章戎幕被劾,祖蔭上疏營救,使之獄解并被起用,獨領一軍。同治元年(一八六二)先後糾彈欽差大臣勝保、直隸總督文煜等。四年恭親王奕訢獲譴,彼疏請持平用中,以免眾議。光緒元年(一八七五)授大理寺卿,累遷工部尚書;七年參與中俄伊犁交涉,并條陳善後四事;九年署禮部尚書,入值軍機處。好詩詞書法,尤留心金石文字,曾輯《海東金石錄》,另著有《滂喜齋藏書記》、《芬陀利室詞》等。[50]

按墓刻文字中潘霨稱潘祖蔭為「族弟」,潘鼎新兄弟為「譜弟」,是可知確為同出一祖之血親,一只是通譜之好,同姓潘之「譜弟」,而對於士林潘家則是「按牒而聯譜誼」,稱潘宮籌為「策翁宗先生大人」自稱「宗姪」,因此非常有可能石橋潘家與江蘇吳縣潘家同出一支,有血緣之親。另潘霨自陳同治八年 「時霨奉命陳集閩中」,其時潘霨為福建按察使,旋轉布政使,人當在福州省城,顯然是潘永清從台灣士林前往福建福州結識交往,才能「按牒而聯」,可見其時士林潘家之譜牒猶在,其後何時又如何佚失則不可得知?潘永清之「刻意」結納地方長官,前述潘家交際手腕,在此又得一例證。

14.陳蒸:

陳蒸,雲南彌勒人,祖籍浙江,嘉慶辛未十六年進士。由進士補鳳山知縣。嘉慶二十二年代理臺防同知署,七月陞噶瑪

---

[50] 同註48前引書,〈潘祖蔭〉條,頁七七七。

蘭通判。二十三年八月離職,陳蒸承楊廷理、翟淦二公之後,值地方革創之初,惜士愛民,不名一錢,宜蘭人德之。[51]陳蒸自題刑部主事,可能是在同治八、九年時任刑部主事,而潘永清曾任詹事、戶部員外郎,情誼屬同朝同事,故也獻詞弔唁。

15.太守洪公：

洪毓琛（？～一八六三），字璟南，號潤堂，山東臨清人，道光二十一年（一八四一）辛丑進士。咸豐四年（一八五四）任台灣海防同知，陞知府。廉潔愛民，聲望素洽，民間有洪菩薩之稱。同治元年（一八六二）三月任滿，陞湖北漢黃德道，甫卸篆，會彰化戴潮春事起，勢甚熾，警至，或勸之速行，毓琛以為不可，遂修城垣，備器械，調遣兵勇，以備戰守。旋以紳民懇留，暫調台灣道，時人心惶惶，毓琛百計維持，以顧大局，屢請餉內地，巡撫徐宗幹准其就地勸捐。時兵荒之際，富戶避匿，乃激勸官募，分上、中、下三等，籌捐十餘萬金；不敷用，遂權發票鈔，通行郡治，並出其服用玩器，易錢以濟軍用。十二月，積勞成疾，又以變亂未平，悲憤增劇。二年六月，卒於任。官民哀悼，從優議卹，贈太常寺卿，蔭一子入監讀書。後，台南鄉宦趙新、施瓊芳等籌建專祠於郡治，歷百餘年而禮祭不衰。日據末，二次大戰中，祠毀於空襲。[52]

此段墓刻文字要作疏解者有二：一是「公終喪後，卜地屯山麓，葬有日矣！值鬥禍，舁櫬去尋，籲請太守洪公奉完趙，

---

[51] 鄭喜夫《台灣地理及歷史》卷九〈官師志〉第三冊「文武職列傳」（台灣省文獻委員會，民國69年8月），〈陳蒸〉條，頁七三。

[52] 同註38前引書，〈洪毓琛〉條，頁一四三。

因厝大道亭山。」文字有若干不通不明之處,須仔細作一疏解,才能解決潘宮籌卒後何以一再遷葬原因,及當年漳泉械鬥之慘烈情狀。按此段墓刻文字遷葬地點與神主牌位所記有出入,潘宮籌神主牌位所記先後遷葬地點為:1.大道庭山→2.鴻臚山;墓刻文字所記則是:1.大屯山麓→2.大道庭山(暫厝)→3.鴻臚山。以常情論,自是以神主牌位所記為準,蓋神主牌位為當事人裔孫當時所記,可信度遠勝外人。但若反思,當時潘家清字輩、光字輩子孫俱在,怎會讓如此錯誤資訊,公然勒石銘示在墳墓上,昭告時人與後代子孫?何況墓刻文字又出現「敬銘諸石,用示子孫,毋忘祖父云爾」等加強語句,提醒後代裔孫,不可無時或忘。再,因懼械鬥之禍波及祖墳,故「舁櫬去尋」,古制八尺為一尋,八尺之距,亦不過十步之數,若謂躲避械鬥,怕泉民挖墳掘棺破壞,怎會只移動八尺呢?而「尋」字若解釋為「尋找」之意的動詞,更是不通,豈有抬著棺去尋找風水之道理?然而,此墓刻文字的確提供了一條可資考索抉隱的訊息,即「值鬥禍」一句。因懼怕械鬥波及而遷葬先人骨骸,頗不乏案例,板橋林家即是一例。道光二十四年(一八四四)林平侯因感染風寒而歿,先是葬於新莊,後因漳泉械鬥,恐波及毀墓,遂在咸豐七年(一八五七)九月,再遷葬於桃園大料崁三層。潘宮籌卒於咸豐六年(一八五六)正月十六日,據神主牌位所記,直到六年後,於同治元年(一八六二)正月二十三日才埋葬在大道庭山,相隔六年才下葬,雖在找尋風水上解釋的通,但在常情常理上有所不洽;既然已找到一好風水埋葬,何以再遷?若謂因為找到一處更好風水所以再遷!則試問以後

若找到更好風水,是否還要再三遷四遷?因此可能原因還是要回頭從「值鬥禍,舁櫬去尋」一句去著磨。咸豐六年潘宮籌往生之後,的確是埋葬在大屯山麓(據筆者與潘以長先生數次踏青勘察,大體推測應在今北投行義路一帶山區,也有可能即在唭哩岸山,因潘家過去在此有大片土地,也有數座祖墳。),而且「葬有日矣」。然而從咸豐初年起之淡北械鬥,連年不絕,咸豐五、六、七、八諸年,雖暫時歇息,但餘波盪漾,並未真正停息,淡北械鬥之亂反在咸豐九、十年達到最高潮。咸豐九年(一八五九)「九月七日,淡水漳泉械鬥熾烈,泉人以艋舺黃阿蘭為首,而新莊、樹林、坪頂、和尚洲、港仔嘴、溪洲、加蚋仔等地泉人附之,與枋寮、土城、大安寮、士林等地之漳人,訂期而戰。是枋寮街(在今中和),而港仔嘴(在今板橋),瓦窯(在今中和),加蚋仔(在今萬華)等莊,悉付一炬。板橋鉅紳林國芳聞訊,自廈門趕回,率鄉勇反攻泉人,克瓦窯,嚴守樹林之竹篙厝。餘波達及芝蘭二堡,縱燬房屋,村里為墟,其禍之慘,為北部械鬥之最。十月初,芝蘭莊為械鬥所燬,居民於舊址迤南船頭仔莊,新建芝蘭街市。桃仔園,大姑陷(今大溪)、南崁等地漳泉亦鬥,屋毀人亡,損失無算。」咸豐十年,「一月,淡水漳泉械鬥,旋因農忙,暫停息。九月,淡水械鬥再起,林國芳連破泉人新莊、西盛(在今新莊)等地,禍燄延及大坪頂及桃仔園一帶,殺傷焚掠,十餘里不絕。十月,淡水大地震,日三次。」直到咸豐十一年「是月(十一月),

泉籍廩生李起疇,漳籍廩生潘永清等,調停淡水漳泉械鬥,乃解兵言和。」[53]個人研判所謂「舁櫬去尋」的「舁櫬者」恐非潘家自身,乃對手泉籍暴民,即潘宮籌在大屯山之墳墓慘遭無妄之災,被泉人挖墳掘棺,移置一旁數尺,至於屍首有否受辱,則個人不敢也不便去推想。此役潘家所受損失不僅如此,前引契字記載「此段業契咸豐年間遭亂遺失無存」亦是一個例證。而此時潘永清,如前引潘光楷〈芝蘭新街移建記及其它〉鴻文記「然在咸豐年代(三年、九年)發生兩次械鬥,先生皆以鄉試,滯於省垣(福州),鄉里乏魯連事,至予不可收拾(舊街之燒燬亦在此時),及先生歸梓,方見息事。」也就是此時潘永清人正在福州省城參加鄉試,無法出面勸阻調停此慘事。因此不得不籲請台灣知府洪毓琛出面調停鎮壓此事,「奉」知府命,潘宮籌棺木得以完整歸還(完璧歸趙),故勒石敘事件始末為「值鬥禍,舁櫬去尋,籲請太守洪公,奉完趙。」

　　事後潘永清歸鄉,痛定思痛,不願「冤冤相報何時了」,不僅主導遷地重建士林新街,也出面調停械鬥,一場大禍亂,竟能解兵言和,一方面可見潘永清之聲望與手腕,二方面潘家兼為苦主,先人遺骸受此奇恥大辱,都甘願不計前嫌息怨解紛,泉人想必無話可說,連綿十數年之械鬥,竟能因此而解,實為我台民之福,偉哉!潘永清。事情平息之後,勢須重新找一吉壤佳穴,重新埋葬潘宮籌,這不只要花一段時日,所以「暫厝

---

[53] 李汝和《台灣省通志》〈卷首下・大事記〉(台灣省文獻會,民國57年6月),咸豐元年～十一年,頁八七～九〇。

大道庭山」，兼且不巧，同治元年（一八六二）彰化戴潮春亂事起，勢有燎原震動全台之象，如在北台，五月，新莊楊貢謀應潮春，攻新莊縣丞署，旋被捕殺，淡北以平。六月，桃仔園楊德源會盟結黨，謀應潮春，板橋鉅紳林國芳誘殺之。在此紛擾歲月中，對潘家而言，怕正式埋葬潘宮籌，恐又有禍事波及，只得在同治元年十月二十三日「暫厝」在大道庭山（按，今台北市天母南雅之北，為昔日三角埔庄，乃三面環山，向南開口之三角狀平原，約今中山北路七段、天母東路、天母西路之交界地，傳說為當年麻少翁社遷居地。其中中山北路十四巷五十弄至天母東路六十九巷十二弄，昔年是處大曬穀場，故地名「大稻程」，此地附近山地極有可能即是當年潘宮籌骨骸暫厝之大道庭山。而潘家亦證實，在北投、天母、士林有不少土地，後來不是被政府低價徵收，即是絡續賣出去，今榮總醫院、陽明醫學院及陽明大學附近土地以前幾乎都是潘家的土地，而且此地距離鴻臚山又近，更增加其可能性）。戴潮春亂事，直到同治四年，才徹底解決。同治五年四月，淡水大疫，五月，大旱、饑，多事連年，未免耽擱埋葬大事，嗣後請「山人王脩德」尋找一好風水，經之營之，終於在同治九年（一八七〇）正月二十八日遷移至鴻臚山現址，至二月初八日辰時正式下葬今穴。吾人試觀察潘宮籌墓穴所在位置（今台北市士林區芝蘭段二小段五九五地號，德行東路三七八巷十七號「士園」旁石梯上山），在今日繁華現代化之台北市仍為人跡稀少偏僻之處，顯然有意因出入不方便，避免再度禍事重蹈用意。而潘永清大張旗鼓，廣邀好友、世家、望族、官宦追弔題唁，其中「昭告

世人,一吐塊壘」及「刻意炫耀家勢,不可再動吾父塚墓」之意味,不言可喻。潘宮籌古墓的價值,不僅在其歷史久遠墓制完整及墓刻文字之特色,亦在其反映清代北台縉紳階層之交往情形,尤其在代表士林潘家之家族拓墾發展歷史,而其遷葬之曲折過程更可見證昔年北台械鬥之慘禍往事,潘宮籌墓之價值內涵,可貴者在此,豈能因潘宮籌生平事蹟,無甚傳述而忽視之,豈其然乎!誰曰不然!

另外尚需補充說明者,為「太守」之別稱。清代地方官,最高官員為總督(從一品或正二品)、巡撫(正或從二品),總督之恭維別稱有「制台」、「制軍」、「制憲」、「督憲」、「部堂」等。巡撫別稱「中丞」、「撫台」、「撫軍」、「撫憲」、「部院」等。河道總督又稱「河台」「河帥」。漕運總督別稱「漕台」、「漕帥」。主持一省教育,考試之官員稱「學政」,另稱「學台」、「學憲」、「宗師」、「文宗」等。承宣布政使(從二品)簡稱「布政司」,亦稱「藩司」,別稱「方伯」、「藩台」等。提刑按察使司(正二品)簡稱「按察司」或「臬司」,長官為「按察使」,或稱「臬台」、「廉訪」,與布政司晢稱「兩司」。其下官員為道員(正四品),別稱「觀察」、「道台」等。以下,一府長官為「知府」(從四品),別稱「太守」、「太尊」、「黃堂」、「五馬」等。州長官為「知州」(正或從五品),另稱「州牧」、「刺史」等。縣長官為「知縣」(正七品),別稱「明廷」、「大令」、「邑尊」、「邑宰」、「大尹」等。武官,一省最高者為「提督」(從一品),別稱「軍門」、「提台」。以下「總兵」(正二品),

別稱「總鎮」、「鎮台」。「副將」（從二品），別稱「協鎮」、「協台」等。其他種種稱呼尚有：如地方低級官吏對知府以上長官恭稱「憲台」，有時對知府、知縣又稱「明府」；又如平民百姓對知府、知縣稱「父母」，知府以上地方長官為「公祖」；也有對道員以上官員尊稱為「大老爺」，知府以下尊稱「太老爺」，知縣或稱「太爺」，即民間俗稱「縣太爺」之由來。至於中央派下之欽差官員，或中央各部長官則稱呼「大人」，迨及清末，幾乎道員以上官員無不稱「大人」，甚至知府也有稱「大人」的，凡此不一而足，不具錄。茲略為爬梳整理如上，以方便同道、後學，省去查索功夫，謹此告白。

16.潘炳年等四人：

「欽命廣西大主考翰林院編修潘炳年」（關於潘炳年其人其事，僅略知：潘為福州人，光緒十年清法戰爭馬江一役，清軍大敗，事後編修潘炳年、給事中萬培因等先後上書彈劾張佩綸罪狀，張以充軍處）、「候補同知郭名昌」、「候選縣正堂丁卯舉人受業門下士詹正南」（按陳培桂《淡水廳志》簡要記其；同治六年丁卯科，王贊元榜。府學附生，原籍安溪。餘不詳。）、「欽加同知銜，福建補用縣正堂，世姪羅曾均」。

此四人詳細生平經查相關志書職表，均無所得，也只有暫闕待考，敬請高明有以教之啓之。茲再將以上相關人物，整理列表如右頁，以清眉目：

表四：士林潘家往人物關係表

編號	姓名	籍貫	官職頭銜	功名學銜	身份屬性	與潘家關係
1	潘霨	江蘇吳縣	福建按察使、(旋轉布政使)	不詳	官宦	族親
2	潘祖蔭	江蘇吳縣	戶部右侍郎、南書房行走	進士(探花)	官宦、文士、名流	族親
3	潘鼎新	安徽廬江	山東布政使	進士	官宦	族親
4	潘鼎立	安徽廬江	安徽總兵官(加提督銜)	不詳	官宦	族親
5	羅曾均	不詳	福建省補用知縣(加同知銜)	不詳	官宦	友朋
6	林維源	原籍漳州龍溪,又淡水枋橋	候選道(後撫墾幫辦)	無	官宦、全台首富、望族	潘永清門生
7	陳蒸	不詳	刑部主事	進士	官宦	同事
8	莊正	泉州晉江	候選知縣(後中書舍人)	舉人	官宦、名流、文士	永清門生(又板橋林家女婿)
9	陳霞林	原籍泉州,又淡水大稻埕	內閣中書、知府(後廣東勸業道)	舉人	官宦、仕紳	姻親、潘永清同窗
10	楊浚	福建晉江	內閣中書	舉人	官宦、名流、文士	友朋
11	黃玉柱	淡水人	知州	舉人	官宦	潘永清門生
12	詹正南	原籍安溪	候選知縣	舉人	官宦	潘宮籌門生
13	潘炳年	福州	鄉試主考官	進士	官宦、仕紳	族親
14	楊世芳	原籍漳州人,又噶瑪蘭廳人	知縣(加同知銜)、書院山長	進士	官宦、仕紳	世家好友
15	林朝棟	原籍漳州平和人,又彰化阿罩霧	候選道	無	官宦、望族	世家通好
16	郭名昌	不詳	候補同知	不詳	官宦、仕紳	友朋
17	陳登元	淡水廳紅毛港人	知縣、學堂監督	進士	官宦、仕紳	世家好友
18	洪毓琛	山東臨清人	台灣府知府(後署台灣道)	進士	官宦	地方長官

卓克華製表

備註：
1. 本表所列人物，基本上以墓刻文字中提及人物為主，不涉及其他已知相關人物（如陳維英、鄭用鑑等），又排列先後次序，乃順手寫來，不代表人物之高低及與潘家關係之深淺。
2. 人物之身分背景，大體以同治年間為主，但不以之為斷。

綜合本節疏證的人物生平與背景，我們可以發現潘家交往人物有如下特色：（一）閩台人物。（二）名流碩彥。（三）地方望族。（四）地方長官。（五）族親宗裔。（六）功名文士，尚談不上中央級之朝廷京官，因此從潘家之社會關係來看，潘家可謂標準之地方仕紳，不僅如此，而且其關係之建立，顯然集中在潘宮籌與潘永清兩人身上，即潘家之發展，至第二代潘董生奠下雄厚的經濟基礎，經三、四兩代潘宮籌、潘永清等全力經營結交閩台人物，及透過捐納等異途晉身縉紳階層，可惜的是後來潘家全力投資今新竹關西的山區拓荒及在淡水、三芝、石門等土地及水利的開墾，可能獨力經營耗資過鉅，與所得不成正比，損失不小（潘家今有土地大致在淡水、石門、老梅、士林、外雙溪、內湖、石牌、新店等地，絕大部份是在日據時期購入。另，據說在關西原有一大片茶園，日據時期即被徵收），遂力不從心，在以後地方事務之捐資義助上，一時不免有捉襟見肘之遺憾。而潘永清之早逝，對潘家更是一打擊，其所建立之人脈關係，可能因此中斷。因此在光緒年間至割台之前，潘家人物未見有突出之事蹟紀錄留存，竟是有消沉之象。綜合上述已可略見潘家之社會關係的特色與關鍵人物。不過，這其中仍有若干地方，仍值得提出作進一步之析論：

（一）潘永清墓刻文字有霧峰林朝棟之題詞，但在潘宮籌墓沒有，一方面反映霧峰林家與士林潘家之交往在咸同年間可能尚未密切來往，二則也反映清代台灣地方望族並未侷限在「在地」之地域社會，北部與中部之望族仕紳，事實上仍有密切往來。

（二）潘宮籌、潘永清墓刻文字，皆有板橋林維源，與大稻埕陳霞林之題詞，顯見兩家深厚之交情，前後兩代，至死不渝。

（三）潘永清墓刻文字題詞人物之人數，身分皆遠遜潘宮籌墓題詞人物，就此一對比來說，潘家之消歇已是顯然事實，反之亦可證明潘宮籌墓刻題詞人物率多沖著潘永清交情而來，人在人情在，人亡人情亡；此即個人一再申言，潘永清之早逝對潘家是一大打擊。

（四）潘永清為大龍峒老師府陳維英之門生，陳維英又是新竹鄭用鑑門生，其中鄭用鑑卒於同治六年（一八六七年），陳維英卒於同治八年（一八六九年），而潘宮籌卒於咸豐六年（一八五六），後因械鬥才在同治九年再遷葬今址；鄭、陳兩人其時皆已過世，事實上不可能題詞追弔，但在人情禮儀上鄭、陳兩人後裔與家族其他人照理應該會有題詞弔唁才對，今俱未見，或者潘、陳、鄭三家之交往並不密切，關係不夠深厚，甚至彼此間說不定有矛盾衝突處。

末了，本節最後，個人不揣譾陋，想用個人極有限之風水知識，略對潘家風水作一背景之鋪陳敘述，以了解概況。

潘永清墓石筆中有「江西省吉安府吉水縣陳寶忠卜穴」，潘宮籌墓碑中有「同治九年春山人王脩德窆」，《我家史》中也

記載開台祖潘光義之妻張孝陵之風水為「唭哩岸草舖綺山之陽穴喝『彌勒獻肚』形，坐壬向丙兼子」及其他諸多有關風水之墓刻文字，我們有以下幾點感受：其一，堪輿風水師列名墓碑及石筆上在台灣較少見，可見這兩位堪輿風水師之自信與宣傳意味，同理亦代表潘家對兩位堪輿師之尊敬與重視，但不知是否也能反映當時堪輿師之社會地位。其二，當然也突顯了潘家極重視風水，此乃昔年習尚，賢者不免，倒也不必認定潘家迷信。其三，堪輿師標明為江西吉安府吉水縣人，此地自明清以來就以出堪輿師聞名，而且文風冠於全國，吉安府素有「五里三狀元，十里九布政，隔河兩宰相」之諺[54]，如果不意外地話，王脩德也許是吉安人。總之，顯見潘家極重視風水，而且是明清以來福建地區流行的江西風水形法派之「喝形術」（即帶有比擬性質的穴形說明）。按，明代王褘在《青岩叢錄》記：

> 後世之為其術者分為兩宗：一曰宗廟之法，始於關中，其源甚遠，及宋王伋乃大行。其為說主於星卦。陽山陽向，陰山陰向，不相乖錯，純取五星八卦，以定生克之理。其學浙間傳之，而今用之者甚鮮。一曰江西之法，肇於贛人楊筠松、曾文辿，及賴大有、謝之逸輩，尤精其學。其為說主於形勢，原其所起，即其所止，以定位向，專指龍、穴、砂、水之相配，而宅拘忌在所不論。其學盛行於今，大江以南，無不遵之者。二宗之說，雖

---

[54] 見龔立述《龔立述回憶錄》（台北，探索出版公司，2002年4月，一版），頁三、頁一五、頁一一一。

不能相同,然皆本於郭氏者也。業其說者,參其異而會其同,斯得之矣。[55]

可見福建原是風水之理氣派,或許因地近江西,受江西形法派影響,在明清時代一變成為形法派。理氣派偏重運用方位理氣之說,重視厭勝,除煞等禁忌。形法派注重以二十四山法來判定墳墓內外之方位吉凶。然而事實上兩派頗有互相影響,互相重疊,互相浸染之趨向,而且明清以來福建家族有「改葬」、「合葬」之俗,因此特別重視風水之說,頗多先是「停葬」、「寄厝」數年,甚且十數,二十多年,才再改位遷葬者。同理家族所建祖祠,亦一樣,既重形法,又重向法、日法。[56]此種風氣,或可解釋潘光義骨骸會「暫厝」六十年,最後才返回原鄉與元配合葬之原因,但是為尋獲一吉地,挨延六十年,潘光義地下有知,未免太辛苦了!

明白這習俗背景,自會明白潘宮籌墓之以峰巒形勝立向,度其陰陽以定基,然後才創建經營擇吉遷葬,成就其一番龍穴,奠魂以安之了,而且蔭庇子孫。也就是說潘宮籌墓之龍脈是鴻臚山,穴為「鴻臚穴」,三巒聳秀,貴峰屹立,一渦暈平,形勢天然,「取像鼎甲三元及第」,形與格是「三台輔弼」之「捲殿試廉上格」「應兆鼎甲魁元」,「鴻臚」之意又為殿試二甲第一名之別稱,此所以蔭庇後代子孫必定會甲第蟬聯,一門貴

---

[55] 王褘《青岩叢錄》,《五朝小說大觀》本,上海,掃葉山房,一九二六年刊行。轉引自陳進國〈福建買地卷與武夷君信仰〉,《台灣宗教研究通訊》第三期;2002年4月,頁一〇七。
[56] 詳見陳進國前引文,頁一〇一~頁一一七。

顯。至於風水術語中諸如「地盤」、「天盤」、「分金之局」、「正針」、「縫針」、「玄關」、「左右龍虎邊」、「水口」、「捍門」等等方位度數及地理之解釋，只有敬待風水專家教之解之了！

伍、潘宮籌、潘永清父子生平略考

潘宮籌生平，《我家史》記載頗為簡略，如謂：十六世潘宮籌（運字輩），字策臣，出生日期無載，同治九年（一八七〇）正月十六日卒，軍功議敘從九品職銜，敕授登仕佐郎，以教學為業，卜葬於東勢庄烘爐地。

今幸檢視神主牌內涵，可以補正，知其：生於乾隆五十九年（甲寅，一七九四）九月初八日，諱宮籌，字運謀、號策宸，別號竹壽，享年六十三歲，卒於咸豐六年（丙辰，一八五六）正月十六日，其生平事蹟潘氏後裔無從提供進一步之資料（諸如譜諜、分家文書、土地文書、契約字據、賬簿、書信、文集、老照片等等第一手史料），茲僅能從墓刻文字作一番勾稽探討，略知梗概：

（一）關於教學部份：

《我家史》記潘宮籌以教學為業，今墓刻文字中有，「受業門下黃玉柱」偕「受業門下士詹正南」題「教澤承先，書香啟後，都人士相與矜式，出門下者，尤多貴顯。柱等親承訓誨，登賢書官邑宰，一本翁家嗣定民師之德教為治教。深愧宦遊粵

西,間關萬里,莫踵門而報德耳。」,據此,是可確證潘宮籌曾設帳教學,但其中仍有一矛盾之處,黃玉柱、詹正南既然自稱「受業門下」承認「親承訓誨」,但又稱潘永清為「定民師」,自承為縣宰之治理本諸潘永清「仁德治民」之訓誨,則兩人究竟是潘宮籌抑或潘永清之學生?其中詹正南、潘永清又同為大龍峒老師府陳維英之學生,誼屬同窗,如今據此墓刻文字又成師生之輩,輩份倫理豈不大亂。此中機關令人費思,惟一較合理之推論:或者定民「師」僅為一籠統客套之尊稱,而潘永清或又確曾代其父潘宮籌上過幾堂課,另一種可能是:黃玉柱確為潘永清學生,但詹正南卻為潘宮籌學生,由於此時黃玉柱任職廣西慶遠府思恩縣正堂,詹正南與黃玉柱雖同是舉人功名,但這時不過是一候選的正堂,在官職上低於黃玉柱,遂由黃玉柱領銜帶頭獻弔詞,故以其人身份、背景撰寫,所以有「柱等親承訓誨……」之語,及稱潘宮籌為「策翁太老夫子」之句。不過,這究竟只是推論罷了,只能俟將來有新史料出現才得以釐清稽正了。

(二)關於封贈、軍功部份:

墓碑勒記潘宮籌「敕封脩職郎(正八品)、累封文林郎(正七品)、敕授登仕郎(正九品)、敘功巡政廳,誥封奉直大夫(從五品)、通奉大夫(從二品)」等等,由「敕封」、「敕授」一詞,可知皆為潘宮籌生前封典,即咸豐六年(一八五六)往生之前事,並且其中登仕郎是憑己身掙得,餘為諸子貤封所得。語意較不明者為「敘功巡政廳」,不知是何職銜?此「功」

應即是所謂「軍功」才得吏部議敘某職銜,考潘宮籌生於乾隆五十九年(一七九四),以情理論,應該二十歲後,才比較會有軍功表現,亦即是約嘉慶十九年(一八一四)至咸豐五年之間事功,這其間北台發生內憂外患事件,茲據《台灣省通誌》〈卷首下‧大事記〉簡略以大事年表方式條列如后,以便進一步稽考;[57]

　　道光元年(一八二一):四月,海寇林烏興攻滬尾,水師把總劉高山死之。

　　道光五年(一八二五):淡水廳靈潭陂(今桃園龍潭)居民,漳泉械鬥,損財傷人。

　　道光十三年(一八三三):塹北桃仔園一帶,閩粵各莊,造謠分類,互相殘殺。塹南銅鑼灣、蛤仔市等處,靠山粵匪,無故焚毀閩莊,公然搶掠。

　　道光十四年(一八三四):是年,淡水興直堡及八里坌等地,閩粵分類械鬥,下迄庚子(道光二十年)不止。粵人變賣田業,悉遷桃澗(今桃園縣)、中壢一帶。

　　道光二十四年(一八四四):是年,淡水漳泉分械鬥,地方紳士有捐卹難民者,分別奏獎。南崁街漳泉械鬥,延及拔仔林(今桃園大園竹圍)一帶。

　　咸豐元年(一八五一):是年,淡北漳泉械鬥,焚八芝蘭林莊。

---

[57] 同註53前引書,頁七四~頁八八。

咸豐二年（一八五二）：是年，淡北漳泉分類械鬥不止。延及桃仔園、大姑陷、龍潭陂、中壢、楊梅一帶。官府控制無力，地方秩序大亂。

咸豐三年（一八五三）：八月，淡水漳泉等四縣籍居民分類械鬥，燬新莊艋舺縣丞署、海山堡潭底公館、大加蚋堡之八里、新庄（今台北市萬華）、艋舺之祖師廟。同安人敗走大稻埕，建設新市街。繼擺接、芝蘭等堡亦鬥，禍燄遂遠及雞籠、三貂、桃仔園、楊梅等地。

咸豐五年（一八五五）：淡北漳泉械鬥連年不絕。

根據以上之簡略北台大事年表，我們發現從道光末年起，北台發生一連串的漳泉分類械鬥，此外則為道光初年一件海盜侵掠事件及道光二十年之鴉片戰役，若謂潘宮籌之軍功表現，恐不外乎械鬥中救恤難民，或在鴉片戰役負責團練義勇事宜，或捐資出錢，同赴國難。或則其事功甚微，因此才封贈最起碼之「登仕郎」。又，查正、從九品之文職外官有「按察司照磨、府知事、同知知事、通判知事、縣主簿」與「府廳照磨、州吏目、道庫大使、宣課司大使、府稅課司大使、司府廳司獄、司府廳倉大使、巡檢、土巡檢」等職，則墓碑中「敘功巡政廳」恐怕不外乎以上諸職（虛銜），又從「巡」之一字著眼，則「巡檢」一職之虛銜可能性更高些。總之，這只是屬於榮譽性的虛銜或加銜，倒也不必過於認真的追究考證其事。

（三）關於遷葬部份：

潘宮籌生於乾隆五十九年（一七九四），卒於咸豐六年（一八五六）正月十六日，享壽六十三歲，卒之日正是元宵節後一天，對潘家而言，毋乃新春正月之不幸事件。其後卜地大屯山麓。不料，咸豐末季淡北漳泉械鬥再起，其慘烈為歷次之最，不僅咸豐九年（一八五九）十月，芝蘭莊被燬，舊街房舍成墟，屋毀人亡，損失無算，宮籌之墳塚亦遭波及，被「舁櫬去尋」，家中諸多契約文書亦佚失無存，勢有不能善了之局，潘永清時正在福州準備參加鄉試，一則滯留在福州不便趕回處理，再則或許其時力有不足；潘家不得不籲請當時台灣知府洪毓琛出面調解，雖經以「完趙歸還」解決，猶未能真正終局落幕，潘家遭此慘痛無妄之禍，潘永清昆仲不僅力主遷建新街，籌畫再興士林，並且進一步在咸豐十一年十一月時，與泉籍廩生李起疇出面勸解調停，乃解兵言和，嗣後淡北未再聞械鬥亂事，其功勞正是不可估量。宮籌棺槨也在同治元年（一八六二）十月暫厝大道庭山（約今天母一帶），至九年，尋得一佳壤吉穴，遂在同治九年（一八七〇）正月遷葬鴻臚山，二月初八日辰時正式擇吉完墳立碑。宮籌先生死後終能安祥吉葬，入土為安，擺脫人世間無窮盡之恩怨了！

（四）關於家庭部份：

宮籌一生二娶，前後郭淑寶、呂順塈。郭淑寶生於嘉慶六年（一八〇一），名瓊娘，生子二女四，子或即潘永清、潘景清，女不詳。淑寶卒於道光十六年（一八三六）六月，享壽三十六歲。淑寶卒之時，宮籌才四十三歲，遂再娶呂氏，後生子

六，即秉清、鼎清、盛清、成清、慶清、應清，呂氏生於嘉慶二十一年（一八一六），往生於明治四十二年（一九〇九），享壽九十四高齡。

宮籌之父為潘董生，字威用，另字用之，號瀛海。乾隆三十二年（一七六七）正月生，道光五年（一八二五）十月卒，享壽五十九歲。母陳鬧娘諱孝靜，乾隆四十一年（一七七六）五月生，道光十八年（一八三八）四月卒，享年六十四歲。

宮籌出生於乾隆五十九年，則是年，父董生二十八歲，母孝靜十九歲，以此為估算，董生大約在是在二十五～二十七歲才娶孝靜（時孝靜大約十六～十八歲），以當時社會情況而言，潘董生算是晚婚，正可想見潘董生等到事業有成，饒有積蓄才娶妻，且到道光初年近五十餘歲才開始參與地方事務，所捐金額又少，正凸顯他拓殖力墾之艱辛。而陳鬧娘之「鬧」字，或可反映她個性之活潑外向，又生在庠生書香之家（為淡水廳庠生陳耀長女），知書達禮，對董生之襄助必大，董生身後留下產業，足以成立祭祀公業，陳孝靜居家內助之貢獻自當起了關鍵作用。

宮籌兄弟四，彼居長，以次宮算、宮簪、宮箴，兄弟事蹟無聞，僅知宮簪為貢生，貤封奉直大夫。宮籌有子八人，潘霨於墓刻文字指稱他們兄弟友愛「渠棣萼」，有的「官詹事」，有的「貢成均」（成均為周朝大學名稱，後世轉用為國子監生之代稱），有的「司榷務」（此處不知是指潘永清之戶部員外郎，亦或潘鼎清之戶部宣課司大使），有的「進泮黌」（指進學，即生員、秀才），有的「入國學」，真正是「聯芳競秀」、

「傳子八龍，俱登貴顯」，為台灣潘姓之「東甯吾宗冠」，此處不免有客套譽揚之語，但也的確是實情，其中如「承祖德繼書香」、「教澤承先，書香啟後，都人士相與矜式，出門下者尤多貴顯」，洵為實情之言。對潘家而言，歷經百年四代之蕃育，生聚既盛，人文自興，成為北投士林地區之著姓望族，而其中承先啟後之津梁，訓子讀書，培育儒士，力倡耕讀家風，後代屢屢出現貢生、秀才、舉人，使潘家轉富登貴確立發展方向之關鍵人物，正是潘宮籌，後世我輩不能因潘宮籌無甚事蹟傳世，遂而埋沒忽視一位默默努力耕耘的長者。

　　宮籌傳子八人，皆能賢而善繼善述，其中獨有潘永清、潘成清有傳記留存，但記載弗詳，惟存大略，餘六子圖譜失據，不免對其他六子諸房後裔是一大遺憾，前引《台灣歷史人物小傳》（以下簡稱《小傳》）有傳茲先轉引於后：

　　潘永清（一八二一～一八七三），字少江，號定民，淡水其里岸莊人。書無不讀，凡星術、陰陽、醫卜等無關制藝者，無不討論源流。道光三○年（一八五○），漳泉械鬥，捐資助剿，獎授員外郎。咸豐初，械鬥又起，八芝蘭（士林）付之一炬。永清卜地新街，延工購料，築屋百餘間，招徠商旅，即今士林。同治十二年（一八七三），膺歲貢，捷報甫至，而永清臥病在床，嗣卒，年五十三。潘成清，字魁江，一字芝石，號樵岡，士林人。年十六，入陳維英門，博覽群經，肆力古文辭。光緒元年（一八七五）領鄉薦，授湖北應山教諭，不赴。中法

之役,籌防有功,晉四品內閣中書,和議成,擢浙江即用知府。劉銘傳撫台,開採金礦,延之爲金礦局總辦。[58]

此二傳雜抄《重修台灣省通志》卷九〈人物志〉及《台北市志》〈人物志〉二志書而來,了無新義,疏漏、錯誤實多,不得不一一爲之補苴辨正。但扼於史料,不免難稽其詳,難考其真,也只有勉力爲之,此處僅以潘永清爲例,參伍稽考如下:

(一)關於生卒年、字號部份:

按《我家史》記永清生於嘉慶二十五年(一八二〇)八月二十七日,卒於同治十二年(一八七三)九月十五日,享壽五十四歲,則《小傳》所記生年有一年的誤差。永清字筱江,「少」者爲「筱」江之音訛,坊間所見諸書提及永清字號者,頗多是「少江」,亟宜改正,不可以訛傳訛,再誤導下去。永清號「定民」不知何時所取?對照黃玉柱等墓刻文字所題「登賢書官邑宰,一本翁家嗣定民師之德教爲治教」一語,及其它友朋都稱呼他爲「定民」,很少是「筱江」,再佐證其生平事功,正可窺知永清之志向遠大,此一「定民」字號頗堪玩味,惜天不永年,不能讓彼大展長才,予以「安邦定民」。

(二)關於學銜、事功部份:

永清學銜最高爲恩貢生,恩貢生簡單地說假如出貢的年份,朝廷恰有重大慶典或喜事,這年的歲貢,乃遇恩詔出貢者,便稱「恩貢」,恩貢有一項特權,即非有重罪,學政不能呈請

---

[58] 同註38前引書,〈潘永清〉條,頁三一二。

革去科名,在當時的社會是相當的光采,具有崇高地位的。而《我家史》記永清為「清咸豐年分恩貢生」恐有誤,前述咸豐十一年十一月潘永清與李起疇調停淡北漳泉械鬥,其時永清的頭銜尚是「廩生」,可知咸豐年間尚非恩貢生。前引《小傳》謂:「同治十二年,膺歲貢,捷報甫至,而永清臥病在床,嗣卒,年五十三」,不知何所據,且歲貢、恩貢不同,顯然不可盡信。潘爵的墓刻文字中提及永清「家君以勷匪功,敘官司教,薦升員外」又指明彼兄弟八人「渠棣萼,或官詹事、貢成均、司權務、進泮黌、入國學,聯芳競秀」云云,此墓刻文字為同治九年春所刻,則以上諸事顯係九年之前事情,則永清膺恩貢生自為其後之事,考同治初年,朝廷有重大慶典喜事者,厥為同治元年之皇帝登極大典,三年平太平天國,十一年帝行大婚禮等,由於同治九年修志書時永清頭銜仍是「員外郎銜,生員」不是恩貢生,因此個人較偏向:永清之升恩貢生乃是同治十一年(一八七二)時。至於升員外郎之事,在潘光義神主牌位中永清親筆已寫明是在「咸豐九年己未(一八五九)九月,曾孫永清遵例捐員外加六級,請貤贈二品封典」,各部員外郎為從五品,多為虛銜,永清是由捐納所得,不是「薦升」而來。《我家史》又說永清「陞分部員外郎」,此一「分」字有疑義?若是動詞,應是指「分發」某部員外郎,若是名詞,則六部中何來「分部」?按永清本人捐納分發某部應是很清楚的事,不會用「分部」含糊帶過,因此個人推論此「分」部為「戶」部之誤,蓋「分」「戶」兩字不僅音似而且形像,極易混淆訛誤,加上潘爵墓刻文字中有「司權務」之句,更增加其可能性。而

「勦匪功,敘官司教」句,與《我家史》中所記「軍功以議敘訓導」應即是同一事。此一勦匪軍功或有可能指襄助平定同治元年戴潮春亂事,是年六月「桃仔園楊德源會盟結黨,謀應潮春,枋橋鉅紳林國芳誘殺之。」[59]以潘、林兩家密切之關係而言,永清或有所出力協助之可能。永清之其他事功除調停漳泉械鬥、助平戴潮春亂事外,尚有前文已述及在惠濟宮後建文昌義塾,咸豐末率領鄉人遷建士林新街,同治初年又與林家合作,在馬武督造林、製腦、撫蕃、墾田、種茶等諸龐大事業,又曾在今淡水、石門、三芝等地自力投資墾拓田地,開鑿水圳等等,加上咸豐年間準備鄉試制藝,同治九年協助采訪修《淡水廳志》,吾人可以想見咸同年間,永清忙碌紛擾之居家生活,今大南路潘家古宅中有「大半生涯」塑匾一詞,實已透露永清心中之幾許無奈感受,而楊浚在墓刻文字中說潘永清「以同官部曹寅好,邀著不停,遊山聯吟」,再思永清在芝山巖所勒石題詞之「洞天福地」聯,正也說明了永清以遊山玩水來抒解煩忙的生活壓力。進一步再思量:同治十二年仲春,永清尚能登上芝山巖題詞,只不過短短半年之後,同年八月遽歸道山,一則可能突染時疫病故,二則咸同年間這十多年的忙碌緊張生活,年年多事,境遇不遂,已埋下病因矣!

另,道光二十一年(一八四一)潘永清創芝山巖文昌祠義塾之事,仍有進一步析論之空間。永清生於嘉慶二十五年庚辰(一八二〇),則是年才二十二歲,其父宮籌時四十八歲,其

---

[59] 同註53前引書,頁九〇。

母郭淑寶已於道光十六年（一八三六）仙逝（時永清十七歲）。試思以一二十二歲之青年焉有如此之財力與名望去興建文昌祠，並聘泉人傅人偉前來安硯設帳，其前在道光五年士林神農宮興建敬字亭，其祖潘瀛海才捐獻二元錢，只不過短短十六年就能出面倡建文昌祠，此一方面突顯了潘家的財富迅速累積，二則說明潘家在道光末年開始介入主導士林地區公共事務，已準備晉入縉紳階層，更重要的是這背後，隱然有潘宮籌之運作努力，他正在大力培植他的長子潘永清。不僅如此，宮籌之父潘董生身後成立「潘金石祭祀公業」，此一祭祀公業之規約，可惜並未流傳下來，成立因由、沿革規章無從得知。但若非潘董生生前既已立下遺囑成立，就是身為長子的潘宮籌所倡立組成。祭祀公業之組成，本身就具有尊宗敬祖、敦親睦族，透過祭祀活動團結族人之作用，再加上「金石」二字隱喻「兄弟同心」之期盼與理想，更可想見潘宮籌之用心與深慮，士林潘家其後呈現一派興旺發達氣象，固然清字輩大有貢獻，但其中承先啟後，導引潘家「由農而儒」、「亦儒亦商」，而且「轉富登貴」的關鍵人物卻是潘宮籌，此即個人一再申言潘宮籌之貢獻，其隱晦處正在此，不曲折深入探討，是很難體會、了解的。

（三）關於家庭部份：

永清兄弟八人，茲將個人調查神主牌與祭祀紙帛生卒年資料，簡單彙整如下，以補正《我家史》：

行一：潘永清，字筱江，生於嘉慶二十五年，卒於同治十二年，享壽五十四歲。元配吳氏碧玉，道光四年生，明治三十

二年卒,享壽七十六歲。繼配李氏克寬,道光十六年生,光緒十二年卒,享壽五十一歲。永清生子二:光棯、光柏,女不詳。光棯事蹟已在前文有略述,此處不贅。

行二:潘景清,字懷江。

行三:潘秉清,字棪江。

行四:潘鼎清,(餘不詳。)

行五:潘盛清,字涵江。

行六:潘成清,字魁江,一字芝石。號樵岡,生於道光二十五年(一八四五),卒於光緒三十一年(明治三十八年,一九〇五),享壽六十一歲。妣潘儀娘,生於咸豐七年(一八五七),卒於民國二十四年(昭和九年,一九三五),享壽七十九歲。

行七:潘應清,字曉江。生於道光二十九年(一八四九),卒於光緒二年(一八七六),享壽二十八歲。妣謝瑞、生於道光二十六年(一八四六),卒於大正十二年(一九二三),享壽七十八歲。

行八:潘慶清,字吉江。

總之,潘家子孫以開台祖十四世潘光義算起,十五世,丁五人;十六世,丁四人;十七世,丁二十一人;十八世,丁四十二人;至十八世合計五世男丁七十三人,正是丁財旺進,英英輩出,文物振盛,彬彬彪炳。

伍、結論

雍正初年漳浦石橋社潘次的兩位公子：長子必達、次子光義先後來台謀求發展，先是初居北投嘎嘮別岸，從事農墾。其後光義返回老家，至乾隆年間光義攜帶側室張氏換娘再度入台，轉往今桃園縣八德市拓墾。光義力田讀書，慨然有大志，平日熱心鄉里公益，享高壽，曾被薦舉鄉飲大賓，死後奏旌孝友，乾隆四十五年（一七八〇）十二月往生，享壽八十一歲，奉旨建坊入祠。潘光義被後代裔孫尊稱為「福興祖」，他可能沒有料到他會成為士林潘家的開台祖，嗣後裔孫蕃衍化育興旺發達，成為著姓望族，至今日高達千人之眾。

張換娘生子三人：蒂生、董生、莩生。董生行四，字用之，號瀛海，於乾隆末年奉母率領家族遷居今北市石牌一帶。董生秉承耕讀家風，開展拓土定居之計，日治其業，產亦日殖，等墾殖有成後，才娶陳氏鬧娘。陳氏為大稻埕人，乃淡水廳庠生泉人陳耀長女，出身書香之家，知書達禮。夫妻兩人同心協力，胼手胝足努力下，奠定了日後潘家豐厚的經濟實力，身後成立「潘金石祭祀公會」，後再分為「元、亨、利、貞」四房。

陳鬧娘生子四女二，子宮籌、宮算、宮籤、宮籙。潘宮籌為長子，早年力學不倦，後來數赴鄉闈不售，絕意仕途。由於功名中挫，轉而改取鄉紳取向，不僅設教於鄉，培育後進，果然及門多秀士，士林文運因此振起。宮籌更是大力栽培諸子，尤其是長子永清，士林潘家之「由農而儒」、「由儒而商」、「轉富登貴」的承先啟後關鍵人物正是潘宮籌。宮籌生於乾隆五十九年（一七九四），卒於咸豐六年（一八五六），享壽六十三歲，逝後卜地大屯山麓。不料咸豐末季，淡北漳泉械鬥再

起，慘烈人寰，九年，士林舊街被焚，房舍成墟，潘家諸多契字文書因而佚失，宮籌墳墓極有可能被波及，被泉民「舁櫬去尋」，勢有不能善了之局。時潘永清滯留福州省垣，準備鄉試，潘家不得不籲請台灣府知府洪毓琛出面解決，歸還棺木。事後永清含悲忍垢，與泉人廩生李起疇出面勸解調停械鬥，得以解兵言和，解決了數十年之漳泉械鬥恩怨，宮籌身後遭辱之犧牲，於族群之融合，正是有莫大貢獻。其棺木也在同治元年（一八六二）暫厝在大道庭山，同治九年（一八七○）正月遷移鴻臚山，二月初八日辰時正式擇吉完墳，下葬立碑，墓之曲手多有官宦、望族、名流、門生的弔唁題詞，一方面表現了潘家交往人物的人脈關係，再則強烈突顯了潘家的社會地位與聲望。

潘宮籌前後二娶，元配郭淑寶，生子二女四，道光十六年（一八三六）郭氏仙逝，後再娶呂氏順塑，再生子六人，合計男丁八人：長永清，依次景清、秉清、鼎清、盛清、成清、應清、慶清。清字輩一門貴顯，正是英英代出，彬彬彪炳，尤其是長子潘永清。

永清字筱江，號定民，生於嘉慶二十五年（一八二○），卒於同治十二年（一八七三），享壽五十四歲。永清早承庭訓，素有遠志，一生事蹟烈烈：進泮黌、恩貢生、入國學、司榷務，息械鬥，以勦匪軍功，敘官訓導，捐納薦升戶部員外郎，餘如有功鄉梓，設義塾、興文教、建新街、修寺廟、墾地開圳、助修志書，真可謂善繼父志，為跨灶之兒。惜永清不長壽，未能恢弘大業，諸弟雖能承繼父兄志業，守成有餘，開拓不足，迨及甲午戰敗，清廷割台，時不我予。

乙未割台，潘家以地方旺族、仕紳之聲望，潘家子弟光櫧、光楷、光明、迺文被迫入學，學習日語以爲地方表率；潘光松亦被迫邀擔任士林保良分局主理。不久發生「芝山巖事件」，日人被殺六士，日方遷怒光松，慘遭異首，其子迺文先是避禍廈門，返回故里，後雖再回北台，此後隱居不仕，鬱鬱含恨而逝。清代士林潘家之發展，以福興祖渡台啓幕，以芝山巖事件落幕，嗣後在日據時期之發展變遷，已非本文範疇，況本文篇幅已多，就此打住，暫告段落。

　　綜觀清代士林潘家發展之特色與家風，可以歸納如下數項：（一）重視風水，（二）領導文教，（三）力田墾拓，（四）亦儒亦商，（五）熱心公益，（六）擅長交際，（七）品學鄉賢，（八）父子孝友，（九）異途晉身，（十）青年入世。總的來說，傳統中國家族的世俗價值、觀念與榮耀願望，如「子孫昌熾」、「科甲聯登」、「家增富庶」、「名顯丹墀」、「世代增譽」等等，士林潘家在清代都大體已經實現了，此後潘家裔孫可以說享受了祖先的餘蔭，今後如何聯繫族人，加強凝聚力，再振祖風，恢弘祖業，恐是潘家裔孫要面對的一大課題，個人衷心的期盼與祝福。

板橋林家三遷暨舊三落大厝之研究
——板橋林家發跡的故事

前言

臺灣五大家族：板橋林家、基隆顏家、鹿港辜家、霧峰林家、高雄陳家，在臺灣幾乎無人不知這五大家族。臺北板橋林家尤以財富雄誇全台，當年其財勢稱之為「臺灣第一家」允不多讓，其家族對臺灣政治、經濟、社會、文化、建築莫不影響深遠。既往已有不少前輩針對林家做過一番研究，如連橫《臺灣通史》之〈林平侯列傳〉、日本高橋彝男之〈林本源邸に就て〉、大園市藏之〈台灣人物誌〉、〈板橋と林本源家〉，澀澤壽三郎之《林本源庭園案內》。光復以來有王國璠之《板橋林氏家傳》，史威廉、王世慶合著之《林維源先生事蹟》、吳守璞之《林本源家小史》、林煥星之《板橋林氏家譜》及吳守禮等編纂之《呂世宜西村先生研究資料、臺灣林本源家文物及資料》合編乾坤二冊，王世慶之〈林本源之租館和武備與乙未抗日〉、林衡道之〈板橋林家的住宅與花園〉、〈板橋林本源之建築〉、〈板橋鎮與林家宅第〉等等。[1] 這些文章，或偏重清

---

[1] 關於研究板橋林家之相關文獻，可詳見許雪姬〈林本源及其園邸之研究〉（收於《板橋林本源園林研究與修復》，臺灣大學土木工程

代、或注重族員、或著重建築、或著眼租館,雖彌足珍貴,不免有所執著難以窺見林家全貌。尤其記述中有頗多舛誤、訛傳、衝突,在在使後之讀者感到矛盾、徬徨,不知如何選擇。幸晚近有許雪姬教授大作〈林本源及其園邸之研究〉及〈日據時期的板橋林家〉等二篇,彙整前人著述並加以重新論斷,前者「首先由臺灣養子風氣盛行的背景中探討林本源家族的主要成員,由人再談其致富的傳說、產業的經營、及林家對社會的貢獻。從其成員、產業,再分析林家在整個漳泉械鬥中所扮演的角色,及其因避禍而一再遷居的事實。最後一章則對林本源園林建築的年代、費用、背景、內容等做一番說明」。[2]後者「主要利用日本外務省外交史料館中有關林家的檔案,及臺灣日日新報的報導來探討林家在一八九五年以後,成員活躍於中、日兩國政府之間的情形。」[3]民國八十九年,總結歷年研究成果,再加上大陸龍溪原籍永澤堂資料,及近年出現之林家土地契字,成《板橋林家——林平侯父子傳》一書,由台灣省文獻委員會印行。許教授大作既出,若無新史料出現,短期之內近人恐怕很難超出許教授之研究成果,因此本文之體例只好秉持著「詳人之所略,略人之所詳」為原則,針對許教授及諸家鴻文,作一番爨積補苴工作,尤其著重在大家比較少觸及或詳細探討之問題,如:

學研究所都計畫室規劃,民國75年5月出版),第一章後所附之參考文獻,頁五〇~五四。
[2] 許雪姬前引書之「前言」,頁一。
[3] 許雪姬〈日據時期的板橋林家〉(收於《近世家族與政治比較歷史論文集》,中央研究院近代史研究所,抽印本,民國81年6月出版),「摘要」,頁六五七。

（一）林應寅移台謀生,何以選擇新莊一地落腳?
（二）林平侯如何致富?
（三）林平侯與新竹林紹賢合作之關係?
（四）林平侯為避械鬥何以選擇遷至大嵙崁一地?
（五）林家又何以遷離大嵙崁並選擇了板橋一地?

這些問題都是過去諸家較少著墨地方,本文之作,固然予以較詳細的探討說明,並且提出若干不同於前人之觀點或論斷,不過這些論點,卑之無甚高論,希望不至有狗尾續貂之譏。

末了,要別說明的是:板橋林家發展縱貫清、日、民國二百多年歲月,家族已有數代,族員恐有千人之多,勢必無法作一全面性的、深入性的探討研究,更何況本調查報告是針對板橋林家舊三落大厝為主題,因此在時間上斷限於清咸豐三年（一八五三）林家搬離大嵙崁,移居板橋「新厝」為止,其後之發展僅略加敘及,這是要特別強調的一點。

貳、林應寅落腳新莊之背景探討

林家開台始祖為林應寅,應寅之父為林廷竹,妣周氏,居福建省龍溪縣二十九都白石堡吉上社,為人篤行積學,務實踐,不求名,以力學硯耕,有譽桑梓。廷竹有子三人,應寅其長,娶妻郭氏,因家無儋石,限於生計,遂於清乾隆四十三年（一七七八）渡台,居淡水之新莊,設帳授徒。[4]林應寅渡台謀生,

---

[4] 陳金城撰〈通議大夫林石潭先生家傳〉,收入林宗毅、吳守禮編《臺灣林本源家文物資料》（臺北定靜室叢書,民國65年出版）。

何以選擇新莊一地呢？歷來研究林家者，均少觸及此一問題，本文試將其背景作一說明。

諺云：「一府二鹿三艋舺」，時人雖常重視艋舺（今臺北市萬華區）之歷史沿革，實不知新莊之歷史發展早於艋舺，係清初臺北地區開發最早之都市，亦為當年臺灣北部最重要之港埠。臺灣北部開發較晚，大量開墾約始於十七至十八世紀，之前新莊附近乃平埔族武勝灣社之聚落，迨明崇禎二年（一六二九）西班牙人入侵，溯淡水河及其支流深入臺北平原，漢人始隨之進入土地豐腴之武勝灣一帶墾殖。明末鄭氏據台，致力南部，未遑開發北部，情況渾沌，直迄末期屯兵唭哩岸（今台北市北投一帶），才有閩粵移民逐漸由淡水河南岸之八里坌溯流而上，經蘆洲至新莊附近開發，篳路藍縷，以啟山林。

新莊位於臺北盆地西緣，濱淡水河左岸，東隔大漢溪與板橋市相望，全域在今大漢溪以西，處臺北平原中部，僅西南隅有林口台地及山仔腳山塊，土地肥沃，開闢自然早於他地。其時北台交通，新竹到臺北之道路，一止於中壢，一止於南崁，南崁北行，仍賴海運銜接。當時之路線約略為：從竹塹出發，北行至芝芭里（今中壢市芝芭里大路下），折而向西北，直走南崁，避過龜崙社番盤踞之龜崙嶺，循林口臺地西側，沿海邊而行，至八里坌（今臺北縣八里鄉），溯淡水河轉折東南，到達新莊至艋舺，路線極為迂迴遼遠。[5]由於當年淡水河河流水

---

[5] 見《桃園縣志》，（成文出版社，民國72年台1版）卷四第五篇交通，頁三～四。另，郁永河《裨海紀遊》（台銀文叢第四十四種）所記亦可佐證其時路線：「（四月）二十七日，自南嵌越小嶺，在海岸間行，巨浪捲雪拍轅下，衣袂為濕。至八里坌社，有江水為阻，及溪水也。深山溪澗皆由此出。」

大,可直上桃園大溪,加以新莊濱於臺北大湖畔,更成為交通便捷之地。尤其康熙三十三年(一六九四)的一場大地震,使得臺北大湖有了出海口,海潮順流而上,穿過關渡門,南港社後,轉向東南到達新莊湖面,再受到地形和擺接溪(今大漢溪)的影響,在海山、擺接間漸轉向北流,經過大浪泵(今臺北市大龍峒),接納峰仔峙溪(今基隆河),轉向西北,越外北投、關渡出海。新開闢的新莊港,有廣大的平原,良好的停泊地,自然很快的興榮起來。

　　康熙末造,有汀州人胡焯猷到新莊拓墾,拓墾了現在的泰山、丹鳳、營盤、海山一帶,利用井水和池塘蓄水灌溉。雍正五年(一七二七)後,福建貢生楊道弘招募佃戶大力墾殖,開拓了東至淡水河岸,自八里坌山腳,南至海山尾(今山仔腳),北至關渡的土地,今新莊地區全入其墾域。雍正十年(一七三二),以新設之庄,故名「新庄」。不僅如此,因移民開闢,田園日興,於是雍正初通往北部道路又有新建。初由南崁社取道沿岸向北迂迴,繼則放棄,改由經崁崁崎、坪頂、兔仔坑至臺北新莊,所走道路約今北一高速公路,從南崁進入今龜山鄉的南上村、大坑村、大崗村、林口臺地中間,到泰山的北方,避去航行之險。[6]雍正十一年後,為求更便捷,新開龜崙嶺山道,改溯南崁溪流源頭。嗣後,由竹塹北上,經澗仔壢(今中壢市)、桃仔園,渡小檜溪(今南崁溪上游)、經舊路坑(今龜山鄉舊路村)、十八份莊(今新莊市丹鳳里),到達新莊。此路即有

---

[6] 同註5,另參見黃浩明《龜山鄉志》(龜山鄉公所,民國79年發行),第一章開闢史,頁一八～二一。

名之「舊路坑」道路，簡捷便近，而南崁沿海舊路漸廢，也帶動了桃園地區之開發。

乾隆以降，有漳浦人林成祖，招佃入墾；又有郭宗嘏開墾了從中港厝莊到平頂山腳的大部分土地，甚至包括了當時居於擺接堡的柏仔林的園林，和長道坑，八里坌的田地，乾隆十六年（一七五一），更在原舊路坑道路南山之小山道，開闢新嶺路，從桃仔園經新路坑（今龜山鄉新路村、嶺頂村）、塔寮坑（今龍壽村），陂角（今迴龍），出埤角店莊（今新莊市後港里），抵達新莊，為今縱貫公路龜山至新莊段之濫觴。不僅如此，乾隆二十六年劉承纘鳩集佃戶開鑿了「劉厝圳」；乾隆三十一年張必榮，張沛世二人合作開鑿了「張厝圳」；因這二圳引水灌溉，使新莊附近九百餘甲田地得以灌溉，也由於新莊的開闢，帶動了大漢溪以北的發展，包括了八里、五股、泰山、蘆洲、林口、三重等地。[7]至乾隆中葉，沿淡水河形成條狀港衢，再因龜崙嶺新路的開通，水路交會於，此千帆林立，船舶雲集，盛極一時，新莊平原已成為移民拓墾樂園，由「興」仔莊，「興」直莊，形成了鼎盛的「新」莊街，新莊的地名也因而確定，而且新莊的農業拓墾，在乾隆四十年左右已臻成熟，不僅是臺灣北部重要的產米區，也是重要的商鎮，被列為當時淡水廳八大街之一，在此引錄一段史料來確切說明其時新莊之繁榮。淡水

---

[7] 見①尹章義《新莊發展史》（新莊市公所，民國 69 年 7 月出版），第二、三章，頁九～四二。②尹章義《新莊志》卷首（新莊市公所，民國 70 年 1 月初版），第四、五、六、七章，頁三一～九四。③尹章義〈臺北平原拓墾史研究〉，《臺北文獻》直字第五十三、五十四期合刊，頁五二～一三八。

同知胡邦翰，曾於乾隆二十八年（一七六三）至興直堡（新莊）勘察明志書院院址與學田，撰文提及：[8]

> ……北為峰子峙山，南為龜崙山、東面擺接山，西枕八里坌山，四面環繞，平原廣闊，水田肥美，實為台北要區，天然巨鎮也。中有新莊街一道，商販雲集，煙戶甚眾。凡內地人民赴台貿易，由郡來北路，必至於是。

開拓已成，漢人遂奠聚落，興水利，建寺廟，人文頓形活躍。乾隆十一年八里坌巡檢盧文桂曾新莊街尾設義學一所，使新莊人有受教育之機會，嗣因八里坌水土頗劣，巡檢遂將巡檢署移至義學址，新莊義學遂廢而漸湮沒。[9]使得有志於學者，必須千里跋涉，遠至半線（今彰化）就讀，誠屬不便，影響淡北文教之發展。汀州永定貢生胡焯猷（字攀林），時寓居淡水，「四十餘年，手創基業，不私子孫」，乃決定捐租興學，以利學子。遂稟報官府，願捨房舍、魚池充義學學舍，捐租谷充膳脩膏伙，其稟文曰：[10]

> 北淡偏陬，實東寧僻壤。左山右海，疆土維遙。賈販農耕，士風未振。……至興直一堡，尤塹屬巨鎮，秀靈特異，形勢斯開，平原闢萬頃膏腴，足徵富庶；市肆聚千家煙火，具見繁滋。鑿井耕田，久安樂土，漁歌畋史。第因義學久湮，以致師承無自，雖彰山以南之黨塾，設

---

[8] 《明志書院案底抄本》（藏中央圖書館臺灣分館），第一冊，頁二B。
[9] 同註8前引書，頁五A。
[10] 同註8前引書，頁二A。

教咸有右賢，而大甲以北之孤寒，負笈苦於道遠，是以
有志之士，雖得成材，可造之資，嘗多中輟也。

　　胡氏此種回饋社會之義舉，使得鄉里孤寒貧苦之士，能有就學機會，因而有明志書院之議設。至乾隆三十四年，又有郭宗嘏捐出田園合計約兩百甲作為學租，來教育今新莊、泰山一帶子弟。[11]創校諸公，私心期望地方籌劃，隨時添補，務令多士雲從，人文雀躍，能與郡城之崇文、海東諸書院相互輝應，共興文教。[12]嗣後因繼任之淡水同知李俊原，因明志書院距竹塹城（即今之新竹市，昔為淡水廳治所在）太遠，籌議別建書院，南遷竹塹，於乾隆四十六年雖順利得逞，但原址仍維持一間義塾，仍聽生童照舊肄業。直到光緒二十一年（一八九五），台北知府管善元以「八里坌新莊義塾，係新竹明志書院之移廢舊址，此後應稱新竹山腳義塾，不得再稱書院，以杜影射。[13]」結束了泰山「明志書院」之虛名。

　　除了上述新莊一帶之文教發展外，乾隆十五年移八里坌巡檢於新莊，到了乾隆三十二年才改稱新莊巡檢，新莊取代了八里坌地位。至乾隆五十五年又升格為縣丞，直到嘉慶十四年（一八○九），議改新莊縣丞為艋舺縣丞之前，新莊一直是淡北行政中心，首善之區，民富土沃，充滿各種謀生、就業、開拓的機會，明白此，自然也就明白林應寅為何於乾隆四十二年渡台發展時，選擇了在新莊此地落腳謀生的原因。

---

[11] 《臺灣私法物權編》（台銀文業第一五○種），頁一四一二～一四一三。

[12] 同註 8 前引書，頁一二 A。

[13] 同註 8 前引書，第二冊，頁一七 A、B。

只可嘆,「新莊為物產集散要地,可說是企業家和農商人士發展的最好基地,但應寅卻是個教書匠,落得英雄無用武之地。」[14]且泰山明志書院於乾隆四十六年(應寅抵新莊之後三年),遷竹塹,遲至八十年後(道光二十三年,西元一八三四年)才有淡北第二座書院——艋舺的文甲(學海)書院出現,說明了官府輕忽文教以及地方人士重商輕文之功利習氣,應寅謀生不易,於乾隆五十年黯然賦歸回龍溪老家,此後未再渡台,卒於嘉慶八年(一八〇三)。

參、林平侯發跡之探討

林應寅有子三人,長向然,向邦其次,即平侯也,三子姓名不詳(一說平泰,螟蛉子)。

林平侯名向邦,號石潭,[15]生於乾隆三十一年(一七六六)九月,平侯小時即鋒穎異凡兒,英敏豁達,厚重卓識,受學於王天台,王見其不凡,後以女字之。居家善事父母,邑中稱孝。年方十六(時乾隆四十七年)渡台尋父,傭於鄰居米商鄭谷家。[16]由於平侯勤勞奮發,又善於書算,頗受鄭氏信任。數年後,積蓄銀元數百元,鄭谷極欣賞平侯,促平侯自立經商,復借助

---

[14] 陳漢光先生語,見陳漢光〈林本源家小史〉,《臺灣風物》第十五卷四期,頁三八。

[15] 關於林平侯之字、號,諸說紛紜,此處暫取連橫《臺灣通史》林平侯傳之說。

[16] 有關林平侯是「隨」父來台,或「尋」父、「省」父、「侍」父來台,諸說紛紜,來台年紀亦有十六、十八歲兩說,此處暫取十六歲來台尋父之說。

千金,時淡水河流域以米穀為運販之大宗,《台案彙錄》收有乾隆五十三年五月一件福康安「海口陋規奏」,文中約略描述到其時新莊港運米販銷之陋規:[17]

> 因該處產米甚多,商販圖利,順便販運出口,亦有陋規,並無定數,該處係淡水同知上淡水都司管理,每年同知約得番銀六、七千圓,都司約得番銀四、五千元。

尹章義氏據此估計,則一萬二千元番銀之陋規換算成私販米谷相當二十萬石,可知其時新莊販米數量之龐大。因此,新莊有一條米市街、一條瀠和街,街上都是富豪巨商,不但賤業、賭博、飲食業不能進入此區。連令產生噪音之精米業(即碾米業)都不能進入此區。[18]也可想見新莊米商之富豪勢利了。因此林平侯選擇以販米為業,不數年遂獲大利。而林平侯販運米谷能獲大利,除他個人經營得法外,筆者推想恐怕也與時機有關。

按,乾隆年間臺灣米價情形,據王世慶〈清代臺灣的米價〉宏文所敘:乾隆初年,北部淡水廳係屬新開之地,為產米之區,而人口稀少,米價平減。尋乾隆十三年,內地泉漳米價騰貴,時臺地亦荒旱,米石價與內地同至銀三兩,輿情恟恟。乾隆十五年至二十七、八年,則豐登有年,米價穩定,每石約在一兩四、五錢譜。乾隆中葉台米輸出隆盛,米價因而升揚。至乾隆五十一年十一月,即林爽文起事前,時米價每石銀一兩三錢至一兩五錢六分不等。翌年(五十二年)林爽文起事後,各縣廳

---

[17] 《台案彙錄庚集》(台銀文叢第二〇〇種),收乾隆五十三年五月二十九日福康安之〈海口陋規奏〉,頁一七七〜一七八。
[18] 尹章義《新莊發展史》,第三章,頁二八。

倉糧穀被搶,農民四散無法耕種,米價昂貴,每石價銀增至二兩二錢至二兩七錢之鉅。至秋後,台屬各地更激漲,每米均在三兩以上至四兩二、三錢之間。時因米價騰貴,居民改食薯乾,以致薯乾市價亦增。五十三年春,米價更漲,如淡水廳,二月因大雨雪而饑,斗米漲至千錢。五十三年二月,爽文事件平,入六月,米價始漸平。五十四年,米價守穩,每石銀一兩四錢一分三厘至一兩五錢四分之間。至乾隆六十年三月,復有陳周全起事,加以內地米貴,商船爭集,台米因而昂貴,漲至石米錢五千文,約銀五兩五錢之譜。[19]

　　乾隆末葉林、陳二案所引起的大動亂,致使米價大漲,善於經商的林平侯自然不會放過此機會,囤積居奇,飽賺一筆。感恩圖報之餘,鄭谷年老欲歸唐山,平侯奉本利以還,谷不收,乃置產芎蕉腳莊(約今中和市中原里一帶),歲收租息以餽之,也突顯了平侯本性淳厚信實之一面。不久,又與竹塹林紹賢合辦全台鹽務,並置帆船運輸貨物,往販南北洋,擁貨數十萬金,饒甲一方。

　　談及板橋林家者,對於林平侯與林紹賢合辦全台鹽務之事,往往一筆帶過,未及深究,其實其中頗有疑點。林紹賢其人陳培桂《淡水廳志》卷九列傳二〈先正〉有傳:[20]

　　　林紹賢,字大有,國學生。籍同安,移居台之南路,復徙竹塹。善治生計,家頗饒。宗族待舉火者數千家。義

---

[19] 詳見王世慶〈清代臺灣的米價〉,收於氏著《清代臺灣社會經濟》(臺北,聯經出版事業公司,民國83年8月初版),頁七五~七六。
[20] 陳培桂《淡水廳志》(台銀文叢第一七二種),卷九列傳二〈先正〉,頁二七二。

舉如捐建文廟、倡造城垣,及設宗祠,置祀業。卹難民不吝資助。族有窮嫠,每口給月費,令撫孤成立,歷數十年不倦。

連橫《臺灣通史》卷三十三,列傳五記其孫林占梅:[21]

林占梅,字雪村,號鶴山,淡水竹塹人。始祖三光以明季自同安來,居於臺南府治櫟子林,數遷至竹塹。祖紹賢,墾田習賈,復辦全台鹽務,富冠一鄉。有子七,長祥瑞,生占梅,早卒;季父祥雲撫之。

台灣總督府刊行之《臺灣列紳傳記》記林知義,亦提及其先世:[22]

其家古來以名族著世。康熙初年有林處士是茂者,由泉州同安來,住於臺灣縣櫟子林,放情花竹自娛,乃明朝遺臣也。先生其後裔,是茂子名盛玉,徙家於諸羅。盛玉嗣子,名勳文,移居彰化,再遷於竹塹。俶載南畝,貽謀厥孫。有弄璋名紹賢,字大有,號萬里,誥封資政大夫,賜額「海邦宣力」四字,事蹟詳載於淡水廳志,是即先生曾祖父也。

黃啓文《新竹史話》則載:[23]

---

[21] 連橫《臺灣通史》(臺灣省文獻委員會編印,民國65年5月出版),卷三三列傳五〈林占梅列傳〉頁六九〇。
[22] 臺灣總督府《臺灣列紳傳》〈林知義〉則,轉引自陳運棟《內外公館史話》(作者發行,民國83年6月初版),頁六八。
[23] 轉引自陳運棟前揭書,頁七〇。

其世祖林三先,明朝時由福建同安來台,在臺南府治下的樣子林,暫時棲身,經過數次的搬遷,最後在竹塹安居下來。到占梅曾祖可忠(諱文,號文彩),家基奠定。祖父紹賢(諱萬生,字大有,又號志達)時代(一七六一至一八二九年),從事帆船船運生涯,頗為得手,後來並執全台鹽業之牛耳,致成鉅富,廣置田產。

以上諸傳,於林家世系略有出入,與本文主旨無關,暫闕,日後再考。要之,竹塹內公館林家之所以成為大姓豪族,關鍵人物為其八世祖林紹賢,也就是一般人所稱之「萬生翁」。「林恆茂家族譜稿」於林紹賢事蹟錄載較詳,舉凡其本人及妻妾之生卒年代、諡號、閨名、葬處、子息俱都確載,據族譜所記,林紹賢幼名萬生,字大有,號志達,譜名臣萬,諡裕昆,生於乾隆二十六年(六一),卒於道光九年(一八二九),享壽六十九。他之生平「萬生翁業帆海,來泊竹塹,商號曰恆茂。帆商呂宋群島,獲巨利,捆載而歸,得暴富,遂此起家。廣求田地,謀購番墾,為數不少,建築宅第於西門城邊,謀為子孫久計,起造九包大宅堂,開鑿潛園池台水閣,稱竹塹著名之園遊地。」[24]「恆茂」為林紹賢「為包全台鹽務」之商號,「故有恆茂課館之稱」,另外還有「恆發」商號專從事貿易。

除此外,陳運棟〈林占梅潛園琴餘草詩譜〉中,亦有若干有關林紹賢事蹟,茲撮錄於下:[25]

①道光四年(一八二四):四月初十日,淡水廳文廟告竣。此廟肇始於嘉慶二十二年十二月十五日。祖父紹賢公實首倡

---

[24] 本族譜所載,轉引自陳運棟前揭書,頁七〇、七三、七五。
[25] 陳運棟前揭書,頁二〇八~二一一。

之，並任為正總理。筆者按：之前林紹賢等人，於嘉慶十六年曾捐金買置潘文助北莊崙子尾水田園屋，資助竹塹縣城南門外大眾廟，以充中元祀孤用費。[26]

②道光五年：是年，祖父紹賢公改修竹蓮寺。筆者按，另據《淡水廳志》卷六〈典禮志〉「祠廟」記：「上帝廟，在山仔頂莊。乾隆間林寬等捐建。道光五年林紹賢重修」。[27]

③道光六年：十一月十四日，祖父紹賢公，與癸未科進士鄭用錫，前候補同知林平侯等人籲請建淡水廳石城於竹塹。紹賢公與林平侯等題捐番銀三萬元。

④道光七年：六月初十日，淡水廳城開工。祖父與林平侯、鄭用錫、吳振利等人總理出納。

⑤道光八年：是年，祖父紹賢公與淡水同知李慎彝、守備洪志高、鄭用錫等於東門建東寧宮。

⑥道光九年：三月二十一日未時，祖父紹賢公逝世，享年六十又九（一七六一～一八二九）。

據上引種種資料可確知者，林紹賢善治生計，其得以鉅富起家，除貿易有無外，殆與從事鹽務有極大關連。關於鹽務其中有種種不便為人知之黑幕，故談及板橋林家及新竹林家「包辦全台鹽務」者，率皆一筆帶過，蓋不易知其內幕詳情也。此處對於臺灣鹽務須先作一背景說明：

臺灣因為自然環境方便，先住民早有晒鹽供食傳說。明鄭時代，諮議參軍陳永華始教民晒鹽，曾就瀨口地方，修築坵埕，

---

[26] 見《新竹縣采訪冊》（台銀文叢第一四五種），卷五〈碑碣〉，頁一八六～一八七。
[27] 陳培桂《淡水廳志》，卷六典禮志〈祠廟〉，頁一五三。

潑海水為滷，曝曬作鹽，即日可成，許民自賣，而課其稅，視鹽田如農田。歸清以後，承襲鄭氏遺制，製造販賣，俱委民營，而惟征取定額鹽稅。嗣後鹽戶日多，銷路愈廣，由民自晒自賣，卻因時常爭晒競售，市價不一，價每不平，故至雍正四年（一七二六），改取所謂官運商銷辦法，即在府治之內，設一鹽館，盡數收買製鹽，貯之官庫，名為官鹽，各廳縣販戶，須領鹽引，[28]赴館承辦運賣。鹽館根據各屬人口，指定銷鹽量額，藉調節鹽價，並保持其穩定。

時鹽場分設四處，曰洲南、曰洲北、曰瀨南、曰瀨北，此外地區，不許晒鹽，違者以私鹽論。到了乾隆二十一年（一七五六），由於銷鹽增加，乃添設瀨東、瀨西鹽場。乾隆二十四年，始定銷鹽十一萬石，嗣又加銷溢額二萬石。道光初，又加代銷漳屬官辦滯銷引鹽一萬七千石，年共應銷鹽十四萬七千石，應徵正溢課銀三萬八千五百餘兩。至光緒二年，經夏獻綸整頓，每年增銷三十六、七萬石，只得價銀四十餘萬元。除津

---

[28] 按鹽引為鹽商納課、支鹽、運銷之憑證。鹽引由戶部寶泉局用銅版統一印刷，由各地鹽務官員或轉運司赴部領取，再發引、收課予鹽商。引有多種，包括鹽斤數量、運銷途程、定量配銷、行銷方式、發引時間、途程遠近、納課輕重等等，均有所不同。鹽商領引納課，沿途鹽卡憑引盤查收稅，鹽商按鹽引指定之引地（又稱引岸，即專賣區）行銷。引鹽銷後，將殘引上繳官府，查驗注銷。（詳見《中國歷史大辭典清史卷上》，上海辭書出版社，1992年11月第一版，頁四一二）。而在台灣情形是：各鹽館持引來鹽場運鹽，場員將引裁取繳查，其餘三聯發還賚運。由晒丁秤手，憑引發鹽，每引五十石。再由各販戶、莊民赴館繳課領單，每鹽一石，定繳課價、腳費若干，執單赴倉支鹽，運赴各廳縣售賣。（見唐贊袞《台陽見聞錄》卷上〈鹽政〉，頁六四～六六）。

貼運費成本外,尚得洋銀十七萬元。自劉銘傳抵任後,每年僅得十二、三萬元。[29]

這些鹽場,每年二曬,募僱哨丁晝夜巡邏,不准私鬻,並私添埕格。大凡曬收鹽石,另派有緝私委員帶同巡勇,每日於傍晚時,會同場員隨帶哨勇,遍歷各鹽田,眼見曬丁,將晒成鹽粒掃刷淨盡,押令挑赴場內,先堆倉外,俟隔夜流滷稍乾,次早,場員眼盯晒丁過秤,再入倉廠。鹽面蓋用鹽印,不致暗被偷漏。[30]雖說這些鹽場,都設有若干緝私委員、場員、哨丁、巡勇等,晝夜巡邏以防偷漏,然而事實上難以防杜,私鹽依然泛濫,清代臺灣地區銷售私鹽,其花樣繁多,如《澎湖廳志》記:[31]

> 雍正間,廈門有商船往來澎島,與臺灣小船偷運私鹽米穀,名曰短擺。台防同知王作梅廉知,急捕之,並得官弁交通狀。時提標哨船二十餘,往來貿易,號為自備哨,出入海口,不由查驗,作梅詳請禁革。

《噶瑪蘭廳志》記嘉慶年間宜蘭情形:[32]

> 嘉慶庚午以前,內地興化、惠安捕魚小船,每當春夏之交,遭風收泊入港,將鹽散賣,勛七、八錢,間有收售居奇,至秋冬船去,賣二、三十文者,民番亦相安為常。

---

[29] 唐贊袞《台陽見聞錄》(台銀文叢第三十種),卷上〈鹽政〉,頁六四~六六。
[30] 同上註。
[31] 林豪《澎湖廳志》(台銀文叢第一六四種),卷十一舊事〈軼事〉,頁三八二。
[32] 陳淑均《噶瑪蘭廳志》(台銀文叢第一六〇種),卷二賦役〈鹽課〉,頁七七。

自設官後,各船既有透漏之虞,而蘭中又無可無埋坎之處。初議……招募雞籠小船,換給府照,就於莆田、惠安近場探試買撥……嗣司道議以台郡蘭廳究在一脈境界,緩急可以計日而至,且必台場配運,方可清查內地之私鹽。

劉家謀《海音詩》記咸豐年間事:[33]

「亭戶鹽籌滯未行,牢盆在手絀經營;涓涓莫塞厓中漏,徒析秋毫利不盈。」註云:「內地私鹽每斤二文,偷載至台,每斤賣四、五文,而官鹽每斤十二、三文,故民間趨之若鶩。私鹽出入,小口居多,關吏利其賄,不問也。內山生熟番及粵莊人皆食此鹽,台鹽每年減銷,不啻十之六七,而官與商俱困矣。惟稍減官價,使之易銷,而嚴緝諸口,禁其偷漏,庶有寥瘳乎?」

照以上所引錄史料看,似乎正規鹽商頗受打擊,其實不然,鹽商本身亦照常走私。鹽商本是官鹽之銷售壟斷者,也是鹽課的交納者,他們為了確保食鹽的銷售,必須與私販競爭,因此在官府授權下,可以雇有私人巡役,緝查私販,出財募人以捕私販。但是,他們往往又是最猖狂的走私者。由於鹽商享有專利之權,加上勾通官府,並雇有緝私人役以作掩護,動輒「場漏」,所以他們的走私自可暢通無阻。

臺灣的鹽場既偏於南部,因交通不便,故北部食鹽,每感不便,因此造成鹽價偏高,私鹽橫行情形。於是在淡水廳竹北

---

[33] 陳漢光編《臺灣詩錄》中冊(臺灣省文獻委員會印行,民國73年6月再版),第八卷「劉家謀」,頁七七六。

一堡虎仔山庄,遂有私行晒鹽,年得鹽二萬餘石,一時私鹽充斥,課項銳減,當局無能禁止,林豪《東瀛紀事》〈叢談〉記其事:[34]

> 台澎皆食郡治館鹽,而竹塹海口虎仔山可曬私鹽,故館丁時時訪拏,鹽梟動則列械相鬥,然不能絕也。

所以同治六年(一八六七),臺灣道吳大廷議歸官辦,以虎仔山為南廠,油車港為北廠,此外又有十塊寮,合計三處曬場。民自建造鹽埕開曬,歸課發售。但是「每年至四、五月,多募哨丁巡拏私販鹽夫,則費用亦甚浩繁云」,[35]而且「因晒本有限,銷路未暢,遂為竹塹館之累」。推究其原因亦不外乎給予晒鹽莊民薪資過低,「輕入重售,民咸苦焉。」、「其售諸民間,每七二洋銀一圓,買鹽九十觔,如釐金銅錢百八十文。」再加上「近如中港、後壠各地熟番,亦有挑沙瀝滷自煮,官不徵課。蓋社番歸化時,曾奏准聽其煮海自食也。至私販之弊,各港口有之。其甚者,雞籠、香山二口,奸船私以鹽來,後私易煤炭、樟栳、米穀而去,頗為難治。」[36]

此種現象直到割臺前,仍然未變,《新竹縣制度考》中收有新竹縣鹽商林裕豐向日軍具稟文件,稟中提到新竹其時鹽政詳情,其中有「所賣之鹽,均係西南海口虎子山之南廠,油車港之北廠、十塊寮三處之人民自建鹽埕所晒。」、「鹽館及各廠鹽倉均係民間租賃,館中器具均係商家自行置用。」、「新竹向來鹽務著名不好辦,近來政令不行,遍地皆私,若不速設

---

[34] 林豪前揭書,卷三經政〈鹽政〉附考,頁一〇一。
[35] 《新竹縣志初稿》,卷二賦役志〈鹽課〉,頁八二。
[36] 陳培桂前揭書,頁一〇九。

法整頓，恐日見糜爛，更不好收拾。」、「新竹港汊分歧，內地私鹽船時到地，勾結海口奸民，私相販賣，南北廠晒丁多匿鹽，私偷散售。至四、五月，即要多募哨丁百十名，到各處巡緝，以致用費浩大，約全年鹽本一切開銷外，公家只能長餘四、五千圓。」[37]

雖云如此，但經辦鹽務仍有鉅利盈餘，連橫《臺灣通史》卷十八〈榷賣志〉云：「其館主為鄉紳宦戚，獲利不少，大者歲盈萬金，小亦一、二千圓。臺灣銷鹽約按人口，每人日用三錢，年需六斤十二兩，以百萬人計之，則當鹽二千二十有五萬斤。斤勻銀一分，為二十萬二千五百兩，實歲入之一大宗。」[38]。《日據下之台政》一書亦提及：[39]

「……然而官鹽價格高達十倍以上，私鹽不能禁絕，尤以北部為盛，蓋以帆船載運，其來自臺南與來自廈門之私鹽，占官鹽十分之三，約計十萬石。又境內私鹽亦多，在新竹以南料哩（按即是苗栗）地方私製食鹽，年達兩萬石以上。……」、「官鹽放售及批發價格，包括鹽課及鹽厘，每九十斤（天平）徵課銀一元，加徵鹽厘二百文。零售價格每斤銅錢（即制錢）十六文，加收鹽厘錢二文，計十八文，而各小館委員司事從中弄弊肥私，同係官鹽，其批發價為九十斤一元，即銅錢一千零八十文，而小賣則為一千六百二十文，相差至五百四十文，

---

[37] 《新竹縣制度考》，（台銀文叢第一○一種），鹽政〈新竹鹽商具稟〉，頁一二三～一二四。
[38] 連橫前揭書，卷十八〈榷賣志〉，頁三九○～三九一。
[39] 《日據下之台政》（臺灣省文獻委員會印行，民國66年4月出版）第七章產業第二節重要物產十二食鹽，頁一九。

扣除厘金二百文,尚差三百四十文,此剩餘多入官吏私囊。又總館庫存食鹽賣盡之後,核對原賬簿,如有剩餘,則該委員等於去職時,將在職中之溢鹽,分配小館,增秤份量,隨同官鹽加算價格,即每元加收其溢額一、二十斤代價,於三、五日內,悉行賣盡,稱為『放價』,其鹽課鹽厘,全歸此等委員私囊,不入官帳。」

明白此,自會明白何以板橋林家之林國芳要捐納買得「鹽運使銜候選郎中」,伊兄林國華在咸豐十年捐十二萬千文錢以接濟官餉,由在籍花翎遇缺即選道再賞加「鹽運使」;與竹塹林家之林占梅透過捐納和軍功取得「鹽運使」之官銜了。按,鹽運使,全稱為「都轉運鹽使司鹽運使」,簡稱「運使」,秩從三品官。設于於產鹽省份,與鹽法道間置,亦有鹽法道兼運使者,掌治各鹽場、井、池之鹽務事宜,督察場民之生計,商人之行息、適時平鹽價、管理水陸挽運等等。屬官設經歷、知事、巡檢及庫倉大使等。[40]

總之,林平侯能在短短二十年之間驟成巨富,其一是靠著林爽文、陳周全之亂,米價大漲,囤積飩賺;其二是與竹塹林紹賢包辦全台鹽務,壟斷食鹽價格,謀取暴利。則林家驟成大富,是理所當然了。也正因為林家之致富,其中種種不便為人知之內幕,外人不察,遂有種種荒唐可笑之猜測,如拜月亮、詛天咒、設詐賭、賣爛茶、通海盜、拾漂船等等傳說。[41]何況「內地窮民,在台營生者數十萬,囊鮮餘積,旋歸無日,其父

---

[40] 同註 30 前揭書,頁四一三。
[41] 關於林家致富之種種傳說,可參見許雪姬〈林本源及其園邸之研究〉,頁三。

母妻子，俯仰之資，急欲赴台就養。」[42]一般眾人落魄失意，反之林家短短二十年成為臺灣鉅富，尤屬惹人眼紅，自會有各種猜測胡說，林家不願、不能、也不便對人辯說，遂任憑其訛傳至今。

肆、林平侯遷居大料崁之背景探討

林平侯既富甲一方，乃納粟捐官，先是遵例捐得縣丞。不旋踵，嘉慶八年（一八〇三）丁父憂。嘉慶十一年服除，挾資之京師，加捐同知，分廣西省儘先補用。嘉慶十五年，平侯至廣西，才二十日就被派為潯州通判，以後攝來賓縣事，旋補桂林同知，兼管驛鹽事。再署南寧府知府、柳州知府，在粵西凡六年，嘉慶二十年（一八一五）因事灰心，稱疾歸。[43]

---

[42] 王必昌《重修臺灣縣志》（台銀文叢第一一三種），卷二山水志〈海道〉，頁六八。

[43] 坊間書籍一般提及林平侯隱退歸台均是指嘉慶二十一年，但筆者據道光元年「林氏義莊」（永澤堂）碑文記：「據原籍居治下興直保新莊街。克勤克儉，積置田業。迨強仕之年，力圖報效，遵例捐納同知，分發廣西候補，隸屬來賓縣知縣，桂林府同知、柳州府知府、嘉慶二十年解組回籍。」斷為嘉慶二十年。關於林氏義莊及平侯仿宋范仲淹義之法，置良田數百甲，充為故鄉族人祭典及教養經費，並於嘉慶二十四年（一八一九），擇定在過田社（今龍溪縣角美鎮楊厝村附近）營建「永澤堂」宗祠及林氏義莊。義莊在道光元年（一八二一）落成舉行開賑，為當時地方一大盛事。為求長久，義莊當時設有基金，據莊裡碑記「在台灣淡水海山堡水田四十三甲八分四厘二毫，充為原籍義莊義田，年收租谷，完糧耗谷外，實收谷一千六百石，按年運回龍溪縣白石堡吉尚村潭頭，贍給同宗貧乏族人之用」。林維源攜眷內渡，回廈門後，負責主持故鄉林氏義莊，他恪守祖訓，修繕莊舍，妥善管理，贍賑貧乏，少有遺漏。維源死後，

關於林平侯納粟捐官此一段經歷，一般論者，率皆一筆帶過，其實其中有值得一探問題。清代選任官員，固然是通過定期科舉取士途徑，另有一條途徑，那就是「捐納」。捐納亦即出銀買官，清代的捐納，分「現行事例」和「暫行事例」兩種。「現行事例」又稱「常捐」，是經常開捐的形式，涉及範圍只限于納職銜、貢監，和已任官員的加級、紀錄之類。「暫行開捐事例」也叫「開大捐」，多是遇到重大的軍事行動、河工、賑災等需要巨大經費而限期特開的捐例。暫用事例除捐功名出身與加級封典之外，最重要的是可以捐實官。也即是規定京官自郎中、員外郎以下，外官自道員、知府以下，武職自參將以下，直至九品和未入流官，都可捐買。在眾多捐納項目中，價格最高的就是捐實官，以定額最低的乾隆初年為例，報捐道員需一萬三千一百二十兩，知府一萬零六百四十兩，知州四千八百二十兩，知縣三千七百兩，連最低的從九品和未入流職，也得一百六十兩。[44]據此可知林平侯由縣丞而同知，至少捐了一萬四千三百四十兩，這不是一筆小數目。由於林平侯的捐納是買實官，開大捐，花費不少，但何以致此？可能其時（嘉慶八

義莊事務由其子林爾嘉接手，逐年由台灣運來租谷，先在廈門驗收，再發交義莊，按例分發，一直延續到民國十八年（一九二九），台灣來谷銳減，義莊贍賑範圍隨之縮減。民國二十六年，抗日戰爭開始，義莊贍賑不得不全部停止。從清道光元年（一八二一）義莊建成，迄民國二十六年（一九三七），共歷一一六年，林家均捐輸經營，其美德義行，至今仍令人懷念不已。（以上參考黃劍嵐主編《漳州歷史人物》第一卷龍海卷〈林平侯林維源〉傳，北京東方出版社，1991 年 7 月出版，頁九六〜一〇三。）

44 參見許大齡〈清代捐納制度〉，轉引自郭松義、李新達、李尚英等著《清朝典制》（吉林文史出版社，1993 年 5 月第一版），第四章職官管理制度，頁二五九〜二六〇。

一十三年)海盜蔡牽、朱濆侵擾臺灣,王國璠〈林公平侯傳略〉記:「其時也,海盜蔡牽、朱濆相繼侵擾淡水,官兵虛張戰功,每每誅求冤濫。殷富之家,紛援捐例以求爵賞,藉可交通官府,而圖苟且自保。」,[45]或有其事,王氏《板橋林氏家傳》雖頗多無史料來源之記述,卻未必全是無據、無稽之說。

不過,捐納花樣雖多,仍有限制,如凡捐納道、府官者,若以前未出任過實缺正印官,只能以簡缺選用,此所以林平侯先是「署潯州通判」,再「攝來賓縣」,皆是先在邊疆偏遠地區代理,等確實諳練工作後,才實授「遷桂林同知、知南甯府事、擢柳州太守」。

林平侯在粵南期間,頗有政聲,王國璠文有詳記,茲不贅引。由於政績不錯,秉公而斷,易得罪巨室同僚,遂有短平侯者,控訴於嘉慶十九年新任兩廣總督蔣攸銛,平侯往見,指陳悉事皆中肯綮,蔣氏驚曰:此真精敏強識之吏也,嘉之而不劾。惟平侯至此已心灰意冷,無意仕途,慨然告歸,稱疾引退,回到台灣。時淡水一帶漳泉械鬥不息,平侯雖出面調停,善為化誨,但尋停旋鬥,依然不止,無奈,以所居新莊為貨運樞紐,械鬥要衝,唯恐波及,遂於嘉慶二十三年(一八一八)移家大料崁,並在三層(今大溪福安里一帶)鑿圳啟田、建屋闢地,勤於力田,盡力農功。

林平侯何以選擇大料崁作為遷居力田之所在呢?

早在嘉慶二十三年以前,林平侯即以林安邦之名義,在擺接堡頂崁莊購置水田,遞年納業戶林光邦(林成祖後裔)水租

---

[45] 王國璠〈林公平侯傳略〉,《板橋林本源家傳》(林本源祭祀公業,民國七十四年二月印行),頁一一。

穀二十五石三升。嗣於嘉慶二十三年十二月，以番銀三百元，承典業戶林光邦在頂崁莊、芎蕉腳莊之水租穀五十一石三升，並設收租之處所，現耕佃人均照例挑運水租穀到收租處交納。換句話說，林平侯離任返台後，由原來之從商、任官，轉移到從事拓墾，並收購土地、埤圳水權，積極經營產業。[46]而且到乾隆末年，臺北地區經歷一百年來漢人慘澹經營，開拓大體均已就緒，已無新地可供開發。而新莊在嘉慶中葉以後，因淡水河日益淤塞，漸失河港功能，因此正也是了爭奪利源，才會有嘉慶年間一連串的閩粵、漳泉械鬥。而大溪一帶，原為凱達格蘭平埔族及泰雅族人棲止之地。雍正年間有詔安縣人呂祥墜，從桃仔園南下入墾於此；乾隆初年有鎮平人徐拔雲來墾，中葉再有南靖縣人簡斯苞、簡忠有、簡東信、簡年昌、簡義昌、簡義直、陸豐人廖鵬翌、鎮平人湯兆鳳等人之入墾。至乾隆五十三年（一說二十餘年）粵人謝秀川、賴基郎為霄裡、龜崙二社熟番土目之管事，出而招佃開墾，一時自石墩庄以至內柵庄等處（今月眉里、一心里一帶），同時有漳人與粵人之邱、廖、古、張、戴、倪等姓分段領地開拓。旋又有漳人陳合海卜居上街，江番遷居下街，合力經營墾務。在乾隆末年，更有安溪人陳戀詩、陳戀義、陳戀主兄弟九人，海澄人鄭國、江顯佑，漳浦人藍正，及粵籍鎮平人張秀蘭、張書兄弟之後裔、吳仲立、吳仲金兄弟，五華縣人鍾朝香、陸豐人戴有金等人陸續入墾，拓荒於大溪鎮內。迨嘉慶年間又有詔安人呂房養來墾，十五年

---

[46] 王世慶〈林本源之租館和武備與乙未抗日〉，收於氏著前引書，頁五四八。

有粵人朱觀鳳開墾三層庄。[47]是時大溪尙無街市,僅上街陳漳合、下街李金興等二三家店屋,棋佈其間,且拓墾者多是漳人與粵人,所以至嘉慶年間,大溪仍有開拓餘地,深具發展之潛力。何況大溪可與淡水河中、下游以舟船交通,可運輸四週山區之特產(如林木、樟腦、茶葉等)此林平侯遷居大溪,投以鉅資招墾,開拓內柵、頭寮、南興、缺子、中庄、員樹林等地之原因。《淡水廳志》曾略微記錄林家在大料崁之墾地:[48]

> 近查大姑嵌墾地最多,漸漸墾闢,可以直達山後。……其南雅內山之東十二隘,曰:分水隘、和彝隘、楓林隘、雷岡隘、白石隘、龍岡隘、防彝隘、合水隘、曲水隘、上峽隘、中峽隘、下峽隘。南雅之南九隘,曰:竹林隘、蕉林隘、峽口隘、鳳岡隘、溪口隘、路口隘、小溪隘、誅彝隘、太平隘。南雅之西一隘,曰:石井隘。共二十二隘,丁八十八名,係續墾戶金永成、潘定記、林源記,照例分給隘糧。

源記屬國芳,是知乃林國芳所續墾。林家經過數年努力開拓,歲入穀數萬石,並仍開拓淡水平野。道光初年,復投資拓墾桃仔園,並擴展遠及噶瑪蘭,自道光以降,於頭圍從事水利建設與土地開墾,設有租館,並派人管理其名下土地、租穀等,所入益多。爲運糧所需,甚至不吝鉅資,道光三年獨力開闢三

---

[47] 參見①洪敏麟《臺灣舊地名之沿革》第二冊(上)(臺灣省文獻委員會,民國72年6月出版),第二章第十一節大溪鎮,頁九一;②《桃園縣誌》卷首(桃園縣文獻委員會,民國51年9月出版),第三章拓殖第一節〈開拓〉,頁三六~三七。
[48] 陳培桂前引書,卷十六附錄三〈紀地〉,頁四五七。

貂嶺，沿路鋪石，方便行旅，嗣後續由其子林國華修葺，博得「嶺神」尊號。[49]道光四年至六年之間，曾以林安承、林安邦名義，用番銀六百八十五元，承購紅水溝堡利澤簡堡八寶圳一百三十五份內之七十八份半。[50]道光六年，林平侯與進士鄭用錫與監生林紹賢等籲請建淡水城，經批准後，除繪圖估價，捐款樂助，並在廳城開工時擔任董事，隨時留心稽查夫匠，務使監工實料。[51]道光十年，噶瑪蘭又發生挑夫事件，九月總兵劉廷斌督同參將，帶水陸兵入山搜捕，以平侯熟習地形，令隨行，旋平。[52]同年，林平侯又捐充淡屬學田六所。[53]道光十二年，嘉義張丙起事，官軍伐之，平侯助餉二萬兩，奉旨加道銜，賞二品頂戴。[54]道光二十年，彰化分類械鬥起，淡民擾擾不安，皆欲避禍他逃，而平侯仍飲酒觀劇，夷然無事，淡水因而人心安定。二十三年，於大溪建築通議第。至道光二十四年（一八四四）四月，平侯感染風寒而歿，享年七十九歲，先是葬於新莊，

---

[49] 有關林家修路始末，詳見拙著〈淡蘭古道與金字碑之研究〉《臺北文獻》直字第一○九期，（臺北市文獻委員會，民國83年9月出版），頁九六～九八。

[50] 《宜蘭廳管內埤圳調查書》（臨時臺灣土地調查局，明治38年），上卷，頁二七九～三一五。

[51] 詳見《淡水廳築城案卷》（台銀文叢第一七一種），頁一～二，頁三○～三一。按，據此可推知林平侯林紹賢至道光初年必定仍有事業上之合夥往來，從林衡道先生說：「著名的大租戶除林平侯外，另有像竹塹林紹賢者，今臺北縣樹林鎮為昔日這兩大租戶相鄰界限所在。」（《林衡道先生訪問紀錄》，中研院近史所，民國81年12月出版，頁二）一語，可以想見兩家密切合作微妙之關係。

[52] 陳淑均前引書，卷四〈武備〉，頁一八五～一八六。

[53] 《新竹縣志初稿》，卷三〈學校志〉，頁九二。

[54] 連橫前引書，〈林平侯列傳〉，頁七○九。

後因漳泉械鬥，恐受波及毀墓，遂於咸豐七年（一八五七）九月，遷葬於大料崁三層。

伍、林家遷居板橋之背景探索

林平侯妻王氏，妾程氏、黃氏。有子五：長國棟早世，次國仁（庶生），亦早卒。再次國華、國英、國芳，其中國仁，國華，國芳為王夫人所生，而華、芳以才氣有名。

林國華，字樞北，誥授通議大夫林平侯第三子，生於嘉慶七年（一八〇二），生而穎秀，喜讀書，平侯舊交餘姚張志緒曾譽之：「子之作，如行雲流水，遠大器也，慎勿棄。」[55]《淡水廳志》稱其：「篤內行，事親能得歡心。凡起居飲食，及窬圍瑣屑事，悉身任之。家鉅富而義舉有難枚數。其由淡至蘭修路，尤為不懈，繼志也」。[56]

林國華英偉有父風，性孝友，平侯既老，不欲親繁瑣，以家事委之。旦夕侍左右，飲食起居，躬任其役。每被譴，跪而受命，求其解顏。[57]道光二年（一八二二），遵常例由監生捐納布政使經歷職銜，加二級。越運米赴天津糴民食，又加一級。

---

[55] 王國璠《板橋林本源家傳》之〈林公國華傳略〉，頁二〇。
[56] 陳培桂前引書，卷九列傳二，〈林國華〉，頁二七二。
[57] 不過，林豪對此似乎頗不以為然，林豪認為：「林平侯太守之子國華，家富數百萬，甲於全台，宜其有所展布，以顯親揚名矣。培桂紀其修三貂嶺路，本拙稿所載，亦義舉也。國華有田租三、四萬在噶瑪蘭，故獨不吝修路之貲。至稱其孝，而僅為窬圍瑣屑事委身任之，豈富貴家之孝，第以是見耶？夫父母老病，為子者方延醫問卜，謹視湯藥、調護飲食，扶持抑搔之不暇，窬圍瑣事付諸妾婢足矣。」（見陳培桂前引書，頁四七六）。

道光七年淡水廳築城時，被委爲總理，經理城門之修建。翌年，遵酌增例加捐員外郎，不論單、雙月即用。道光十二年（一八三二）淡水廳城竣工，經淡水同知造冊報獎，二年後賞給道員職銜。[58]

林國芳，字小潭，從其字，便可知是最爲林平侯所寵愛的小兒子（林平侯號石潭）。國芳生於嘉慶二十五年（一八二〇），小其侄維讓二歲。少好技擊，及長折節讀書。時廈門有呂世宜者（字西村，號可合），道光壬午（二年）舉人，博涉經史，尤長於金石，具禮聘，兄弟師事之，先後任教於林家近二十年，對於林家，甚至北台漢學影響頗深。

道光二十四年（一八四四）林平侯卒，又四年林國華母亡，時國華正在都中候選，聞訊返回守制。[59]咸豐三年（一八五三）仍自大科崁遷居板橋，林家爲何要遷離大科崁呢？

林家於嘉慶二十三年遷居大科崁，除了避開漳泉械鬥糾紛外，另一方面也爲了就近墾地力田、開發山產，何以到了咸豐三年又復遷往板橋呢？諸家說可歸納爲：

（一）避開土番：連橫以爲：「平侯卒後，國華仍居大科崁，而地近內山，土番盱睢，裸體出入。」[60]王國璠先生敘：「以所居大科崁地近內山，土番蟠結，雖云薙髮輸誠，而爭殺之禍，仍在眉睫。深慮之，乃與弟國芳籌議，析產移家枋橋。

---

[58] 《淡水廳築城案卷》，收〈淡水同知造送捐貲殷戶紳民三代履歷清冊底，城工總理三名〉，頁九四。

[59] 林鶚騰等撰〈皇清誥封淑人林母王太君墓志銘〉，收於王國璠前引書。

[60] 連橫前引書，頁七〇九。

枋橋者平侯公所啓之地也。」[61]陳漢光也以為：「平侯卒後不久，兄弟以大嵙崁地近內山，多瘴氣，土番又時常裸體出入，林家閨秀頗感不便。」[62]

（二）漳人瞻迎：林衡道先生認為：「因淡北地方漳泉械鬥鬧的太不像話，再鬧下去勢必兩敗俱傷，甚至於漳州人要吃虧。今板橋、士林的漳州人就請林家從大嵙崁遷出，壓壓泉州人的銳氣。」[63]在林衡道先生指導下，早年林滿紅教授之〈板橋、新莊史蹟調查〉與吳鵬超先生〈板橋新莊古蹟調查〉[64]均大體持以上看法。

（三）躲避泉人：桃園耆宿江上鵬先生認為：「林本源再遷徙，也是為了迴避泉人的襲擊。」[65]

許雪姬教授在《林本源及其園邸之研究》鴻文中，一方認定「因此筆者認為林家遷居板橋主要的因素應該仍然在迴避泉人」，卻在同文中又認為林家遷板橋至少有兩個意義：「一、躲避泉人的騷擾，並積極開闢板橋。二、林家已拋棄林平侯以來對漳泉械鬥的中立態度，轉而成為漳人的領袖，將領導漳人

---

[61] 王國璠前引書〈林公國華傳略〉，頁二一。
[62] 陳漢光前引文，頁四〇。
[63] 林衡道《臺灣一百位名人傳》（正中書局，民國83年6月初版四刷），頁一一〇。按林衡道教授提及板橋林家遷離大嵙崁原因的眾多文章均是相同看法，茲不一一贅引。
[64] 均見於《臺灣勝蹟採訪冊》第二輯（臺灣省文獻委員會，民國67年6月出版），頁二八九、三七一。
[65] 〈桃園縣大溪鎮鄉土史座談會記錄〉江上鵬談話，見《臺灣風物》第十八卷四期。（民國57年8月出版），頁三～一一。

對抗泉人。」[66]既說明要躲避泉人,卻又說要領導漳人對抗泉人,豈不自相矛盾?

個人倒是傾向以第二說法較為合理。林家遷居板橋,本身就有多重考慮,是頗為複雜因素,以下一一試行說明:

(一)林家移居大枓崁,地雖新闢,人煙未輳,等到漸漸墾闢,直達山後,與生番更為迫近,漢番衝突日甚,防守稍疏,即遭狙害,而且奸宄之徒,濟番合作,其禍愈烈,《淡水廳志》記大枓崁新闢墾地:「隘丁良歹不齊,地土日闢以此,盜賊日多亦以此,大姑崁其最著者,故詳舉之。」[67]故大枓崁之開闢已達某一瓶頸,若要繼續投資拓墾,因番害不絕,工大利少,很不划算,乾脆擇地另闢,反而較合算。而大枓崁直到光緒十二年(一八八六),巡撫劉銘傳在大枓崁設撫墾總局,以林維源為幫辦大臣,在「開山撫番」的官方政策下,才有一番新局面。至於所謂「地近內山,土番盯睢,裸體出入」,甚感不便,只是一種託詞。試思林家遷居大枓崁從嘉慶二十三年(一八一八)至咸豐三年(一八五三)已三十五年了,若真因土番盯睢,有礙觀瞻,要遷居早就遷居了,焉有拖延三十五年之久的道理。然而林家為何說出這番似是而非,似通不通的託詞呢?因為林家已打算遷居板橋,準備領導漳人對抗泉人,一則避免打草驚「泉」,二則林家本身以經商力田為主,商人手腕一向圓滑,經商往來客戶必有不少泉人,若一開始擺明打擊泉人,必對貿遷有極大傷害,不免對外採取「躲避番人」之藉口,以免啟人疑竇。

---

[66] 許雪姬前引書,頁二六。
[67] 陳培桂前引書,頁四五八。

(二)是時漳泉械鬥,連年不絕,漳人漸居劣勢。如(1)咸豐元年,淡北漳泉械鬥,焚八芝蘭林莊。(2)咸豐二年,械鬥不止延至桃仔園,大姑陷、龍潭陂、中壢、楊梅一帶,官府控制無力,地方秩序大亂。(3)咸豐三年八月,漳泉等四縣居民分類械鬥,燬新莊、艋舺縣丞署、海山堡潭底公館、大加蚋堡之八甲新莊(今台北市萬華祖師廟附近)、艋舺祖師廟,同安人敗走大稻埕。繼之,擺接、芝蘭等堡亦鬥,禍燄遂遠及雞籠、三貂、桃仔園、楊梅等地。[68]漳泉械鬥如此慘烈,試問林家焉能置身事外,更何況大科崁也在是年警報頻生,林家真想置身事外也不可能,伊能嘉矩《臺灣文化志》記載此事,謂:林家「舉家去新莊避亂於大科崁,以其接番境之僻陬,民俗強暴,難於共處,次年事平之後,更移枋橋,新築宅第,爲久居之計。」[69]另外,我們有理由相信,以林國芳擅技擊好逞勇之本事,斷不會坐視漳人一再敗退。關於林國芳的脾氣、個性,我們可以從若干例子明白:如道光二十七年八月初二日,林國芳乘坐四轎投宿廈門陳有順客店,硬是驅逐其他客人吳伯吹出店,吳不允,林國芳即從轎中跳出批其頰,並令聽差、茶房將吳毆打成傷;而官府亦認爲他「平日倚恃捐職、巨富,出入均用四轎紅傘、民壯、茶房,並攜帶拳勇之徒,逞兇示威,肆無忌憚」、「門首懸掛燈籠,字涉僭妄,並上年(道光二十六年)在台灣交結匪類,豎旗滋事,因被地方官訪聞偵拏,潛逃至廈」等情;

---

[68] 見《臺灣省通誌》(台灣省文獻委員會,民國57年6月出版)卷首下〈大事記〉,頁八七～八八。

[69] 伊能嘉矩《臺灣文化志》中譯本上卷(台灣省文獻委員會,民國74年11月出版),第三篇第三章附錄〈林維源〉,頁三四五。

[70]甚至咸豐十一年（一八五一），閩浙總督慶瑞、福建巡撫端瑛在奏摺中指斥他「為富不仁，目無法紀」：[71]

> 福建臺灣淡水廳紳士鹽運使銜侯選郎中林國芳，因與泉州人挾嫌，輒將泉人耕種該紳士之田恃強起換，另招漳州人耕種，致激漳泉人民互相鬥殺。該員復敢招募壯勇，四出焚搶，幾至激變實屬為富不仁，目無法紀。

舉此二例，足以了解林國芳之激烈衝動個性，以此個性，不可能坐視漳人敗退而不管，我們觀看其後林國芳一再領導漳人拼鬥泉人可為明證，因此林家兄弟不可能退居大料崁而不管，勢必「下山襄助」，但他們何以選擇遷居板橋此地呢？

（三）新莊地當衝要，每為械鬥所爭，林平侯因此才遷居大料崁。國華、國芳兄弟自不會考慮再遷居新莊。而板橋當時交通狀況據《淡水廳志》記：「擺接渡，廳北百五里擺接堡。有上、下渡，往來新莊，上通大姑嵌、三坑仔，下達淡水港。」。

---

[70] 詳見許雪姬〈板橋林本源史料舉隅〉（《高雄文獻》，第十四、十五期合刊，民國72年6月出版），所引軍機處檔八〇四六四號，原檔影印件，頁二六～三七。

[71] 《大清穆宗毅（同治）皇帝實錄》（華文書局影印，民國53年出版）卷十六，同治元年正月十九日壬寅，頁三九三。另「北埔姜家史料（二）」收「咸豐十年九月十一日淡水廳分府諭職員姜殿邦」文件亦提及：此次艋舺內港一帶，因漳籍紳士林國芳起佃肇釁，各庄漳人均為所惑，近日紛紛焚燬港仔嘴等處村庄，為恐釀成巨禍，乃飭差金廣福職員姜殿邦管帶隘丁三十名，隨帶鳥鎗，馳赴艋舺以供差遣。也是一大明證。轉引自吳學明《金廣福墾隘與新竹東南山區的開發》，（師範大學歷史研究所專刊（14），民國75年2月初版），頁一九三。

[72]可謂位置適中,極為理想,而且當時艋舺、新莊、樹林、坪頂、和尚洲、港仔嘴、溪州、加蚋仔一帶多是泉人住居,擁有絕大優勢,漳人僅住居士林、大安寮、土城、板橋一帶,勢力居劣。板橋一地在道光二十六年(一八四六)左右,不過是一小街肆,最初在崁仔腳建有草店數間,並於湳子溪上架木板為橋,此時也不過添建瓦屋十餘間,稱為枋橋新興街,[73]尚有進一步之發展開拓可能。也正因尚未繁榮,漳人住居極少,不是泉漳械鬥衝要所在,可以從容建屋築城,展佈空間極廣。更何況林平侯居新莊時,也曾在擺接堡開墾,置有田產(見後文),規定現耕佃人,挑運穀物到收租處所交納,可知林家雖尚未在板橋地區設租館,但至少已有固定之收租處所。到道光二十七年(一八四七),林國華兄弟乃在板橋西北側高地建租館,名為弼益館。

按今臺北縣板橋市,初稱枋橋,因往昔在西門舊名公館溝上架有木板橋,故以名。枋橋位於臺北盆地西南部,大漢溪的東岸,至新店溪之間,全域地勢平坦,輪廓成狹長橄欖形。原係平埔族住地,據賴姓族譜記載:早在康熙六十年(一七二一)漳州賴姓來此入墾。乾隆初,復有漳浦林天成自大甲遷居淡水,墾殖臺北平原。根據尹章義教授的研究,謂康熙五十九至雍正年間(一七二〇至一七三五),林天成與陳鳴琳、鄭維謙三人合作,節次開墾了散處於大加臘、八芝蘭林、滬尾、八里坌等地的四庄。時陳、鄭二人在廈門,林在淡水主持。其後林天成一肩獨任,出頭招佃、開圳墾耕、貼納餉課,開闢興直庄一地,

---

[72] 陳培桂前引書,卷三志二〈橋渡〉,頁六九~七〇。
[73] 洪敏麟前引書第一冊,頁二七八~二七九。

並與楊道弘彼此相鄰因競墾而互控。乾隆二年（一七三七），三人重新分丈配股。林天成另成立「林成祖」墾號，拓墾擺接、大加蚋、和溪州地區，也即是今板橋、中和、永和南勢平原，日後又成立「林三合」墾號，且拓墾到達新店安坑和臺北市內湖地區。由於在板橋平原上的拓墾、鑿渠工作艱鉅，資金週轉不易，不得不將興直莊的經營權轉讓典賣給傅蘊玉、張廣福等戶。[74]

林成祖拓墾板橋平原，負擔最大，貢獻最鉅的即是開大安圳與永豐圳，此二圳據《淡水廳志》〈水利志〉記載：[75]

> 「大安陂圳，在擺接堡溪東，距廳北一百一十里，圳長三里餘，一帶旱溪，輭陂植樹顧圳。業戶林成祖等鳩佃所置。其水自三叉河二甲九至鷗鴉山下，透九芎林弔入大陡門，至輭陂下分圳，寬二丈四尺，長十餘里。灌溉大安寮至港仔嘴莊等田一千餘甲。」、「永豐陂圳，在擺接堡，距廳北一百二十里，圳長五里餘，業戶林成祖等鳩佃所置。其水鑿石孔，穿尖山，自暗坑口接引青潭大溪水流，至南勢角枋寮莊，灌溉田一百九十餘甲。」

大安圳開鑿灌溉田地貢獻之大，影響之深，吾人可從日治初期，山田伸吾調查之《臺北縣下農家經濟調查書》大安圳的記錄可知：[76]

---

[74] 詳見尹章義〈臺北平原拓墾史之研究〉，頁八一～一一一。
[75] 陳培桂前引書，卷三志二〈水利〉，頁七五～七六。
[76] 山田伸吾《臺北縣下農家經濟調查書》（臺灣總督府民政支部殖產課，明治32年8月發行），頁一〇五～一〇六。

大安圳是灌溉擺接堡大半水田的一大水圳,是乾隆年間本地墾首林成祖所開鑿的。……水源在媽祖田口的一大深淵,以堅固的突堤,流經頂埔、大安、貨饒、土城、柑林陂、冷水坑,滋乳這一帶的水田。至四汴頭庄分枝四流,跨越廣福、新埔、陂仔港、上下深丘、港仔嘴、溪圳、內外員山、埔乾、芎蕉腳、水尾、牛埔、山腳、二十八張各庄,細渠縱橫,灌溉水田約千餘甲,圳寬二丈四尺,圳長二十里,兩岸遍植相思樹護堤,其設計之週到、結構之壯大為島中所罕見。

「設計週到、結構壯大」也突顯大安圳之開鑿與維修耗資成千累萬,難以計數,不是林成祖墾號所能負擔,因此陸續釋出典賣。先是在嘉慶二十三年以前,林平侯以林安邦之名,在擺接堡頂崁庄購置水田,遞年納業戶林光邦(林成祖後裔)水租穀二十五石三升。嗣於嘉慶二十三年十二月以番銀三百元,承典業戶林光邦在頂崁莊、芎蕉腳莊之水租穀五十一石三升,並設收租之處所,現耕佃人均照例挑運水租穀到收租處交納,是為後來林本源號收購大安圳業戶權之先聲。嘉慶末年,復以林安邦之名,以四千餘兩元,向增公圳業戶郭光祥等,購買大加臘內埔仔莊水圳水租,年收莊佃水租五百五十三石七斗之莊業。[77]

道光二十六年,林成祖後裔林興邦(即步蟾),邀林國華出資,大事墾殖,使一帶盡成良田。同年在崁仔腳地建瓦屋十餘棟,稱枋橋新興街,為附近農產品集散及交易中心。且當時

---

[77] 《臺灣舊慣制度調查一斑》(臨時臺灣土地調查局,明治34年發行),頁一五六~一六〇。

大安圳屢受洪水崩壞,林興邦乃與國芳商量,由林家出資承頂,交給管事林新傳經營。灌溉土城、枋橋、港仔嘴、枋寮各莊水田約千餘甲。其水租為土城莊每甲收六斗,冷水坑莊收八斗,四汴頭莊以下一石六斗。又在咸豐初年,再以一萬銀圓購買瑠公圳之全部圳戶權,灌溉大加蚋堡之水田一千二百甲。其水租分為埤租與梘租二種。[78]同時也收購枋橋、枋寮、土城、樹林、柑園等附近已開拓之田園。更何況「當是時淡水之地,尚多未闢,番界尤腴,國華募佃墾之,引水灌溉,歲入穀十數萬石。」[79]據此可知林氏兄弟早在咸豐三年以前在今板橋、土城、中和、永和、樹林一帶投資置產,收購田園,既有產業在此,遷居板橋不但是一自然不過的必然選擇,而且是早在咸豐初年便有計畫籌謀。

　　(四) 另一個可能因素是考慮到租穀收入、運輸方便之經濟原因。由於咸豐年間,淡水廳幾乎年年都有動亂與械鬥,械鬥一發生,不僅農商並廢,烽火蔓延,居民生命財產受損,想搬徙避難,道路也經常受阻不通,何況各地的租穀也不容易順利的運到大料崁。這裡我們可以根據新竹林家面臨同樣困境作一旁證。林占梅在咸豐十年除夕寫過一首「除日感述」詩,有如下之感慨:「財帛雙星黯命宮,五張六角運難通。歲時轉覺添愁思,親友何曾諒苦衷。祖業艱辛頻廢棄,民情慘怛屢焚攻。」下註:「淡北連年鬥殺,田穀在泉界者,派為營費;在漳界者如之。余家遠離百里,而田產多在新、艋,租穀毫無,

---

[78] 同註76前引書,頁一〇八～一〇九。
[79] 連橫前引書,頁七〇九。

官徵難免,致大受厥累,欲望恢復,未能矣!」[80]可見械鬥之下,不僅租穀要攤派泉、漳二方,還要應付官方的徵派,連年下來,「道途梗塞財源杜」、「巨戶財竭細民苦」。以林家之精明,不可能不早爲計,因此遷居板橋,既可以就近接收佃戶之繳納租穀,也可以免去長途運輸之風險,以策安全。

總之,至少基於以上四個因素之考慮,林國華、國芳兩兄弟自會以板橋爲理想地點,優先抉擇,因此預估弼益館容納不下林氏家族,且弼益館早先設計的功用是租館,其功能類似收租辦事之所,也不適合住居,於是擇弼益館之側築新第,歷時二載方才落成,乃於咸豐三年,正式舉家遷入枋橋新居,即以後俗稱的「三落舊大厝」。也因咸豐四年,已形成小直街(後改稱福德街,今府中街)及大東街。後漳泉械鬥仍擾攘不息,遂於咸豐五年又有築城之舉,枋橋成爲當年台北盆地惟一築有城牆之市街,更奠定了日後板橋市之欣榮基礎。

陸、三落舊大厝之興建、沿革與使用

道光二十四年四月,林平侯逝世。次年清明,林國華奉父木主入祀龍溪故里大宗祠。二十七年,至京師候選,獲交工部尚書王慶雲,陝西布政使林壽圖,貴州巡撫何冠英,兩江總督沈葆楨,翰林編修陳濬,湖北布政使陳金城,拿出林平侯大像冊求贊,允之,冊今猶存,子孫珍如拱璧。道光二十八年適母卒,聞訊返鄉守制,葬母於龍溪二十九都劉瑞堡井邊之阡穴,咸豐元年(一八五一),才返台灣。時漳、泉械鬥,爭殺未已,

---

[80] 林占梅《潛園琴餘草簡編》(台銀文叢第二〇二種),頁一二四。

國華乃與弟國芳籌議，移家枋橋。前已述及林氏兄弟早在道光年間，在今板橋、土城、中和、永和、樹林一帶，大事墾殖，承頂水圳、收購田園，因此遷居枋橋自是理所當然。而且弼益館原是租館，不適合住居，因此需新建大厝以供家族住下。遂在弼益館側，仿龍溪老家之永澤堂形式築宅第（林衡道教授語），歷時二載方才落成。乃於咸豐三年（一八五三），遷入枋橋新厝，此後兄弟友愛，共業同居，林家又邁入一個新階段，總之「三落舊大厝」之始建年代應是咸豐元年——林國華返台時。

　　三落舊大厝於咸豐三年建成，為國華、國芳兩兄弟所營建；落成後，即舉家遷居於此。由於此時林家主要成員只有兩代，僕從不多，所以房屋只建三，落，房間數亦不多。而林家也正是財富日聚，事業日擴時期，林家頗有炫耀誇富之心態，是以舊大厝表面建築裝飾的富麗堂皇，屋脊山牆採用燕尾形式，牆面裝飾圖樣達數十種之多。同時漳、泉械鬥正達高潮，防禦功能極為緊要，所以門之兩旁，圍以石壁有銃眼，以供架槍防亂。總之三落舊大厝實際上具有三大功能：　供應兩代人員居住，
　炫耀其雄厚財富，　防禦械鬥及外亂侵襲。因此在設計上，三落各擁有一廳四房，第一廳是客廳，此落供僕從及外人使用；中央為正廳，後為主廳，第二、三落則是林家族員與內眷居住室。內外區分非常明顯。[81]

　　咸豐五年（一八五五），林家與枋橋漳州籍紳民為防禦泉人起見，捐款共築枋橋城。此城周圍大約二里，壁高一丈五尺，

---

[81] 漢寶德、洪文雄《板橋林宅調查研究及修復計畫》（東海大學建築系，民國62年），「林家宅園的各部機能」，頁二七～二八。

厚二尺多,又沿內側築高六尺,寬五尺之走馬路,為了方便於射擊,城牆上每隔一丈五尺設一銃口,並造東西南北四城門。同時為了居民汲水洗衣方便,在門與門間設有四個小門,各大城門還設有城樓,城外設有護城河,每個城門都駐有林家壯勇十餘人,一到日落,城門緊閉,僅剩狗洞供人出入,城內警衛森嚴,夜間有巡更制度。[82]此城是在光緒八年(一八八二)台北府城築成之前,是台北盆地唯一築有城牆之市鎮,林家出力捐款獨多,居中策劃,因此枋橋城可以說是林家都市計畫下的產物。[83]

咸豐七年(一八五七),國華卒於家,享年五十六歲,妻鄭氏與鍾氏。鍾氏生二子,長維讓,次維源。咸豐十一年(一八六一),葬於大溪坑底(今大溪鎮大溪街之東,大科崁溪小支流之溪谷)。

咸豐九年九月起,淡北漳泉械鬥轉烈。泉人以艋舺黃龍安(阿蘭)為首,漳人以林國芳為首,械鬥連年,互有勝負,屋毀人亡,損失無算,其禍甚慘。經人斡旋講和,在咸豐十年林國芳建迪毅堂於枋橋城南,供祀械鬥陣亡者。

不意咸豐十一年,械鬥復起,起因是林國芳恃強,將名下田地泉州籍佃農,改換為漳州籍佃農,激起變端。在閩浙總督慶瑞與福建巡撫瑞璸奏報朝廷後,同治元年(一八六二)正月十九日,穆宗皇帝下旨:「林國芳著即行革職,交慶瑞等派員

---

[82] 見板橋街役場編《板橋街誌》(台北,昭和8年),第二節(林本源の一族か板橋に移住する事),頁五九。
[83] 〈板橋鎮鄉土史座談會記錄〉收林土木先生之發言,見《台灣風物》第十七卷五期(民國56年10月出版),頁三。

提省，嚴行審辦。」[84]惟尙未被逮至省治審問，國芳旋死於同治元年仲秋之前，享年三十七歲，也算是逃過一劫。國芳無子，以兄國華次子維源為嗣子，另領養林家帳房葉東谷（字化成，道光壬午年科舉子）庶子為次子，即維得（有作維德，誤）。妻龐氏育有一女，側室鄭氏不育。

在此時期，舊大厝也略有變化，日人高橋彝男指出：[85]

> 以此（指舊大厝）中庭之中央部為界限，前部第一落及倉庫的幾間，好像後部三落完工後（竣工幾月或幾年後不明），所增築的樣子。其理由是三落完全一致，第二落由平面的，或立面的看，大庭有前面的厝屋與第一落相同。可能是增築倉庫之際，迫於房間的需要，就建築了現在的第一落，水池是與此時或以後所築的。此第一落由構造上及材料上看，比較他落惡劣，設在此處的倉庫總數有二十二，由此可推量當時所收藏租穀的程度。……這舊大厝，除了倉庫之外，廳房共有五十二間，總建坪共有八百八十八坪。

高橋氏之意，似乎是說部份倉庫與第一落前部，為三落主體完工後增築的，因其構築形態與建材都較差，基本上仍是具有租館儲藏功用。此說與漢寶德先生對弼益館兩護龍不是同樣寬度，提出「不禁猜想右護龍是因為舊大厝之施工而經過改建的，而這想法卻無法找到確切的證據，只能存而為說」，「在右護龍的中段有一口井，使該護龍第四間牆壁退後……似乎該

---

[84] 同註77。
[85] 高橋彝男著，野人氏譯〈關於林本源邸〉，見《台灣風物》第十六卷第一期，（民國55年2月出版），頁三〇。

井為由舊大厝之廚房使用,與弼益館不甚相關。這一點也說明右護龍在舊大厝建時似乎經過重建之可能性。」「(三落舊大厝)右護龍的最前一間是廚房,該廚房位在弼益館及三落大厝的通道要地,在供應上甚為方便,只是面積看來偏小,……或說當時林家非常節省也有可能。」。[86]

這二段推論文章互相參照,頗有可能是正確的,佐以當時林家發展,確實有此需要。按,林家移居枋橋後,溪北尚有未開發之地,番地尤腴,國華、國芳乃招佃開墾,引水灌溉。林成祖裔孫林興邦經營大安圳困難,與國芳商量,由林家出資承頂,由管事林新傳經營,收取水租。同時也收購枋橋、枋寮、樹林、土城、柑園等附近已開拓之田園,歲入十數萬石。[87]另外在漳泉械鬥時,為保護其住宅、租館、谷倉,乃利用辦理團練之便,購備軍火器械,派置家丁護衛。[88]類似此,在在都需儲藏租穀、槍砲、彈藥之場所,增建擴建是免不的,可惜大約在昭和八年至十年間,第一落房屋全部拆除,原有中庭變成今日之前庭模樣,[89]建物不存,無法予以進一步觀測推敲了,尤其是年代斷限方面。

同治元年,林國芳歿,維讓、維源兩兄弟才從廈門返台共理家政。這說明了林家為考慮子孫安全,避開漳泉械鬥這一傲擾不安的歲月,要兄弟倆人先後同遊廈門,受業於舉人陳夢三(南金)先生。同理也說明了三落大厝建成後,在咸豐年間兄弟倆並沒有長期住在三落大厝。此外,在正廳懸有「尚義可風」

---

[86] 漢寶德前引書,頁五一~五二。
[87] 王世慶〈林本源之租館和武備與乙未抗日〉,頁五五〇。
[88] 王世慶前引文,頁五六〇。
[89] 此據閻亞寧教授之推論。

區,翌年六月在新莊建石坊旌義。另聞客廳原懸「積善餘慶」匾,乃維讓之母鄭氏於光緒四年,晉豫又災,捐二十萬兩助賑,朝廷賜匾,惜已無存。凡此種種,似可說明直到光緒四年,林家兄弟與女眷均住在舊大厝,尚未搬移到他處,而且約在同光之間,已開始修建花園。[90]

同治時期是林維讓活躍時代,不僅承襲祖業,更擴展拓墾及水利之開發,直到光緒二年,林維讓病,四年歿,享年六十歲,翌年葬林維讓於中和莊二八張。維讓逝,由維源接手總管家業。而此時期林家成員大增,妻妾子女眾多,僕從亦眾,需增建屋宇。再則,時流遊宦,紛至枋橋,拜識訪遊,也需要有一週旋迴翔之場所。因此據建築學家李乾朗先生考證:大約在光緒五年,林維源增建新大厝三落,至光緒十三年(一八八七),遷移接雲寺並封閉府中街,才又增建四、五兩落,成為五落新大厝。[91]另一方面,林家園林也在新大厝完成後,開始修築增改,迄光緒十九年(一八九四)才告一段落。一般言,新、舊大厝之評價,有新不如舊之公論,林衡道教授以為原因是:「新大厝是因林家捐了新官,須有新官邸而建。事實上林家此時已多半居住在六館街(今台北市南京西路,貴德街附近)」[92]此說誠為的論。按,光緒十二年,林維源奉派為幫辦撫墾大臣,十三年建欽差行台於大稻埕淡水河岸,共六大間,舉族居此並設茶行,當地居民俗稱「六館仔」,後遂名「六館街」。同年(十三年),巡撫劉銘傳為招徠外國商賈,乃於大稻埕大興土

---

[90] 詳見許雪姬前引文之考證,頁三五~三六。
[91] 李乾朗〈林本源五落大厝分期建造論〉,收於氏著《傳統建築》(北屋出版公司,民國72年5月初版),頁一○○。
[92] 同註64。

木,修建市街,市容為之一新。其中如建昌街(今貴德街)、六館街、千秋街(今西寧北路南段)等,皆是劉氏任內所建。除此,劉並勸林維源等人成立建昌公司,與李春生等投資興建洋樓,租與外商,此為林家開始由農業投資轉為都市房地產之契機。[93]另一個原因,個人認為也有可能因為從光緒五年開始興建新大厝以來,林家捐輸不斷,且多是巨款,形成對林家財務的一種壓力,財務週轉調度上可能極為吃緊,如㈠光緒三年正月,經由福建巡撫丁日昌勸捐洋銀五十萬元,結果分三次才繳清,於光緒五年四月全部繳清。㈡光緒九年,台北城工尚缺十三萬元,經台灣道劉璈等人勸捐,林維源捐款二萬六千元。㈢光緒十年中法戰起,劉璈向林氏勸捐一百萬兩,維源被迫之下,報繳二十萬兩,另捐月米三千石,折價計銀,維源含怒避匿廈門不理。㈣光緒十一年五月,經劉銘傳勸導,慨捐五十萬兩為中法戰役善後。根據許雪姬教授統計,林家三代總共大約捐出二百一十萬左右,且多是不樂之捐,[94]而林維源於光緒三年至十一年,短短八年所捐超過一百萬兩,佔有二分之一,可想見其負擔之重,與內心之不悅,在此心情下,想要將新大厝建設的美侖美奐,多少也有點困難,也不需要。

　　此段推論若無誤,則林家族員在新建大厝期間,固然是住在舊大厝。新大厝建好後,大體上三落舊大厝由大房家眷住,新大厝則是二房住,直到光緒十三年,才舉族移居大稻埕的六館街。[95]因此新大厝僅是住過短暫日子。

---

[93] 史威廉、王世慶合著〈林維源先生事蹟〉,《臺灣風物》第二十四卷四期,頁一六九。
[94] 詳見許雪姬前引文,頁一七~一九。
[95] 據林衡道教授口述。

光緒十九年，林家花園修畢，亭軒花木甲全台，相傳劉銘傳曾作客於此。但不旋踵，光緒二十年，甲午戰爭爆發，林維源受命為督辦台灣團防大臣，既又命福建水師提督楊歧珍，南澳鎮總兵劉永福為幫辦，率師渡台。七月，劉永福率廣勇兩營至，又增六營，共八營，仍稱黑旗軍。十一月，維源上奏團防就緒，並報效三營土勇，自備糧餉，擇要駐紮。此期間兩人時相往來，並有林鶴年作陪，留有「劉淵亭副帥（永福）奉詔防台，林時甫星使連旬招陪板橋園讌集，酒酣述舊，並示戎機，索余長句奉紀，」，「稻江樓陪淵亭，林時甫兩帥對話」二詩紀實，林鶴年也有「家時甫星使端午招同幕府板橋園夜集」一詩紀念，說明了其時「林家花園」習稱「板橋園」，作為招待賓客酬宴之所。以上諸詩長，茲不引錄。[96]翌年五月五日，台灣民主國成立，推林維源為議長，辭不就。五月十三日，台北兵變，劫倉庫，焚衙署，維源攜眷內渡，走避廈門，不再東返。光緒三十一年（一九〇五）六月十六日，維源卒，享年六十有八，卜葬漳州龍溪白石堡丁厝山之麓。林園從此不復往日盛況。

　　割台之際，傳聞李鴻章曾在談判席上，向伊藤博文拜託照顧林家，故日軍佔台，林宅園第未受到破壞。[97]此說真實性已難詳考，但林家未遭破壞，確是事實，日人佐倉孫三參觀時，庭園尚完好，並且「驚奇宏麗，就而視之，則其所排列巖石，

---

[96] 詩句見陳漢光編《台灣詩錄》（台灣省文獻委員會，民國 73 年 6 月再版），下冊，頁一〇一三～一〇一四。

[97] 井出季和太《南進台灣史考》（東京，誠美書閣，昭和 18 年）第四十七（林本源家の系譜と庭宅），頁四〇九。吳守璞〈林本源家小史〉，《台灣風物》第二卷第三期，頁一五，亦有提及。

皆係人所造，頗缺天然之趣。」[98]林維源內渡後，將家事、田產託給管事林克成。散處在台北，宜蘭兩地的二十一處租館則由管事、壯勇，家丁來照管。因此林克成乃於光緒二十年（明治二十八年，西元一八九五年）陽曆八月十七日，具稟呈報林本源家及各租館所配備之武器彈藥情形，並請准予暫留軍器，以備防禦。據統計，光是就住宅及七座租館所留存之武器已有三連之火力，再加上所有租館之配備，合計當有近二營之兵力，其中以枋橋街住屋及租館之配備為最多，計有洋槍、來福槍、土抬槍等二五二桿，槍彈五千七百六十枚，並有車炮八尊，大砲三尊等，兵力在二連以上。可惜這些武器彈藥在日據後不久被日本政府收繳，至於壯勇、家丁，均被迫參予日本警方對抗抗日義軍，一直至明治三十八、九年，日俄戰爭時仍留用。另一方面林維源內渡後，初期仍支持抗日義軍，透過英商「得忌利士」洋行（Douglas Lapraik & CO.）之買辦薛棠谷，分配經費給各義軍首領，而且林家兵勇也曾參加抗日戰役。[99]

　　林維源為了保護林家產業，因此在明治三十年（一八九七）五月八日國籍選定日前，令三房的彭壽、二房的祖壽回台入日本籍，以保護家產。彭壽回台灣後被舉為林本源家的總保證人，時年十六歲。他最大貢獻是在土地調查時，提供有關產權文件，確保祖產。祖壽則終生守在枋橋舊邸家園，娶當時台灣名族清水蔡家蔡連舫的女兒蔡嬌霞為妻。由於彭壽、祖壽均未成年，因此由林克成做為監護人，並處理林家產業諸事，甚得林維源

---

[98] 佐倉孫三《台風雜記》（東京，國光社，明治36年），〈庭園〉頁七二。
[99] 王世慶前引文，頁五六七～五七〇。

之器重。但林家產業多,各處管事不免有互相攻訐,甚至親到廈門蜚短流長者,林克成因與館內人員不合,於明治三十三年(一九〇〇)離職,將一切事務交給十八歲的彭壽管理,林維源也曾令次子爾嘉回台查看一番。以後繼任管家有林薪傳、陳少碩、陳劍澤等人。[100]

　　光緒三十一年(明治三十八年,西元一九〇五年)林維源的辭世,象徵林家又一新時代的來到,一方面此後林家大半族員都入日本籍,也有一、二人和日本女子結婚,生活也逐漸日本化。這時林家子弟無復往日勤儉之風,抽阿芙蓉者有之,競誇豪奢之事也層出不窮,而林維源過世後,林家形成沒有長輩的局面,面臨分家之爭。早在光緒二十五年(明治三十二年,西元一八九九年),林維源已將林家產業處理完畢,分為六個字號,林家各記號之派下,何人分得何業,何人應得若干,早有公平安排。但此時為析分產業仍然不免同室操戈,甚至對簿公堂,為了圓滿解決問題,乃先於一九一〇年設立「祭祀公業林本源」,板橋林家本宅,園邸,及二十一租館、建地等都歸祭祀公業所有,擁有十萬石租,大房維讓派下持分 20／60,二房維源 30／60,三房維得派下持分 10／60。最初由嵩壽管理,到一九二七年(民國十六年,昭和二年),改由林柏壽接任管理之時,只剩三、四萬石租。至光復後民國六十四年(一九七五),祭祀公業林本源之財產,則僅存有土地二百五十筆,面積六十一甲三分六厘八毫九絲,建物五所 。[101]

---

[100] 許雪姬〈日據時期的板橋林家〉頁六七一。許文略有錯誤,茲據林衡道教授口述加以修正,當時入日本籍者除彭壽、鶴壽、嵩壽(以上三房)外,尚有景仁、祖壽(以上二房)及熊光(長房)等人。
[101] 王世慶前引文,頁五五六～五五八。

日據時期，林家常代表台灣仕紳，招待來自日本方面之皇族官員，及來自大陸、南洋之華商，如：

㈠明治三十一年（光緒二十四年，西元一八九八年），日本台灣總督兒玉源太郎曾蒞此園參觀，時值深秋，西風蕭瑟，兒玉有感成絕句一首：「敬義功夫德自鄰，聖賢今古在吾人；終身祇佩天皇訓，不許風翻海上塵」。[102]

㈡明治三十六年（一九○三），林爾嘉在園邸舉辦園遊會，參加者有百餘人，中有民政長官後藤新平，鹽務總管辜顯榮，及蔡連舫、林烈堂、黃玉階、黃傳經、陳端星、鄭世南等等。席中召台灣藝妓五十名，並演傀儡戲以饗賓客。[103]

來青閣：二層建築，為貴賓下榻之所。昔時登樓眺望，青山綠野，盡入眼底，故以此命名。因雕工精細，且四週皆嵌鑲玻璃，光彩炫耀，外人眺看內部，誤為姑娘所居，故又稱為「繡樓」或「梳妝樓」。

昭和十年（民國二十四年，西元一九三五年），十月十日至十一月二十八日止，前後五十天，舉行「台灣始政四十週年紀念博覽會」，盛況空前，參觀總數多達二百七十餘萬人。其中林家邸園亦為展示場之一，分為三部各五室，第一部展覽海山郡物產

---

[102] 王國璠〈林公嵩壽傳略〉，見《板橋林本源家傳》（林本源祭祀公業，民國74年2月印行），頁四七。

[103] 井出季和太前引書，頁四○九。

及工藝品,第二部展覽林家文物與北台文化資料,第三部展參考資料。林家文物所展:如林平侯公墓志銘,古金石器物文字冊,古器物銘冊,四十九石山房硯譜冊,淡水廳誌木版,及林家收藏諸家書法,國畫等等,計有七十三件,與台灣有關者另有七十四件,洋洋灑灑,包容萬象,茲不一一記載。[104]此次展出,曾將舊大厝石板鋪成的大埕改建為日式庭園。個人懷疑,原在新莊之林本源旌義坊上之「聖旨」牌,亦有可能在此時拆置在舊大厝之大埕上。

此外,昭和年間,林家園邸常為騷人詩客所聚,群賢畢至,少長咸集,觥籌交錯,翰墨爭輝。但不知是否林家未曾細心經營維護,邸園竟日漸荒蕪,蘚蝕苔封,蕭條滿目,如昭和十年,日人高橋彝男調查林家園邸時,記載:「就五落大厝來看⋯⋯關於各落的房間使用,現在大部分是空室,任其荒廢。⋯⋯現在只有園邸管理人林嵩壽氏家族及少數的親族居住而已。」、「步盡新大厝即為舊大厝,其後是誰居住,均不能確定,似曾將之充為

方鑑齋:方鑑即是方形的水池,鑑可照景亦可照人,昔日林維源讀書之所,及與文人墨客交遊之處。

---

104 有關展覽項目,承蒙古文物收藏家林漢章兄提供當年原版之名單借閱,謹致十二萬分謝意。

祖廳，現作為穀物倉，工作場及雇傭人之住宅，處處可見的，是腐朽破壞之跡。」[105]昭和十七年（民國三十一年，西元一九四二年）八月，星社同仁應林熊祥（文訪）先生詩宴之邀，連袂赴板橋林家花園與會，宴設園之定靜堂中，紅裙侑酒，賓主交歡，極盡文字宴飲之樂。李騰嶽先生回憶當日所留的印象：「在壯麗的宅第及廣大的園林之中，雖園池之水已涸，而朱甍斑剝，其大部分族系亦多遷住台北市等地。花園裡除尚有少數人為看守外，似經多年未加修整，然諸如定靜堂、方鑑齋、來青閣、白花廳、及蜿蜒之迴廊、幽邃之迷洞、峻潔之築山等，則均依然保持原狀。」。[106]

　　光復後，林氏家族也陸續遷回台灣，但由於林家自身事業關係，及近代建築時尚，林氏家族大都不願居住在該宅園中，實際上居住者大部分為林氏親戚與舊有僕從。民國三十八年，大陸淪陷，大批大陸同胞播遷來台，有不少人佔住林家花園，另外也有不少本省籍人士相繼住入園中，一時五方雜居，約有一千多人，三百多戶，板橋鎮公所編此地為「留侯里」。當時林家本其熱心公益之心，允其借住，一俟找到房子即可搬出。不料日久，鼠雀巢居，追索艱難，不僅鵲巢鳩佔，違建櫛比，甚至拆建破壞，非復舊觀。差幸所居住者以五落新大厝及花園為主，舊大厝尚能保持原狀。民國五十年（一九六一），美國安全分署署長郝樂遜偶遊林家花園，表示願以美元六百萬元支援整修經費，不料因遣出費之補貼，竟有人虛設戶口，或大興

---

[105] 高橋羣男前引文，頁二八～二九。
[106] 李騰嶽〈板橋林氏園林泥爪〉，《台灣風物》第十九卷五期，頁二一。

土木，企求更多補償，遂糾葛不清，加上郝署長之離華，此一整建案乃告擱淺。民國六十三年，舊大厝曾一度修葺，煥然一新。另一方面，先是民國五十九年，林柏壽先生派代表將林家花園土地所有權狀捐給政府，繼則以個人名義捐助一百萬元經費做研究。民國六十年，台北縣政府委託東海大學建築系進行規劃，其所規劃範圍，不僅是花園，還包括了舊大厝、白花廳等整個林家宅園，其中舊大厝建議全部開放，中軸當林家家祠，兩翼陳列本省與日常生活有關文物，此一調查研究及修護計畫一書，於民國六十二年四月出版。民國六十六年，林本源祭祀公業將林家花園產權捐給台北縣政府，並捐出一千一百萬作為整修經費。台北縣政府乃積極辦理留侯里居民遷出事宜，並委託永固工程公司負責整建工作，永固公司以恢復庭園舊觀過於複雜而拒絕。民國六十七年，台北縣政府又委託台大土木所都計室恢復舊觀之測繪工作，雖於民國六十八年年底完成測繪工作，直到七十二年年底才開始整建林家花園，於七十五年年底完工，七十六年元月三十日正式開放，供各界參觀。至於五落新大厝於民國七十年拆除，興建十層樓公寓，而三落舊大厝則仍待調查、規劃、修護。

柒、小結

臺灣第一豪富板橋林家，原是福建省漳州龍溪二十九都白石堡吉上社人，其始祖僅能追溯到林廷竹。其為人篤性積學，務實踐，不求名，力學硯耕。娶周氏為妻，有子三人，應寅其長也。時林家家無儋石，應寅遂於乾隆四十三年（一七七八）

渡台謀生,選擇了產米富饒的新莊落腳,原本以為此地充滿了各種就業開拓的機會,卻是一個重商輕文的地方,是企業家和農商人士發展的最好場域,卻不是個教書匠所能大展身手的地方,落得個英雄無用武之地,謀生不易,遂在乾隆五十年,黯然賦歸,離台回鄉。

　　林應寅有子三人,向邦其次,即林平侯。林平侯生於乾隆三十一年(一七六六),年方十六,度台尋父,因其父生活刻苦,無法支應平侯生活,遂在鄰居米商鄭谷家幫傭。由於平侯擅於書算,處事明快,自奉甚儉,頗獲鄭谷賞識,數年之後,助以千兩,促其自立商號,獨當一面。平侯善於籌算,仍以販運米穀為業,又碰巧乾隆末葉爆發了林爽文、陳周全動亂,米價大漲,由平日每石一兩四、五錢,一度高漲至五兩五錢,林平侯自是不會放過此大好時機,飽賺一筆。而且當時新莊私販運米風氣頗盛,一年高達二十萬石以上。林平侯也有可能涉列其事,所賺銀兩,更是難以估計,不到數年,即儼然一小財主。適時老東家鄭谷以年老有意返回大陸老家,平侯感激圖報,奉本利以還,鄭谷婉謝好意,平侯遂置產芎蕉腳莊(約今臺北縣中和市中原里)以其歲收租息,贈與老東家,突顯了平侯本性淳厚的一面,也開啓了林家投資土地的先聲。

　　平侯販米發跡後,大展身手,首先與竹塹林紹賢合辦全台鹽務,當時臺灣鹽場分六處:洲南、洲北、瀨南、瀨北、瀨東、瀨西,乾隆中葉,臺灣銷鹽約有十三萬石。而產鹽區既在南部,北部食鹽因交通不便,造成鹽價偏高,私鹽橫行,於是在竹北一堡的虎仔山莊,有私行晒鹽偷偷販賣。林平侯林紹賢此時介入販鹽,壟斷鹽價,包攬鹽務,連橫指稱販鹽者,獲利不少,

大者歲盈萬金，少亦一二千圓，可以想見其暴利，而且鹽商享有專利之權，若黑心勾結官府，自身又復走私販賣，上下包庇循私，所得更是難以計數。此所以板橋林家林國華因捐輸賞加「鹽運使」，其弟林國芳捐納買得「鹽運使銜候選郎中」，與竹塹林家林占梅取得「鹽運使」官銜之用心與背後企圖。

　　復次，林平侯可能也與林紹賢合作，購買帆船，拓展商務，做起華南沿岸，北至天津、營口地的近海貿易。因此，不過二十年，林平侯驟成鉅富，外人難以知道詳情內幕，遂有種種猜測傳聞，林家不願、不便、也不能對人辯說，遂任其飛黃流白，流傳至今。

　　平侯既富甲一方，適海盜蔡牽、朱濆相繼侵擾淡水，官兵趁機訛賴求，殷富之家為避騷擾，紛紛援捐求爵。平侯不落人後，嘉慶八年（一八○三）丁父憂，十一年服除，挾資京師，納粟戶部，捐得縣丞、同知，分廣西省儘先補用，由潯州通判、攝來賓縣事，旋補桂林同知，兼管驛、鹽諸事，再署南寧知府、柳州知府。平侯由商人轉從政，在廣西六年，頗有政聲，表現出安靖地方，清介公明、愛民如子的作風，雖不畏權勢，為民除害，不免也得罪巨室同僚，遂為人所構，控訴於新任兩廣總督蔣攸銛。蔣氏雖還其清白，並譽之「真精敏強識之吏」，但平侯也心灰意冷，絕意仕途，稱病請辭。

　　回到臺灣，平侯以林安邦之名，在擺接堡頂崁莊購置水田，由原來之從商、任官，轉移到從事拓墾，並收購土地，埤圳水權，積極經營產業。時淡水一地，漳泉械鬥，多年不息，平侯雖挺身而出，盡力排解，依然不止。當時新莊地居衝要，貿遷樞紐，每為漳泉兩族必爭之地，平侯深思熟慮，遂於嘉慶二十

三年（一八一八），移家大料崁。時大料崁歷經雍乾年間之開拓，略有成效，僅上街陳漳合，下街李金興等二、三家店，棋佈其間，大有開拓空間，且拓墾者多是同籍之漳人與粵人，反之臺北平原歷經百年慘澹經營，開拓大體就緒，較少展佈空間。平侯遂毅然舉家遷居，投以鉅資，開拓內柵、頭寮、南奧、缺子、中庄、員樹林等地，鑿川啓田，建屋闢地，盡力農功，歲入穀數萬石，並以當年從事船運、鹽務經驗，利用大料崁溪水運之便，做起米鹽、山產之運輸買賣生意，大料崁自此日見發達，林家家產呈現空前新局面。

　　道光初年，復投資拓墾桃仔園、並遠及噶瑪蘭，在頭圍設有租館，所入益多。三年，獨立開闢三貂嶺道路，沿路鋪石，方便行旅，兼便運糧，利人利己，固足以看出平侯經世之胸襟，伊子國華繼續修葺，遂博得「嶺神」雅稱。

　　嗣後，致力公益，建城、平亂、助餉，功績彪炳。晚年修養饒有謝安之風，適彰化分類械鬥起，淡民驚恐波及，擾攘不安，平侯則鎮靜如常，飲酒觀戲，持續數月，一時富戶紳士復安，人心安定，淡水全境，得以保全。道光二十四年（一八四四）四月，平侯感染風寒而終，享壽七十有九，先是葬於新莊，後因漳泉械鬥，恐致毀墓，辱及先人，遂於咸豐七年（一八五七）九月，遷葬大料崁三層。

　　平侯生養五子，其中以三房國華、五房國芳為平侯妻王夫人所生，國華為本記，國芳為源記，合稱「林本源」，兩人才氣縱橫聞名北台。國華英偉有父風，平侯晚年，以家事委之。國芳少好技擊，及長折節讀書，最為平侯寵愛，兩兄弟，兄友

弟恭，合作無間，繼承父業，再展雄風，咸豐三年（一八五三）乃遷居板橋。

時大料崁歷經多年開闢，地近內山，番害不絕，瘴癘侵犯，諸如此類，工大利少，已面臨瓶頸，遂有擇地另闢之考慮，此其一。而先前林家已承購大安圳，在今板橋、土城、中和、永和一帶置有田園，並在板橋西北側高地建有租館，名為「弼益」。且板橋一地，往來新莊，上通大料崁，下達淡水港，交通便捷，大料崁深居山中，實在不便，自然遷居板橋為理想之地，此其二。再則，是時臺北盆地，漳泉械鬥，連年不絕，漳人劣勢，所居地區僅有今板橋、土城、中和、士林、內湖等地，漳人為扳回劣勢，屢屢瞻迎林家，要求「下山」襄助，此其三。而械鬥連年，道途梗塞，租金田穀運送不便，也需考慮擇地遷徙，適咸豐三年，三角湧生亂，漳泉又鬥，頗有波及大料崁之勢，恰成助因，林家遂藉口大料崁地近內山，土番盱睢，裸體出入，閨秀不便，舉家遷居板橋，此其四。

林家遷居板橋是歷經三代完成，先是在道光二十四年覓妥西北側一大片無水患之虞的民宅，以鉅資購下重建，於道光二十七年建築完成「弼益館」。既然林家決定遷居板橋，弼益館為租館穀倉，不適住宅，遂在其側仿龍溪老家之永澤堂式樣，於咸豐元年籌建三落大厝，到咸豐三年大厝完工，兼且三角湧匪亂，機緣湊泊，乃舉家遷居板橋。

三落大厝於咸豐三年建成，面向西北，其前即湳子溪，可利用此通往新莊、艋舺；其左右兩側有觀音、大屯、七星等山，龍蟠虎踞，氣勢萬千。宅不開大門，設有左右兩門，門與正房直角相切，兩門圍牆均設有銃眼以供防禦，且募壯丁固守。入

門處有池塘，大埕，三落與門房間有廣大之中庭，兩側則設有倉庫二十二間，作為租館之用。舊大厝除倉庫外，共有廳房五十二間，計分三落：第一落是僕從居室及外人使用，後二落與前一落有圍牆門戶相隔，顯示內外區別，是林家族員與內眷居室。總之，三落大厝實際上具有三大功能：（一）供應兩代人員居住，（二）炫耀其雄厚財富，（三）防禦械鬥外人侵襲。而整個格局嚴謹，比例優美，內部裝修富麗堂皇，手工精緻，為當時臺灣最佳建築，誠不愧第三進入門正匾的斗大三個字－「如是福」。以後有關三落大厝之修葺暨使用，茲簡略將相關資料整理成大事年表，列表如后，以為本文之殿。

西元年代	中國或日本紀年	大 事 概 略
一八四七	道光二十七年	弼益館建築完成，作租館用。
一八五三	咸豐三年	三落大厝建成，為林國華、國芳兄弟所建。第一落供僕從及外人使用，二、三落是林家族員與內眷居住。
一八五五	咸豐五年	築板橋城，有四城門，城外有護城河，警衛森嚴，是當時台北盆地唯一有城牆之市鎮。
一八五七	咸豐七年	林國華卒，享年五十六歲。九月，遷葬林平侯於今大溪鎮三層。
一八六〇	咸豐十年	建迪毅堂於板橋，以祀漳泉械鬥陣亡者。
一八六一	咸豐十一年	葬林國華於今大溪鎮坑底。
一八六二	同治元年	林國芳死，享年三十七歲，林維讓、林維源兄弟由廈門返台管理家政。
一八七三	同治十二年	林家建大觀書社，由莊正主講，教導漳、泉孩童，弭平分類。
一八七七	光緒三年	林維源母親鍾氏捐贈晉豫災賑，賜「尚義可風」匾，今懸掛在舊大厝正廳。
一八七八	光緒四年	林維讓歿，享年六十歲。維讓母鄭氏捐助山西災賑，

		朝廷賜「積善餘慶」匾，匾已佚。同年在新莊建立石坊旌義。
一八七九	光緒五年	林維源開始興建新大厝，原是三落，何時完成不詳，至光緒十三年，續建四、五後兩落，成爲五落大厝。同年興建台北城，受命與板橋人士募築小南門。
一八八四	光緒十年	中法戰起，兵備道劉璈強迫維源樂捐，維源捐出少許，後避居廈門不應。
一八八六	光緒十二年	林維源自廈門返台，任幫辦撫墾大臣，以在大料崁住宅暫充行館。
一八八七	光緒十三年	創立建昌公司，與李春生籌築洋樓，租給外商。五落新大厝完成，住沒多久，舉族移居六館街，並設行館（民間俗稱欽差行台）於該街。
一八九二	光緒十九年	林家花園修畢，亭閣花木甲全台。官宦雅士先後蒞臨讌會，如劉銘傳，劉永福等。
一八九五	光緒二十一年	乙未割台，林維源辭台灣民主國議長不就，攜眷內渡廈門，從此不再東返。林家園邸未被日軍破壞，僅被收繳軍火武器。
一八九七	明治三十二年	林維源令林彭壽、祖壽回台，入日本籍，保護林家家產。
一九〇五	明治三十八年（光緒三十一年）	林維源辭世。
一九一〇	明治四十三年	設立「祭祀公業林本源」管理板橋林家本宅，祖祠、園邸，及二十一座租館、建地。另，明治年間，林家常招待達官士紳前往林家花園遊覽，作爲酬唱歡遊之地。
一九三五	昭和十年	舉辦「台灣始政四十週年紀念博覽會」，林家園邸亦爲展覽場所之一，三落舊大厝開放展覽，並將石板鋪成之大埕改建爲日式庭園。另，第一落前面之建物可能在此時拆除。
一九二六至一九四五	昭和元年至十八年（昭和年間）	林家花園仍常爲宴飲酬唱之地，新、舊大厝爲林嵩壽家族及少數親友所居，多數家族成員住台北市區。舊大厝一度充爲祖廳，並作爲穀物倉、工作場及傭人住宅。

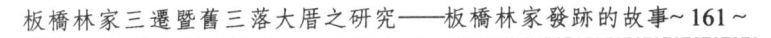

一九四九之後	民國三十八年之後	為流民難胞佔住,並拆建破壞,受損甚大,幸多居住在花園及新大厝,舊大厝尚能保持原狀,至六十五年夏,違建戶大體遷出。
一九七一	民國六十年	東海大學建築系進行林家園邸之調查、規劃,於民國六十二年四月印行出版。
一九七四	民國六十三年	舊大厝略加修葺並彩繪,作為林家祠堂。
一九七七	民國六十六年	林本源祭祀公業捐出花園,並提一千一百萬元作為整修經費。同年七月,板橋市公所為拓寬馬路,拆掉林家花園方鑑齋戲台後之遊廊,引起社會各界注目。
一九七八	民國六十七年	台大土木所都計室進行花園部份測繪工作,於民國六十八年底完成。
一九八一	民國七十年	拆除五落新大厝,興建十層樓公寓。
一九八七	民國七十六年	民國七十二年底開始整建林家花園,七十五年年度完工,七十六年元月開放參觀。

清代泉州舉人莊正在台活動考及其意義
——以四方石刻史料為文本

壹、前言

　　稍對清代台灣史有涉獵者，應該對「莊正」其人不陌生，但刻板印象中所知曉的，似乎只有下列數點：（1）板橋林家的女婿；（2）林維讓為弭平漳泉械鬥惡習，將妹妹嫁給他；（3）莊正與維讓兄弟共同創設大觀書社與義學。其他的就不太清楚了，想進一步瞭解莊正生平，卻又苦於史料無從尋覓。而個人在負笈廈大期間，曾有心留意相關資料，結果不論是志書、專書，近人論著，皆渺若無蹤，僅尋得一碑記（見後文），莊正竟成為謎樣的人物？幸而近年承漢光建築師事務所之邀，調查研究台北市定古蹟潘宮籌墓，意外獲得一則重要墓刻史料，遂不揣淺陋，嘗試就現知史料作進一步深度的解讀來了解其人事蹟，兼及一些相關問題，以求得莊正事蹟在歷史與個人兩方面呈現出何種重要的意義。

貳、相關史料彙整

　　目前所知有關莊正的史料主要有三：一是板橋市西門街大觀書社三川殿左右壁的兩方石刻碑文「大觀義學碑記」及「義學捐貨名氏」的捐題碑；二是潘宮籌墓曲手莊正撰寫的墓刻文

字,三是泉州市近郊池店鎮御輦橋東畔的「收葬浮瘞暴骨碑記」;其他的盡是一些瑣碎的二手資料。由於資料不多,茲不避文抄之譏,先轉錄於後,再作進一步解讀詮釋:

㈠大觀義學碑記:材料為觀音山石,縱五五公分、橫四一四公分、上下石合刻,其文如下:

程子曰:「治天下以正風俗,得賢才為本。」余謂非必天下也,即一都一邑亦然。風俗必本人心,人心關乎士習,賢才不可遽得,當培養而玉成之。然則化民成俗之原、興賢育才之道,莫要於建學立教。

淡水海外荒徼,入版圖最後。國初之前,廢為狉獉;開闢百十年,瘴雨蠻煙悉為含鼓嬉游之宇。然地富庶而人強悍,睚眥之怨逞刃相仇,連年累歲,亡身破家不休,其性耶?習耶?其不學不教之咎耶?淡北距塹城學宮百餘里,惟艋舺有學海書院。而甄陶未廣,僻壤孤村之士既閟教澤;甚有漫分氣類,畢生裹足不登書堂者。民風之陋、士習之頹,職是故歟!

歲癸亥,余游寓於茲,思有以洗滌而振興之:商諸外兄弟,觀察林君維讓、維源首倡義貲,創學舍於板橋東北隅。月集諸生考課,余不才,忝司月旦;既砥礪其德業,亦柔和其心性,遠邇士人翕然向風。邇來民無競心,士有奮志,蓁陋文風日振日上;而科名亦遂以踵起,則教學之明驗大效也。

夫湮鬱之開,在人不在地;轉移風氣,在士不在民。士為四民之首,一舉一動,關係民風。士習端則民生觀感興起,日趨於善;漓則鄉里效尤放縱,日鶩於爭。故為士者望彌隆,責亦彌重。諸生既誦法先聖,號稱「衣冠之士」,

非徒株守章句、揣摩時尚,以弋取科名而已!所當納身禮讓之中,以變移鄉俗為己任,修於身而型於家;日與子弟、鄉人言,出入友助、和親康樂,共為堯舜之民。興仁興讓,且徧國俗;中原禮讓之邦、文物之地,何能以加茲?

余內渡十年,再游斯土,深幸士氣民情駸駸日盛。由是,薰陶振作,使游淡北者謂「斯之風俗人才冠絕海邦」,豈不懿哉!顧惟義學之設,鳩貲僅二千金,而土木營構已逾五千餘;所建祀田三十石及按歲考課膏火費用數百金,皆觀察君昆仲捐助勉成。恒產未謀,後恐難繼寸心,用是耿耿。而余以親舍白雲,未敢淹留客路,清風無從恢廣。觀察君昆仲好義性成,圖始必能圖終!或後之君子有與余同志者,不獨諸生之感,亦余所厚望也。

義學之前,大屯、觀音山對峙焉,故名「大觀」。為屋二,中祀文昌帝君,券諸生之文明;兼奉濂、洛、關、閩五先生,示學術之標準。前為行禮出入之所,兩旁學舍十餘,前後有隙地可擴充,尚遲有待。余忝倡是謀,且兩登講席,敢不揣固陋而為之記。其捐貲姓名另書他石。

同治十有二年癸酉中春,溫陵莊正并書,監工楊早明。

㈡義學捐貲名氏碑:材料爲觀音山石,縱四〇公分,橫三八三公分,三石合刻,內容如下:

何正榮捐銀百廿元,何輝記捐銀壹百元,廖五福、何國泰,以上各捐捌拾元。何傳接、林慶雲、呂三合、何兆祥,以上各捐陸拾元。林金水、賴占恆、游餘記,以上各捐伍拾元。

吳日記、邱五福、曾應成、張三合，以上各捐肆拾元。林四和、賴建春、徐五福、劉永成、游璵玢、曾義成、蘇文秀、簡恒美、李新民，以上各捐參拾元。林永興、趙順記、林啟文，以上各捐廿四元。林濬哲、簡文禮，以上各捐廿一元。楊四和、游永享、羅觀潭、游本記、范乾記、黃士煌、游世芳、林文記，以上各捐弍拾元。

　　邱四毓、沈陳成、游其源、林文德、林長源、羅士然、胡朝陣、（胡朝）旺、林士鑾、陳六合、江益煌、游協榮、羅太和、林繼瑞，以上各捐拾陸元。林金玉、林德軒、以上各捐拾參元。蕭正道、呂文益、陳德昌、廖上九、游永興、曾士遙、以上各捐拾貳元。游新養、江朝榮、林天南、林文雅、呂至宜、江超、何穀貽、江振登、何宗昭，以上各捐銀拾元。

　　簡增樑捐銀捌元。廖士看、簡滿輪、游五瑞、吳春榮、呂青藜、廖廷禧、林瑞雲、郭謙恭、林春榮、游振聲、曾三省、陳炳奎，以上各捐銀陸元。高雲從捐銀肆元。游萬青捐銀參元。呂衍廉、李春華、陳清傳、李聲揚、高定邦、李觀潮，以上各捐銀弍元。

計共捐銀壹千玖百捌拾玖元。

徐士芳捐地基一隅。

記開買地基并土木、磚石、油漆、工匠等用去銀伍千參百捌拾陸元。

㈢收葬浮瘞暴骨碑記：清光緒二年（一八七六）刻石，高二八六公分，寬九七公分，楷書碑文字大八公分，豎排一〇行，每行三一字，鐫刻精細，內容如下：

> 中群山為州治，出郭未跬，平岡嶔巖，障武翳睞，境迮人羨。棷櫞錢鏄所不及者，率墐壟具之，暨周瓦棺，蘩櫕浮瘞，雨日淋淋，灰釘陊遺。時或樵牧踹趾，羊踩牛蹢，荒阡縈草，殘骼委路，歲時乏麥飯之薦，體魄抱裂棄之恫。見者未嘗不譙妍累欷，愴恨無已也。歲癸酉，觀察林君時甫，舍人莊君養齋環塗所經，惻然傷之。爰勾工飭材，廣為封繕。經始西山而下輂，而迎春門外諸墩，而東北至賜恩山下，又北至清源山下南迤，西至双坑、前店，逮七城之根。若內若外，壕之岸，途之陸，工人告葳，總其墳籍蓋二萬數千有奇。飾故挽新，必完必實，由是曩之傾空隤窆，暴露而莫恤者，今且罨如矣！宰如矣！填如矣！鬲如矣！費不集而辦，事不擾而成，然則二君義惠之功可尚也已。林君名維源，龍溪人；莊君名正，晉江人。工凡再舉，則同志十二年冬，光緒元年秋也。既竣役，其姻史官晉江陳棨仁為之記，莊正書。二年八月立石。

㈣潘宮籌墓左曲手身版題詞：曲手皆由石材施作，觀音山石與花崗岩混和砌築，曲手身版循俗有大量當代政商名流之題詞鐫刻，其中莊正文如下：

> 貴穴正針地盤格龍，甲脈入穴，立寅申兼甲庚，庚寅、庚申屬木；分金內局亥卯未逢針，天盤定向收水，立寅申兼艮坤，坤向屬金，內外盤均坐尾十四度木，向嘴（觜？）半度土，合双山三合，玄空分金，生入尅入玄關竅通，右水倒左，出坤未庫，絕處逢生，乃自生向，收右邊養生官

祿水上堂吉，左邊病死絕水不到堂，歸未庫，去亦大吉。候選縣正堂，壬戌舉人，受業門下士，莊正頓首拜書。

其他二手瑣碎資料不勝枚舉，茲舉三書為例，餘概捨。

㈠昭和八年（一九三三）淀川喜帶治編纂《板橋街誌》（實際上由張鴻機編輯）第五章〈板橋林家的沿革〉第三節「維讓為使漳泉兩族融合而建大觀書社」，文如下：[1]

（上略）先前漳泉之分類爭鬥連年不息，和解成立後，依然慶弔不相通，維讓憂之，遂將妹妹嫁予晉江之舉人莊正。莊正字養齋，為中國之名士，婚後渡台，輔助維讓兄弟，設大觀書社，邀集漳泉二州之文士，出詩文之題目，評定優劣，定等級頒賞，並負擔一切費用。之後漳泉兩族相往來，渾然如一家人。林家是漳州府龍溪縣出身，而莊正是泉州府晉江縣出身，故以婚姻圖謀兩族之融合。（下略）

㈡盛清沂編纂《板橋市志》二○章〈人物〉一節列傳「林平侯（子國華、國芳、孫維讓、維源附）」，文如下：[2]

（上略）初漳泉械鬥，歷年不息。及成，猶不通慶弔，維讓憂之，以其妹婿晉江舉人莊正。正字養齋，名下士也。

---

[1] 詳見古舜仁、陳存良譯《臺北州街庄志彙編》（臺北縣立文化中心，1998年7月）內所收輯淀川喜代治編《板橋街誌》，頁三七；另相關史料又見頁七九。

[2] 詳見盛清沂《板橋市志》（板橋市公所，1988年10月），頁九八○。

至是來台,與維讓兄弟合設大觀書社,集兩郡之士而會之。
月課詩文,給膏火,自是往來無猜。(下略)

㈢林衡道《鯤島探源》〈板橋林本源〉說:[3]

(上略)林平侯嫡子林國華,是一位很受尊敬的人物,除了克己待人,熱心公益,對於消弭當時漳泉人之間的敵意,他也不遺餘力,首先,他以身作則把自己的女兒嫁給了泉州舉人莊正,接著在板橋林家花園旁蓋了一所大觀義學,由女婿莊正當山長,廣收淡北的漳泉子弟聚集一堂讀書,以實際行動消除地域觀念,大開漳泉團結的先聲。現在板橋市的文昌祠,又稱大觀書社,就是當年大觀義學的故址。(下略)

參、莊正在台活動考

綜合參考上引諸史料,我們可以針對莊正在台若干事蹟考證析論如下:

㈠「歲癸亥,於游寓於茲……商諸外兄弟,觀察林君維讓、維源首倡義貲,創學舍於板橋東北隅……余內渡十年,再游斯土,……而余以親舍白雲,未敢淹留客路,清風無從恢廣……余忝倡是謀,且兩登講席,敢不揣固陋而為之記。」癸亥為同治二年(一八六三),是知該年莊正從大陸(可能是泉州之蚶江或廈門)渡海來台,游寓淡北;而且稱林維讓兄弟為「外兄弟」,是知已與林家結秦晉之好,是故「婚後渡台」之說不誤,

---

[3] 詳見林衡道口述、楊鴻博紀錄《鯤島探源》(青年戰士報社,1985年1月再版),頁九八。

不過，這裡便產生了一個問題，林維讓兄弟若將親妹妹嫁給莊正，照理講，莊正應稱他們為「內兄弟」，方符合當時親屬間稱謂；除非只是將諸如表妹、族妹、義妹等非直系血緣之妹妹嫁給莊正，方才稱「外兄弟」，若然，則與學術界長久認知「嫁妹」指的是嫁其親妹之意，似乎有了矛盾。總之，在同治二年或之前莊正與林家妹結婚，不久內渡回去十年，到同治十二年春（癸酉，一八七三），再游淡北，不久因父母之喪，趕回家鄉治喪。因此來台兩次，在台期間均極短暫，且兩度擔任義學之講席，主持學務。除此，在同治九年春（一八七○）下葬之潘宮籌墓刻文字中莊正自敘頭銜為「候選縣正堂，壬戌舉人，受業門下士莊正頓首拜書」，壬戌為同治元年（一八六二），則顯然莊正是在該年鄉試秋闈高中後，成為舉人，才與林家結姻親，並因此翌年來台，有意建學立教、興賢育才，化解漳泉氣類，遂主動向林家二兄弟建議，創學舍於板橋東北隅。以後可能因參加會試春闈，離台入京，屢試不中，所以直到同治九年仍然只是一個「候選縣正堂，壬戌舉人」，同治十二年再游淡北，擴大義學之設，卻不幸又逢親喪，匆忙趕回奔喪，莊正際遇何其不幸！

㈡不過，在這也產生了幾個小問題，需要進一步解釋。按清制：舉人會試數次不中，可以通過揀選、大挑、截取的途徑選入官場，充當低級官吏或就教職，則顯然莊正確是屢試不售，直到同治九年仍然是一名舉人。至於「候選縣正堂、中書舍人」之稱也可窺知在屢試不順之後，莊正透過捐納取得此一頭銜。另外，清代風習，舉人稱其親授講讀者為受業師，稱其入學、中舉之閱卷者為受知師，稱同榜舉子為同年，對考官稱門生，

對考官的考官則自稱門下晚學生,或門下晚生;稱房師、座師的考官為太老師,稱同年之父為年伯、祖父為太年伯,伯叔為年世伯、年世叔,本人則自稱為年侄、年再侄。[4]莊正既稱「受業門下士」則必是親承潘宮籌之講授,這裡便出現一個大問題:潘宮籌生於乾隆五十九年(一七九四),卒於咸豐六年(一八五六)正月十六日,享年六十三歲,平生以教學為業,出門下者頗為貴顯。莊正於同治元年來台,時潘宮籌已逝,如何親承講授?除非咸豐六年之前,莊正已來台受教入列門下,或潘氏曾赴泉廈安硯設帳開課授徒,但就目前所知潘宮籌生平似乎未離開今士林北投地區前往外地教學,此一矛盾,只有等待新史料之發現來解決了。

(三)另外一個問題就是:究是林衡道先生所說林國華將女兒嫁給莊正,並蓋了一所大觀義學?還是林維讓將妹妹嫁給莊正?按林國華生於嘉慶七年(一八○二),卒於咸豐七年(一八五七),享壽五十六歲,顯然在莊正成為舉人之時,國華早已不在人間,因此嫁女之說不太可能,除非國華生前便已認識莊正其人並頗為賞識莊正,許諾嫁女,待莊正考中舉人方才婚配,如此情節並不是沒有可能性,只是未免太小說戲劇化了!正常情理應是林維讓嫁妹之說,但我們也不可忽略其中一個情況:潘宮籌為莊正之業師,而潘宮籌之長子潘永清又為林維源之老師,士林潘家與板橋林家有極深之淵源,有師生之誼,復有事業伙伴之合作關係,說不定莊正其人正是潘家極力推薦介紹給林家成為乘龍快婿,反之,也說不定永清之為維源師正是

---

[4] 郭松義等《清朝典制》(吉林文史出版社,1993年5月初版),頁三五三。

莊正所推薦,因此綜合上述,我們可以先做如下一個假設與推論:咸豐六年之前莊正已經來台游寓,拜在潘宮籌門下,學習舉業,並因而認識板橋林家昆仲。嗣後返回福州應鄉試,於同治元年壬戌(一八六二)秋闈高中,並在年底娶板橋林家女,大小登科,双喜臨門。翌年婚後渡台創設大觀義學,擔任講席,主持教務,嗣後入京會試,屢試不售,蹭蹬仕途,同治九年(一八七〇)業師遷葬,應潘永清之囑,撰文敬弔。同治十二年(一八七三)三度來台,再廣義學,不料旋以親舍白雲,未敢淹留客路,趕回奔喪,再後納資取得中書舍人官銜。寫至此,不免有些感慨,莊正所娶之妻是誰?究竟是何姓名?以林家之烜赫,翻遍有關書籍,均無是女之記載,中國女性之躲在歷史角落,其卑微之地位,實令人既無奈又喟嘆!

　　(四)莊正所題潘宮籌墓刻文字中詳述該墓風水,正凸顯了他深諳風水堪輿之學,說不定也曾參與墓地吉穴選擇。而潘永清本人也擅長風水學,咸豐年間,北台械鬥屢起,咸豐九年(一八五九)九月,漳同分類械鬥,「芝蘭街」(即士林舊街,約今神農宮一帶)被焚,事後眾街民有意遷址重建,永清即因下樹林一帶地勢較高不易淹水,而且地基座北朝南,後面即七星山、大屯山,風水極佳,永清因此力主於下樹林處建設新街,咸豐十年干支庚申;庚屬金、申屬猴,乃金猴食菓兆象,為「猴歇樹林」之吉兆,遂遷建新街,眾志成城,奠下今日士林夜市之繁榮遠因。[5]莊、潘二人同擅風水,投緣契合之情,自不待言。

---

[5] 有關士林新街之建設始末,可參考拙文〈士林市場歷史沿革考略〉,《臺北文獻》直字第一三九期(2003年8月),頁一二一~一四四。另.有關士林潘家家族史,可參考拙著〈清代士林潘家之發展——

同理「大觀義學」學舍之建置，莊正「悉倡是謀，且兩登講席」，自會考慮風水座向，故「義學之前，大屯、觀音山對峙焉，故名大觀」，考察今址建物，大觀義學之座向爲坐南朝北略偏西，位在舊板橋城的東北隅，前方距城牆（今西門街）約五〇公尺，後方緊鄰民宅，餘地狹小，右側亦是迫近民宅，左側爲今文昌街（按：義學左側才是昔年出入口），街對面即是林家花園，牆內最接近建物即是定靜堂，而義學座向和定靜堂幾乎是一樣，自有其用意。[6]定靜堂之取名源自大學「定而後能靜」，爲園邸之最大建物，建坪約有百餘坪，爲林家招待賓客盛大宴會之處，昔曾陳列名畫、古董、堂中懸有「定靜堂」橫額，旁有柱聯：「君曾東海添籌，全活多人，上爲萱堂延鶴算；我亦西湖同譜，感深知己，偶來梅隝印鴻泥」，想必是杭州西湖林氏同宗之手筆。不僅如此，定靜堂之儉樸風貌與官式形制類似義學，恐爲同一時期之建築。不僅此，而且整體上來講，義學的建築風格較接近舊三落大厝，在匠派及風格方面而言，義學興建匠師在派別及師承上應該和興建舊大厝的匠師有密切關聯，從瓜筒的造型，樑架的比例、屋脊的形式曲度，都可以約略看出彼此相似之處。不僅在風格上屬於漳州匠師，大木作用材肥碩飽滿，金瓜形的瓜筒與螭虎造型爲明顯特徵，尤其全部用關刀拱，各部分造型的處理古拙，帶有濃厚的清中葉建築風格。[7]

兼及北台仕紳交往之網絡關係〉（上、下）分別刊在《北縣文化》七四、七五兩期（2002年10月、12月）。
[6] 詳見李重耀主持《台閩地區三級古蹟大觀義學整修調查研究報告》（1989年8月），頁一三～二〇。
[7] 李重耀前引書，頁一一。

惜莊正未能親自監工見其完成，而由其時林家管事楊早明監工完成。附帶一筆，按板橋府中路慈惠宮（俗稱媽祖宮），乃咸豐十年林國芳由新莊慈佑宮分香而來，初附祀接雲寺內，同治十二年由林維源及陳元瑞、林潤波、楊早明等倡建，翌年完工移祀該寺。亦可知楊氏其時服務林家之功績。

大觀義學

本節論述已多，茲文最後在針對莊正創立大觀義學之貢獻一事，兼及其教育思想，作一檢討以止之。

莊正治學為人本諸理學，承沿程朱學派，特重道德心性修養，故碑記開端首引程頤之說，義學中祀文昌帝君，兼奉濂、洛、關、閩五夫子，「示學術之標準」，而本人精擅風水，尤為朱熹遺風。彼之創辦義學非徒為制藝舉業而已，乃有見淡北漳泉分類，「睚眥之怨逞刃相仇，連年累歲，亡身破家不休」，故思以學教「有以洗滌而振興之」，透過教育以移風易俗。而「士為四民之首，一舉一動，關係民風」，「故為士者望彌隆，責亦彌重」，「已變移鄉俗為己任」，「興仁興讓，且徧國俗」，「非徒株守章句，揣摩時尚，以弋取科名而已！」而其成果究竟如何？茲分兩項以檢討之：

㈠道咸年間，板橋尚無功名之士，有之，乃板橋林家之國芳、維讓二舉人，但是此乃納資買得，算不得數，同治年間不詳，至光緒年間出現二名貢生，十九名生員，《板橋街志》言

「街民自古勤勉向學之風氣甚爲興盛,秀才舉人及第者頗多」記其名單有文秀才:林應東、林維得、林朝龍、林維隆、林漢東、劉育英、趙文徵、曾人鳳、何廷詰、何廷籌、林淸可、林耀東、賴道源、黃嘉璧、王作霖等。貢生二名:林家聲、簡鳴鐘。欽賜舉人一名:徐南光。對於日治時期之教育情況亦謂:「在本街改隸前即有稱爲大觀書社的一種文教團體,有不少人士對於教育相當關心,咸感國語教育之重要,早在明治三十年(一八九七)就聘請岡崎伊太郎氏利用大觀書社的學舍設置了私人之國語教育所。」昭和年代接受教育的兒童「以就學率而言,男子七四・三一%,女子三五・七七%,平均達五五・九三%,與臺北州之平均四二・二七%作比較,本街的就學率遙遙領先。」[8]如此深遠之影響,證之碑文所記「邇來民無競心,士有奮志,荼陋文風日振日上,而科名亦遂以踵起,則教學之明驗大效也」,洵不虛語,可知大觀義學之設確實對板橋地區基礎教育之奠基,甚而對淡北文風之昌盛起了一定的作用。

(二)在化解弭平漳泉械鬥惡習方面,坊間一般說法是林氏昆仲將其妹嫁給泉籍莊正,透過婚姻圖謀兩族之融和,這種和親策略說法是可以成立的,我們觀看在同治十二年冬、光緖元年秋,林維源與莊正兩人主持倩工收埋泉州城郊浮瘞暴骨,整理環境事(墳籍高達二萬數千塚,這數目是驚人的)正可以見其用心。但是若說共設「大觀書社」於講課授學之閒,集漳泉文士以詩文相會酬唱,促成兩籍人士往來無猜,這一說法需要作更明確的修正與解釋:第一、名稱問題,究竟是「大觀書社」?「大觀書舍」?「大觀學舍」?「大觀社」?還是「大觀義學」?

---

[8] 淀川喜代治前引書,頁一一五～一一六及頁六〇。

莊正在碑記中很清楚稱為「大觀義學」，並說「首倡義貲，創學舍於板橋東北隅，月集諸生考課，余不才忝司月旦……」、「土木營構已逾五千餘，所建祀田三十石，及按歲考課膏火費用數百金，皆觀察君昆仲捐助勉成」、「為屋二，中祀文昌帝君……兼奉濂洛關閩五先生……前為行禮出入之所，兩旁學舍十餘……余忝倡是謀，且兩登講習……」云云，碑文中明白清楚的說是「大觀義學」，兩旁學舍是用於授課講學讀書之用，後進大屋為文昌祠（所以有「祀田」，而且目前尚存同治四年乙丑梅月題刻梓潼帝君之香爐），因此顯而易見當初創建是以文昌祠為主，而在祠中附設義學為輔，這在台灣現存眾多古老書院的形制是一樣的。清代之義學、社學本質相同，可能後人不察遂攪混一起，再誤為「大觀書社」是以詩文會友的「詩文社」，我們觀看嗣後名稱的演變，便可窺知一二：明治四十一年（一九〇八）八月台灣總督府民政長官大島久滿次所寫的「枋橋建學碑」中（現存板橋國小校內）稱「林氏本源居之，頗負德望，先世憂文教不興，捌

林本源於明治41年（西元1908年）2月3日，以私人出資方式擴建「枋橋公學校」於今「板橋國小」校址，以提高當地台人子弟就學機會。乃豎立此一「枋橋建學碑」於校門口。

創義學,曰『大觀社』」,以後至大正五年(一九一六)以「大觀書社」名義由林熊光登記為財團法人,並為首任董事長,次任為林熊祥。光復初一時荒廢,洎民國四十九年年底,板橋鎮長楊水生始組織「大觀書社管理委員會」,並兼任首屆主任委員,民國五十二年八月再度登記為財團法人迄今。可見「書社」云云與「詩文社」無關,此所以盛清沂主纂之《板橋市志》「詩社」項目中,只有劍樓吟社、淡北吟社、薇閣詩社等三團體,獨無大觀書社之原因。[9]

　　第二就現存詩文集或藝文志,尚未發現有同一時期莊正與人(或他人與莊正)酬唱應和,或者是有關大觀義學紀事之詩文紀錄,相反地,倒是流傳眾多與林家交往奉和,或記述在林家花園賞吟宴遊之詩文。眾所週知,林家家風一向肆習文事,獎掖結納文士,其中如曾任林家西席之呂西村、謝琯樵、葉東谷(化成)、陳南金、楊浚、潘永清等人皆是顯例。而林家數代擅書法嫻藝文喜收藏,更是膾炙士林,其中如:林國華、國芳、維讓、維源、柏壽、祖壽、鶴壽、爾嘉、景仁、熊祥等率皆文詞典贍文風儒雅,把酒吟賞為北台文壇留下多少韻事佳話。所以「大觀義學」僅是一教育場所,並不是坊間誤解兼具詩社之「大觀書社」,當然,個人意思也不是全然否定在清風明月、歲時嘉節,莊正或曾邀聚漳泉文士在義學吟風賞月,談文論詩之情事的可能性。總之,透過義學教育,啟蒙童生「既砥礪其德業,亦柔和其心性」以「變移鄉俗」,從根本性、結構性、長遠性來看,大觀義學的確發揮了作用,我們試觀在咸豐年間北台慘烈大械鬥後,同光年間已不聞械鬥紀錄!或許我

---

[9] 盛清沂前引書,頁九六三～九六五。

們可以為大觀義學的歷史意義作如下的一個評語：從此板橋地區從武鬥的移墾社會轉入文治的定居社會吧！

肆、結語

本文以四方碑記為文本，發覆抉微，考証莊正在台活動的相關事蹟，論析已多，宜作一收束結語，茲分成兩大項綜述：

㈠關於莊正生平簡歷：莊正，字養齋，清泉州府晉江人。曾師事士林潘宮籌，兼擅風水勘輿，篤習程朱理學，承傳朱子遺風。同治元年（一八六二）高中壬戌科鄉試成舉人，乃娶板橋林家女，雙喜臨門。翌年癸亥婚後渡台，游寓淡北，有見斯地風俗嬉游含鼓，不學不教，漳泉分類，逗刃相仇，遂與林維讓、維源昆仲相商，創學舍於板橋東北隅，膺任講席，月集諸生考課。授課閒暇，兼有詩文之會，以謀漳泉文士和衷相處。淡北鄙陋文風，日振日上，科名踵起，民風亦知禮讓。嗣返鄉赴京會試，屢試不售，蹭蹬仕途，由是納資捐得候選縣正堂、中書舍人二職，青雲有望。同治九年（一八七〇），業師宮籌先生遷葬鴻臚山，莊正撰文敬弔，銘諸勒石，字跡猶存。內渡十年之後，同治十二年（一八七三）癸酉，再度來台，擴建義學，承板橋街民、漳泉人士義助，尤得林氏兄弟捐助，大興土木，費逾五千，為屋二進，前為行禮出入之所，後祀文昌帝君，兩旁學舍一十六間。義學之前，大屯觀音兩山對峙，故名大觀，續登講席，興仁興讓，薰陶振作，淡北文風再盛，有人才冠絕海邦之譽。旋以親舍白雲，倉促奔喪。在鄉丁憂，猶能熱心公益，同治十二年冬，光緒元年秋，與維源君兩度倩工，主持收

埋泉州近郊浮瘞，整治週遭環境，計墳籍二萬數千有奇，積善餘慶，功德無量。後或入京述職，事蹟無聞焉。

㈡關於大觀義學部份，個人在此不擬重複上文，僅針對一般大眾所誤解的幾點，強調如下：

　1.大觀義學之創設擴大，皆是莊正倡謀，林氏昆仲大力捐貲義助而成，也即是林家是被動者、配合者，不是主謀者。

　2.清代稱為「大觀義學」，至於所謂「大觀社」、「大觀書社」皆是日治時期後起之稱，「義學」乃當年童生啟蒙之基礎教育場所，並非「詩社」之屬，不可混為一談。

　3.義學內奉祀文昌帝君，乃昔年板橋文昌祠所在，故文昌祠者，大觀義學者，此乃一而二、二而一、同一場所。蓋清代風習，宗祠、寺廟之內常附書房、私塾，為義學、社學、宗學之所在，此乃普遍現象，無須詫異。

總的說來，莊正來台時間雖短，在台事蹟單純，卻留下深遠的歷史意義與影響：

　1.遠從大陸前來士林拜入潘宮籌門下，不再如早期閩、廣士子來台「冒籍」應考，正見潘氏文事制藝之盛，遠播閩南，掀動士子。連帶地，但不知從此一個案是否可以引申為：淡北制藝舉業，與儒學涵泳之教澤已不輸閩南，正可反映其時北台文治之實力與先聲。

　2.大陸來台宦遊之學人文士，偶有教學之創，然一離開台灣，或怠且輟，不了了之；即使結社吟詠，文人雅集，只不過是翰墨爭輝，寄興於一時，未曾留下深遠影響。但莊正與林氏昆仲所創辦的大觀義學，對化解械鬥惡習，則影響深遠（當然，個人意思並不是說大觀義學的教習影響是化解淡北分類械鬥惡

習最主要或單一的原因。），流澤至今。甚且同治十二年的擴建義學，若與同年創建的迪毅堂一事合觀，似乎可以有如此的看法：此年為淡北漳泉械鬥「真正終戰」之一年，從此由武鬥衝突之移墾社會轉入文治安定的定居社會。

清代板橋大觀義學作文試卷圖影
「擺接大觀書社圖記」仍然清晰可辨
評語為「尚有清真之氣」排名為「上等第六名」

提供人：高賢治先生

清代宜蘭舉人黃纘緒生平考
——從平民到舉人的傳奇

一、前言

宜蘭昔為三十六社「番」棲居之地，自嘉慶元年（一七九六年）始有漢人吳沙率漳、泉、粵等三籍人士入墾拓荒，篳路啟疆，用奠開蘭之基。嘉慶十七年（一八一二年），設置噶瑪廳，而考舉一事，初附試於淡水，嗣為免

黃纘緒夫婦塑像

士子跋涉之苦，自設專學，乃卜擇廳治之西文昌宮左，創建仰山書院，尋即延聘湖南湘潭歲貢生楊典三主講，越數年，應試文童即有三百餘人之多，可見河川毓秀，山嶽鍾靈，文風之鼎盛。道光十七年（一八三七年）丁酉科，首有拔貢生黃學海，二十年庚子科繼有黃纘緒孝廉，為邑人登第嚆矢。

蘭邑科甲鄉賢，傳記頗多，詳實具備，獨纘緒其人，傳聞失實，又復缺漏不少，今試從廳誌、縣誌、古契、家譜、古宅文物、

裔孫口述等資料勾稽，予以較全面較完整面貌之敘述，其中《黃姓家譜》允為第一手史料，惜仍十分簡略，且矛盾牴牾者亦復不少，不可儘信。茲者以《黃姓家譜》為藍本，旁採他項資料，夾敘夾議，勾稽辨白，以求其信實可靠，還纘緒本來之面貌。

二、黃氏先世

今存《黃姓家譜》乃黃纘緒女婿連碧榕（字青城，號企真山人）所修[1]，據家譜序言，敘此一家譜：「皆余內弟黃君作璜兄弟等，以其近錄家譜，屬余修葺。」（頁一）此一家譜又是「岳丈啟堂，手自草錄」（頁二）；在後記內也敘及：「本家譜主承連公碧榕姑丈公祖，依據纘緒高祖公草本的內載及傳聞實錄而記載」（頁二十七），時為日據時期明治四十二年（宣統元年，西元一九〇九年）夏月，上距黃纘緒之死不過十六年，已有「紛紜錯宗，支世系茫不可知」（頁一）之嘆，其原因不外乎黃氏二百年來渡臺遷徙，變亂相遭，「在臺灣分離散處，世系宗支，已不可問」（頁二），「余嘗欲考其宗派所分，雖耄期遺老，亦且茫然罔覺」（頁二），因此雖經連碧榕「余乃極力考其舊本，訪其遺軼，蒐集久之，始乃得其大要」（頁二），而且是「乃就榕所知，與夫輿眾傳諸行實，質諸二、三遺老而無異辭者，一一錄，

---

[1] 《黃姓家譜》作者為黃纘緒長女黃金參之先生連碧榕所修，修於明治42年（1908年）夏月。後由二十世孫女素英，在民國66年（1977年）4月30日手抄。手抄本之家譜乃宜蘭農專（今宜蘭大學）陳進傳教授所提供，在此謹致萬分謝意。又，本文基本上是由家譜所鋪述，為節省篇幅。茲直接在正文或引文下註明頁數，不另附註，特此先行說明。

著為行狀。」（頁二十一）但是仍然有「余生也晚，未能親接啓堂公，而詳加考究之，僅仍得之於草本，未免有缺略有不完之憾。」（頁二）史料既有先天之缺略紛錯遺憾，兼且文字訛誤錯白，有不忍卒讀之嘆，故引用時不得不略加稽考，尤以黃家先世更覺紛紜錯綜，但苦於資料僅有此家譜，亦不得不採用之，知者識者，其寬宥乎！茲先略錄家譜所載世系表，再於其後說明稽考之。

黃氏世系略表

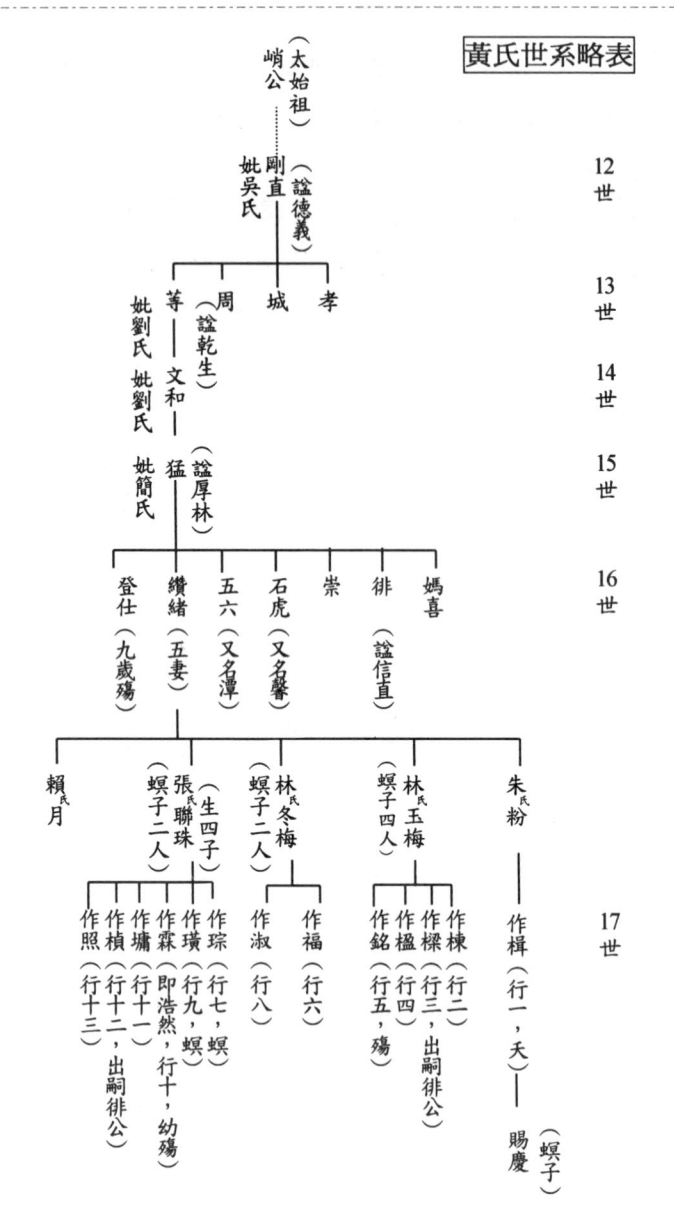

```
太始祖（峭公）
    │
    姚吳氏（剛直）（諡德義）                          12世
    │
    ┌────────┬────────┐
    孝       城      周等（諡乾生）——文和——        13世
                     姚劉氏 姚劉氏
                                                    14世
                     猛（諡厚林）
                     姚簡氏                          15世
                     │
    ┌────┬────┬────┬────┬────┬────┐
    媽喜  徘  崇  石虎 五六 纘緒 登仕              16世
         (諡      (又  (又  (五  (九
         信       名   名   妻)  歲
         直)      磬)  潭)       殤)
    │         │         │         │
    朱氏粉    林氏玉梅   林氏冬梅   張氏聯珠   賴氏月
              (螟子四人) (螟子二人) (螟子二人)
    │         │         │         │
    作楫     ┌作棟      作福      (生四子)
    (行一,天) │(行二)    (行六)    作琮(行七,螟)
    ──        作樑                 作璜(行九,螟)
    (螟子)    (行三,                作霖(即浩然,行十,幼殤)
    賜慶      出嗣徘公)             作墉(行十一,出嗣徘公)
              作楹                  作楨(行十二)
              (行四,                作照(行十三)
              出嗣徘公)
              作銘      作淑
              (行五,    (行八)
              殤)                                   17世
```

江夏黃氏，原係閩南大姓，雖支派分綜，究其源，無不本於太始祖峭公。黃纘緒家系亦是峭公派裔，其先世不知何時遷徙閩之漳浦（俗稱金浦），後於清初由金浦遷居臺灣，家於淡水八芝蘭之石角，即今臺北市士林區，約略位於石角溪東側，芝山西方一帶，芝山岩俗稱員山仔，石角在員山仔山麓，因石質暴露之地而得名。[2]

　　至十二世祖黃剛直（諡德義）才稍知其詳。黃剛直生卒年未詳，今以六月初五日為忌辰，生有四子：長孝、次城、三周、四苓，女未詳。乾隆庚寅三十五年，葬於芝蘭石角黃九連宅內。後在日明治三十年（光緒丁酉二十三年，西元一八九七年）因拓寬築路而損毀，三十六年乃遷葬宜蘭頭圍白石腳庄土地廟後，內崙仔田面。妣吳氏，家譜謂「履歷、墳穴俱不詳」，卻又謂「乾隆四十二年丁酉葬在淡水八芝蘭林嘎嘮別山（或作咳瘤別山）仙窟下，土名圓仔湯嶺。……在辛家之山場面前一小潭水。」（頁十），家譜後又云「十三世祖妣吳氏諱坤成，履歷及生卒未詳，以六月初五為忌辰。」（頁十一）、再記「乾隆二十八年癸未葬於淡水八芝蘭林、雙溪內蔡佛成松柏林。」墳穴碑文曰：「皇清十三世顯祖妣例贈安人諱坤成黃媽吳氏之佳城」，左右畔書「十六代裔孫舉人黃纘緒立石」（頁十二），前後二吳氏，若是不同二人，自無疑問，若是同一人顯見矛盾，據連碧榕稽考云：「纘緒三兄崇之言曰：此穴係是叔祖考，名壽元，不是坤城媽」、「或曰此則文和公，如此則又與碑文相反，未知熟（孰）是？」（頁十二），而且黃纘緒一代又有是十五世或十六世之爭？黃家不過世隔

---

[2] 洪敏麟《臺灣舊地名之沿革》第一冊（臺灣省文獻委員會，民國69年4月出版），頁二二九。

二、三代,於家世不明混淆如此,真有令人慨嘆之感,蓋皆乾隆末年全家遭難,遂傳聞失實。家譜既然失實,茲據黃纘緒鄉試中式齒德錄為斷:

齒德錄內填先代云:「高祖德義、高祖妣吳氏;曾祖乾生、曾祖妣劉氏;祖文和、祖妣劉氏;父厚樸、母簡氏。」(頁十三),姑且先撇開十二、十三代及黃纘緒本人是十五、十六代之爭,會造成如此困擾,很明顯地有兩種可能性:一是前敘黃剛直之妻正是吳氏坤成,一是黃剛直娶有二房,皆姓吳氏,以致有此困擾。又按嘎嘮別山在今臺北市北投區關渡山麓一帶[3]。據此二墳之遺址,可推知黃家遷蘭前原住居在今臺北市士林、北投一帶。

黃剛直長子黃孝,生卒、墳穴俱不詳,以正月十二日為忌辰。次子黃城,生卒墳穴皆不詳,亦以正月十二日為忌辰(頁十三)。三子黃荸,家譜失記。四子黃荸(諱乾生),即黃纘緒本生祖。

黃乾生生子文和,其生卒、墳穴未詳,後以六月二十八日為忌辰。娶劉氏。所生子女亦未詳。劉氏諱招,淡水人,生於乾隆二十年(一七五五年)乙亥,月日未詳,卒於道光二年(一八二二年)壬午十一月十八,日享壽六十八,贈太安人,諡慈慎,葬宜蘭四圍柴圍庄草湳山柴城湖,土名乾坤仔。

關於十三、十四兩代記載如此簡略,而且黃孝、黃城二位伯祖之履歷、墳穴皆無可覓聞,據家譜記乃因戰亂所致:

當時係與泉人戰亡,乾隆間漳泉分黨作亂,漳人多避於八芝蘭石角之圓山上。泉人環攻之,乘漳人窘時,佯言曰:凡下山髮辮相扭者,視為平人(泉人?),皆勿殺

---

[3] 洪敏麟前引書,頁二三二。

之。於是漳人受困者多互相扭髮下山,泉人皆之,遂互相鏖戮。(頁十三)

家譜又記祖妣劉氏遷居宜蘭之原因:

> 劉氏祖妣居八芝蘭。乾隆間家遭泉人之難,孑然一身,乃同族親遷避宜蘭,家于北門口。勤儉聊生,乞族親為己子,撫育成人,孫枝挺秀,宗祀賴以有傳,皆祖妣一人之力也。夫圓山遭戮,全家俱亡,當是時我臺灣之德義公派固已絕矣!而能以煢惸之一女流,跋涉關山,營造家室,繼絕祀於離亂之中,嗚呼!凡為之子孫者,每當掃墓忌辰時,可不信加敬慕,以報此莫大之功於萬一哉。(頁十五)

家譜此段記載,略有失誤,蓋乃林爽文之亂與漳泉械鬥混淆之誤記。漳泉械鬥乃咸豐年間,而林爽文之亂起於乾隆五十一年,此役之慘烈,據「芝山合約碑記」載:[4]

> 全立合約人施主黃承帶、黃耀宗、黃秀傑、首事何繪、陳輝、何蘭清等,緣黃承帶等,有祖父承給芝山即土名員山仔一所,原供牧地。因乾隆五十一年匪亂,難民逃奔其上,悉遭屠戮。及蕩平之後,枯骸露積,時黃承帶等先人黃文欣,倡義將此山施捨給付,總理吳慶三同眾呈蒙袁前憲,暨文武官紳士庶捐鳩,就於該山置塚,歷有年所。

《淡水廳誌》亦記此事:[5]

---

[4] 邱秀堂《臺灣北部碑文集成》(臺北市文獻委員會,民國 75 年 6 月出版)〈芝山合約碑記〉,頁九九。

同時賊黨林小文等，亦於初八日毀新莊巡檢署，巡檢王增鐔，奔艋舺免。賊因同知程峻，巡檢李國楷眷屬於滬尾。初十日己酉，遍豎偽旗，踞新莊、擺接、八芝蘭、滬尾、八里坌等處，焚害良民。署都司易□□（按，即易金杓）招募義民。十二日辛亥，率千總席榮，把總蘇陞，守備董得魁，同義民首黃朝陽等，先擣新莊，殺賊，獲劉長芳。十三日壬子，擊滬尾，救程李兩眷，駐守港口。十四日癸丑，署都司易□□同千總張正耀，把總譚朝亮，率義民夾攻八芝蘭。賊併眾力拒。官軍火砲齊發，殺傷甚眾，賊潰逃入金包裏。是夜林小文、賴欲、黃祖成、葉山林等，從擺接潛攻艋舺不克。十五日甲寅，署都司易□□復率官軍義民合圍擺接，四面殺入，群逆不能當，皆奔。獲賴欲、鄭昌盛、蔡紅等。逆散，復糾黨據險自守。署都司易□□悉心征戰，日無寧晷。

據上引兩史料，可知林爽文之亂，波及北部之新莊、擺接（板橋）、八芝蘭（士林）、滬尾（淡水）、八里坌（八里），而逃至圓山仔之難民「悉遭屠戮」，與家譜所記情節正相符合。不僅此，前引黃剛直葬於芝蘭石角黃九連宅內，再參上引「芝山合約碑記」中之諸黃姓人士，筆者懷疑黃纘緒家族殆與士林黃姓家族有極深之血親淵源，恐為系出同支。

復按，家譜記劉氏「生子女亦未詳」，而不明確記載「未生子女」，亦可反推劉氏應生有若干子女，恐亦在此亂事遭難，遂剩劉氏一女流，孑然一身，隨族親逃奔宜蘭，為求繼絕祀，造室家，遂向族親收養一螟蛉子，以為後嗣。不過在此遂有一問題值

---

5 陳培桂《淡水廳志》（臺銀文叢第一七二種），卷十四附（兵燹），頁三五八。

得提出一探：即是劉招若要移居宜蘭應在乾隆五十三年起較有可能，其時劉招三十四歲，但是一介女流，人生地不熟，冒險前往原住民棲息之宜蘭，於情於理皆有所未洽，恐怕以嘉慶元年後隨吳沙集團率三籍移民進墾蘭地較有可能，此時劉招已四十二歲，於該時代而論，年紀又已顯稍老，若真是入蘭後四十餘歲才再領養一螟蛉子，也實在不符常情常理，應該是入蘭之前已領養黃猛，而且恐怕反倒是隨其螟蛉子黃猛一起入蘭。因為黃猛生於乾隆三十九年（一七七四年），嘉慶元年（一七九六年）時已二十三歲，正是年輕力壯之時。總之，較可能之情形是：乾隆五十一年林爽文之亂，黃家全家遇難，僅存劉招子然一身，事後向族親收養螟蛉子黃猛（是在士林，非在宜蘭），時黃猛十三歲。再於嘉慶元年後，隨兒子、族親移居宜蘭另圖生計。[6]

黃猛（諡厚朴，又作厚樸）乃螟蛉子。生於乾隆甲午三十九年，月日未詳。娶妻簡氏，生有七子：長媽喜、次徘、三崇、四石虎、五五六、六即黃纘緒、七幼殤，女一適三貂社泖澳張姓。猛卒於道光三年癸未（一八二三年，時黃纘緒七歲），六月二十五日辰時，享年五十，贈文林郎，葬頭圍白石腳新車仔路。妣簡

---

[6] 又，林煥星編〈板橋林氏家譜〉（《臺灣文獻》二十七卷二期，民國65年6月，頁三三四～三四一）內文記載：二十三世諱士知公，公於乾隆杪東渡臺北，初居興直保之新莊街。至嘉慶中移居芝蘭一「堡」（按原文作「壁」，誤）洲尾庄，耕田為業，娶黃氏水娘（原註：即開蘭文舉人黃纘緒之胞姑也）。黃氏家譜已明確記載劉招「子然一身」、「全家俱亡」，而且黃猛為「族親」之子，則此黃水娘非劉招親生之女，應與黃猛為同一父母所生之親姊弟或兄妹。再則，林氏家譜記林士知於嘉慶中移居芝蘭一堡，又於此時期娶黃水娘，如是，則筆者推論黃纘緒家族與士林黃姓家族系出同支，而且劉招與其螟蛉子黃猛是在嘉慶元年之後遷居宜蘭，又得佐證。此條資料乃唐羽兄所提供，謹此致謝。

氏諱景，宜蘭員山堡大三鬮庄人，生於乾隆四十八年癸卯，卒於道光二年壬午八月三十日，年四十，贈太安人，諡勤慈，與厚朴公合葬，移居匏靴崙（頁十六）。

黃纘緒，字紹芳，號啓堂，生於嘉慶二十二年丁丑（一八一七年）六月二十二日，卒於光緒十九年癸巳（一八九三年）十一月十日，時壽七十又七。翌年四月十四日未時，葬于四圍堡草湳山頂埤，其生平行誼見下節。纘緒娶妻四房：

（1）朱氏諱粉，宜蘭員山堡吧荖鬱庄人，生於道光四年五月，卒於同治三年六月十五日，時年四十一，誥封恭人，例贈宜人，葬草湳山乾埤。朱氏生一子，作楫，行一，十六歲殤。

（2）林氏諱玉梅，宜蘭城內林長發之姐。生於道光九年正月二十五日，卒於同治十二年二月初二，時年四十五歲。諡愨懿，誥封恭人，同年四月十六日葬於四圍堡烘爐地山八塊厝仔。林氏無出，收養四螟蛉子：曰作棟、行二；作樑、行三、出嗣黃徘；作楹、行四；作銘、行五，殤。

（3）林氏諱玉枝，又名陶或冬梅，福建侯官縣人，生於咸豐七年三月二十日，卒於大正十年（民國十年，西元一九二一年），時年六十五。林氏亦無出，收養螟蛉子二：一作福、行六；二作淑、行八。

（4）續娶張氏諱聯珠，民壯圍堡過嶺庄張麗水之長女。生於咸豐十一年六月初七，卒年不詳。張氏生四子，收養螟蛉子二，又生二女：一作琮、行七、螟蛉

黃纘緒是第一位高中舉人的宜蘭人，其宅已遷建傳藝中心。

子;二作璜、行九、螟蛉子;三作霖,即浩然、行十、幼殤;四作墉、行十一;五作禎、行十二,出嗣黃徘;六作照、行十三。長女金參,適三貂嶺連日春五子碧榕。次女金錠,適本城堡中北街石豐泰六子煥長。(頁一七~一八)

黃纘緒早歲登科,享隆福者五十餘載,娶妻四房、子男十三人,裔孫蕃衍。而數十年間持身涉世,身後頗有積蓄,惜乎未重視子女教育,所延聘教席,又偏武術[7],乃致後三代,沾染惡習,吸食鴉片,坐吃山空,耗財不貲,而子孫爭產,嫡庶散資,尤為身後痛事,家譜記:「啓堂公所生子及螟蛉計十三人……乃考作樑兄弟鬮分產業竟作十二房,而十房作霖又置之不齒。平時又以作棟稱長,作樑稱次,置作楫於不論。故長孫業又以作棟子松茂承。……然則天倫之序,可以貴賤易之乎?此其倫常倒置,甚非所以訓後世,重久遠也。」(頁十九)

兄弟不和、子孫不賢,家道之中落,傾覆之易散,良有以也。而子弟不肖,則黃纘緒不能制其愛,嚴其誨,是亦不能諱其疚也。纘緒之後裔,以其非本文之範疇,茲不贅。

三、纘緒行誼

黃纘緒,字紹芳,號啓堂,祖籍福建漳浦,父黃猛、母簡景,排行第六。纘緒生於嘉慶二十二年(一八一七年)丁丑六月二十二日,甲午日己巳時,卒於光緒十九年(一八九三年)癸巳十一月十日未時,享壽七十又七。翌年四月十四日未時葬於四圍堡草

---

[7] 安易〈開蘭舉人－黃纘緒〉,《蘭陽青年》雜誌(蘭陽青年雜誌社,民國81年3月出版),頁一九。

滴山頂埤上,墓位坐酉向卯兼庚申。死後留有泥塑人像二,一存於黃仲德先生處,一在黃新壁先生處,或云某瞎子所塑,或云來自唐山某張姓匠人所捏,二像不同,不知何者肖近黃纘緒之形貌神采。[8]纘緒昆季凡七人,彼其六也。六歲(道光二年,一八二二年)母卒,七歲父亡,怙恃俱失,全賴大嫂張氏照顧,視如己子[9]。家貧甚,無餘錢購布,嫂常改製舊衣予公穿。自少籌燈佐讀,課訓有方,訓育成人,皆嫂之力也,而纘緒亦事之如母。故纘緒發凡成名,思嫂慈恩,請旌節孝,贈安人,又置田產贍其後,報其功也。

黃纘緒少時就學於陳瑞林,陳係秀才,設帳於衙署後靈惠廟內。惟因家貧,無力師事而輟學。及長全恃己力苦讀。未從名師遊。時於礁溪二龍村任長工。工餘之暇,全力準備科考。[10]道光元年,姚瑩署蘭廳通判,此時文昌宮內姚瑩一度延有主講,從師肄業生童共八十餘名,後因經費不敷,事難中止,[11]經此整頓,始有游泮青衿,附入淡水廳學。道光四年甲申,姚瑩適在府幕,議定蘭制奏咨事宜,並爲轉請道試拔取一名,歲以爲常。而且其

---

[8] 安易前引文,頁一九。

[9] 家譜記黃纘緒「生六歲怙恃俱失,見撫於大嫂張氏」(頁二一),後出諸文皆輾轉抄襲,均患嚴重錯誤,黃猛卒於道光三年,簡氏景死於道光二年,而黃纘緒生於嘉慶二十二年,則六歲喪母,七歲失父,非六歲俱失怙恃。

[10] 安易前引文稱與某賴氏寡婦同居,賴其謀食。但家譜世系圖(一)謂纘緒娶五妻,其一是賴氏月,恐皆傳聞失誤。家譜記纘緒長嫂張氏「又乞養女配五叔爲小孀,即賴氏名月,而更以乳哺小孀焉」,是知賴月爲老五黃潭之妻房,事涉名節不可不辨,若謂叔孀間有私情,則非所問矣!

[11] 陳淑均《噶瑪蘭廳志》(臺銀文叢第一六〇種),卷七「雜識」、〈紀文〉收姚瑩〈籌議噶瑪蘭定制〉,頁三五四。

中如綏陞新墾,撥給隘糧,鹽不加銷,契免重稅,經理番租、不配商船諸惠政,皆姚瑩之建議,蘭人尤感戴之。[12]先是噶瑪蘭以未建專學,不設學額,向附童子試於淡水廳。歷屆歲科考試,酌撥一名給蘭廳,附隸淡學。自嘉慶二十二年丁丑奏定,後至道光元年辛巳,始有林濱洲一名入學。迨道光九年己丑、十三年癸巳、十六年丙申,有三次加撥府學,酌添兩名,亦或竟有不取進者。至是,道光十九年己亥九月初二日,經臺灣兵備道兼學政姚瑩批准,援照澎湖廳例,將府、縣兩考併歸蘭廳,就近錄取,遞送道考,得應試者二百十三名。二十年春,蘭廳通判徐廷掄因就膏火田盈餘項內,每名資送八金。時赴道試者一百有五人,與淡童人數不相上下。取進黃纘緒等三名,皆撥府額,為開蘭未有之盛。[13]黃纘緒順利折桂,而《黃姓家譜》記:「學力尚缺,姚公留諸署肄業,食以己食,衣以子衣,學成始返焉。」(頁二十二)姚瑩如此器重,故纘緒「常念石甫姚公大德,歲時伏臘,必詣祠致祭,且戒子孫輩勿怠,亦不忘本意也。」(頁二十四)而墓墳對聯「栽成每念姚公德,撫育常懷長嫂恩。」亦可見黃氏稟性忠厚,有恩終生不忘。

　　按姚瑩之器重於黃氏,私也,其有功於蘭廳,才真正是大恩大德。道光十年掌教仰山書院之陳淑均對蘭廳諸生評價極高,認為實勝於淡艋兩地,但疑惑於為何蘭廳生童不肯前往應科考,謂:「今諸生按課則百十數人,而附淡廳試乃僅二、三十人,迨應道、府試,則又無過十人?」蘭邑人士回答:近者易從,而遠者難赴,蓋「蘭陽距郡將千里,往返二十六程,祇撥一名耳。又

---

[12] 陳淑均前引書,卷四學校〈書院〉附考,頁一四二。
[13] 陳淑均前引書,卷四學校〈應試〉附考,頁一五三~一五四。

必先試於竹塹，多一往返十二程，則跋涉已自困頓，加以籌備盤川，預料家計，約輸七、八十金，然後出而逐隊，又誰將以難得之經費，求無定之功名者。故自開蘭至道光初年，始有一、二土著叨附膠庠……。」[14]因此道光十一年辛卯冬，蘭廳閣屬生員、監生德昭等呈稱：「……似應請即照澎湖，歸入本廳開考，將其名冊於送道時取進之日，仍附淡水廳學，照常管理，似為公便。若仍附淡水廳試，應請即仿照淡水附彰化縣試之例，合同去取，似可不限以另額，庶鼓舞蘭士，寬之以上進之階，自不致一廳童生而分投四處。」道光十九年三月，拔貢生黃學海等再度簽請，通判閣炘轉呈示遵，而姚瑩於九月即行批准，予以方便。朝廷則遲至道光二十二年九月，奉憲准到部，內開：「臣等公同酌議，擬如所請，准其於淡水廳額六名之外，酌加二名。以五名為淡水額，編為炎字號，以三名為噶瑪蘭額，編為東字號。各由該廳考取，逕送道考。至噶瑪蘭廳學額，既增二名，其廩、增亦應如所請，各加二名，於蘭、淡二廳附生內，分別東、炎字號考補。其廩糧於噶瑪蘭廳正供內，照例分撥，以免淆混。」[15]嗣後至二十六年科考，提學道熊一本撥府學一名。二十七年，徐宗幹，又每科加撥府學二名，為五名。三十年恩詔廣額，撥府三名，廣廳一名，則共進七名矣。[16]

根據上述諸史料，自可明白姚瑩對宜蘭考生之恩澤，不僅增加二名學額，且免去兩番跋涉之艱苦，從此振興宜蘭文風，多士

---

[14] 同前註，頁一五五。
[15] 同前註，頁一五八。
[16] 同前註，頁一五九。

聯翩秀出,姚瑩之大有功於宜蘭固可知也。而黃纘緒乘此時機,順利考上臺灣府學附生,為開蘭未有之盛,豈能不感戴恩思呢!

道光二十年春,黃纘緒考上臺灣府學附生,遂一鼓作氣,是秋赴福州秋闈。而準備盤川、跋涉艱頓、困苦異常,留下二段傳聞:(1)據說黃纘緒住進某客棧,老板見其身後跟進一女子,問道是否二人住房,黃回答只有一人,但老板問身後白髮婦人不是跟你一道來嗎?黃回頭探視,並無人影,經老板描述婦人容貌,方悟是已死大嫂形容,才知大嫂英靈一路庇佑而來,感念不已。(2)又據說由於攜帶錢財不夠,適逢天寒,暈倒在路上,為一員外之婢女所救,延至員外家,留住直至考完。以後至福州任官時,曾小住濟助之員外宅,員外有女貌美,黃欲娶之,員外捨不得女兒渡臺遠離,且恐其受苦,代之以救過他的婢女,這就是《黃姓家譜》中的「福州媽」[17]。此次赴考,除上述兩則傳聞外,尚留下一則比文論詩的答嘴鼓軼事,至今仍為當地耆老所樂道:話說黃纘緒前往福州參加應試,住宿客棧時巧遇一位白姓士子,兩人遂吟詩對詠,一拼高低。白姓士子高吟:「日黃黃,白舉人,騎黃牛上北京」,黃纘緒不甘示弱,隨口吟出:「月光光,秀才郎,騎白馬過南唐」,一「騎黃牛」,一「騎白馬」互相諷刺不分上下,遂結成好友,而這兩句對聯也流傳民間,成為閩台童謠「月光光」之由來。是邪?非邪?民間傳聞,本就無稽難考,不必過於當真,姑摭錄於此,以為趣談。總之,黃纘緒榮登道光二十二年(一八四〇年)庚子恩科第八十三名舉人,乃池劍波榜,時年二十四,少年揚名,墓墳對聯:「種桃侯縣雖將老,折桂蘭陽獨占先」,正是得意之情,成為開蘭第一位舉人,不僅光顯列祖列

---

[17] 安易前引文,頁一七。

宗，其後衍傳十三房，遂成爲蘭邑首屈望族。今門楣尚懸有「文魁」匾額，爲「欽命兵部侍郎福建巡撫部院吳文鎔爲道光庚子科開蘭文舉人黃纘緒立」，爲其風光之寫照。按，鄉試考列榜首稱「解元」，考列前五名稱「五經魁」。又有稱第二名爲「亞元」，第三、四、五名爲「經魁」，第六名爲「亞魁」，六名以下稱「文魁」。不過此後晉京會試，七度參加，終未能如願，家譜稱其「屢困公車，壯志猶躍躍」（頁二十四），正是無可奈何之筆，終其一生未能成爲進士，恐怕是心中一大憾事吧！

中舉爲一大喜事，不僅揚名立萬，且耀及先人，因此昔日中舉成名，新科舉人回鄉，多半會祭拜祖先、廣畜妻妾、購置田產、大興土木，以誇耀鄉邦，黃纘緒自不例外。《黃姓家譜》記黃氏十二世祖黃德義「乾隆三十五年庚寅葬於芝蘭石角黃九連宅內，坐寅向申兼艮坤。光緒戊子（十四年，二八八八年）玄孫纘緒重修。」（頁十）十三世祖妣吳氏坤成「乾隆二十八年癸未葬於淡水八芝蘭林雙溪內蔡佛成（即蔡寬裕之父、蔡振之叔父也）松柏林，坐巽向乾兼己亥。同治丙寅年（五年，一八六六年）曾孫纘緒重修立石。」其墳墓碑題：「皇清十三世顯祖妣、例贈安人諱坤成黃媽吳氏之佳城。」旁畔書「十六代裔孫舉人黃纘緒立石」（頁十一、十二）其祖妣劉氏招「贈太安人謚慈慎，葬宜蘭四圍柴圍庄草湳山（柴城湖、土名乾埤仔）坐庚向由兼申寅，地合畫眉跳架形（俗名花眉跳竹篙），同治戊辰年（七年，一八六八年）孫纘緒重修立石。」（頁十五），其父黃猛「贈文林郎，葬頭圍白石腳、新車仔路下，坐乾向巽亥己（查係坐亥向己兼乾巽），同治丁卯（六年，一八六七年）重修。」（頁十六）凡此諸例，

雖非新中舉人即有修墓之舉,但旁書「裔孫舉人」,無非感戴祖先,兼有功成名就誇耀鄉邦之意。

廣畜妻妾方面,黃纘緒曾娶四房,有子十三人,可謂子孫滿堂,前文已詳述,此處不贅。

至於購置田產方面,今可知黃氏曾擔任番業戶,取得辛仔罕社番田之永耕權,並在附近購得二十餘甲田,並投資月眉圳,擁有若干田產,另外也購置金結安水圳與四圍三十九結水圳(詳見下節)。在大興土木方面,黃纘緒因娶多房妻妾,在鄰近聚居,先後蓋有三處大厝。最早住在孝廉里舊城北路七十四巷底。後遭回祿之災,乃遷至聖後街二〇四巷,俗稱菁仔地,是二廳三進式的四合院,門前有戲臺,大門左右有守衛住處,雕工精緻,備極豪華。無奈先因子孫變賣,拆除大半,再因馬路拓寬,如今已拆除殆盡。嗣後因子孫繁多,又籌建第三間大厝,位在東門新民路一〇〇巷七號今宅,典雅精緻,主要供第四房太太張聯珠住居,其他各房則留住菁仔地古厝。[18]

中舉返籍後,或云任宜蘭仰山書院教授,或云與陳淑均、李春華、貢生黃學海、黃鏘、生員李祺生、楊德昭等合力編修《噶瑪蘭廳誌》[19],皆誤,蓋不明清代教育行政制度。清代掌管教育設施之最高行政機關,為中央之禮部。在地方,則各省置有學政一人,隸屬巡撫,綜覽全省有關學校、貢舉一切事務。各府置有提調官一人,協佐學政,辦理該府學政;另置教授一人,掌管府儒學的事務。州置學正一人,掌管州儒學事務。縣置教諭一人,

---

[18] 安易前引文,頁一九。
[19] 見(1)安易前引文,頁一八。(2)林萬榮〈舉人黃纘緒傳〉,《宜蘭鄉賢列傳》(宜蘭縣政府民政局,民國65年5月出版),頁四五。

掌管縣儒學事務。府、州、縣、廳之儒學中,另設訓導若干人,以為教授、學正、教諭之輔佐。而書院之主持人為山長,又稱院長;下設有監院一人,掌管一切金錢收支及雜務。另延聘教師主講,課讀諸生。又有地方諸紳耆或擔任董事(首事)、爐主之責,負責經費之籌措、院長及職員之任免、教師薪俸和學生膏伙及其他雜費之開銷。家譜稱黃纘緒「學力尚缺」,光緒十八年有關書院膏伙田執照中(見後文)稱黃纘緒為「招贌職員」,諸如以上說明,試問書院何來「教授」一職?黃纘緒又何曾主講仰山書院?修志書乙事,陳淑均於道光十年應聘掌教仰山書院,留意文獻,道光十一年總纂廳志,十二年九月成志稿。十四年,淑均內渡,十八年再應聘渡臺掌教鹿港文開書院。此一時期黃纘緒正刻苦讀書,尚未膺選府學生,何能參與其事?至道光二十九年,董正官任蘭廳通判,因議刊廳志,乃採陳氏稿本,詳予校正,並委李祺生任其事,於咸豐二年付印,黃纘緒擔任「彙校」,廳志記載斑斑,那有可能與陳淑均等人合力編修廳志,此二事皆不可採信也。

　　關於黃纘緒嗣後行誼,資料瑣碎不全,茲爬梳史料,以大事年表方式條列於下:

　　道光二十九年至咸豐二年(一八四九~一八五二年),彙校噶瑪蘭廳志。二十九年閏四月,與各街庄頭人稟請立石禁止踐踏破壞礁溪庄義塚。[20]時年三十三歲。

　　咸豐四年(一八五四年)　得辛仔罕社番田永耕權(約百餘甲),至光緒十九年(一八九三年)陸續購買二十餘甲田地。時年三十八歲。

---

[20] 見陳進傳《清代噶瑪蘭古碑之研究》(左羊出版社,民國78年6月出版)〈礁溪庄義塚定界碑〉,頁一六六。

咸豐六年（一八五六年），擔任某「總局」頭人，曾與職員林國翰等人，呈稟通判楊承澤，爭取原住民權益，禁革各種索詐勒派規費，疏解民困。[21]時年四十歲。

咸豐八年（一八五八年），捐輸重建先農壇，並議定章程，分頭勸捐。[22]時四十二歲。

同治二年（一八六三年）二月，花費了八千多銀元，從黃隆興、張暉春手中取得金結安圳管理權，並代原圳主股夥清償債務，至同治十一年六月告一段落，收回完帳。嗣後獲利鉅大。（見下文）

同治四年（一八六五年），與黃學海、李逢時、林國翰等人倡建文廟，遇亂，物價飛漲停工，事未果。[23]時四十九歲。

同治五年（一八六六年）六月，與李春波、林國翰、楊士芳、李逢時、黃鏘、李望洋等人，呈書通判章觀文，禁止居民放牧牛羊踐踏西勢新城仔庄附近塚地，並捐款立碑示禁。[24]同年重修十三世祖妣吳氏坤成墳墓。時五十歲。

同治六年（一八六七年），重修父親黃猛墳墓。時五十一歲。

同治七年（一八六八年），重修祖母劉氏招墳墓。時五十二歲。

同治八年（一八六九年）三月，出面調解四圍三十九結水圳圳戶吳梓隆與李海、李生吉等人用水欠資之糾紛。同年十月，吳

---

[21] 陳進傳前引書，〈嚴禁差胥需索社番貼費碑〉，頁一三三。
[22] 陳進傳前引書，〈重建先農壇碑〉，頁一四二。
[23] 《宜蘭縣寺廟專輯》（宜蘭縣政府民政局，民國68年10月出版），頁六一～七六。
[24] 陳進傳前引書，〈禁止踐踏塚地乞食祭餘及捐題碑〉，頁一四八。

梓隆等人因家窮乏力管理此圳，以銀一百四十元轉讓黃纘緒。[25]時五十三歲。

同治九年（庚午，一八七〇年）蠟月（十二月）特授福建侯官縣儒學正堂，在任四年。按林萬榮在《宜蘭鄉賢列傳》〈舉人黃纘緒傳〉中稱：「在福州府教諭任內，曾參與撰修福州府志」[26]不過，經查《中國地方志總目提要》（漢美圖書有限公司，一九九六年四月初版）及朱士嘉《中國地方志綜錄》（新文豐出版公司，民國六十四年十一月印行），均未有記載此時期福州有纂修志書之舉，有之，乃明代正德年間、萬曆年間，與清代乾隆年間刊本，此說恐有待進一步證實。

光緒元年（一八七五年）為鄉試同考官。[27]時五十九歲。

光緒三年（一八七七年），於今址（宜蘭市新民路一〇〇巷七號）新建家宅。民間傳說是供四夫人張聯珠住。黃纘緒親題「四德記」以為子孫勛勉，另或撰聯「四壁鼎新輪奐永垂奕世、德興照耀休光肇啟文明」，與「四鄰資澤處、德宅卜安居」。時年六十一歲。

光緒四年（一八七八年），擔任公親，調解林青華與林礽藏有關林寶春圳權之分割，商妥按股攤分修圳，割佃分收水租谷。（見下文）時年六十二歲。

光緒七年（一八八一年）欽加同知銜加一級，誥授朝儀（議？）大夫。（頁二十一）時六十五歲。

---

[25] 《臺灣私法物權編》（臺灣文叢第一五〇種），第九冊第三章第七節第四四合約字（頁一一九三～一一九四）、第五六杜賣圳契字（頁一二四五～一二四七）。

[26] 林萬榮前引文，頁四五。

[27] 同前註，此說亦有待證實。

光緒九年至十八年（一八八三年～一八九二年），擔任仰山書院招贌職員，負責膏伙田招佃承耕事宜，並一度與呂傳輝為納租穀事互控，經代理宜蘭縣知縣蕭贊廷裁判議定。[28]

光緒十年（一八八四年），擔任首事，出資修築辛永安圳（後改名金永安圳），並訂下管理條例，此規則一直施行至日據時期。而所購買附近田畝數十甲，永免配納水租，以資酬勞。時年六十八歲。

光緒十三年（一八八七年）歲末，捐銀十六元，重修礁溪協天廟。[29]

光緒十四年（一八八八年），重修十二世祖黃德義墳墓。同年因清賦事，力爭之下才得以將沿河濱海之田地免入等則計稅，負責官吏銜恨，鼓動原住民設詞控訴黃纘緒，黃氏前赴臺北府辦訟，被拘留至年底才釋回。（頁二十三）時七十二歲。

光緒十六年（一八九〇年）六月，與李望洋、李及西、楊士芳、李春波、周家麟等人，僉稟知縣沈繼曾，禁止宰殺耕牛，以牛油作蠟燭敬神，並一併建議禁止村莊演唱丐戲，喪事比賽扮演觀音等事，蒙沈知縣採納，立碑示禁。[30]時七十四歲。

光緒十八年（一八九二年），與楊士芳、李望洋、李春波、張清源等人編輯采訪《宜蘭縣采訪冊》。[31]時七十六歲。

---

28 《臺灣私法物權編》，第九冊第四章第二節番社第十五執照（頁一四一五～一四一六）、第十六執照（頁一四一六～一四一七）。
29 陳進傳前引書，〈重修協天廟捐題碑〉，頁一八八。
30 陳進傳前引書，〈憲禁使用牛油碑〉，頁一九四。
31 鷹敏田一郎《臺灣列紳傳》（臺灣總督府，大正5年4月出版），頁八七。

黃纘緒軀體壯偉，龍行虎步，雖是文人，武術亦佳，據聞平日返回東門家中，不喜叫家丁開門，輒躍牆跳入，一展武功。[32]居常寬心，擅於調攝，且平日觀書，遍及醫命卜卦諸術，尤喜治醫方，故年逾古希，瞿鑠如壯，素少病痛。光緒十九年（一八九三年）十一月，一日微恙，施藥過寒，以致多矢，然不知苦，食如恆，「嗣聞異香陣陣，至竟怡然而終」（頁二十四），時年七十七，葬於四圍堡草湳山麓。

黃纘緒生平著述、文章詩賦不多，惜未刊行於世。留傳後世零縑片語之聯文有如：「事事如棋，讓一著不為虧我；心田似海，納百川方見容人。」、「鶯遷喬木，桃花開簇錦；燕喜新居，柏酒漾流霞。」、「門庭無別玩，當盡兄友弟恭；德行有何奇，只在父慈子孝。」、「地擅龍蟠，天開鴻宇；世詒燕翼，人慶鶯遷。」、「栽成每念姚公德，撫育常懷長嫂恩。」、「種桃侯縣雖將老，折桂蘭陽獨占先。」、「安居以古人為則式，言行是君子之樞機。」、「側聞君子論，想見古人風。」、「化達穎川第一循良名學士，譽流江夏無雙孝友古完人。」等等，是否為彼親撰詩文，待考焉。

四、致富之道

黃纘緒家貧，自小刻苦綦酷，中舉之後「至是稍稍經營」，《黃姓家譜》載：「三十六社諸番目亦咸托以社務，尊為先生，事無大小咸賴焉。」（頁二十二）再根據同治八年之〈杜賣圳契字〉（見後），稱其為「噶瑪蘭廳業戶黃纘緒」，我們又從光緒十四年土地清丈時「又有喉熟番訟公者」一語，得一旁證，因此

---

[32] 安易前引文，頁一八。

很明顯地黃氏頗有可能兼為番業戶，業戶在漢人，亦稱為墾戶，乃請開墾而經官准墾之人。但是在宜蘭較為少見，蓋為官府有意禁抑，柯培元「禁充業戶諭」：[33]

> 臺中獨蘭無業戶，爾等噴有煩言。當開闢時，誠恐經費不足，故以田六、園四之租穀盡歸諸公。除應完正供而外，所餘者名為餘租，凡地方一切公費，皆取辦於此。爾等不推原其故，動以業戶為請，不特柯、趙、何三姓求充已難也，且開徵已數載矣，章程既定，自當凜遵。乃劉碧玉、王有福等冒昧瀆求，試思利既歸公，權以官重，官為爾等削去力役之徵，芻儀之供，並非侵蝕肥己。如在於四六、園四而外，動額已置業租，在各農佃力既有所不堪，如就田六園四之中，加設業戶，則官有胥役，尚不能使民按期完納，又安能憑一二業戶而總匯全蘭之糧儲乎？且出工本已開透荒埔者，臺之所謂業戶也，今蘭中散佃各支丈單，既有開墾，辦有成案，亦未便使業戶坐享其利。公私既有不便，情形亦所不能，爾等毋生覬覦之心而嘵嘵上瀆不已也！

所謂「田六園四」指的是每甲田徵租六石，每甲園徵租四石，較臺島他地簡便賦輕。

按番業戶始於乾隆二十二年（一七五七年），所謂番業戶有兩種：一是代表番社者，二是個人資格者。番社之特設業戶，乃因漢通事徵收大租，往往中飽私吞，不發口糧與番眾。為防止此流弊，如不以番人充任通事，則設番業戶以收納番社大租，完繳

---

[33] 柯培元《噶瑪蘭志略》（臺銀文叢第九十二種），卷十四「雜識志」，柯培元〈禁充業戶諭〉，頁二○三。

正供及分配口糧，惟仍有由漢人充任。[34]黃纘緒若果真以漢人充任番業戶，正可見其為人正直公義，為三十六社諸番目所信服尊重。而業戶主要職責在於：將社地給墾與佃戶，向其收租，分發口糧與番眾，繳納正供、屯課，付其他社費，但仍擴及於一般社務。業戶從其所管收租谷中，支領辛勞谷，也即是說，依社約，開除正供，口糧及社費外，剩餘歸其所得，[35]如是，亦黃纘緒之一項收入。

事實上不僅只此，黃纘緒早在咸豐四年（一八五四年）已向辛仔罕社番土目購得水田永耕之權，《宜蘭廳管內埤圳調查書》中收錄一有關契字，文頗長，但由於有關黃纘緒史料極少，茲不避文抄之嫌，本諸恐漏寧詳之原則，轉引於后：[36]

「仝立永配水圳合約字人，辛仔罕社番土目龜劉武禮，永耕漢佃黃纘緒、林德馨等。緣禮眾社番等，所有開闢辛仔罕並瓦 一、二結、新店、梅洲圍等庄一帶水田，至今大半付與漢佃為永耕，配納每年口糧粟，配食二條番圳水，其一條，自梅洲圍庄起，至辛仔罕庄止，……。又一條，自梅洲圍庄起，至新店辛仔罕庄止，……，此二條水圳，係禮眾社番，昔年協力同心，各將社番田地，浩用工本開鑿成圳二條以灌溉。此數庄番田，原無配納水租底例，祇因吳惠山另墾新店庄水尾水圳一條，欲自開鑿水源，恐其工本浩繁，疊向禮眾社番等，墾 水源借過水路，

---

[34] 戴炎輝〈番社組織及其運用〉，《清代臺灣之鄉治》（聯經出版公司，民國68年7月初版），頁三九三～三九六。
[35] 同上註。
[36] 《宜蘭廳管內埤圳調查書》下卷（臨時臺灣土地調查局，明治38年3月發行）第二篇第二章〈辛永安圳〉，頁二五四～二五五。

每年愿貼納圳底粟壹拾石，以為禮眾社番作公用之需。是時大戶漢佃聞知，出首爭執，不肯許允。竊恐世代久遠，吳惠山借圳源之水，效霸荊之術，爰邀禮眾社番到場妥議，立約執憑，若異日吳惠山貪圖漁利，別生事端，則禮眾社番等出首，一力抵當，不干永耕漢佃之事，……。禮等永不敢將此二條水圳地，盜賣典掛他人財物等弊，如有此弊，禮眾社番等，情願將此口糧租粟，一盡抹銷，豁免配納。……。

即日禮等全場立過，永配水圳合約字參紙壹樣是實，再照。

一批明：吳惠山水圳，自新店庄起，至五間庄田洋止。其餘水尾田，若要求水灌溉，要向辛仔罕社土目相商，不得擅便許允，又照。

　　　　　　　代筆人　　　　吳卓漢
後見西勢二十社總通事　　　　什美籠
　　　　　　永耕漢佃　　　　黃纘緒
　　　　　　　　　　　　　　林德馨
仝立水配水圳合約字人辛仔罕社番土目　龜劉武禮

咸豐肆年柒月　　日」

契字中稱黃纘緒、林德馨等人為「大戶漢佃」，可知所贌耕之田不少。而黃、林二人怕吳惠山所借水路，日久侵佔，「效霸荊之術」，反向二人抽取水租，還要勞動辛仔罕社（約今宜蘭市新生里）番土目龜劉武禮率眾社番出面妥議，立約執憑，亦可想見二人之憂慮。再，附帶一筆，此份契字內容文筆，比較其他俗見之契字，讀來流暢通順，顯然此時宜蘭地區文化水平不低。

其後此一番圳水道因光緒七年被洪水沖壞，由於需買地鑿圳，採辦材料，應用工木浩繁，光緒十年（一八八四年）「是以人番佃眾，僉邀出黃纘緒先出工本修圳」，該圳並命名為「辛永安圳」，由黃纘緒擔任「首事」管理，也訂下管理、使用、納租之規則，《宜蘭廳管內埤圳調查書》載曰：[37]

> 「仝立水圳合約字，西勢辛仔罕社土目奪武江因瑤，通事兩爻寶瑪，暨各佃眾林德馨、范啟文等。緣我本庄番田底，並有官界各田，自開蘭以來，原有配食番圳水道。水源頭從三鬮仔、一、二結等庄，保腳泉水，並梅洲圍，流落溝底，用竹筏攔截，引水上圳，……順流灌溉各田畝，但圳應埋大樟梘，穿過一結溝至。近因洪水沙壓，高低不一，又有應築梘浮等件，並買地鑿圳，應用工本浩繁，是以人番佃眾，僉邀出黃纘緒先出工本修圳，採辦木料械梘，計應銀伍百貳拾貳元。僉議所有田畝，配食此圳水者，約計數十甲，每甲定貼早晚水租谷壹石八斗，號付圳長工谷壹斗五升，雇圳長二名、番一名、人一名，務要巡視圳水，灌田充足，……，若有分開小圳，當上流下接，各田鄰不得刁難，惟定應買圳地，每分定價銀參拾元，加減照算，至逐年應修圳道、圳岸兩邊田地，任從圳工取土，不得出阻。至若應造陡門梘械本料，不管多少照算，議定圳主出壹半，各佃田底出壹半。又圳小壞十餘工，係圳長應料理，至二十餘工以上，係圳主應雇工修理，如此議約，……。倘圳有不虞大壞，應隨時酌議，照大小股，與佃眾攤出資本費用。又議立刻一圳戶名辛永安公記，交圳主收執，以便逐年印串，收水租執憑。……

---

[37] 同上註前引書，頁二五五～二五六。

即日仝立合約字是實,再照。

一批明:水頭圳底,原係眾番開築,茲僉議就圳租每年踏出壹拾石付土目收,分給社番,批照。

代筆人　黃劉祥

二十社總通事
西勢辛仔罕社土目　（缺）
仝立水圳合約字人首事　黃纘緒
佃戶　林德馨
范啟文

光緒十年八月　　　日」

此一水圳可灌溉一結(今宜蘭市西北)、二結(約今五結鄉)、辛仔罕、武暖(約今礁溪鄉光武村)等地約三百甲水田,光是水租之收入,黃纘緒自是獲利頗多,何況嗣後黃氏買下水田「貳拾餘甲」[38]並陸續「建買該處田畝數十餘甲,盡行永免配納水租,歸其自收,以資酬勞。」[39]而且直到日據後,該水圳之管理辦法「至若修理圳地條規,務要遵前宜蘭汪縣尊告示,並黃纘緒舊合約而行。」[40]正可見黃氏的管理方法為眾公服,直到日據時期依然不變,也佐證了前引《家譜》謂三十六社諸番目尊為先生,托以社務,咸以賴之的記載可信。再,此次修圳先由黃纘緒出工本資付,亦可見此時黃氏之財力雄厚。

---

[38] 同上註前引書,頁二五六。
[39] 同上註前引書,頁二五七。
[40] 同上註前引書,頁二五九。

《黃氏家譜》再記：「邑東金結安圳，灌田千數百甲，源流屢決，管理者多虧失。公出理之，獨得寧順，獲利以巨。」（頁二十二）關於「金結安圳」，柯培元《噶瑪蘭志略》記：[41]

> 金結安圳，在廳治西南十里，以釀金結契、修治平安得名。其圳寬二丈四尺，長四千餘丈。從西勢、大三鬮、溪墘開成圳道，截引叭哩沙喃出口之溪水，順流而趨。自大三鬮起，經魚鰍斗、員山、金結、七結、六結、五結、四結、至廳治西門濠溝，復分兩支；一由濠溝過南門轉東門出一結、二結，接民壯圍之三結、四結、五結、六結、七結，至流流等莊止；一由濠溝繞北門，出三結，透下渡頭，至郎君地、公勞埔、十三股等莊止。約灌田一千七百餘甲。每年各佃地照引灌遠近貼納圳主租穀，以為修理之需。

陳淑均《噶瑪蘭廳志》亦有相同記載：[42]

> 金結安圳：在廳西南十里，以釀金結契修築平安得名。其圳寬二丈四，尺長四千餘丈。從西勢大三鬮、溪墘成，截引叭哩沙喃出口之溪水，順流而趨，自大三鬮起，經魚鰍斗、員山、金結、七結、六結、五結、四結，至廳治西門濠溝復分支，一由溝濠過南門轉東門，出一結、二結，接民壯圍之三結、四結、五結、六結、七結，至流流等莊止。一由濠溝繞北門，出三結透下渡頭，至郎君地、公勞埔、十三股等莊止。二處約灌田一千七百餘甲。每年各佃按照引灌遠近，貼納圳長租穀，以為修理之需。

41　柯培元前引書，卷四水利志〈水圳〉，頁三八。
42　陳淑均前引書，卷一規制〈水利〉，頁三八。

《宜蘭廳管內埤圳調查書》也收有多份相關契字與告示，在此僅轉錄乙件[43]，餘請參考原書，茲不贅引：

「仝立合約憑準字，接辦金結安黃纘緒，佃友銀主林天南。緣金結金頂手有移借佃友銀元，租難抵償，是以股夥參議，願將該圳無租接辦幾年，抵償債項。所有帶欠佃友銀，項惟接辦結安之，人楚還明白，出結案，尚未立膁字。據現有佃友林天南，被頂手膁佃王實蒂欠銀元，過十股內，計銀三百七十五元。又有圳主原帶欠銀二百八十五元，統計欠銀六百六十元。經憑總局頭人公斷，應歸緒，限年對佃租刈串，攤還足數。每元銀議定谷壹石，谷價高低逢人造化，各不得刁難，按作四年分攤，逐年該攤還谷一百六十五石，照佃租早陸晚四，各年早冬該對佃租谷玖十九石，晚冬亦對佃租六十六石。逐年如斯，願還足數為憑，不敢短少，如有逐冬短少升合，惟保家之人賠補足額。則現斷之谷，逐年早冬谷單，擬定三月十五日刈串，晚冬谷單，擬定八月十五日刈串，交中人轉付銀主林天南，向佃自收，別人不得混爭，並許對佃面敘明白。而各年早晚租收，明訂至十月，各執字據面核，攤還谷數，批明在字，以杜糊混。苟四年晚租谷，對佃收完足額，如仝立給約憑準字，佃友壹紙，應送還管圳之人收貯，以便至限對圳主股夥開明，總還若干，然將合約焚銷，此係憑公妥議，口恐無憑，舉出妥保耽認，仝立合約憑準字二紙一樣，管圳以及銀主，各執一紙，批照。

---

[43] 《宜蘭廳管內埤圳調查書》下卷，頁一五九～一六一。另相關契字與告示，分見頁一六一～一六二，一六三～一六四，一六四～一六五。

即日由中保，仝立合約憑準字，將欠數作四年早晚攤還足數，是實又照。

一批明：癸亥年六月，黃纘緒代十股圳主揩還債主林天南，去早粟一百一十一石，九月間又代還去晚粟七十四石，本年計共代還去，早晚粟一百八十六石，合二紙批明一樣，批照。

一批明：子年早，季黃纘緒代十股圳主，還林天南觀，去早粟九十五石，晚季又代還去，晚粟六十三石，共代還去，早晚谷一百五十九石，批明再照。

　　　　　　　為中並代書圳股夥　　林三合
　　　　　　　保認銀合圳股夥　　　林瑞圭
仝立合約憑準字　管圳　　　　　　黃纘緒
　　　　　　　佃友　　　　　　　林天南

同治二年歲次癸亥二月　　　日

一批明：憑公新斷議，自此限年攤還，母銀無貼利息，又照。

一批明：前年業佃結控銀債，今已和睦，所有衙門事務，管圳之人，請公親稟息，不干銀主之事，又照。

一批明：再議癸亥年，該添加早晚公二十石，少補定頭之額，下三年各減攤，頭年加額之谷，頭年癸亥早冬，該攤還谷一百十一石，

晚冬該攤完谷七十四石。第二年甲子，早冬該攤完谷九十五石四斗，晚冬該攤完谷六十三石六斗。第三年乙丑該攤完谷九十八四石八

斗，晚冬該攤完谷六十三石二斗。第四年丙寅，早冬該攤完谷九十四石八斗，晚冬該攤完谷六十三石二斗，照約而行，違者倍償。又照。

一批明：乙丑年早季，代圳主措還早粟九十四石，晚季又措還晚粟六十三石，共措還早晚粟一百五十八石，批明再照。

　　一批明：丙寅年，早晚代圳主措還早晚谷一百五十八石，連癸亥、甲子、乙丑三年，共四年，計共代十股圳主，還去粟六百五十九石，批明照。」

金結安圳原名金泰安，乃嘉慶十三年（一八〇八年）由民壯圍結首簡利興及眾佃農合資十股，開鑿而成，但於十七年因洪水沖破而失敗，遂由李裕、林瑞圭等九人再合資十股，予以接手修築，並改名金結安圳。卻不料此數名圳主分向多人借貸款項，移交下手，管圳之人又換帶借之債愈多，輾轉交接，糾纏難清，至同治元年（一八六二年）高達八千餘元，而黃隆興、張暉春兩人於咸豐十一年秋（一八六一年）向李裕等人贌管水圳，原盼就本得利，反因上手久債孔多，兼之水圳疊崩，修理耗費無窮，水租又被債主抗抵不交，無力支撐，遂於同治元年夏，立約將此圳交付黃纘緒一手獨理，黃氏也代墊本銀數千元，並且「至十股圳主所有帶欠他人債項，以及前後控案，俱係緒一人之事」。而黃氏一手獨理，於同治二年正式簽約接手，抽絲剝繭，一一理清，分年按期攤，還至同治十一年告一段落。根據此四份契字，正可印證家譜所記「管理者多虧失，公出理之，獨得寧順，獲利以巨。」為寫實之記，並無誇大失實之處，黃氏處理糾纏事務之能力，允為把手，不作第二人想，其得眾人之信服，其來有自。

《宜蘭廳管內埤圳調查書》復收有二件告示，其一：[44]

---

[44] 同上註前引書，頁一三七～一三八。

「欽加同知銜署理宜蘭縣正堂馬,為換給諭戳以專責成事。照得蘭屬自開闢以來,有將荒埔開成溝道,引水灌溉禾苗,號曰水圳。於嘉慶、道光年間各圳戶稟請給發諭戳,以便蓋用串單,向佃收取工資、水租執憑。現奉大憲奏准,將噶瑪蘭廳改為宜蘭縣,所有前領廳戳,例應繳縣戳,以杜弊端。茲本縣蒞任,業經飭吊廳戳繳銷外,合行換給縣戳。為此諭仰:糧埤圳戶金結安,即管辦舉人黃纘緒、職監李光昭,即便遵照,務須認真修築圳道,巡視圳水,通流充足,灌溉田苗,仍將頒發戳記,蓋用串單,以為逐年向佃量收水租執憑,不准濫行蓋用,如有玩佃抗納,許即稟追,凜之切切,此諭。

計發長行戳記一顆

光緒六年十月二十六日諭」

其二:[45]

「欽加同知銜特授宜蘭縣正堂馬,為出示曉諭事。本年九月十八日,據圳戶金結安即辦理圳務職員黃纘緒稟稱,緣本年三次水災,雖有沖壞埤堰,圳道未壞,迨閏七月間,二次水災,圳道已被失數次,當經據情稟懇示諭,攤修在案。蒙批錄後,足見明慎愛民至意,詎料至此九月初,為洪水更橫流,在大三鬮庄埤堰下,首節圳道沖失作溪八十餘丈。又越至下渡頭庄,由本城東北,偏分支一圳道,沖失作溪二百餘丈,三處約計沖失五百餘丈。均頁照章自邊移入八十三丈五尺,另開新圳上下兩頭灣接,尚存舊圳引水灌溉,流通課田,然欲再新圳,地價工費浩繁,在金結安圳主,有十股夥。在太山口圳主,有十二股半。股夥皆

---

[45] 同上註前引書,頁一三八~一三九。

當備資本,與佃眾照約,攤供費用。若非稟懇示諭,傳集攤鳩,就緊開新圳,恐季冬欲下種,孟春欲播秧,乏水灌田,有誤耕稼之,期國家民食攸關,咎將誰歸。合亟遵批粘圖,據實聲明,伏乞電察,恩迅示諭,以便就緊攤移,俾課命有賴,萬姓謳頌,沾感切稟等情。據此,除批示外,合行出示曉,為此示仰該處佃戶人等知悉,所有坍壞水圳,應需買地,另鑿之處,爾等務照舊約均攤,剋期興築,俾復水道,免誤農時,各宜凜遵,毋違特示。
右諭通知
光緒七年九月三十日給
　　告示　　實貼　　曉諭」

此二件「告示」,明確指出「圳戶」金結安,即「管辦舉人黃纘緒」、「圳戶金結安即辦理圳務職員黃纘緒」足可說明歷經同治年間糾葛痛苦之處理後,到光緒年間已可掌控水利,而且期間洪水橫流,沖失圳道,黃氏亦頗曉借重官威,諭眾佃照約攤鳩費用,其處事理財之手腕,實不得不令人佩服。

不僅「金結安圳」為黃纘緒所掌管,而且黃纘緒又收購另一水圳,《臺灣私法物權編》收錄一同治八年(一八六九年)十一月〈杜賣圳契字〉,茲引錄於下:[46]

「立杜賣圳契字人吳梓隆,同姪吳旺、吳義成等,緣有承吳佔當開蘭之初,自備銀數百元,代眾佃墊用工本,由四圍堡山,腳土名地城仔坡,開築水圳,延長千二百五十四丈五尺二寸,寬二丈四尺零,引水至三十九結莊,灌溉官番田業四十三份,併帶公埔莊兩邊埤地,……

---

[46] 同註25,頁一二四五~一二四七。

併帶閘門一坐，以備旱潦攔水消洩之用。茲因家窮乏力管理此圳，欲銀別創，願將此圳出賣，先盡問房親叔兄弟姪人等，不欲承受，外托中引賣與黃纘緒掌管，收租為業。即日同中議定時價銀一百四十元正交收足訖；將埤圳隨即踏明界址，並佃份水租額約等件，概交黃纘緒掌管收租，永遠為業。一經杜賣，日後雖值千金，不敢言贖言找。口恐無憑，今欲有憑，合立杜賣圳契字一紙，並帶佃眾圳約字二紙，共三紙，付執存炤。……
即日同中親收此契內佛銀一百四十元正完足，再炤。
……同治八年十一月　日。…
……契尾
計開：業戶黃纘緒買吳梓隆、吳旺、吳義成水圳，延長一千一百五十四丈五尺二，寸寬二丈四尺零，坐落四圍堡山腳迤城仔陂，用價銀九十六兩六錢，納稅銀二兩八錢九分八釐。
　布字九百七十一號。
右給噶瑪蘭廳業戶黃纘緒准此。
同治八年十月　日。」

此圳應即是「四圍三十九結圳」（約今礁溪鄉二龍村），柯培元《噶瑪蘭志略》有記：[47]

四圍三十九結圳，在廳治北七里，因地得名，寬八尺，長六百餘丈，其源在四圍山腳平壤中湧出，居民開圳道，自四圍山腳引灌公埔至三十九結等莊田約一百餘甲。每年修費，聽民自鳩。

---

[47] 柯培元前引書，頁三九～四〇。

陳淑均《噶瑪蘭廳志》亦載：[48]

> 四圍三十九結圳，在廳治北七里，寬八尺，長六百餘丈。其源在四圍山腳平原中湧出，居民因合開圳道，自該處山腳，引灌公埔至三十九結等田約一百餘甲。每年修費，聽民自鳩。

以上二圳（金結安圳、三十九結圳），一灌田一千七百餘甲，一灌田一百餘甲，合計約一千八百餘甲，每年水租之收入，是一大筆款項收入。另外值得注意的是，〈契字〉中有提到此條水圳「灌溉官番田業四十三份」不知是否即前文提及黃纘緒擔任番業戶所掌管之田地。而且劉招葬於四圍草湳山柴城湖土名乾埤仔地，黃纘緒葬於四圍草湳山頂埤，其嫡妻朱粉亦葬於草湳山乾埤，而此條水圳源起於四圍堡山腳土名柴城仔坡之地，兩者參照，似乎說明此條水圳給黃纘緒帶來莫大利益收入，或許因此死後葬於此處，以示飲水思源不忘發達之本。

此外，黃纘緒另投資今羅東鎮金瑞安圳（一名月眉圳），《宜蘭廳管內埤圳調查書》載有光緒十三年五月之契字一件：[49]

> 「仝立合約字人進士楊士芳、周治振、游合茂、林成裕、舉人黃纘緒、林吉記、張五美、練如海暨十八埒至月眉等庄眾田主等。緣自嘉慶年間，開墾田地，自阿里史庄起，開鑿圳道，透落十八埒、及月眉庄、武煙溝止，眾業主各備工本，開築成圳，水灌溉數庄田畝，交付佃人掌管，抵今七十餘載，若圳頭崩壞，佃人應照田甲攤工補築修理，向來如斯。但佃戶既眾，每有不齊，爰是邀集業佃、公仝

---

[48] 陳淑均前引書，頁四〇。
[49] 《宜蘭廳管內埤圳調查書》上卷，頁一一三〜一一四。

妥議，立定條規，自今以後，凡遇築埤修圳，務要齊心協力，照約而行，若托故推諉不前者，莫論何人何佃，公同議罰，倘有要用竹木多少，照田甲均攤，違者議罰以照公允。此係公議圳事，各無反悔，口恐無憑，仝立合約，定一樣捌紙，右執一紙為照。

即日仝立合約字壹樣捌紙，再照。

一批明：此圳原是眾業佃，自出工本開鑿而成，倘有豪惡恃強欲行詐索霸佔，毀圳斷，水致誤農時，各佃人要公同向前理論。如是不聽，則拏獲送官究治。若有托故不前者，公周議罰。所有開費，按照田甲勻攤。或向較被傷者，眾業主務要公出藥費醫治痊癒，此照。

　　　　　　　代筆人　　　藍清漣
　　　　　　　　　　　　　周治振
　　仝立合約字人進士　　　楊士芳 外五十四名
　　　　　　　舉人　　　　黃纘緒
　　　　　　　　　　　　　林吉記
　　　　　　　　　　　　　游合茂
　　　　　　　　　　　　　張五美
　　　　　　　　　　　　　林成裕

　　　　光緒十三年五月　　　日」

其他如「平居喜觀書房，通及山醫命卜諸術，而尤喜研究醫道」（頁二十三），類似如此「五術」，應該多少也會有患者、算命者之致贈感謝金，勉強亦算收入之一，如是累積，「公既早

有名，邑有煩，刻恒倚重焉，由是名日顯，而家亦稱素封矣！」（頁二十二）

綜觀黃氏一生，文事精湛，武藝擅揚，又精經營，是以家道興旺，裔孫蕃衍，足爲黃家典範！

五、有功鄉梓

黃纘緒爲人，《黃姓家譜》稱「性恬淡和，貌溫而柔，遇人爲貴賤，接之如一」（頁二十二），「朴直，性直流露」、「心慈善喜接士，待下以寬」（頁二十四），臨事「勇氣過人」、「溫而能剛，有膽識，遇事無小縮」（頁二十二），何況是開蘭第一舉人，「公即早有名，邑有煩，刻恒倚重焉」、「歷事久，深諳世故，縣有疑難常諮訪焉，故每公誕辰，縣文武恒造廬稱祝，尊爲老師。」（頁二十四），因此介入地方事務頗多，有功鄉梓自是至鉅且深，茲分項目，介紹如下：

（一）輕賦稅

《黃姓家譜》載：

> 光緒戊子（按十四年，西元一八八八年）蘭地清賦定則，間有貧瘠（瘠？），地多水患者，公請別爲不入次則，賦吏怒不可，力爭曰：民終歲胼胝，一水，旱農本且不知何有，是而不分之，民疲矣，豈朝廷綏撫吾民之意乎？吏益怒，公持議益力，卒得如公議。然吏由是銜之，是秋遂有府訟之案。先是公四子作楹頗不（？疑「少」字之誤）霸；俗多以「三王爺」稱之者，吏搜公劣跡，並以是詳之；又會有嗾熟番訟公者。案遽發，公至郡，力辯不小屈，以

言過激,稽留寢臘,案始釋。蓋公勇氣過人,其臨事也,往往類此。(頁二十三)

按此事應指清賦之事。光緒十二年四月劉銘傳設南北兩府清賦總局,並派官吏三十餘人,辦理清賦,分赴各縣,會同地方紳縉,先查保甲,就戶問糧。戶畝查明,再行逐田清丈,就田問賦。丈竣之後,一律由藩司給單,私租悉行入公。至光緒十四年六月,全省清賦大致蕆事,盈溢田糧,計逾舊額不下四十萬兩,民間供賦反較減輕。此次土地清丈,番社土地一併丈量,業主亦須負擔地稅,並將番租提高,自然對身為番業戶之黃纘緒不利。而接近番界及沿河濱海之耕地,以往不列入等則,宜蘭縣自不能例外。[50]黃纘緒在該處有田二十餘甲,如今既要報納國課,又要納番口糧,雙款賦稅,負擔已重。再加上光緒七年洪水為災,沖崩堤崩,大半水田雙成旱園,不免為難,不得不力爭,《宜蘭廳管內埤圳調查書》收有相關告示,文曰:[51]

「調署宜蘭縣正堂加十級紀錄十次汪,

為出示曉諭事。本年四月初四日,據職員黃纘緒稟稱,竊四圍保辛仔罕庄社前後,有番界水田約一百餘甲,本配番圳水播,穀納番口糧。迨光緒十四年,蒙

上憲清丈,又報納國課,雙款賦稅。慘因辛巳年洪水為災,沖崩堤岸,沙壓深重,高低不一,大半變成旱園,空累租賦,民食為難。茲因緒亦有田貳拾餘甲在該處,據左右鄰田邀緒代備資,本向社番立約,逐年津貼一十石水圳租,又設立圳長貳名,一漢一番,妄視圳頭,

---

[50] 陳芳草《宜蘭縣志》卷三政事財政篇(宜蘭縣文獻委員會,民國50年3月印行),第一章第十一節,頁二二。

[51] 同註37前引書,頁二五六~二五七。

由一、二結庄陰溝,築閘欄水上圳,引灌田畝,但應買地移鑿水圳,由一結庄橫圳埋地械,築浮圳、駕水梘,引水到社後灌旱園耕作田,應需工本地價銀共計五百餘元,現水先流通灌田。會議俟此本年變冬,照金吉安、太山口例,每甲願攤出本銀陸元,永遠免納水租。如無攤工本地價,每甲定納水租壹石八斗,以資工本,公立圳名金永安圖記壹顆,如此辦理,未知可否,稟明存檔,恩截曉示,合亟粘圖稟明。伏乞電察裁示,祗遵公侯萬代,沾感切叩等情到縣。據此,除批示准予存案外,合行示曉諭,為此,旨仰該庄業佃人等知悉,爾等如有田地在於該處,配灌圳水,務須照納而行。仿照金吉安、太山口之例,每甲應攤出本銀六元,永遠免納水租。如無攤工本地價,每甲定納水租壹石八斗,以資工,本其各遵照毋違,特示。

右　諭　通　知

光緒十九年四月　　日給

告示　實貼　曉諭」

今黃纘緒力爭之下,「卒得如公議」,執事官吏當然銜恨,遂設詞構訟,偏偏黃氏言語激烈,遂被故意拘留至年底除夕,始釋回歸蘭。黃氏此次力爭不將沿河濱海之田地列入等則,雖有私心,但到底還是為蘭邑農佃、地主爭取了若干權益。除此外,此次清賦,土地丈量方面,宜蘭縣尚有基數度量之爭執,《清代臺

灣大租調查書》收有劉銘傳一件諭示，與此有關，茲引錄於后，以供參考：[52]

> 欽差督辦臺灣防務、頭品頂戴福建巡撫部院一等男，為剴切曉諭事。照得現在全臺田園舉辦丈量，前經按淡水廳誌載定弓尺制度，每戈一丈二尺五寸為准，分頒各屬應用在案。現據宜蘭、新竹兩縣先後稟稱：該二邑丈量田畝，向以一三尺五寸為一戈，與現頒之戈互相比較，每戈多加一尺之額，紳民曉曉置辯不休，請示遵辦等諸語前來。查臺灣自國初始入版圖，核算田畝有所謂每戈、每甲等名目，皆係鄭氏一時權宜。雍正九年，特奉廷旨，臺灣田畝化甲為畝，係以戈數核為弓數，其弓定制六尺，積二百四十弓為一畝，載在誌乘，遵行已久，現在舉辦丈量，猶用戈甲目者，不過因其舊俗，以計總數，為將來積算之端。至於量即升科，仍應遵照定章，以弓計畝。……該二邑以戈小一尺，藉詞爭執，難保不誤執戈大賦輕，戈小賦重之成見，亟應剴切曉諭，以昭定制，而釋群疑。為此，示仰各屬紳民人等一體知悉：臺灣田園化甲為畝，係奉旨進行定章，繼不能仍復論戈納賦。現在所用舊弓尚是五尺，迫清丈之後，仍應以戈伸尺，按六尺為一弓，積二百四十弓為一畝，計畝升科。……爾紳民務當曉然朝廷治賦經邦，一秉大公，毫無偏挪，毋得藉詞爭執，致干未便，其各凜遵，毋違，特示。
>
> 光緒十二年八月　　日給。

---

[52] 《清代臺灣大租調查書》（臺銀文叢第一五二種），第一章第二節，頁五六～五七。

(二)解紛難

清代民間糾紛雖有賴官府衙門判案，但事實上多賴地方領導階層予以調解，以樹立民間之自治。《臺灣私法物權編》收有一件黃纘緒擔任公親，勸議排解水圳糾紛的合約字，文如下：[53]

> 同立合約字人圳戶吳梓隆，佃戶李元益、李元玖、李江楓等。緣開蘭之初，三十九結莊四十三份佃眾有公議，請吳梓隆之父吳佔巡圳，多墊資費修築，從四圍保柗仔寮陂引水上圳，灌溉田份，每份逐年原議貼吳佔工資穀一石二斗。前約敘明，由來已舊。祇因該陂頭係與柴圍莊佃眾公共分水之陂，遇亢旱時，每被盜決陂水，以致三十九結莊李元益、李元玖、李江楓管耕三份半田業，缺水灌溉充足。是以有從礁溪尾之梘水引出多少灌溉田苗，其水路應由李元益等田頭經。茲憑公親勸議，李元益等三份半田，應貼巡圳工資穀計四石二斗，永遠免貼。至吳梓隆於富前憲任內，有呈控李海等抗欠工資穀一案，亦甘願息訟不討。其餘三十九份半之工資，穀概歸吳梓隆永遠自收；而李元益等有引梘水灌溉，其田食剩之水亦當永遠放過，不得攔截。至李生吉等有攝情赴丁廳憲稟控吳梓隆之案，俱願任從請銷。……此係眾佃水圳陂頭公約，不得廢蕪。此係二比甘願，憑公親勸處息事和氣，各無竹水悔異言，口恐無憑，同立合約字二紙一樣，各執一紙存炤。

> 即日同立合約是實。

> 同治八年三月　日。

---

[53] 同註25，頁一一九三～一一九四。

　　　　　　代筆人　　吳泰昌
　　　　　　公親人　　黃纘緒
　　　　　如見胞姪人　吳　旺
　　　　　　圳　　戶　吳梓隆
　　　同立合約字人佃戶　李元益
　　　　　　　　　　　　李元玖
　　　　　　　　　　　　李江楓

　　根據此件合約字，我們可以發現經由黃纘緒之勸議，結果有四：（1）李元益等三人免貼巡圳工資。（2）梓隆呈控李海等人抗欠工資，甘願息訟不討。（3）李生吉等人稟控吳梓隆之案，俱願請銷。（4）倘遇旱時，與柴圍莊計較灌溉用水取出分水陂約字紙公約評斷。經過黃氏出面調停，順利解決牽扯三方之糾紛，我不能不承認黃氏之手腕高明，為人信服之事實，也印證了家譜之記載。也或許因為如此，事隔八月，「吳梓隆家窮乏力管理此圳」，乾脆就將其賣給了黃纘緒（見上文）。

　　另外，《宜蘭廳管內埤圳調查書》亦收有一件光緒四年五月，黃纘緒擔任公親，調解林青草與林礽藏有關林寶春水圳之劃分，商妥按股攤分修圳，割佃分收水租谷，其合約字如后：[54]

　　「仝立約字人人林青草、礽藏等。緣藏承曾祖父林秋舉，與林青草即林心嫲合夥公號林平源，承買奇武荖月眉山腳林寶春水圳二道，其東西四至界址，俱載在墾契字內明白。但當日所買之水圳，係藏曾祖父林秋華出賣，時值價銀九百四十大元。因林青草銀元一時不能辦足，故按作四股均開，林青草備出佛銀七百四十元，應得水圳三股。藏曾祖父林秋華備出佛銀

---

[54] 同註49前引書，頁三二九～三三〇。

二百大元贖回,應得水圳一股。於同治九年間,亦曾立約二紙一樣,但前約中有未妥議銷。於同治九年間,亦曾立約二紙一樣,但前約中有未妥議銷。全年收水租谷四百八十石,除圳長工資八十石外,尚剩水租谷四百石。前年尚未按股瓜分,於是藏與草聚首相商,此租與其概經一手,恐致併吞,何如割佃分收,為尤愈也,所以邀全公親族正妥議,爰將林寶春圳戳,並林平源買契,連司單一紙,合約三紙,共四紙,概交林心嫦收存,後日若有要用,務宜取出公照,不得刁難。至於修理陡門諸費,亦按股攤開,此係二比甘愿,均無抑勒反悔,口恐無憑,實乃有據,應立合約字二紙一樣,各存為照。

即日憑公,草與藏各執過合約字一紙是實,再照。

代　筆　人　　廖國英
公　　　親　　黃纘緒
在　　　場　　林國翰

光緒四年五月　　　日　　　　仝立合約字人林青草初藏

（三）建寺廟

寺廟之興建,在清代臺灣幾乎可說移民託命依歸之所在,不僅具有執行村落與團體之自治、自衛、涉外等各種機能,並擔負信仰、文教、娛樂、福利等功能,成為一股安定鄉土,處理地方事務不可或缺之信仰力量。宜蘭縣各寺廟的興建管理,黃纘緒亦積極參與。如文廟之建,始於同治四年（一八六五年）,舉人黃纘緒、拔貢黃學海、拔貢李逢時、仕紳林國翰等人發起興建,但遇大陸內亂,物價飛漲而停工。直到同治七年,進士楊士芳、舉

人李望洋、歲貢鏘等人倡議再度捐修，方得以完成此廟。[55]另，陳進傳大著《清代噶瑪蘭古碑之研究》，對於宜蘭古碑，搜羅宏富，關於寺廟興建修葺中有黃纘緒史料者，茲摘錄如下：

  (1)咸豐八年六月「重建先農壇碑」，此次重建，乃蘭廳通判富謙、蘭營都司黃遇春首先捐俸以為之倡，「即諭飭職監林國翰、舉人黃纘緒、職員林啓勳、職監黃玉瑤等齊集公所，會議章程……」。[56]

  (2)光緒十三年冬月「重修協天廟捐題碑」中有「黃纘緒捐銀拾六元」。[57]

（四）矯風教

矯風義行，黃纘緒亦不落人後，《清代噶瑪蘭古碑之研究》亦收有若干黃氏義行碑文：

  (1)同治十一年二月「礁溪庄義塚定界碑」中記載道光九年五月總理楊德照等人，稟請洪煊通判准定四圍山等處山場，留為塚地，供民埋葬，作為義，塚訂立木牌告示。不數年因蘭地卑濕，木牌朽壞，弊混滋生，「二十九年閏四月間，復經街庄各頭人黃纘緒等，稟請牌示已毀，重新泐石，以杜流弊等情，又蒙楊前憲（按指楊承澤）再為出示，並予泐石各在案。」[58]

---

[55] 同註 23。
[56] 同註 22。
[57] 同註 29。
[58] 同註 20。

(2)咸豐六年正月「嚴禁差胥需索社番貼費碑」，此碑文略謂：東西勢各社番正副頭人、總通事等人投訴官府，指稱總理、佃首間有侵漁剋扣糧餉，不肖書役藉換戳、點驗造冊名目，勒派規費，深感苦累哀痛、廳通鄰楊承澤「諭飭總局頭人稟公議覆、勒碑示禁可也。嗣據該總局頭人舉人黃纘緒、職員林國翰、林啓勳、生員陳階平、職員林成、蘇陳等，稟覆前來」，黃纘緒等人認爲「各社番日益調（痾？）瘵，不能不正本清，源以甦番命」，因此建議各戳記「載明長行字樣，上流下接，隨時行用，毋庸更換」，所有不肖書差，巧借各種名目「亦應永遠，凡一切弊端及索詐諸費，悉予禁革，誠爲當務之急，准出示立碑，一面牒府存案，以垂永久。」楊令乃將陋規革除，並立碑署前，以昭遵守。[59]

(3)同治五年六月「禁止踐踏塚地乞食祭餘及捐題碑」，碑文內容略謂：西勢新城仔庄附近有塚地，庄民放牧牛羊豬犬縱橫踐踏，以致白骨漂曝、棺罐露出。又有一班遊民在塚地窺伺，求討祭餘食品，稍不滿意，暗中作弄墓碑，或將牛糞亂塗，或將后土碑抽匿。因「紳士李春波、林國翰、楊士芳、黃

---

[59] 同註21。

纘緒、李逢時、黃鏘、李望洋……」等十八人,稟承通判章觀文勒碑示禁,並捐款立碑昭示。[60]

(4)光緒十六年六月「憲禁使用牛油碑」,乃「紳士李望洋、黃纘緒、李及西、楊士芳、李春波、周家麟」及諸貢生、廩生、生員、聯首等紳董,僉稟知縣沈繼曾,禁止宰殺耕牛,為害農功,並不得以牛油作蠟燭敬神;也一併禁止村莊演唱丐戲,喪事妝賽扮演觀音等等,立碑示禁。[61]

(五)育人才

黃纘緒不僅曾任侯官儒學正堂,培育侯官人才,所謂「種桃侯縣雖將老」(時年五十四歲)正是指此。嗣後並經理書院膏火田事宜,招佃承耕,並一度與人互控,是可見其用心負責。《臺灣私法物權篇》收有兩件執照,茲轉引於后,以見梗概:[62]

(1)

即補清軍府、調署宜蘭縣正堂彭,為給照管耕事。光緒九年四月二十日,據紳士黃纘緒、黃鏘、李春瀾、李及西等稟稱;緣蒙鈞諭,據楊廷柳與林先進控爭鎮平莊浮復園地,業經斷將地充入仰山書院,仰即招佃承耕,議定租額等因。現經招得佃人王協記到地指明四至……,交佃管耕,每甲年定園租穀八石,全年共應納租穀一十一石二斗,列入充公書院徵簿,遞年赴房納清,以資各生童膏伙

---

[60] 同註24。
[61] 同註30。
[62] 同註28。

之需。又有餘埔四分零金並交該佃墾耕；但該地實係傍地瘠劣，沖復靡常，日後倘被沖沒，准予退納。僉請給照管耕，並繳認耕結狀紙。據此，除批示外，合行給照。為，此給佃人王協記遵照後開四至界址管耕，逐年租穀務須照數完納清款，截串執憑，不得越界侵佔，凜之毋違，此照。……

光緒九年四月二十八日給。
光緒十五年三月初六換給司單一紙。

（2）

准補澎湖海防分府、代理宜蘭縣正堂蕭，為給照永耕事。本年閏五月初六，日據糧總黃隆稟稱：竊隆稟舉民人張簡銘招瞨職員黃纘緒與呂傳輝互控案，內充入仰山書院之魚鰍斗莊埔地一甲八分，赴房當場議定，每甲年納租穀四石八斗，全年共應納該租穀八石六斗四升，不敢少缺；如有少缺，惟該保耕是問，任憑起退。該埔地若遇洪水沖沒，應請准予具呈退耕，稟乞准給照承耕等情。計繳陳紳輝煌保耕狀，並張簡銘認耕狀各一紙前來。據此，除批示准耕外，合行給照。為此，仰民人張簡銘即便遵照後開四至界址，前至管耕，逐年應納租穀八石六斗四升，須年款年清，不得絲毫蒂缺，致干究追。其課租仍歸於佃人照則完納，凜遵，毋違，此照。……

光緒十八年閏六月初八日給縣行。

（六）修志書

噶瑪蘭之建置設官，始於嘉慶十七年，設置既遲，記錄乃闕。臺灣府志或寡記載，諸羅縣志亦傳聞失實。至嘉慶間，謝金鑾撰

〈蛤仔難紀略〉一卷，道光初，通鄉姚瑩有〈噶瑪蘭原始〉一卷，蘭地始有可信記載。道光十年，晉江舉人陳淑均應聘掌教仰山書院，頗留意文獻，適福建省重修通志，臺灣府亦有此議，因徵求史料於蘭廳，廳之人士乃敦請陳氏為總纂，並以例貢生盧永昌、林逢春，監生楊德照、蔡長春，生員李祺生等任采訪。事始於道光十一年（一八三一年）九月，十二年九月成《廳志稿》。十四年，淑均內渡，十八年應鹿港文開書院之聘返臺。授課餘暇，續採資料，成續補二卷，復向蘭廳追索前稿，重為訂正，而成志稿定，本時道光二十年。迨道光二十九年（一八四九年），董正官任通判，因議刊廳志事，乃採陳氏稿本，詳與校正，並委李祺生任續輯，於咸豐二年付梓刊行，題曰《噶瑪蘭志》板藏仰山書院，是志之修至付刊後，蓋歷二十有二年，[63]而是書之彙校者，有「舉人黃纘緒，本廳人，庚子科（按即道光庚子二十年）」。[64]此後，及至光緒十八年（一八九二年），臺灣省設局纂修通志，分巡臺灣兵備道顧熙為「臺灣通志局」監修，臺北府知府陳文騄為提調，淡水縣代埋知縣葉意深為幫提調，總局設於臺北，各州縣立設立分局，並規定修志事宜十四條，頒采訪冊式一種，以為各廳縣修志張本。越明年，《宜蘭縣采訪冊》竣稿，此志之編輯，據《臺灣列紳傳》記張清源「班列臺灣通志采訪事務局，與楊進士士芳、李刺使望洋、黃教授纘緒、李孝廉春波諸老輩，編纂《宜蘭採訪冊》」[65]是可知宜蘭前後二志書，黃纘緒皆有參與彙校采訪，有功於地方文史。

---

[63] 詳見高志彬《臺灣方法解題》第一分（成文出版社，民國74年4月印行），頁四七。
[64] 陳淑均前引書《噶瑪蘭廳志修訂銜名》，頁一五。
[65] 同註31。

(七)濟貧困

《黃姓家譜》云黃纘緒慈惠感人,「惠深窮庶」,謂其「旁通及山醫命卜諸術,而尤喜研究醫道。疫作時,輒自製方藥以施。清贐閭貧困者,躬親診治時,往巡視餽藥,無少德(豫?)色。水災饉歲,每午飯有逃頓者至,輒督家人接納如恐不周。」(頁二十三、二十四)可惜事無實例,不能舉列佐證,予以譽揚。

(八)平亂事

《黃姓家譜》又記黃纘緒平戴萬生之亂:

> 咸豐之間,戴萬生揭竿作亂。當其共薄郡城,官軍數挫,勢殊急,公時適在姚道處,請於姚公曰:事迫矣,今囹圄中死人良夥,良公曷不設一生途,盡出囚人,誓而教之,使居陣先拼一戰。夫死於罪,於死於戰,均死也;況戰未必死,而功有可望,人有不奪勇先,精神百倍乎!姚公曰:善。公素諳拳技,隨著公同其屬吏主之止齊,步代既小嫻。既會官軍,出城衝殺,果大捷,寇賴以戢。(頁二十二、二十三)

案,此事記載牴牾失實,不可相信,原因如下:

戴萬生(即戴潮春)之亂,起於同治元年(一八六二年)非咸豐年間。而亂事波及地區為鹿港、大甲、嘉義及斗六門一帶,未聞有臺南府城,此其一。

姚瑩任蘭廳通判乃是道光元年正月二十四日,由臺灣知縣陞署,同年因丁憂去職,由羅道於道光元年九月初一以斗六門縣丞護理。姚瑩後改發江蘇,歷金壇、元和、武進,遷高郵知府,擢兩淮監掣同知、護鹽運使。道光十八年擢分巡臺灣道,閏四月十六日到任。其間因鴉片戰爭殺俘之冤於二十三年三月二十四日,

奉旨革職，逮入京審訊，貶官川、藏，尋引疾歸。咸豐初，復起瑩為湘北武昌鹽法道，未行擢廣西按察使，卒於官。[66]則姚瑩任職臺灣，在臺灣時間是道光元年，與道光十八年至二十三年，試問如何會遇上同治初年戴潮春之亂，此其二。

而黃纘緒於咸豐年間平亂之事若非空穴來風，真有其事，則在宜蘭或臺南二較地有可能之事件有二：

（１）咸豐三年（一八五三年）之林恭事件，時林恭與楊汶愛等人於六月三次進攻臺灣府，幸臺灣道徐宗幹、總兵恒裕等急令兵弁及鄉勇守禦。

（２）另一個人認為可能性較高者為同年噶瑪蘭吳磋之亂。咸豐三年九月，蘭廳通判董正官會營兵剿捕梅洲圍地方匪徒。林汶英、吳磋等人糾眾拒捕。九月十六日，吳磋率眾於斗門頭地方樹林，內伏埋殺害董正官，次日哄入衙署，搜索倉庫。時臺灣道徐宗幹獲悉本案，迅調澎湖廳通判楊承澤為噶瑪蘭通判，並先派頭圍縣丞王衢代理。王衢在數千鄉民護送下進城，隨即誘殺林汶英，並派兵勇義首搜捕餘黨。楊承澤到任後，會同參將帶兵入山，窮搜痛剿，於次年三月在中心崙一地逮捕吳磋歸案。[67]

要之，黃纘緒平日為人恬和溫柔，遇事擔當，深得社番、鄉民之敬重，故其逝也，「遠近哀之，葬之時，士庶咸來祭奠，所

---

[66] 《臺灣省通志》卷七人物志（臺灣省文獻委員會，民國 59 年 6 月出版），官績篇〈姚瑩、父騋附〉，頁一〇三～一〇五。

[67] 徐宗幹《斯未信齋文編》（臺銀文叢第八十七種）〈上春巖制軍書〔五〕〉，頁六～九。

經衢道置香案,表哀悼者尤眾,亦足見其慈惠感人深也。」(頁二十四)若黃氏者,真不枉為宜蘭人之典範也。

六、小結

黃纘緒生平史實,茲爬梳史料,稽考如上,相信能予以較信實完整之面貌敘述,於本節不擬再度濃縮重複,以免佔篇幅過多。末了,謹將黃氏生平史實傳聞失誤予以歸納,以免繼續以訛傳訛,再誤導下去。

(一)宜蘭黃氏家族應與士林黃氏家族系出同支。而乾隆末年全家遭林爽文亂之波及,致遭大禍,舉家不幸,僅存活劉氏一人。此一亂事非《家譜》所記之漳泉械鬥。

(二)劉氏恐是入蘭前已領養一子黃猛,並隨其入蘭,非俗傳入蘭後才領養。入蘭時間則應在嘉慶元年之後。

(三)家譜記黃氏「生六歲怙恃俱失,見撫於大嫂張氏」,後出諸文皆輾轉抄襲錯誤。其父黃猛卒於道光三年,母簡氏景死於道光二年,而黃纘緒生於嘉慶二十三年,則應是六歲喪母,七歲失父,非六歲俱失怙恃。

(四)民間傳聞與某賴氏寡婦同居,賴其謀。家譜世系圖(一)亦謂其娶妻五房,其一是賴氏月,皆誤。事實是:賴月為其五哥黃潭之妻,或因叔嬸兩人年紀相當,同居一宅,致有此誤會。

(五)中舉返籍後,或云任宜蘭仰山書院教授,或云與陳淑均等人合編《噶瑪蘭廳誌》志書,皆誤。蓋書院無「教

授」一職，黃氏只是代爲管理書院之膏伙田業。而陳淑均編纂志書時，黃氏尚未膺選府學生，正在刻苦勤讀，資格不符，其後刻印志書，方才擔任「彙校」一職。

（六）同治九年擔任福州教諭，四年任內，謂曾參與修撰福州府志，經查考此時期福州府並無修志之舉，此說有待進一步證實。

（七）家譜記咸豐年間，黃氏在臺南助姚瑩戴潮春之亂，時、地、人皆錯，牴牾失實不可相信。

新竹市蔡氏宅第門樓與蔡氏家族之發展
—— 一座門樓背後的家族故事

一、新竹市開發概略

　　新竹市位在新竹縣西北部，地居頭前溪下游之新竹平原南半部。此地原名竹塹，一帶稱竹塹埔，乃道卡斯（Taokas）平埔族（Pocael）社棲息之領域，漢名竹塹社。光緒元年（一八七五）因改淡水廳為新竹縣後，遂有新竹之稱。

　　明末鄭氏統治台灣採寓兵於農的軍事屯墾政策，先後屯墾北路新港仔（今苗栗縣後龍鎮）、竹塹二地，並曾置通事於竹塹社，以辦理番課與交易事宜。至清康熙中葉始有福建省泉州府同安縣人王世傑者，率泉人入墾竹塹埔，並與其姪王佐築隆恩圳，灌溉四百甲，奠定竹市開拓基礎。隨之又有汪淇楚、郭奕榮等墾戶入墾。王氏最先開墾地方是東門大街至暗街仔一帶，而後向南開墾西門大街至南門大街，外莿仔腳；向北經水田庄、崙仔庄一帶，是後移民日多，王氏於是向海濱地區開墾。大約至康熙末年，竹塹一帶大抵開闢完成，開墾地區包括清代之竹塹街、南莊二十四個村落、北莊十三個村落，也即是墾區涵括竹塹社之西、北兩面土地，東面僅開闢到東勢一帶。

　　至於竹市東南山區之金山面（約今科學工業園區），因山高地窄，地又崎嶇旱瘠，常有原住民出沒襲擊，是以遲遲未能開拓，

在乾隆末年，前後有林特魁，林棲鳳、劉光裕等墾戶取得南門外，包括土地坑、大坪頂、金山面、蜈蜞坑頂、大崎等處墾權，然績效不彰。嘉慶年間郭陳蘇墾號繼續拓墾，卻因土地爭控案而疏於隘防工作，常受原住民反擊，因此才有道光十四年（一八三四）年底「金廣福」墾隘的組成，順利重加開墾利用。

總的說來，竹市土地之開發，康雍年間，漢民已入墾新竹沿海平原區，其在新竹市者有今香山區北境（香山里大庄里以北），迤北至頭前溪南岸地區，已涵蓋今市區大部。乾隆年間，除舊墾區邊緣地帶繼續延伸拓墾外，新墾區集中在鳳山溪、頭前溪中下游及其支流之流域，在竹市則是香山區中、南部，以及城南沿岸地區。嘉道年間，主要墾區在鳳山溪、頭前溪、隙仔溪（今名客雅溪）等河流上游地區，在竹市則屬金山面一帶。簡言之，竹市土地開發次序如下：沿海平原→鳳山溪、頭前溪、隙仔溪（今名客雅）之中游及支流→上游山區。[1]

移民日來，土地日闢，隨後自然設治與築城。

康熙五十年（一七七一），為搜捕海盜鄭盡心，於八里坌派駐分防千總，並在大甲溪以北設七個塘防汛，竹塹塘即其一，負責扼守港口船運與陸路往來，稽察奸宄、護送行旅、傳遞公文等任務。雍正元年（一七二三），劃虎尾溪以北地區，分設彰化縣

---

[1] 本段主要參考下列諸文改寫而成，由於本段僅作背景之敘述，茲不一一分註：（1）陳運棟等《新竹市志》〈卷二住民志〉下冊，（新竹市政府，民國 86 年 12 月），第三篇第一章，頁三三九～四一○。（2）李正萍等《新竹市志》〈卷一土地志〉（新竹市政府，民國 85 年 3 月），第四篇第一章，頁二七○～二九四。（3）洪敏麟《台灣舊地名之沿革》第二冊，（台灣省文獻會，民國 72 年 6 月），第三章第一節〈新竹市〉頁一二○～一二七。

與淡水廳，至九年才將廳治移至竹塹，正式分治，不過淡水同知仍舊駐紮彰化。十年增添竹塹巡檢代理同知行政。遲至乾隆二十一年（一七五六），淡水同知王錫縉始由彰化移駐竹塹，始有官治之名實相符。

先是，雍正十一年（一七三三），淡水同知徐治民首在竹塹三台山下環植莿竹為城，之後屢有整修。同年設北路協標右營於竹塹，並派兵分防後龍、中港、南崁、淡水。及至乾隆年間，竹塹人口戶數不斷增加，乃有街市之形成，寺廟之興建。乾隆二十一年，淡水同知歸治竹塹，並建淡水廳署於太爺街，同時將巡檢署移至南門內廳署之西南，從此竹塹步入積極建設，城廂腹地不斷拓展，寺廟、書院等公共建築陸續建立，形制日益完備，商業、文教活動日益興盛。嘉慶十一年（一八〇六），由於海盜蔡牽亂，居民乃在竹城外加築土圍；十八年再將土圍加高鑲寬，城外復植莿竹，莿竹之外，又挖掘濠溝，形成雙重防禦工事。

道光六年（一八二六），由地方仕紳鄭用錫、林長青等聯合向淡水同知籲請建城，且自願捐派築城經費，之後奏入獲准，於道光七年動工，九年竣工。磚石城池之建設，不僅保護城內居民，同時也展現竹塹為當時北台行政中心之地位與氣勢。同時將築城餘款用以興修社稷壇、山川壇、龍神廟、五穀廟、名宦祠、鄉賢祠、昭忠祠、節孝祠、及明志書院，廳城形制至此完備，始有整齊嚴肅之規。[2]

---

[2] 關於竹塹建成之詳細經過，可參閱：（1）李正萍前引文，（2）林莉莉《淡水廳築城計畫及實務的相關研究》（中原大學建築所碩士學論文，民國88年1月）。

二、蔡家先世及蔡祿遷居竹塹的背景

關於蔡家先世及入台經過，根據蔡家後代蔡仁鑑先生所提供之手抄本《東勢潭後蔡厝族譜》（以下簡稱《族譜》）所記，一至五代失傳，為六代蔡榮之長子蔡坤派下，至十七代蔡紅毛（茲先簡列如表一，以清眉目。），其間十數代。蔡家早在明末即已絡續來台，如十世蔡成文「在台灣」、其子蔡卿暢「往台灣居住」；十一世蔡日炤「公往移台灣」；十二世蔡天許之妻「李氏仝第三子諱三者，于乾隆年間往台灣北路中港老哥崎」；十二世蔡尚成「卒於台灣，骸未歸」，其子蔡弁「往台灣，無娶」；十三世蔡三之妻林氏「隨夫往台灣，卒乾隆四十年，葬台灣，未許（曉？）何處」；十四世蔡營「於乾隆四十一年仝叔父諱三，往台灣多曆（歷？）年所，並無人跡影響」，蔡饌「時仝（叔）父三在台灣」，蔡三長子蔡水「仝父往國家北路後壠、中港住」等等皆是。

蔡馨祿（按即蔡祿）一支，卻未記載何時遷台，參照前引諸多族人於乾隆末年遷居台灣，其祖十四世蔡慶文或有可能也於此時遷台再返家鄉；抑或十五世蔡書順（惟德，生於嘉慶七年三月初七）於嘉慶末年時遷居台灣，後在同治丙寅五年（一八六六）七月辭世，「葬在鹽水港內湖山，丁未年（一八九五）十一月二十一日卯時進金」，妣林氏儉則是卒於光緒四年（一八七八）八月過世，「民國四十八年農曆十一月十三日改葬於內湖山，與陳氏準合葬」。蔡書順有子二：長子蔡馨番，生於道光七年（一八二七）十二月初七；妣周氏，生道光九年（一八二九）九月初一，生子蔡清淵。次子蔡馨祿（成），生於道光十一年（一八三一）九月二十六日，卒於宣統己酉元年（一九○九）正月十七日丑時，

享壽七十有九,可稱高壽。妣陳氏準,生於道光十六年丙申(一八三六)十月十二日,卒於光緒丁未三十三年(一九○七)二月,享壽七十二歲。原葬在仙公坑破埤仔頂,至民國四十八年(一九五九)十二月十二日(農曆十一月十三日)在內湖山與林儉合葬(頁十八)。《族譜》又記「馨祿公時代與頭分鎮土牛蔡山、蔡麟兩人協商,屬於土牛祖墓由土牛奕世子孫掃墓奉祀。屬於新竹市郊外祖墓,由祿公後世子孫掃墓奉祀」。

蔡山、蔡麟是何支派下,《族譜》未見記載與說明,不過關於蔡家先祖遷居竹塹之時代與原因,其後人提供了若干線索:(一)蔡祿是泉州晉江人,原居頭份土牛,後遷居新竹鹽水港,(二)竹塹建東門城時曾負責燒灰,事後定居赤土崎牛路橋,從事農耕,(三)蔡祿從事拉牛車工作,兼營林木買賣,蔡家田產主要是在他手裡累積購進。[3]

按,道光六年(一八二六)四月,先是彰化發生閩粵分類械鬥,數日之間蔓延數十莊社,大甲以北亦在五月爆發,也蔓延至鹽水港、南莊、客雅溪流域等地。時內山賊匪黃斗奶(祈英)、黃武二等乘機煽動原住民擾亂中港,大肆殺掠,所至騷動。閩浙總督孫爾準調動閩安副將邱永福、金門鎮總兵陳化成等,遏阻消弭,但匪勢未戢。八月,總督孫爾準統帥水師兵一千至台,駐竹塹城,遣將調兵入山進剿,才得事平。事平,議立章程,設隘南莊,置屯設丁以防「番」害,並准人民墾耕。[4]

---

[3] 以上為民國 88 年十月 26 日,採訪蔡仁鑑、蔡振雄先生資料整理所得。
[4] 詳見(1)莊金德等《台灣省通志》〈卷首下大事記〉(台灣省文獻會,民國 57 年 6 月),道光六年條, 頁七七~七八。(2)鄭用錫《淡水廳志稿》(台灣省文獻會,民國 87 年 3 月),卷一〈兵燹〉,頁六四 。

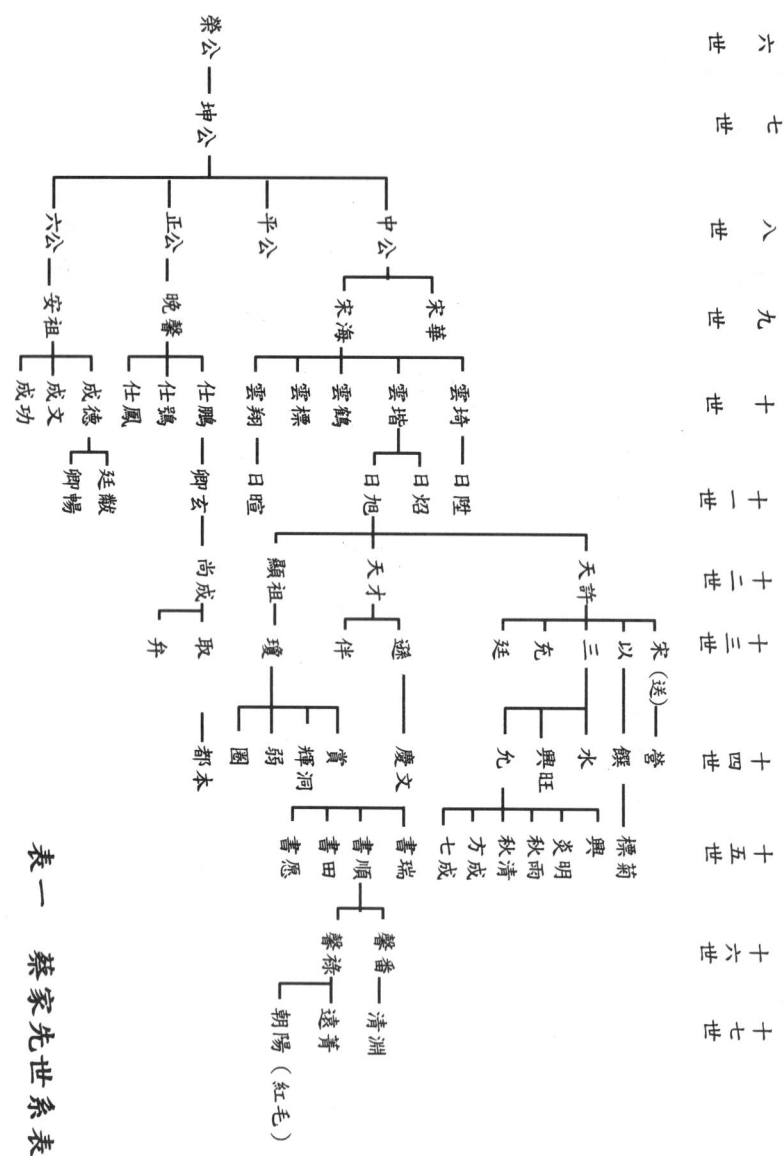

~238~ 從古蹟發現歷史——卷の一：家族與人物

蔡家先世系表（表一）

- 六世：蔡公
- 七世：坤公
  - 八世：
    - 中公
      - 九世：宋華
        - 十世：雲垾 — 十一世：日陞
        - 十世：雲堦 — 十一世：日招
        - 十世：雲鶴 — 十一世：日旭 — 十二世：天才 — 十三世：遜 — 十四世：慶文
        - 十世：雲翔 — 十一世：日暄 — 十二世：天許
          - 十三世：
            - 宋（送） — 十四世：鷥 — 十五世：標菊 — 十六世：青奮 — 十七世：清淵
            - 三 — 十四世：果 — 十五世：明 — 十六世：炎雨 — 十七世：秋清
            - 允 — 十四世：水 — 十五世：興旺 — 十六世：秋成 — 十七世：方成
            - 廷 — 十四世：七成
          - 顯祖 — 瓊 — 都本
            - 贊 — 書瑞 — 書順 — 馨藻 — 送青
            - 輝洞 — 書田 — 馨蕖 — 朝陽（紅毛）
            - 書慈 — 書弱
      - 宋海
    - 平公
    - 正公 — 晚聲 — 仕鵙 — 卿玄 — 尚成 — 弃
      - 仕德 — 廷巖 — 卿暘
    - 六公 — 安祖 — 成文
      - 成功

此次械鬥,波及竹塹,時莿竹土圍多已傾圮,難以防禦捍衛,加以城外東南一帶仍為「生番」所據,不時出擾土地公坑、香山等地,勢必重建城防,兼為提昇竹塹之聲望地位,因此興建石城有其必要,六年冬眾紳士稟請改建淡水廳城,奏入獲准,七年動工,九年竣成。新城形制,城垣周長八百六十丈(合今二七五二公尺),牆高一丈五尺(合今四・八公尺),加雉堞高一丈八尺(合今五・七六公尺),並分建迎曦東門、挹爽西門、歌薰南門、拱辰北門四座城門,樓高二丈九寸(合今六・六九公尺)。再於東、西、南三面城垣各建砲台乙座,北門兩座;城外挖築濠溝,東、西城門外各設吊橋。四側城門內又置堆房四間,城牆則開水洞五處以排潦水。由於城門樓的作用平時是護衛城池的防禦點,給戍守官兵有最佳觀測點;戰時則充作指揮所在,而且有時可為迎官送客儀式場所。因此竹塹東城門之興造極為費心,門樓建築採三開間二層樓的規模,屋頂形式為重簷歇山頂,在當時台灣各城門中是相當富麗堂皇的類型。[5]

當時負責東城城工董事為職員曾青華、民人陳大彬、洪德樑。至於工匠分工各依專長,木匠負責城門樓及堆房,輔以彩繪匠、油漆匠;泥水大小工匠負責建造內外城垣及砲台工程,石匠不僅負責取材,且兼負水洞工程;小工挑砂土鋪設道路、填築基石、城垣中空、挖掘壕溝等。支出經費以「工料銀」與「工食銀」為大宗,其中「螺殼灰」單價每石五錢(糖油灰、泥灰同),工資則視不同工匠、不同工數、工段、時間有所區別,大體而言,泥水大工每工數一錢五分,泥水小工每工數八分,小工八分、木匠

---

[5] 林莉莉前引書,頁七三。

一錢五分、油漆彩畫匠一錢五分、石匠一錢五分。[6]由於蔡家後人提及祖先是「做灰的」，在此對於「螺殼灰」稍作詳細說明：螺殼灰是當時最常用的粘接材之一，因其可增強材料與材料間粘接力，增加堅固性，而淡水廳城，除城門樓的木構部份不用外，其餘各項工程均須使用這項黏料，因此使用量極龐大。其製法據宋應星《天工開物》記載是將牡蠣去肉後，把蠣殼和煤餅堆砌鍛燒，再風化或經人工搥打成粉。[7]螺殼灰用量，僅就東城門樓計，有四五三石，但含括所有東段雉堞、砲台、水洞、牆垣、基址……等等總計，共 七三二八 石。[8]每石五錢，計花費三六六四兩。

綜合上述，所謂從頭份遷居鹽水港及做灰諸說，恐非蔡祿時代之事，蓋蔡祿生於道光十一年，以上諸事發生年代在道光六～九年，其時蔡祿尚未出生，較有可能之情形應是蔡祿之父蔡書順時代事，而且今鹽水港一帶舊地名為「灰窯」，也符合做灰之事，因此個人假設推論如下：蔡家是在十四世蔡慶文時，或十五世蔡書順時渡台遷居，可能先是在後壠地方登岸，再轉往頭份土牛發展，後因道光六年五月後之閩粵械鬥，蔡書順舉家避居今鹽水港內湖國小附近，從事做灰工作。並曾在道光七年～九年淡水廳築城時，負責燒製東門一段城工的螺殼灰材料。完工之後，再回鹽水港家居。至同治五年（一八六六）七月二十六日仙逝，享壽六十五歲，葬在鹽水港內湖山，時蔡祿已經三十六歲。

---

[6] 同前引書，頁一四四～一四七。
[7] 宋應星《天工開物》（金楓出版有限公司，1987年3月），頁八二～八四。
[8] 林莉莉前引書，頁一一五～一一六。林氏是將所有項目統計，此處本人只將東段抽出另計算。

三、蔡氏家族的發展

　　據《族譜》記,光緒十三年(一八八七)「有一日,神明指示向東去求光明」,開啓了蔡氏家族在新竹市發展的一段歷史,時蔡祿五十七歲。五十七歲在昔時已是一大把年紀,年老之際尚需舉家遷徙謀生,可想見生活之艱辛與無奈,蔡家後人謂其「拉牛車」爲生,正是血汗歲月之艱苦寫照。

　　蔡祿遷居赤土崎牛路橋,此地約在今新竹市公園、東山、綠水、仙宮、光明、建功、立功等里,介於頭前溪和中港溪之間切割台地,在新竹市之東南方,地當十八尖山地域,因山坡露出磚紅土之色而得名,地域中除了少數平坦的河階面外,多是岡巒起伏、溪澗相間的地形。此地區今日有新竹高商、新竹中學、清大、交大、科學園區等文教、研究機構林立,形成學術、文化、休閒地帶,[9]但在清代中葉尚屬未開發地帶,且是原住民出沒伏擊地區,很顯然地,蔡祿會選擇在此地落腳,有可能一方面竹塹城內早已開發完成,人口眾多,地價、租金等生活條件頗高,均不是他所能負擔,二方面此地尚有開發餘地,如前節所述,新竹地區的開發是先闢沿海平原,再伸延至本區兩主要河流的中游與支流,後再墾及上游地區,大體而言,新竹大部分地區在道光初期已陸續墾畢,唯獨距城甚近之東南城郊廣大地區未闢,成爲此後新移民集中全力開墾地區。不僅如此,蔡祿之入墾移居此地,頗有可能與「金廣福」之開拓有關連。按,清代台灣之隘防制度,

---

[9] 參見(1)洪敏麟前引文,(2)陳國川《新竹市志》〈卷一土地志〉,第一篇,頁一二、頁三五、頁六三～六五。

其先起源於明鄭時期之「土牛」、「紅線」，蓋嚴禁漢人侵越，同時也制止「番人」越出。其後隨著在台漢人生齒日繁，土地日闢，耕地漸侵入土牛界內，非將隘線不斷往前推進，則無法防止「生番」滋擾，更無法積極進取墾拓，於是隘成為北台開拓墾土方法之一。

道光十四年（一八三四）淡水同知李嗣業積極開疆拓地，諭令新竹殷戶粵籍姜秀鑾與閩籍周邦正二人，合組「金廣福」團體，聯合驅「番」拓墾。

金廣福匾

金廣福設有公館，統轄全部墾務，以此為中心，拓墾竹塹城東南城郊地區，此地區山巒起伏，為中港溪、鹽水港溪及客雅溪三水系之上游，約今北埔、峨眉、寶山三鄉，一面戒備，一面墾地。至同治間，墾地愈廣，各隘移入內山，規模愈大，時人稱為「大隘」，號稱為全台最大隘。

金廣福戳記

蔡書順既來自頭份鎮土牛里，此「土牛里」（今名）不管是指昔年的「土牛」或「土牛口」等地點，必然與隘防有關，換言之，蔡家原先就有充當隘丁的經驗。由於「金廣福」大隘防「番」功能奏效，原住民被逼入內山，墾民安全得到保障，又有大批可耕山林埔地，因此自然吸引了大批的墾民與資金。而且於常情推論，可能蔡書順初期即充當

隘丁，隘丁除向隘首取得固定隘糧外，尚可入山抽藤、採樵、射獵、煎栳（腦）做料，為一大利藪，吸引了南北兩路大批流民孤客。在累積若干資金後，透過繳納埔底銀，出資承墾，取得可墾埔地，日後終於成為富農、地主。

不僅如此，蔡祿之選擇在牛路橋落腳定居，尤有其深遠之見識與投資眼光。今「牛路橋」之得名傳聞乃昔年原住民出草竹塹廳城近郊，劫掠漢民大批耕牛帶入「番地」之牛行蹄跡，故俗稱牛路，後「金廣福」，即循著此路線突入，擊退原住民據地，再進一步建寮駐丁、開路設庄、逐步前進。隨著土地開闢、人口增加，日常用品、農產、山產品的興販運輸，內外交通道路也隨之增闢，其中一條路為：塹城東門⟷金山面（今金山里）⟷水仙崙（今寶山鄉寶山村）⟷草山（同前）⟷大壢（寶山鄉仙鎮村）⟷埔尾⟷北埔。當時塹城商人經由此道路挑運至塹城，由舊港轉運出口，而日常用品亦須仰賴舊港上岸轉運各地。簡言之，蔡祿之選擇此地，不但可以從事土地之開拓與投資，亦且有可能從事生意買賣。前述他從事木材之買賣即是一大例證。[10]因此在他及子孫努力耕耘，克勤克儉下，陸續買下十多甲田園，成地方富農，今之新光財團創辦人吳火獅之父執輩當年也是蔡家佃農之一，並且大約在清代末葉建造了初期草葺土磬的蔡氏宅院。

---

[10] 關於「金廣福」墾隘與新竹東南山區之開發，詳見吳學明大著《金廣福墾隘與新竹東南山區的開發（一八三四～一八九五）》，（國立台灣師範大學歷史研究所專刊（14），民國75年2月初版），此處不擬一一分註。再，蔡書順可能與「金廣福」墾隘有關連之事，乃是洪敏麟教授之提示，謹此說明，並申謝忱。

關於蔡祿後裔之發展，茲先依據其後人提供之日據時期戶籍舊簿世系圖，並參酌《族譜》製表如下（見附表二），並以其為中心，加上口述採訪所得，略述如後：

蔡祿之後為蔡朝陽（紅毛），生於同治辛未十年（一八七一），卒於昭和十年（一九三五）四月二十日（舊曆乙亥年三月十八日戌時），享年六十五歲。元配早逝，續弦鄭氏金，生於明治十三年（光緒六年，西元一八八〇年）十一月十九日，為新竹廳竹北一堡東勢莊鄭火生妹，於明治二十二年（光緒十五年，西元一八八九年）五月二十日，招入蔡家為養女，並於翌年年底十二月二十八日嫁給蔡紅毛。蔡紅毛在昭和初年曾擔任新竹市町委員，今之蔡氏宅第即是在此時期擴大改建。先是大正九年（民國九年，一九二〇年）九月三十日，以府令第一百一十一號公佈台灣市制實行令第四條規定，市尹經州知事之認可，得置町委員，並規定一町或數町置委員三名，任期初為一年。昭和五年（一九三〇）一月二十日設新竹市，市尹山本正一制定公佈新竹市町委員規程，並定名額為四十六名，輔助辦理各區域內之事務，時蔡紅毛為赤土崎區域町委員，負責區域乃赤土崎之全部。翌年修正名稱及調整地區，並增委員為五十三人，而蔡紅毛為埔頂第二區町委員，負責地區縮小為赤土崎之一部，即埔頂第二保地區。至昭和八年，又重劃地區，委員名額再增二名，直到昭和十年四月一日，新頒台灣市制，改設區，乃廢町委員，[11]而蔡紅毛亦在同月二十日過逝。關於町委員負責權職有如下規定：一、關於處理一般町民應周知或需要實行之事項。二、努力協助市勢之促進。三、留

---

[11] 王世慶《新竹市志》〈卷三政事志〉（新竹市政府，民國 86 年 12 月），第一篇「行政」頁一四七～一五五。

意風俗教代及生活狀態，圖謀其改善。四、關於傳達租稅公課收入之文件及督促繳納事項。五、關於蒐集產業統計資料事項。六、關於善行者、篤行者，及赤貧者之調查報告事項。七、關於罹災救助事項。八、關於道路、橋樑、飲用水、下水、街路樹、街路燈，及其他一般公設物之維護保存事項。九、關於傳染病之預防、清潔法之實行，及其他一般衛生上需要督勵事項。十、前各項以外，市尹認為必要事項。另外委町委員所擔當事項中，與保甲有關連者，應有保正連絡處理之。[12]蔡紅毛擔任町委員期間，從不擺官架子，急公好義，善解糾紛，對於基層民眾均能友善招呼，頗得人和，有機會擁有鴉片專賣狀則斷然拒絕，對於企圖開闢十八尖山腳墓埔區者，亦拒絕之，昭和十二年（一九三七）新竹城隍廟重修，蔡紅毛也曾捐助三十日元，不過其時蔡紅毛已逝世二年，此舉若非生前已寄附，就是其子孫借其名以助積陰德往生也未可知。

紅毛在世時，平常留兩撇仁丹式鬍鬚，故有「翹嘴鬚紅毛」之雅稱。另《族譜》記其生平「公耕農，私塾五年，娶妻後夜間仍住書房。公處世惟勤與儉，待人以讓，而謙德劭，鄉里咸欽，為人忠厚，且急公好義，四十多年為神明看字，頗為地方民眾所推崇尊敬，聲望甚佳。」所謂「為神明看字」不知是指文人扶箕雅事，還是世俗「桌頭」解字之事了。《族譜》又記「日據時代擔任保正二十多年」，則有可能先是大正年間擔任保正一職，至昭和年間升任町委員乙職。而老屋改建年代「本宅於日大正十一年（一九二二）壬戌年將草厝改為瓦厝」正是蔡紅毛時代事，蔡祿與蔡紅毛實為蔡家發跡之兩代關鍵人物，蔭庇子孫，功德無量。

---

[12] 同前註。

紅毛子女有八：長男蔡灶，生於明治二十四年（光緒十七年，一八九一年），十一月十日，從事農作。妻朱氏包（父朱來，母張氏心匏），新竹廳竹北一堡鹽水港庄人，生於明治二十六年三月十九日，於明治四十一年一月十日嫁予蔡灶而入戶，昭和十七年（民國三十一年，一九四二年）二月十一日死亡。朱氏生子女六：長男蔡獅，生於明治四十四年一月十一日，昭和七年十一月八日娶妻郭氏金連（戶籍舊簿則記為蘇氏金連，生於大正三年七月三日，父郭蘇清塗、母郭賀氏柳，新竹州新竹市水田人）。蔡獅曾在昭和十年寄居台中州台中市曙町，翌年遷回。次女不詳，可能早夭。三女蔡乖，生於大正八年十二月四日，昭和十五年十月二十日嫁給北門蕭姓。三男蔡御，生於大正十四年三月一日。四男蔡錦虎，生於昭和二年十一月十五日，曾在昭和十九年六月時寄留彰化郡芬園庄同安寮。五男蔡錦銓，生於昭和七年七月十六日，後在昭和十三年過繼給蔡進來。蘇金連生子女六人；長男蔡仁慈，生於昭和九年十一月二十八日。長女蔡雪子，生於昭和十二年六月十日。二男蔡仁鑑，生於昭和十三年十月十五日。二女蔡清子，生於昭和十五年八月二十四日，卒於昭和十五年十一月六日。三女蔡英子，生於昭和十七年六月二十九日。三男蔡仁正，生於昭和十九年八月二十六日。

　　紅毛次子為蔡進來，生於明治三十九年（一九○六）一月二十日，曾在昭和九年八月寄留台中州彰化市南郭地方，後返回，並於昭和十二年十一月二十日分家（按《族譜》記分家日期為昭和十六年十月十日）。大正十四年十月二十日娶妻吳氏意，吳氏生於明治四十年二月三日，為新竹市南門人，父吳錦川、母李氏進。蔡進來半世擔任巡查（警察）一職，不抽煙、不喝酒、熱心

服務,頌德垂世。其中最為膾炙人口是昭和十八年(一九四三)擔任彰化芬園安山派出所主管時,有見民眾取水困難,毅然以鑿池為念,越一年而成,取名「萬年池」,民眾立碑「蔡進來巡查頌德碑」以為紀念。

紅毛三男為蔡福來,生於明治四十一年四月十八日,昭和六年一月二十一日娶妻楊氏蕉治。楊氏生於大正四年三月十五日,父楊梓、母曾氏玉,新竹市吉羊崙人。蔡福來在昭和十五年(一九四〇)十一月一日分家,翌年擔任鹽水港區區長,管轄鹽水港、南隘,[13]可謂克紹箕裘,承繼家業。楊氏生子女四人;長男蔡檳埕,生於昭和七年八月二十四日。次男蔡俊誠,生於昭和九年十二月二十六日。長女蔡善,生於昭和十一年十一月二十八日。二女蔡照子;生於昭和十五年一月八日,死於同年一月十六日,早夭。

紅毛四男蔡秋龍,生於明治四十三年(一九一〇)八月三日,昭和八年十二月十五日娶妻邵氏繡叉,昭和十七年一月分家。邵氏新竹市山崙子人,父邵皆在,母韓氏肴,但戶籍記載為曾金祺妹,應是養女之故。邵氏生子女五人;長女蔡桃,生於昭和十年二月十八日。長男蔡中成,生於昭和十一年十二月二十五日,卒於昭和十五年三月三十日。二女蔡水錦,生於昭和十三年八月一日。三女蔡靜子,生於昭和十五年一月二十七日。四女蔡菊子,生於昭和十六年十一月十一日。

紅毛五男不詳,有可能早夭,六男蔡連澄,生於大正三年四月十三日,昭和十二年十一月二十日分家。

---

13 同前註。

紅毛七男蔡尾生，生於大正六年十月三十一日，曾於昭和十五年五月寄留苗栗郡苗栗街社寮岡，昭和十四年六月十五日娶妻朱氏秀梅，昭和十七年三月二十日分家。朱氏生於大正六年十一月二十三日，父朱烏皮、母劉氏九，兄朱廷錫，新竹市東勢人；朱氏生子女二人；長女蔡敏子，生於昭和十五年三月二十四日。長男蔡明家生於昭和十六年九月三十日，出生地為新竹州苗栗郡苗栗街西山地。鄭氏金生七男「尾生」時三十八歲，或許是因連生七個子女，無意再生，故此子取名「尾生」，卻不料三年後（四十一歲時）在大正九年六月十三日又生下八男蔡國泰。

綜觀蔡氏家族在日據時期的發展，歸納之，有如下之特色：

一、子女特多：呈現傳統多子多孫多福氣之習俗。

二、擔任公職：蔡紅毛曾擔任新竹市町委員，蔡福來曾擔任鹽水港區區長，蔡進來擔任巡查，蔡家開始步入政壇，成為新竹仕紳階層。

三、開枝散葉：蔡紅毛過逝前，諸子已紛紛寄留他地，有苗栗、台中、彰化、芬園等地，只是不知是求學或就業因素？而蔡紅毛過逝後，諸子亦紛紛分家別居。

四、夭折率高：頗多子女早夭，可見日據時期雖醫藥衛生已大力改進提升，但兒童死亡率還是頗高。

五、在地婚姻：其嫁娶對象幾乎都是新竹市人或附近郊區人士，尚未見及遠地。

六、養女風盛：蔡家所娶妻室，有不少是養女，突顯當時養女風氣。

七、日式名字：或許因擔任公職，不得不配合日本官方，加之日據末期皇民化運動之政策影響，因此眾多女子名字為純日

式,如雪子、清子、英子等等幾乎皆是。不過男子名字仍為傳統漢式,可見蔡家善於折衷傳統與現實之中,既不得罪日本官方,也不違背中國傳統。

四、小結

蔡家或是十五世蔡書順在嘉慶末年時由泉州渡台來發展,先在今後壠登岸,再轉往客籍居民為主的頭份土牛落腳。

道光六年(一八二六)因北台閩粵械鬥,新竹蔡家先祖蔡書順由於是泉州晉江人,被迫從原居地今頭份鎮土牛遷徙鹽水港內湖國小一帶,並從事做灰工作。翌年竹塹建城,蔡書順前來打工,負責燒製「螺殼灰」,提供東城門一段之建築黏材,工資雖然菲薄,但城工前後三年,蔡書順辛苦累積一筆錢,復返回鹽水港家居,直到老死。至蔡祿一代,奉神明指示,往東發展,遂前往赤土崎牛路橋開闢田庄,從事農耕,也兼營「拉牛車」載運工作,及投資一些木材生意。兩代辛苦勤儉,也陸續購置十餘甲土地,並建置了初期草厝的住家。大約在日據大正、昭和年間,因蔡家發跡,蔡紅毛前後擔任保正及町委員,成為地方頭人仕紳,因此,聘請唐山師父前來勘察風水地理,在大正十一年(一九二二)建造了四合院形制的瓦葺宅第以配合其時身分體制。宅第座東朝西,左、右、前均有水圳經過,左後另有土地公祠,右外牆有水井,四周以竹林矮叢圍繞,屋後有大片果樹園林,種滿荔枝、楊桃、龍眼、桑葚、木瓜、蓮霧、芭樂等果樹。

蔡祿之後為蔡紅毛,娶妻鄭氏金,生有子女八人。蔡紅毛及其子蔡福來前後擔任新竹市町委員與鹽水港區長,蔡進來則擔任

巡查,已說明蔡家在日據時期已躍昇地方仕紳,由農轉政,服務鄉梓。而且此時期子孫眾多,家族同居一堂,其樂融融,想見傳統家族三代同堂,裔孫環繞之樂趣。不過,昭和十年(一九三五)蔡紅毛仙逝後,子孫開枝散葉,析產分家,遷居各地,老宅頗顯寂寥。

　　光復以還,變代不大,老家大宅由蔡仁鑑先生之母蔡郭金蓮女士掌管維持,而因屋廣人少,不少文物古董遭竊,以是徒呼無奈。不料先是民國八十一年(一九九二)開闢新光路,老宅一劃為二,拆除殆盡,蔡氏族人頓有被破壞風水之感嘆,近年復因位居公二十號公園用地,所剩部分又被大肆拆除,僅留下合院古宅的土埆包磚門樓部份。此百年門樓不堪長年日曬雨淋,土鬆雨蝕,兩坡屋簷也腐朽欲坍,原計劃拆除,在民國八十六年十月,經新竹市光復里里長余旺財,及蔡家後人等極力奔走呼籲之下,幸得保留成為公園景觀,近年發包修繕,恢復舊原貌。

　　蔡家古厝今已不再,僅存門樓,卻見證了蔡家百年來的發展,赤土崎地方的變遷,更是附近耆宿童年記憶的依憑,門樓雖殘破損毀,記憶卻是難以抹滅消失的。

表二　蔡祿家族世系表

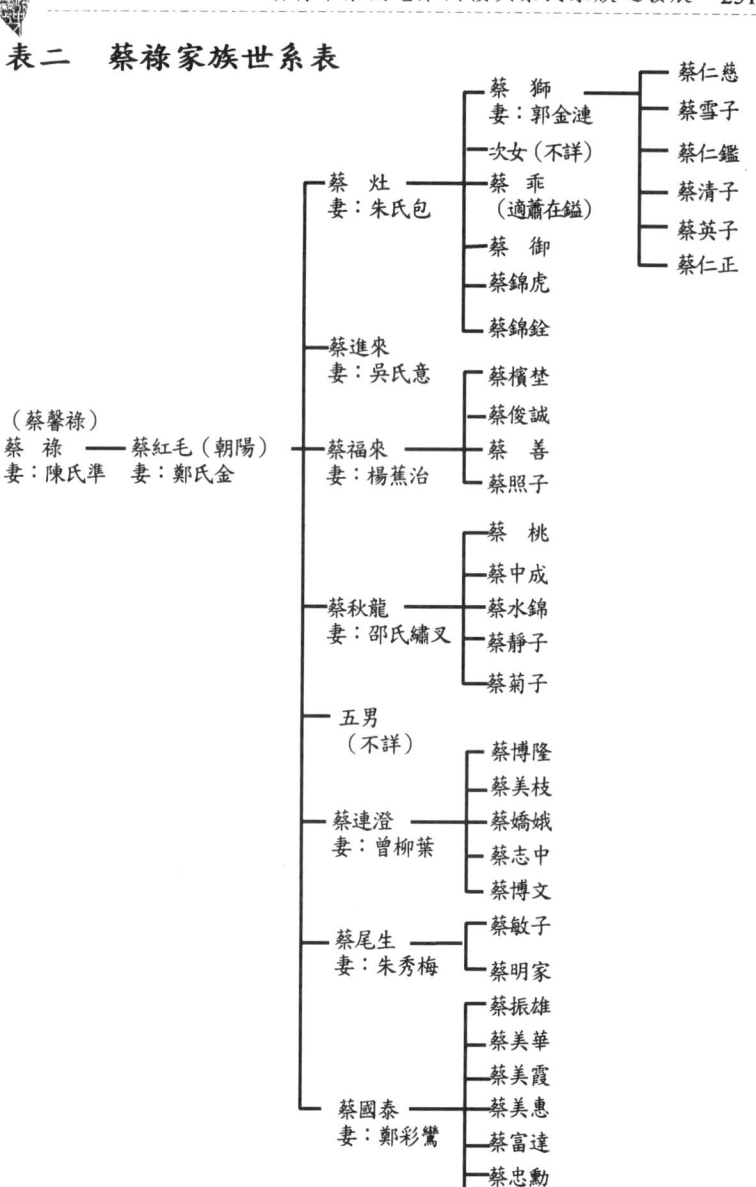

```
                                    ┌─ 蔡　獅          ┌─ 蔡仁慈
                                    │  妻：郭金漣      ├─ 蔡雪子
                                    │                  ├─ 蔡仁鑑
                                    ├─ 次女（不詳）    ├─ 蔡清子
                           ┌─ 蔡　灶 ├─ 蔡　乖          ├─ 蔡英子
                           │  妻：朱氏包（適蕭在鎰）   └─ 蔡仁正
                           │        ├─ 蔡　御
                           │        ├─ 蔡錦虎
                           │        └─ 蔡錦銓
                           │
                           ├─ 蔡進來
                           │  妻：吳氏意
                           │        ┌─ 蔡檳埜
                           │        ├─ 蔡俊誠
                           ├─ 蔡福來 ├─ 蔡　善
                           │  妻：楊蕉治└─ 蔡照子
                           │
                           │        ┌─ 蔡　桃
                           │        ├─ 蔡中成
（蔡馨祿）                 ├─ 蔡秋龍 ├─ 蔡水錦
蔡　祿 ── 蔡紅毛（朝陽）   │  妻：邵氏繡叉├─ 蔡靜子
妻：陳氏準　妻：鄭氏金     │        └─ 蔡菊子
                           │
                           ├─ 五男
                           │  （不詳）
                           │        ┌─ 蔡博隆
                           │        ├─ 蔡美枝
                           ├─ 蔡連澄 ├─ 蔡嬌娥
                           │  妻：曾柳葉├─ 蔡志中
                           │        └─ 蔡博文
                           │
                           ├─ 蔡尾生 ┌─ 蔡敏子
                           │  妻：朱秀梅└─ 蔡明家
                           │
                           │        ┌─ 蔡振雄
                           │        ├─ 蔡美華
                           │        ├─ 蔡美霞
                           └─ 蔡國泰 ├─ 蔡美惠
                              妻：鄭彩鶯├─ 蔡富達
                                    ├─ 蔡忠勳
                                    └─ 蔡美鈴
```

頭城陳家新長興店舖的歷史研究
——兼及和平老街的興衰

第一節　頭城的開拓與設治

　　頭城在蘭陽平原的最北端，背山面海，東臨太平洋，西、北有群山，與台北縣貢寮鄉、坪林鄉及雙溪鄉接連，南與宜蘭縣礁溪、壯圍鄉交界，呈現一長條形地理形勢，西半部為山地，東邊則有小片平原。頭城鎮另一特色為海岸地形發達，但因缺乏良好灣澳與腹地，且適於建港之處多為沙岸，因此港澳雖多而小，缺乏大型港灣條件，再加上河道短淺，洪水沖刷之下，河港不免滄海桑田，變化頗大，興衰無常。

　　一部蘭陽平原的開拓史須從頭城說起。

　　頭城古名頭圍，係十八世紀漢人入墾宜蘭第一個漢人聚落，隨後開拓範圍漸次南進而展開，扮演了漢族文化，社會及經濟活動進出蘭陽平原的衝要角色與孔道。

　　頭城的開發，遠較臺灣西部平原為遲，在漢人移民之前，此地區住民為散佈山區的泰雅族人，與居住平地的平埔族噶瑪蘭人，即清代文獻中常見到的「王字生番」與「平埔番」二者。因地處山後，重山環繞，峰巒險峻，形勢隔絕，一向被視為「後山」，不僅行旅困難，又有「番害」之虞，因此早期統治者，均未積極開發，西班牙人、荷蘭人如是，明鄭、清初時期亦是，僅有少數

漢商與原住民有所往來，與之貿易。如康熙末年周鍾瑄《諸羅縣志》風俗志記：[1]

> 蛤仔難、哆囉滿等社，遠在山後。……越蛤仔難以南有猴猴社；云一、二日便至其地，多生番，漢人不敢入。各社於夏、秋時，划蟒甲（船名，見山川註），載土產（如鹿脯、通草、水籐之類），順流出，近社之旁與漢人互市。漢人亦用蟒甲載貨以入，灘流迅急，蟒甲多覆溺破碎；雖利可倍蓰，必通事熟於地理，稍通其語者，乃敢孤注一擲。

寖而久之，這批漢人與「生番」雜處日久，通番語、解番情，識山川，成為「漢番」媒介的「番割」。透過他們建立了漢人與原住民之間關係，也促成了以後漢人漸漸移入宜蘭的基礎，如藍鼎元《東征集》卷二〈檄淡水謝守戎〉記：[2]

> 查大雞籠社夥長許略，干豆門媽祖宮廟祝林助，山後頭家劉裕，蛤仔難夥長許拔四人，皆能通番語，皆嘗躬親涉其地贌社和番，熟悉山後路徑情形。該弁其為我羅而致之，待以優禮，資其行餱糧之具，俾往山後採探，有無匪類屯藏巖阿，窮拯幽遐，周遊遍歷。……但恐許略等或有畏遠憚行，弗克殫心竭力，潛蹤近地，飾言相欺。……更選能繪畫者與之偕行，凡所經歷山川疆境，一一為我圖誌。自淡水出門，十里至某處，二十里至某處，水陸程途，至蛤仔難接卑南覓而止。百里、千里，無得間斷，某處、某社、

---

1 周鍾瑄《諸羅縣志》（臺銀文叢第一四一種），卷八〈風俗志〉雜俗蛤仔難條，頁一七二～一七三。
2 藍鼎元《東征集》（臺銀文叢第一二種），卷二〈檄淡水謝守戎〉，頁二六。

某山、某番、平原曠野、山窩窟穴，悉皆寫其情狀，註其名色。使臺灣山後千里幅員，一齊收入畫圖中，披覽之下，瞭如身歷。

這批人可以說是漢人移入噶瑪蘭的先驅，但境遇不同，如康熙六十一年（一七二二）一何姓番割曾拯救落難的漳州把總朱文炳，力勸原住民勿殺害，款待殷殷，再以蟒甲送還大雞籠。[3]反之，林漢生於乾隆三十三年（一七六八）召集眾人入墾噶瑪蘭被殺，功敗垂成，墾眾只得退回。[4]

繼起者為吳沙其人。吳沙為福建漳浦人，早在乾隆三十八年（一七七三）入居淡水廳三貂社，與「番人」貿易，眾人喜其信義任俠，三籍流民前來投靠者越多，聲望日隆。嘉慶元年（一七九六）吳沙與友人番割許天送、朱合、洪謀商議開墾噶瑪蘭，幸得淡水柯有成、何繪、趙隆盛等人資助，募集漳、泉、粵三屬流民民壯，於是年九月十六日進據烏石港南方，築土圍、佔土地、開始拓墾。遂引發噶瑪蘭諸社疑懼，全力抗爭，衝突頻傳，吳沙婉語寬慰，率眾退回三貂，等待時機。適巧翌年，諸社流行時疫，吳沙出方施藥，拯救性命。社人感激，遂願意提供土地讓漢人移墾，吳沙又依埋石之俗，誓言並無侵佔異心，並防堵海賊，表明為彼外援之心志。於是吳沙得以順利率眾再度開墾，此據點乃成為漢人建立的第一個據點，故名「頭城」，歸化後改名「頭圍」，

---

[3] 詳見黃叔璥《臺海使槎錄》（臺銀文叢第四種），卷六〈番俗六考〉，頁一四〇。

[4] 詳見陳淑均《噶瑪蘭廳志》（臺銀文叢第一六〇種），卷七〈雜識‧紀文〉所收姚瑩「噶瑪蘭原始」，頁三七一。下引吳沙事，同出處。

得名緣由或因初期以土石、木柴圍而居之，且是第一個據點故名「頭圍」。[5]

吳沙入墾初成，流民聞風踵至，吳沙恐私墾獲罪，乃赴淡水廳治請諭札丈單，官方給予一方義首戳，上書「吳春郁」。沙乃進而採「結首制」開墾。其制大略由數十人乃至數百人組成團體，投資多而為眾人信服者為大結首，下分成為若干小結首，十數丁為一結，墾成之地，除大小結首分地較多外，餘由成員平均鬮分。此種武裝移民開墾方式，遂在宜蘭境內留下眾多「圍」、「結」等地名，即為例證。而吳沙也在嘉慶三年病逝，子光裔不能服眾，由姪吳化代領其眾，繼續往南拓墾，不數年由此而二圍、三圍、四圍（今吳沙村），乃至五圍（今宜蘭市）。約略地說，溪北地區大約在嘉慶十五年（一八一○）開發告一段落，溪南地區約在嘉慶末年（一八二○）除近山、沿溪等地區外，亦開發完成。[6]

漢人開發蘭地之後，民間屢有將其收諸版圖的呼聲，但官府卻以界外番地，恐啟番釁為藉口而拒絕，直到海盜蔡牽、朱濆覬覦窺伺，清室懼其地淪為賊藪，至嘉慶十五年四月，閩浙總督方維甸奏准設治，命楊廷理駐辦創始事宜，楊氏殫精竭慮，完成創始章程，奠下基礎，於嘉慶十七年（一八一二）八月，終於正式設置噶瑪蘭廳。

---

[5] 在宜蘭地區被稱為「城仔」為雜姓集村，依其起源又可分為農墾城仔和隘墾城仔。「圍」在溪北具有雙重意義，一指拓墾單位及其空間範圍；另一則指建有竹圍、土圍或石圍，而為墾佃聚居之處的開墾據點。詳見施添福《蘭陽平原的傳統聚落》（宜蘭縣立文化中心，民國86年5月修訂版），頁四、四一。

[6] 溪北、溪南開發過程，詳見施添福前引書第二章，頁三○～七三。

時噶瑪蘭廳，轄境東至過嶺仔，西至枕頭山，南至蘇澳，北至大三貂望遠坑。廳治設於五圍三結街，轄有六堡。一堡曰頭圍，原名頭城，為免名稱與廳治混淆，乃改今名，置縣丞一員，掌緝捕。其時頭圍轄區頗廣，包括今日礁溪、大福、壯圍鄉部份，境內鄉莊有八，即白石腳（今礁溪鄉玉石村、白雲村）、二圍莊，港仔墘、抵美簡埔、頭圍街、頭圍莊、大堀莊（今壯圍鄉大福村）、乳母寮莊。番社有五，即哆囉哩遠（或哆囉妙婉）、幾立穆丹（即棋立丹，今礁溪鄉德陽村部份）、都立媽（即抵巴葉，今德陽村部份）、達媽媽（打馬煙，今頭城竹安里），都美幹（抵美簡，頭城、礁溪交界）等五社，惟因各社或由外來，或移徙不定，以上地點僅供參考。舖遞有三，即烏石港舖、北關舖、崔崔舖。嗣後台灣雖有析府縣置行省之變動，但頭圍轄區隸屬少有變動，茲不贅述。

及至日據時期，初隸屬台北縣宜蘭支廳，明治三十年（光緒二十三年，西元一八九七年）四月，從台北州劃出，宜蘭支廳升格為廳，下設頭圍、宜蘭、羅東、利澤簡四辨務署。同年十月，頭圍辨務署升為支廳，下轄頭圍、二圍、蘇澳三區。明年，又改全臺為三縣三廳，宜蘭廳設宜蘭、羅東二辨務署，頭圍隸屬宜蘭辨務署。迨及明治三十四年，大幅更動全台行政區劃，本鎮仍為宜蘭廳下一支廳。大正九年（民國九年，西元一九二〇年），續有更改，其中台北州下轄有宜蘭郡，郡下設有宜蘭街、礁溪、頭圍、壯圍、員山等庄，原屬頭圍支廳轄下的大福庄、白石腳庄分別劃歸壯圍庄與礁溪庄。

光復之初，重劃區域，原台北州析分為台北市、台北縣及基隆市，原宜蘭三郡分設宜蘭區、羅東區和蘇澳區、宜蘭市，屬台

北縣轄，本鎮隨之改為台北縣宜蘭區頭圍鄉。民國三十五年（一九四六）九月易名為頭城鄉，三十七年元月，升格為頭城鎮。三十九年九月，將台北縣分為台北、宜蘭二縣，廢宜蘭區署，本鎮改屬宜蘭縣，直迄今日。目前本鎮轄有二十三里，分別為：石城、大里、大溪、合興、更新、外澳、港口、武營、城東、城西、城南、城北、大坑、竹安、新建、拔雅、福成、金面、金盈、二城、中崙、下埔、頂埔等里，原龜山里因民國六十六年遷村而廢之。[7]

第二節　頭城街肆的形成、擴大與商業活動

蘭廳既於嘉慶十五年收入版圖，十七年正式設治，然而頭圍街又是何時形成？其時商業活動又是怎樣情形？

約修於道光年間的柯培元《噶瑪蘭志略》志書，於〈建置志〉、〈疆域志〉、〈城池志〉、〈街市志〉、〈關隘志〉、〈津梁志〉等等均未有一語提及有關頭圍街肆的記載。約略同時期修於道光十二年，再續補於十八年的陳淑均《噶瑪蘭廳志》亦少有記載，僅在卷二規制〈鄉莊〉中提及頭圍堡轄有頭圍街與頭圍莊，則至遲在道光初年，應有頭圍街肆。然而其初成何時？形制如何？範圍何在？均是值得討論問題，今嘗試一一稽考原貌。

一、《宜蘭古文書》收錄一執照，乃嘉慶二十一年（一八一六）四月十五日，時通判翟淦發給民人吳翰哥的執照，內文中有

---

[7] 參見：（一）莊英章等《頭城鎮志》（頭城鎮公所，民國 74 年 12 月），參〈沿革志〉，頁六九～七一。（二）不著撰人《頭城鎮慶元宮》簡介（頭城鎮慶元宮管理委員會，民國 85 年）〈頭城鎮沿革誌〉，頁二二～二三。

云：「臺灣噶瑪蘭管糧總捕理番海防分府、加五級記錄十次翟，為執照事。照得噶瑪蘭奉恩旨收入版圖，查頭圍為設立縣丞衙門分駐之所。該處有充公管地堪作市鎮。除留蓋衙門公館並營汛基址外，餘地分割街路，召募民人起蓋店屋，認納地租以成街市，而利民居。茲據民人吳翰哥請給天后宮字第四十八號店地一坎，坐西向東，寬一丈五尺，深就地勢之便，東至後車路，西至空地，南至高泉，北至吳文水；合行給照。為此，照給街民吳翰哥即便遵照四至界址，深寬丈尺，起蓋店屋開張，每年每間納地基銀一錢不得抗欠，仍將此照執業，毋違，須照。右照給吳翰哥准此。嘉慶二十一年四月十五日給，分府行。」[8]

二、再據同書收錄道光八年（一八二八）九月，林光細等人的房屋地產買賣契，內文中記載：「……店地基二坎，址在頭圍街天后宮，第七十四號，坐東向西，東至莊炭，西至街路，南至林族、北至吳然。此店后尾又有店地基二坎，亦是坐東向西，東至楊仰□（原件缺）西至林族、南至吳瑞、北至莊天生，四至明白為界。……今因乏銀別創，情願將四坎店地出賣……招賣於吳合成出頭承買，……實出佛面銀一百七十五大元正……交與賣主前去掌管，蓋築開張舖戶，永為己業，不敢異言阻當。……」[9]

三、光緒十一年（一八八五）十一月，吳江、吳振傳為頭圍中南街瓦店仝立杜賣盡根瓦店連地基厝契字，內文記：「……緣有承先父遺下瓦店連地基壹座，前後兩進連過水，以及門窗戶扇、樓枋杉梯、水井、浮沉磚石諸物，一切在內，址在頭圍中南街，坐東拱西，左至林陽店為界、右至賴吉盛店為界、前至街路

---

[8] 莊英章等《頭城鎮志》；貳〈開闢志〉，附件一「執照」，頁四九。
[9] 前引書，附件七「房地產買賣契」，頁五三。

中爲界、後至港爲界,四至界址明白……外托中引,就買主陳永興出首承買,當日三面議定該店並地基諸物,時值價銀貳百壹拾大員正……」[10]

四、光緒十七年(一八九一)十一月,吳步蟾、吳日昌叔姪分管合約字,中云:「…緣有承祖父遺下兩坎瓦店連地基在內,址在頭圍街,坐東向西,又帶溪仔底地基一所……將兩坎瓦店地基,分爲南北畔,及溪仔底地基……均平拈鬮爲定,各坎各掌……。步蟾憑鬮拈得富字號南畔瓦店一坎,前後落相連地基在內……東至楊家厝,西至車路,南至林祚地基,北至吳日昌……。日昌憑拈鬮得貴字號北畔瓦店一坎,前後落相連地基在內……東至楊家厝,西至車路,南至吳步蟾,北至吳文烈……。公見人總理吳舜年……」[11]

五、爲光緒十九年(一八九三)十一月,吳步蟾、吳庚午兄弟爲頭圍中北街瓦店仝立胎借銀字,內文中有:「……緣有承伯父遺下股分應得瓦店壹坎連地基,址在頭圍中北街,坐東拱西,前後兩進連過水……今因乏銀應用……於是托中,向與康石金官手內,借出佛銀壹佰大員正……當日三面議定每佰員銀,每全年願貼利息銀壹拾陸大員正,分爲兩季納清,早季六月初旬,對稅店之人支收利銀捌大員正。晚季拾貳月初旬,再對稅店之人支收利銀捌大員正……如有短少者,願將此瓦店任從銀主別稅他人收

---

[10] 邱水金編《宜蘭古文書》第伍輯(宜蘭縣立文化中心,民國 87 年 5 月,初版),頁五〇。

[11] 邱水金編《宜蘭古文書》第壹輯(宜蘭縣立文化中心,民國 83 年 6 月,初版),頁一二八。

稅抵利。該店逐年應納慶元宮香燈租銀,以及修理店開費,業主自理,不干銀主之事……」[12]

據以上五古文書內容析論,吾人可推知:

(一)頭圍縣丞衙門本初建於嘉慶十七年(一八一二),當時為草屋五間,提供辦公,後因地震損毀(按嘉慶十九年北部有大地震,或在此次地震而震損),析改為倉廒。至二十五年署縣丞朱懋移建烏石港之南,東向、凡四進。[13]可知在嘉慶二十一年四月時,縣丞衙門、公館等官方建築尚未建成,但基址位置已大體決定。

(二)頭圍街在嘉慶二十一年(一八一六)左右尚未成形(或其前已略具雛形,但因十九年地震而毀損),於是在通判翟淦主導新造市街的計畫下,以慶元宮(天后宮)為指標,劃分街路地基,並予以編號,且召募民人,起蓋店屋以繁榮市面,而且也有獎勵措施,初期每年每間僅納地基銀一錢而已。

(三)頭圍街的形成,不僅是一條貫穿南北往來聯絡的主要街路,極有可能初起時是單線單列的街屋,其方位坐西向東,寬一丈五尺,後為車路,前為空地,顯見屋前為面河海的交通運輸路線,為貨物起卸裝載之處。其後愈趨繁榮,出現另一列街屋(坐東向西),形成一路兩列、彼此面向的長條形街屋,形制為單間兩進連過水,兩進也有可能有閣樓。

(四)地基編號出現天后宮第48號、74號等字樣,粗略估計,百號是少不了,若每列以50號為基準,每間屋子「寬一丈五尺」,估計長達七十五丈,約略一里長,恰與今和平街北起十三行,向

---

[12] 同註11前引書,頁一六八。
[13] 陳淑均前引書,頁二四。

南延伸至慶元宮距離相等,此段路街應即是原始老街－頭圍街。也即是說,市街的發展以北段十三行至慶元宮為主,南段延伸至渡口形成另一區市街,此種市街結構發展到同治年間已然定型,形成完整之規模,所以漸形成中街、北街、南街之分。再,數字編號到光緒年間不再出現,改用吉祥用語的「富字號」、「貴字號」,當然,也有可能是楊家分家產的自行編號。

(五)到光緒年間,老街續向南北延伸,所以才出現「中北街」、「中南街」等街名。而且地價、租金也幾經演變,如初起時「認納地租」、「每年每間地基銀一錢」,但到光緒十九年「稅店」之人每年要至少支付十六銀元。地價方面,道光初年,店地基二坎賣價一百七十元(平均每坎八十五元),至光緒十一年每坎高達二百一十元,漲幅高達二倍四。另外,從文書中也得知頭圍街諸店舖尚需負擔慶元宮的緣金香燈錢。

總之,從嘉慶年間的造街開始,到道光年間,不過短短十數年,租金、地價均上漲,也形成兩列面向的長條形街屋,長達一里,反映了此時頭圍的繁華興盛。何以頭圍的發展會如此迅速呢?這當然與其交通位置有關,近人黃雯娟說得好:「頭城乃入墾初期最早建立的武裝據點,從其區位來看,恰位於海(烏石港)、陸(淡蘭古道)入平原的起點位置,具有交通及防禦功能。發展成為初期的政治中心。在設廳之前,一直是平原上人口聚集最多、最繁榮的城鎮。」[14]

所謂海陸交通入蘭的起點,「海路」指的是烏石港,乃昔日冷水溪的分流頭圍溪由南北流,到此入海,海口處形成一河港,

---

[14] 黃雯娟《清代蘭陽平原的水利開發與聚落發展》(國立臺灣師範大學地理研究所碩士論文,民國79年6月),頁六九。

即烏石港,與蘭陽溪口的東港——加禮遠港,彼此對稱為西港。自嘉慶元年吳沙率眾入墾蘭陽,漢民大批湧至,烏石港成為當時蘭地出入要口,不僅與淡水等地通航,且遠渡大陸,與江浙、福州、漳州、泉州、惠安、廈門等地口岸往來,使得頭城大大繁榮起來,陳淑均《噶瑪蘭廳志》烏石港:[15]

> 烏石港在頭圍汛,離廳北三十里。其水從廳治通東北淺澳接大溪流北行十里,至大塭口,匯小港眾流,經頭圍而入海。口窄、礁多,隨風轉徙。未設官以前,每年三月杪至八、九月,常有興化、惠安漁船遭風到口;樑頭不過四尺及三尺五、六寸,裝貨二百餘石,前來寄椗。自設官招商後,疏通土產米穀;而順載日用貨物,於地方各有裨益。惟港道難行,不能照鹿耳等口大號商船可以配運官穀。現於道光六年,奉文開設為正口,仍准免行配運。「石港春帆」為蘭陽八景之一。烏石港做照澎湖設立尖艍商船之例,由興、泉等處額編小船三十隻,赴蘭貿易。其船隻准由內地五虎門及蚶江正口廳員掛驗,蓋用口戳,在地設立行保。保結仍將舵水人數貨物填註單內,到蘭原議由廳查驗相符,始准入口貿易。蘭地亦設立行戶認保。返棹時仍將米貨填歸原處掛驗入口。

再記其貿易情形:[16]

> 蘭中惟出稻穀,次則白苧。其餘食貨百物,多取於漳、泉。絲羅綾緞,則資於江、浙。每春夏間,南風盛發,兩晝夜舟可抵浙之四明、鎮海、乍浦、蘇之上海。惟售番鏹,不

---

[15] 陳淑均前引書,頁四二。
[16] 陳淑均前引書,頁一九六~一九七。

裝回貨。至末幫近冬，北風將起，始到蘇裝載綢疋、羊皮、雜貨，率以為恆。一年只一、二次到漳、泉、福州，亦必先探望價值，兼運白苎，方肯西渡福州，則惟售現銀。其漳、泉來貨，飲食則乾果、麥、豆；雜具則瓷器、金楮，名輕船貨。有洋銀來赴糴者名曰現封（每封百元，實正九十八耳），多出自晉、惠一帶小漁船者。蓋內地小漁船，南風不宜於打網，雖價載無多，亦樂赴蘭，以圖北上也。其南洋則惟冬天至廣東、澳門，裝賣樟腦，販歸雜色洋貨，一年只一度耳。北船（往江、浙、福州曰北船，往廣曰南船，往漳、泉、惠、廈曰唐山船）有押載。押載者，因出海（船中收攬貨物司賬者曰出海）未可輕信，郊中舉一小夥以監之。雖有亢五抽豐，然利之所在，亦難保不無鑽營毫末也。

《頭城鎮志》亦詳述當時盛況：[17]

清代，烏石港為本縣三大港之一，以商港著稱，為蘭陽地區與大陸之間的貿易要口，出口貨物以米、石、油、麻苎、雜子為主。進口貨物則隨販運路線而異，當時主要路線有三：一為來往江、浙、福州者，稱為「北船」，近冬回航時，裝載綢疋、羊皮、雜貨。二為往來漳、泉、惠、廈者，稱為「唐山船」，多裝載乾果、麥、豆、磁器、金楮等物回航。三為往來廣東、澳門者，稱為「南船」，往時多載樟腦，返時則載雜色洋貨以歸。至於船隻噸位，大者可載穀四、五百石至七、八百石，稱之為「澎仔船」。小者稱之為「頭尾密船」，可載百餘石。而聯繫內地小港者稱為「舡仔船」。

---

[17] 莊英章《頭城鎮志》，頁二九〇～二九一。

所謂「陸路」即指淡蘭古道,由於當時宜蘭對外山道有數條可通,同一路線又分歧不一,一直是後人探勘稽考時,混淆難明,頭痛不已的問題。其中對外通路,自然以俗稱「淡蘭古道」的淡北路線為主,約略言之,其路線凡三變:①乾隆年間自昔時艋舺出發,循基隆河東北行,經汐止－八堵－獅球嶺－基隆－循海路－深澳－三貂大嶺－崔崔嶺－噶瑪蘭。②嗣後向東另闢蹊徑,至嘉慶初年,改由八堵入山,經暖暖－四腳亭－瑞芳－苧仔潭－三貂嶺－牡丹坑－頂雙溪－下雙溪－崔崔嶺－噶瑪蘭。③但此段路途迂遠陡峭,漸為棄廢,遂改由下雙溪－魚桁仔－槓仔寮－遠望坑－草嶺－大里－北關－頭城。[18]

是以嘉慶十五年(一八一○)以後,草嶺古道成為入蘭的「官道」、「正道」,是北台與宜蘭之間,商旅糧食往返必經之孔道。另外尚有一條頭圍後山通艋舺小路,沿路所經的木柵、深坑、石碇、坪林一帶,早在道光初年「開闢田園千萬頃」,成為安溪茶販商路。[19]而且板橋林家為當時淡北首富,自道光以降,在頭城從事水利建設與土地開墾,設有租館,並派人管理其名下土地、租穀等。[20]宜蘭盧家先祖在頭城經營的「十三行棧」即在此年代完成,頭圍成了船郊與商賈落腳聚集之處。此時期頭圍街商業型態與分佈,大體北為盧家所經營的十三行棧、及林本源之租館、一般商賈聚集街區。另外以慶元宮為中心的一段南北街肆應是以中盤割店及文市小賣為主的店舖與住家,是頗為熱鬧喧嘩生活化的街區。街區之外,南北分別有縣丞署、武營駐軍與建築,直到

---

[18] 詳見卓克華〈淡蘭古道與金字碑之研究〉,《台北文獻》直字第一○九期(台北市文獻委員會,民國83年9月),頁一一二。
[19] 卓克華前引文,頁七七與八○。
[20] 卓克華前引文,頁九七～九八。

後來南端福德溪畔的土坵下又漸發展成另一區市街，不以河運為臨，乃是後來開蘭路的濫觴，形成與頭圍街平行兩條街道。明白了以上的開拓與歷史背景，自會明白何以短短數十年，頭圍繁榮如此，街肆繁盛如此，而屋價竟高漲如此。

但依常情判斷，經濟不可能長期地、永遠地，持續繁榮上升。烏石港本身有「口小」、淤積、風向等諸多航運問題存在；道光、咸豐年間，中國大陸面臨一連串外憂內亂的動盪事件，臺灣在此時期又遭逢漳泉械鬥、頂下郊拼，與戴潮春之亂，造成擾攘不安，生產貿易大受影響，傳聞同治初年，頭圍居民為避免經濟衰退為由，在街肆兩端，籌建了南、北門福德祠，以守住兩端財氣，[21]此傳聞若屬實，反應了當時的時代背景，也證實了頭圍經濟漸走下坡，同時兩端福德祠的建立，正可明顯標示出鼎盛時期頭圍街的範圍與規模。

大約在光緒四年（一八七八），烏石港因淤塞，逐漸失去商港功能，船隻改由打馬煙出入。至光緒九年（一八八三）二月初三，一艘美國大型角板船失事堵塞烏石港，船沈沙積，至此，諸貨出入改途，所幸之後在大坑罟南方開嘴，形成一新港口，尚可對外往來，舨艚（杉板龜）可駛至頭圍慶元宮前交易，遂名為頭城港，也暫時維繫住頭圍的繁榮。另外，也在南端福德溪畔的土坵下，漸發展成另一新市街，形成與頭圍平行的雙線街路，這不是以河運為臨的街道，即今日的開蘭路，當時居民俗稱新街，以區別原有的頭圍街（舊街）。[22]

---

[21] 莊英章前引書，玖〈宗教志〉，頁三八四。
[22] 同註 17 前引文，頁二九一。

日據時期，頭城港因頭城溪無法與上游水源相接，水道日減，船隻出入困難航運功能日漸衰微。大正十三年（民國十三年，一九二四年）夏，因豪雨導致山洪爆發，大量砂石淤塞港道，頭圍的海運盛況遂告結束，而港埠遺址今也闢成稻田，滄海桑田又添一例證。

第三節　日治時期的變遷

清光緒二十一年（明治二十八年）日本據台，當時宜蘭地區改置宜蘭廳，隸屬台北州，其貨品轉向台北、淡水、基隆等處買賣貿易。至大正十三年，宜蘭與台北之間的鐵路通車後，所有蘭地產品，皆由火車輸往台北販售，或轉基隆港外運。其中土產的米穀、木材、食糖、紙張，供本省內外銷售，而柑桔類及生薑，曾輸往中國東北的大連各地，直至日治末期，因太平洋戰爭，船舶不通，貿易才告停滯。[23]

日治時期，宜蘭地區的市集交易有買賣魚類、青果類之中盤市場、家畜市場、食料小賣（零售）市場三種，頭圍市場基本上屬於生產地市場，也設有頭圍魚市場（大正十四年設置）、頭圍庄家畜市場（昭和十年設）、頭圍庄食料品小賣市場（明治三十九年設）。[24]此時宜蘭各地商賈，大都集中在宜蘭市、羅東兩地，交易繁盛，商業發達，已成宜蘭地區商業中心，取代頭圍地位。

---

[23] 詳見李春池《宜蘭縣志卷四經濟志商業篇》（宜蘭縣文獻會，民國53年7月），第一章第三節，頁六～八頁。
[24] 李春池前引書，第二章第二節，頁一七、一九、二一。

按，頭圍在清代是商業重鎮，貨物大多經頭圍販運至宜蘭、羅東，對外貿易亦以頭城為主要出口，其中頭圍街又為該地工商政治中心，故人口一向最稠密。但光緒年間，商況已有由盛轉衰現象。到了日治時期，日人大力開發蘇澳港，加以大正十三年頭圍港淤塞，從此商況一落千丈。同年，宜蘭鐵路全線通車，台北、基隆可直通宜蘭、羅東，較大商店集中於宜蘭、羅東，頭城地位無復往昔，商業發展呈現遲滯狀態，生計日困，人口成長甚緩，舊街發展已達飽和點，商業中心由舊街（和平街）轉至新街（開蘭路）。

　　早在日治初年，便以軍工修築基隆至蘇澳間輕便車路，此條軍用道路完全以筆直的形式，一刀劃過原有頭圍街的西側，直到福德溪畔才折回西側，於翌年完工，創造了第二條線性發展的市街空間，明治三十一年（光緒二十四年，一八九八年）南端出現頭圍公學校；慶元宮後方建立頭圍分駐所，不久陸續出現小賣市場，庄役場、信用組合等等，日本官方公共建築，且各分佈在開蘭路西的北端，說明開蘭路已漸成為頭圍重心，集政治、金融、倉儲、交通重要設施於此。反映了由入墾的移民經濟活動改為殖民資本化的經濟，由水路到陸路的消長過程。[25]

　　頭圍港維持水路出入的功能，直到大正十三年大水衝垮福德溪堤防而淤埋，才結束了頭圍河港市鎮的水運生命。但昔年依附河道航運的頭圍街仍然保持了一段歲月的商業活動，以慶元宮為核心的南北兩端市街，西側出現一些中小盤商業的文市店面，東

---

[25] 詳見陳登欽《宜蘭縣頭城鎮文化史蹟勘察測繪報告》（宜蘭縣立文化中心，民國81年10月，初版），頁一一。

側則是漸建立純住居的街屋,兩側形成對比特色,新長興樹記即是在此背景下興起。

第四節　新長興樹記的興廢

　　新長興樹記前身原是長興行,其創始人是陳春榮(又名老紅),生於同治五年丙寅(一八六六)正月七日,卒於大正八年己未(民國八年,一九一九年)四月七日,享壽五十又四。關於陳氏家族先世,及入台經過、從事工作,代遠年湮,已難詳實,茲據陳天階先生所提供之《陳氏家譜》及其本人之口述,先將入台始祖,直至陳天階先生世代作一世系圖表,表列如下,再加以說明:

新長興樹記正面

〈表一：陳氏世系表〉

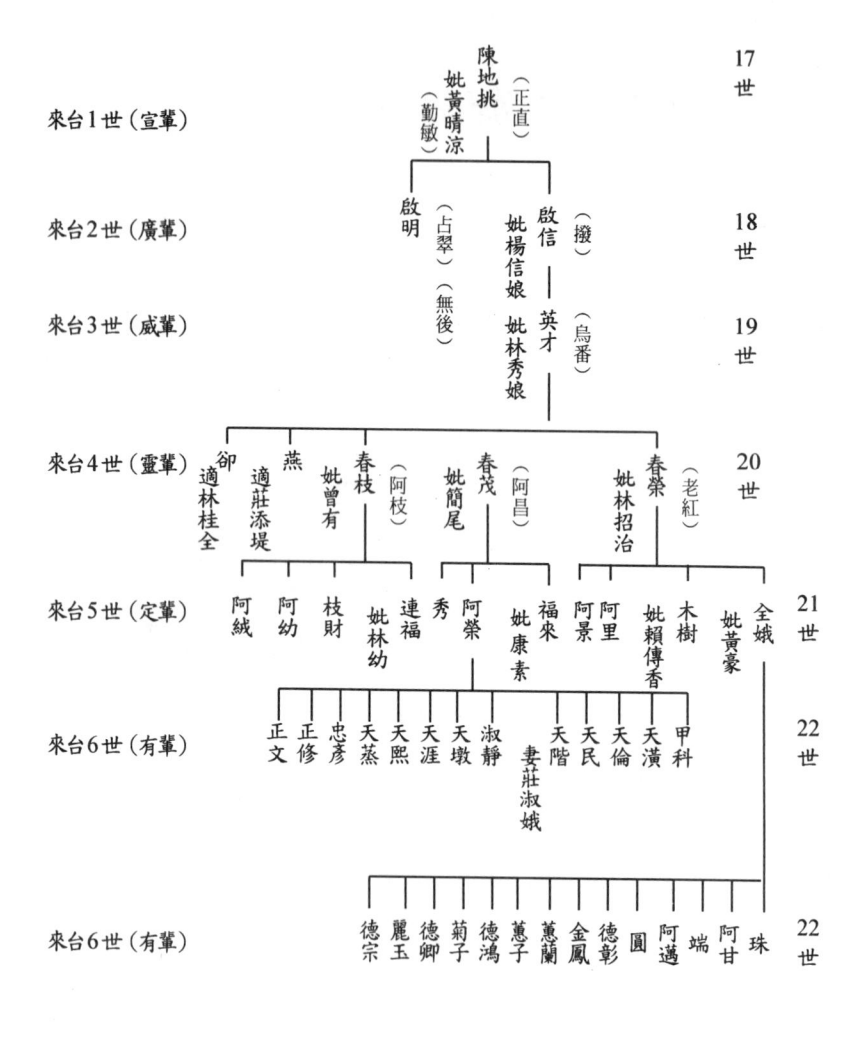

```
                                    陳地挑
                                    姒黃晴涼        （正直）            17世
                                    （勤敏）
來台1世（宣輩）

                        啟明    啟信 ── 姒楊信娘    （撥）           18世
                        （占翠） （無後）
來台2世（廣輩）

                                    英才 ── 姒林秀娘    （烏番）        19世
來台3世（威輩）

        卻        燕      春枝        春茂 ── 姒簡尾    春榮 ── 姒林招治   20世
        適林桂全  適莊添堤  姒曾有      （阿昌）          （老紅）
來台4世（靈輩）           （阿枝）

        阿絨  阿幼  枝財  姒林幼  連福  秀  阿榮 ── 姒康素  福來  阿里  木樹 ── 姒賴傳香  阿景  全娥 ── 姒黃豪   21世
來台5世（定輩）

                            正文 正修 忠彥 天蒸 天熙 天涯 天墩 淑靜  天階 天民 天倫 天潢 甲科                22世
                                                        妻莊淑娥
來台6世（有輩）

                                        德宗 麗玉 德卿 菊子 德鴻 蕙子 蕙蘭 金鳳 德彰 圓 阿邁 阿甘 端 珠     22世
來台6世（有輩）
```

陳氏來臺前原住福建省漳州府漳浦縣大坑罟灣仔內一地，至十七世陳地挑（正直）始入臺，地挑生於乾隆四十一年丙申（一七七六），卒於道光十三年癸巳（一八三三），享年五十八歲，葬於烏石港附近。關於地挑入臺經過，據其裔孫口述，乃嘉慶元年（一七九六），時二十一歲，同吳沙由海路至烏石港登陸，在今港口里山腳之港澳橋附近（烏石港南）落腳。妣黃晴涼（勤敏），生二子。長子啓信（撥），次子啓明（占翠，未娶，無後），為十八世，死後也是葬於烏石港附近。傳十九世陳英才（烏番）。陳烏番生於道光十年乙未（一八三五），卒於光緒二十年甲午（一八九四），享壽六十。妣林秀娘，生三子二女，三子依次為陳春榮（老紅）、陳春茂（阿昌）、陳春枝（阿枝）。春榮（一八六六－一九一九）於光緒九年（一八八三）十八歲時，娶鄰村美女林招治（一八六六－一九四二）為妻。據聞他當年曾親見美國船隻失事，堵塞港道始末。陳家到他這一代始遷居慶元宮北旁頭圍街址（日據時地址為58、59、60番地，今和平街121、123、125號）。他為人忠厚，孝友父弟，二弟阿昌於三十三歲英年早逝，遂負起照顧弟媳簡尾，遺侄福來（時為幼嬰，為陳家獨男）之重擔，安排謀生，預為置產。與么弟春枝亦能同心融洽，共興家業，並與姻親康家合買四甲多旱地，也在大溪、港口、武營、拔雅、頭圍、二圍、中崙、宜蘭等地陸續置產，可稱經營有道。而且以豐盛田產嫁妝，為大妹阿燕、么妹阿卻風光嫁出，鄉里傳為美談。另大房獨女阿里嫁武營望族康聰茹；三房長女阿幼嫁宜蘭望族郭丕謨；三房次女阿絨嫁二結望族簡雙溪。總之，陳家二十世三大房人丁旺盛，除親生子女外，亦收養螟蛉。尤其大房陳春榮更是

一生辛勞,奉獻特多,眼見長子全娥,次子木樹正要長大成人,為家業打拼時,竟未及享福,於五十四歲壯年去世,不無遺憾。

　　陳春榮創立長興行,根據日據時期「戶口調查簿」職業欄所載,其職業為米商,再據陳天階先生口述其祖父常背負一把傘,四處行走「吃稻仔」,可見記載並無錯誤,所謂「吃稻仔」其營業方式,有可能不外乎下列二種情形:一是《淡水廳志》說的:「至所謂『青』者,乃未熟先贌,未收先售也。有粟青、有油青、有糖青,於新穀未熟,新油、新糖未收時,給銀先定價值,俟熟收還之。」[26]此種「買青」、「賣青」的生產貿易方式,是建立在批發商與生產者之間的預先借貸資金上,取得產品購買控制權,而操縱市價,需極大雄厚資金,揆諸當時陳家尚處在初創時期財力難稱雄厚,可能性不大。另一種情形是《新竹采訪冊》所記:「別有不開店舖,遇米、糖、油、棉花、白布、紫花布,各貨價賤之時,罄本收買,屯積家中,俟價昂始發售者,謂之『笨客』,此行商居賈之俗也。」[27]此種方式較諸第一種方式,以當時陳家財力考慮,反倒較有可能,在如此辛苦,克勤克儉地經營下,終於得以創建店舖,大約在大正五年(民國五年,一九一六年),由陳老紅與其弟春枝將和平街老屋翻修,合力籌建了長興行,一式三間有亭仔腳的磚造瓦葺住商合一的街屋。[28]另外,陳老紅也與姻親康家合股,曾購買烏石港附近土地,但嗣後被其弟侄賣掉。此三間街屋,明間為神明廳,次間為店舖。後代分產,

---

[26] 陳培桂《淡水廳志》(臺銀文叢第一七二種)卷十一考一〈風俗考〉商賈條,頁二九九。
[27] 陳朝龍著,林文龍點校《新竹縣采訪冊》(臺灣省文獻會,民國88年1月),卷七〈風俗〉商賈條,頁三六四。
[28] 據陳天階先生口述,及所提供諸多家族資料,謹此致謝。

老紅子嗣陳全娥、陳木樹，分別分得右次間與中間的明間，左次間歸其弟陳春枝一房，後春枝之子陳連福將屋賣掉，新屋主將之拆掉改建，無復原貌。至於今保存再利用之老紅長興及新長興樹記兩間店屋，則是陳老紅逝後五年，陳全娥、木樹兩兄弟在大正十三年（民國十三年，一九二四年）合資請土木司曾炳茂修建而成，門前店號對聯則是雕刻司陳銀生負責。當年修建雕刻事宜，陳家最長之大姊陳珠（時六歲），至今尤印象深刻。

陳老紅於大正八年（民國八年，一九一九年）四月七日仙逝，事業由其二子陳木樹承接。陳木樹出生於明治四十年（光緒三十三年，一九〇七年）三月，於大正十年二十歲時娶妻賴傳香（時賴氏十九歲），後陸續生十二子一女。父親陳老紅過逝後，由兄弟兩合力經營長興行，至昭和七年（民國二十一年，一九三二年）八月一日，兄弟兩正式分戶析產，陳木樹另取店號為「新長興樹記」，時年二十六歲，堪稱少年有為。

陳木樹頗擅經商，不再從事米糧生意，改為南北食品什貨的批發零售，日後並在新建里堤防旁開設米粉工廠，在下埔設釀酒。據其後裔陳天階先生與鄰居邱金魚老先生回憶道：新長興樹記為當年頭城最大最有名之批發店，從宜蘭、基隆、台北永樂町一帶進貨批賣，貨色甚雜，諸如金針、木耳、冬粉、蝦米、麵粉、黑糖、飼料、豆餅、油品、豆類、酒類、食鹽……等等，甚至也有石油，銷售地點主要是附近沿海地區，有頭城、大溪、大里、外澳、梗枋、下埔、頂埔、二城、中崙、金面等地。生意興盛時，店中曾聘有三名伙計，負責送貨催款，店門口則是二輪手拉車「犁阿卡」（リアカ）與腳踏車川流不息地載貨進出，眾人咸稱為「大

賣店」,而不稱「新長興樹記」。甚至光復初期,陳木樹還是臺灣省菸酒公賣局頭城地區菸酒配銷所的首屆主任。

歲月荏苒,半世辛勞,年華老大,不免力不從心;而另一方面隨著和平老街的沒落,開蘭新街的興起,生意也大不如前,陳木樹終於在民國四十五年(一九五六)得卸仔肩,告退享福,交棒給下一代,時年五十歲。這一年不妨視為新長興樹記結束的一年,因為其後店名已改(見後)。直至民國八十年正月初二陳木樹往生,享壽八十有五歲。

新長興樹記交給陳天階先生接手。陳天階生於昭和九年(民國二十三年,一九三四年),出生在頭城老街家中,二次大戰結束時正畢業於頭城國小,後再就讀省立宜蘭初中、高中,民國四十五年考取美術專科教員,四十六年應聘母校教職,時年二十四歲,至民國八十八年二月一日榮退,任職四十二年,育才無數,廣為頭城學童家長感念。

民國四十六年陳天階初任教職,五十年七月十四日結婚,娶妻莊淑娥,夫妻倆胼手胝足,合力奮鬥,在開蘭路西側一巷租屋賃居,兼開一小店舖,由其妻繼續菸酒雜貨營業,作為家庭補貼的收入,但是店號取名「明和興行」,已非「新長興樹記」,直到民國八十五年才完全結束,也結束了陳家三代經商的歲月,「新長興樹記」也罷,「明和興行」也罷,皆走入歷史,留下一段歲月悠悠的記錄。

金門魯王「漢影雲根」摩崖石刻新解
── 一代末路王孫的悲情

第一節　魯王歷史研究之回顧

　　西元一六四四年,明崇禎十七年三月,清順治元年,流寇李自成攻陷明朝的首都──北京,思宗登煤山自縊身死,后妃亦皆自盡,結束了歷史上的明朝。後山海關總兵吳三桂衝冠一怒為紅顏,乞救於清,約以合兵滅賊,於是多爾袞把握千載難逢機會,率清兵急馳大舉入關,於崇禎十七年五月佔領北京,六月清世祖入關,遂定鼎於北京,宣稱代明朝而有天下,這一年即是歷史上清朝的開始。

　　滿清入關,一時尚不能全面統治;而明朝北都既陷,南方爭事擁立,福王在南京,唐王在福州,桂王在肇慶,中間穿插著在紹興監國的魯王與在廣州的紹武帝,形成北清與南明對抗之局勢,不到二十年,相繼破滅。

　　這一年──西元一六四四年,是明清政權轉移之際,中國出現短暫分裂局面,一方面是滿人征服漢人,而漢人抗爭的時代,一方面是明朝正統覆亡而宗室紛立,眾臣爭擁互為水火的時代,因此這一時代的社會、經濟、學術、文化雖有若干的發展,卻不是後代學者研究重點,相對的,南明諸王內爭的政治問題與抗清的軍事活動卻是時代大事,更為後代研究的重點所

在,而鄭成功在東南沿海的抗清活動,尤其是焦點熱潮,延續多年。相反的,對南明浙東義軍擁戴魯王抗清復明之事功,則多所忽略。

對於這一段時期史書記事,雖多是執筆者親身經歷或訪求傳聞之作,屬於一手史料,卻因政治立場的不同,摻雜過多的個人感情,很少能保持客觀的態度。「多所缺失,幾等無史」。[1]入清之後,在康雍乾時期因遺老凋零殆盡,文網愈趨嚴密,有關南明史之著述幾呈停滯狀態。少數相關著述,如全祖望《鮚埼亭集》、李天根《爝火錄》、趙義明《江上孤忠錄》等,因宣揚忠義人物與朝廷之忠君禮教尚可配合,得以免遭文字獄迫害而流傳下來。乾隆至道光時期,因前期大量焚毀明季書刊,造成史料殘缺零散,雖有官方之開禁研究,卻是在官方之觀點建構下成為主流方向。自道光中期以迄清末,在重重內憂外患下,史學經世功能再次復甦,希望透過南明抗清志士事蹟,能勸千秋忠義,汲汲正人心,以維世運,遂先後有夏燮《明通鑑》、徐鼒《小腆紀年附考》、《小腆紀傳》、倪在田《續明史紀事末末》等書出現。民國初年,雖然改朝換代,研究工作毫無禁忌,留存史籍多達三百餘種,但因歷經三百年之禁毀傳抄,使資料殘缺紛亂,產生「積之愈多,讀之愈艱,考訂編纂,更難為力」之痛苦,所以這一時期南明史的研究偏重於史書的整理、注釋、編纂,其中大家有朱希祖,柳亞子,孟森,尤其謝國楨在一九三二年刊印的《晚明史籍考》(一九六四年增補更名為

---

[1] 詳見(1)莊金德〈明監國魯王以海紀事年表〉,《台灣文獻》第十一卷第一期(民國49年3月,台灣省文獻委員會),頁一。(2)葉高樹〈南明史研究的回顧〉,《中華民國史專題第四屆討論——民國以來的史料與史學》(民國86年12月,國史館主辦),頁八。

《增訂晚明史籍考》）更是了解清代南明史料與研究成果，是研究南明史者不可或缺的入門工具書。[2]

在台灣，民國三十八年國民政府撤退來台，在生聚教養、反共抗俄的時代氛圍下，一時學界頗傾向於明史之研究，尤其熱衷於南明史之撰述。其中關於浙東魯王之事蹟，多附於唐、桂二王或鄭成功等人之末。至民國四十八年八月二十二日十六時，當時金門駐軍劉占炎中校奉命率部負責在舊金城東炸山探石，發現魯王古墓，鑿開一洞，入內檢視，獲「皇明監國魯王壙誌」古碑一座，當時待命處理，未向外吐露，不意為中華日報記者探悉，撰稿登於十月二十九日第三版，引起中外學者廣大興趣與注意。[3]一時引發對魯王事蹟的熱烈討論，胡適博士首開起端，寫下〈跋金門新發現《皇明監國魯王壙誌》〉[4]，繼起撰文探討者竟達十餘篇之多。於是乎台灣風物雜誌社遂於民國四十九年一月之《台灣風物》第十卷一期彙刊〈明監國魯王文獻彙輯〉[5]；台灣省文獻委員會復於同年三月之《臺灣文獻》第

---

[2] 葉高樹前引文，頁八～一三。
[3] 發現始末，見當事人劉占炎〈發現皇明監國魯王墓記〉，《台灣風物》第十卷一期，（民國 49 年 1 月，台灣風物雜誌社），頁三一～三三。
[4] 詳見胡適〈跋金門新發現《皇明監國魯王壙誌》〉，《台灣風物》第十卷一期，頁三八～四一。
[5] 該輯目錄如下：
 (1)劉占炎〈明監國魯王墓發現經過〉，頁三一～三三頁。
 (2)許如中〈魯王墓記〉，頁三四。
 (3)絜生〈魯王真塚的發現〉，頁三五。
 (4)陳漢光〈「皇明監國魯王壙誌」〉，頁三六～三七。
 (5)胡適〈跋金門新發現《皇明監國魯王壙誌》〉，頁三八～四一。
 (6)毛一波〈讀魯王壙誌〉，頁四二～四六。

十一卷第一期刊登〈明監國魯王特輯〉[6]，嗣後續有若干鴻文大作。要之，綜合上述諸文，問題不外乎集中在：(1)魯王世系、生平(2)唐、魯王交惡往事(3)鄭成功與魯王關係(4)魯王之死因、卒時與卒地(5)魯邸侍從浙東義旅抗清活動(6)對清代官私載籍之考釋辨證。

總的來說，明清鼎革時期為近二十年來國際漢學界研究焦點之一，而在台灣南明史之研究亦是豐碩，以《台灣文獻》為發表中心，在一九五〇年至七〇年代間，成為一門顯學。但時至今日，著作不但減少，甚至可說是瀕臨絕跡，主要原因在於尋找新問題之不易，與挖掘新史料之困難，在在突顯了南明史研究之瓶頸。因此如何在既有的研究成果上，一方面兼容並蓄，一方面力求突破，成為本調查報告撰述之努力方向。而論文之撰述本有「描述性」與「問題性」之著眼點與切入法，所以本調查報告在魯王部份打算以排比經緯，鋪陳史實為主，以「漢

---

(7)毛一波〈鄭成功與魯王之死〉，頁四七～四九。
(8)台南市文獻會〈魯王壙誌發現後台南市文獻會意見七點〉，頁五〇～五四。

[6] 該輯目錄如下：
(1)莊金德〈明監國魯王以海紀事年表〉，頁一～五九。
(2)毛一波〈魯王抗清與明鄭之關係〉，頁六〇～七四。
(3)毛一波〈浙閩公案與南澳公案〉，頁七五～八〇。
(4)廖漢臣〈魯王抗清與二張之武功〉，頁八一～一〇五。
(5)陳漢光〈魯唐交惡與魯王之死〉，頁一〇六～一一四。
(6)陳漢光、廖漢臣〈魯王事蹟考察〉，頁一一五～一二五。
(7)黃一齋〈明監國魯王與諸鄭及台澎的關係〉，頁一二六～一六五。
(8)黃一齋〈明監國魯王與隆武帝及鄭成功〉，頁一六六～二一六。

影雲根」及附近周遭之摩崖石刻文字為探討重點，以求首尾貫通，各體兼備。

第二節　魯王世系

明監國魯王世系，依據壙誌與明史，大致可考如下。[7]

---

[7] 本節主要依據毛一波〈魯王抗清與明鄭之關係──附魯府世系考〉（頁七一～七四）及新刊史料《惠安王忠孝公全集》改寫而成。按，有關魯王世系、生平、論著稽考已詳，幾無置喙之餘地。近年台灣省文獻會刊行有《惠安王忠孝公全集》（民國82年12月出版）可補正一二。王忠孝，字長孺，號愧兩，崇禎元年登進士第。其後福王主事，歷官紹興知府，副都御史、兵部左侍郎總督軍務。福京破，杜門不出，成功在廈，待以賓禮，永曆十八年入台，肆意詩酒，居四年卒。遺稿為十二卷，未刊。昔年治明鄭史者，無從取資，今得廈門大學人文學院院長陳支平教授費心點校勘誤，台灣文獻委員會付梓刊行。書中卷四〈疏奏類〉有「附載大明魯王履歷」（頁七七～八〇）。由於為新刊史料，為前人所未見，今附載於后，以供參考：

　　監國魯王，諱以海，字巨川，號恆山，別號常石。太祖高皇帝第九子，分封魯王諱檀第十代子孫也。世封山東兗州府。王係魯肅王庶第六子，萬曆戊午四十七年（按戊午年應為四十六年，不知是原稿誤，或新刊誤）五月十五日辰時，母妾王氏生。本月十七日奏報，天啟六年七月二十三日具奏賜名。崇禎六年七月十七日受封為鎮國將軍。

　　崇禎十五年十二月初八日，虜攻陷兗州府，兄魯王諱以派被擄難，第四兄鎮國將軍以衍，第五兄鎮國將軍以江，暨魯王嫡第一子，俱同日死難。山東撫臣奏請下部覆議，於崇禎十七年四月初四日冊封庶第六子鎮國將軍為魯王。北都告陷，山東騷動，王迻南邊。弘光登極，移封浙江台州，給以全祿。弘光二年金陵不守，東浙士民，於閏六月十一日，扶王起義，翼載監國，則閏六月十五日也。駐蹕紹興。

其始王檀，為郭寧妃所出。洪武三年（一三七〇）與秦、晉、周、燕、齊、潭、趙等九王同時受封，封予魯，諡荒王，十八年就藩兗州府。他好文禮士，善詩歌，喜餌金石藥，後毒

> 王力疾視師，親臨錢江載戰，躬擐甲冑。是時勳臣元老，及耆舊軍民，交章勸進，王謙讓再四，止允監國。丙戌仲夏上游告潰，王乃浮海至舟山。十一月勝虜伯後封建國公鄭彩北上迎王，來至泉州中左所，與諸紳復謀起義，仍尊王監國。首攻海澄及漳州，嗣出師攻福州，諸附縣俱下，獨會城未開。適虜援騎至，一撤圍而諸縣俱失。
>
> 王又北底（抵）舟山。辛卯九月虜合蘇松寧波台溫舟師會犯舟山，王親督定西侯張名振，直往姑蘇洋截擊，已獲大勝。初，留盪胡侯阮進守舟山，詎意寧波之虜乘虛來襲，盪胡侯戰衂，遂陷舟山。王率勝師言旋，虜已據舟山不可救矣。
>
> 王復南來，遂謝監國，尊永曆年號，遯跡金門，永曆丙申十年，移駐南澳。永曆己亥十三年五月復來金門，於永曆壬寅十六年十一月十三日丑時，忽中痰薨逝。
>
> 元妃張氏，崇禎七年十月初八日，選到兗州府濟寧州民籍張有光第一女，原係浙江寧波府人氏。崇禎十一年六月二十四日封鎮國夫人，崇禎十二年三月初九日入府成婚，崇禎十五年十二月初八日虜破袞州，夫人碎磁器以銳觸喉死節，崇禎十七年四月初四日奉敕追封為魯王妃。
>
> 繼妃張氏，亦寧波人。辛卯九月初二，虜破舟山，投井死節。夫人陳氏，乙未年晉為次妃。
>
> 王庶第一子，庶第三子，壬午年陷入虜中，存亡未卜。庶第二子，甲申年在南京卒。庶第四子弘桭，丙戌二月被虜難。庶第五子弘栐、庶第六子弘棅俱至北蒙難。今存第三女係嫡出，繼妃張氏選閩安侯周瑞之子周衍昌為儀賓。尚未配第五女、第六女，俱陳氏生，茲遺腹在身。
>
> 始祖魯王檀，係太祖高皇帝第九子，諡曰荒。
> 二世祖魯靖王肇輝（煇）
> 三世祖魯惠王泰堪
> 四世祖魯莊王陽鑄
> 五世祖魯懷王當淴
> 六世祖魯悼王健杙
> 七世祖魯端王觀定（烶）
> 八世祖魯恭王頤坦

發傷目，太祖惡之。妻為信國公湯和之女，王薨於洪武二十二年。

子靖王肇煇，荒庶一子，時甫彌月，母妃出自名門，撫育教誨有度，于永樂元年（一四〇三）三月，始得嗣。成祖愛重之，過兗時，賜以詩幣。靖王亦禮賢敬士，宣宗稱之。至成化二年（一四六六）薨。

子惠王泰堪，靖嫡一子嗣位，成化九年薨。

孫莊王陽鑄，惠嫡一子，成化十二年襲封。莊王在位久，嘉靖二年（一五二三）始薨。

世子當漎，莊嫡一子，成化十九年封世子，弘治十八年（一五〇五）薨，以孫觀懷襲封，追封王諡曰懷。

世孫健杙，懷嫡一子，弘治十六年封世孫，正德十五年（一五二〇）薨，以子觀𤊴襲封，追封王諡曰悼。

孫端王觀𤊴，悼嫡一子，嘉靖七年襲封。游戲無度，挾娼樂裸，左右有忤者錐斧立斃，或加以炮烙。世宗念其年幼無知，革其祿三之二，誅其典膳秦信等人。于嘉靖二十八年（一五四九）薨。

觀𤊴子恭王頤坦，嘉靖三十年嗣封，有孝行，捐王邸田湖，贍給貧民。又常辭祿，以給貧苦宗室，前後七賜璽書嘉勞之。萬曆二十二年（一五九四）薨。

世子先卒，敬王壽鏳，恭庶六子，初封富平王，萬曆二十四年襲封，二十八年薨，無子。

憲王壽鋐，恭庶七子，初封常德王，萬曆二十九年進封，崇禎九年（一六三六）薨，無子。

肅王壽鏞，恭庶九子，初封泰興王，崇禎九年進封，十二年薨。十三年子以派襲封。十五年，兗州被圍，知府鄧藩錫，力勸以派散積儲以鼓舞士氣，以派不從，城破被清兵所殺。

清兵退後，十七年，以派弟魯王以海嗣位。然襲封僅四日，京師失陷，魯王以海南奔，福王命暫駐台州。及南都陷，杭州降，鄭遵謙、張國維等迎其監國于紹興，以明年為監國魯元年（一六四六），不奉唐朔。進黃宗羲造監國魯元年丙戌大統曆頒行民間，命鼓鑄大明通寶錢。

監國魯王諱以海，字巨川，號恒山，別號常石，生於萬曆四十六年（一六一八）五月十五日。王素有哮疾，壬寅年（清康熙元年，明永曆十六年，西元一六六二年）十一月十三日，中痰而薨，年才四十有五，以海有子六，皆庶出。第一子、三子在兗州陷清人之手，存亡未卜；次子卒於南京。第四子弘橓，五子弘樸，六子弘棅，俱在北蒙難。王薨時僅存次妃陳氏，遺腹八閱月，明年生遺腹子弘甲，由長陽王術桂（即寧靖王）收寄，棲於東寧（今臺灣）。女子三，長為繼妃張氏所生，選閩安侯周瑞長男衍昌為儀賓（按明制親王、郡主之婿，謂之儀賓）。餘二女俱陳氏出，次女後適鄭聰，為成功次子。三女後適南安儒士鄭哲飛。

以上敘述，頗覺瑣碎，為清眉目，利於閱覽，茲列魯王世系表如次：

魯府世系表

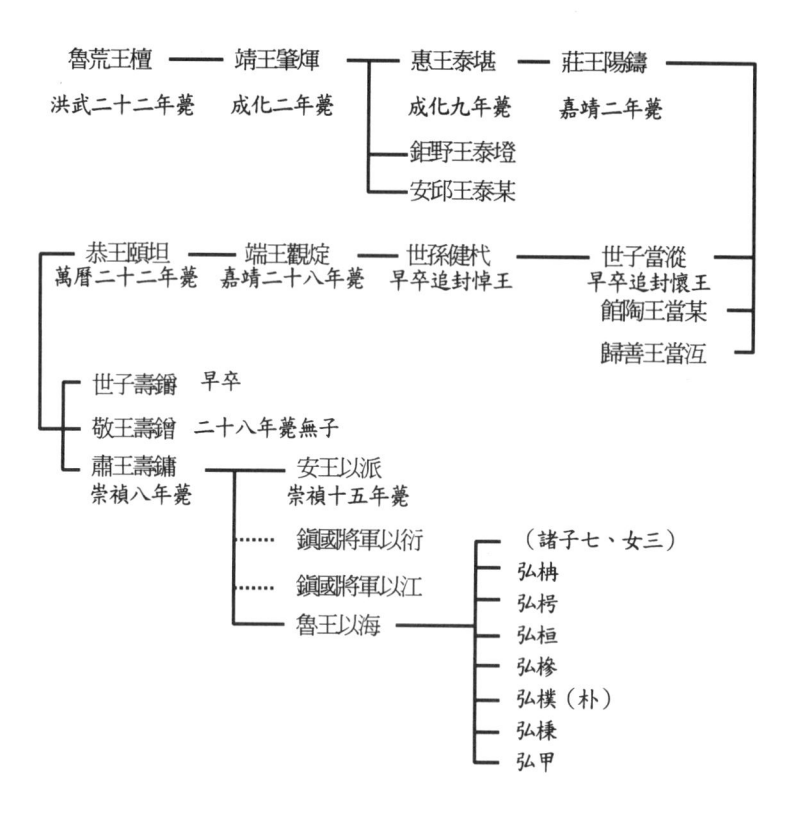

```
魯荒王檀 ── 靖王肇煇 ┬─ 惠王泰堪 ── 莊王陽鑄
洪武二十二年薨   成化二年薨  │  成化九年薨    嘉靖二年薨
                              ├─ 鉅野王泰墱
                              └─ 安邱王泰某

┬─ 恭王頤坦 ── 端王觀㷫 ── 世孫健杙 ┬─ 世子當漎
│ 萬曆二十二年薨 嘉靖二十八年薨 早卒追封悼王 │ 早卒追封懷王
│                                              ├─ 館陶王當某
│                                              └─ 歸善王當㳶
│
├─ 世子壽鏞  早卒
├─ 敬王壽鐳  二十八年薨無子
└─ 肅王壽鏞 ┬─ 安王以派
  崇禎八年薨 │  崇禎十五年薨
             ├┄ 鎮國將軍以衍
             ├┄ 鎮國將軍以江
             └─ 魯王以海 ┬─（諸子七、女三）
                          ├─ 弘㭎
                          ├─ 弘枂
                          ├─ 弘桓
                          ├─ 弘橓
                          ├─ 弘樸（朴）
                          ├─ 弘㮒
                          └─ 弘甲
```

第三節　魯王生平大事紀

　　魯王以海生平，可大略分為三期，㈠一歲至二十八歲（明萬曆四十六年──弘光元年、清順治二年），㈡前後監國八年之二十九歲至三十六歲（魯監國元年、唐王隆武二年、順治三年──監國八年、永曆七年、順治十年），㈢駐蹕金門八年，

三十七歲至四十五歲（永曆八年，順治十一年——永曆十六年、清康熙元年）。其事蹟，近人莊金德綜合各家之紀錄、筆記、碑銘、年譜、傳記、實錄以及各種史乘、志書等史料數十種，加以綜合研考，寫成《明監國魯王以海紀事年表》[8]信實賅備。茲據該表，再簡化成魯王大事年表，以西元紀年為主，下附干支與明清年朔，起自甲申，迄於王薨之壬寅，以略明其事蹟。

(1)一六四四年、甲申、王二十七歲（明崇禎十七年、清順治元年）

　　△二月十五日，崇禎皇帝冊封王為魯王。

　　△四月初四，王在山東兗州，正式受命即魯王位。

　　△同月初八，王甫封四日，而清師入兗州，王南奔。

　　△十一月，福王由崧命王移居浙江台州。

(2)一六四五年、乙酉、王二十八歲（明弘光元年、清順治二年）

　　△四月，王暫住台州。

　　△五月十四日，南都淪陷。

　　△六月十三日，清兵至杭州，潞王常淓出降。

　　△閏六月初七，張肯堂、吳春枝、黃道周、鄭芝龍等奉唐王聿鍵監國於福州。

　　△同月十四日，王在台州，與台紳陳函輝、吳凱等，殺清使，征兵措餉，共謀大舉，窮鄉僻壤，無不騷動。

　　△同月十八日，錢肅樂遣舉人張煌言奉箋赴台州迎請王監國。

　　△同月二十一日，兵部尚書張國維至台州，與陳函輝等共請王出監國。

　　△同月二十七日，唐王即皇帝位於福州，號稱隆武。

---

[8] 本節主要依據莊金德前引文改寫而成，茲為省篇幅，不再一一分註。

△七月十七日,王即監國位於台州。

△同月二十五日,王發台州,赴越。

△八月初三,王抵紹興,以分守衙署為行營。

△同月,王行祭告禮,監國於紹興,明年為監國魯元年,不奉唐朔。同月王分封起義諸臣,並視師江干,賞賚有差。時王正病脾痛。同月廷臣請上尊號,王不之許。

△九月,閩隆武皇帝遣劉中藻頒詔浙東,議不奉詔,王不受,自是閩浙若水火矣。

△十一月,王勞軍於江上,駐蹕西興,進封諸臣。

△十二月,王回越城。同月,王令鑄大明通寶錢。同月,王正中進黃宗羲所造監國魯元年大統曆,詔優答之,宣付史館。

△同月十五日,王復至蕭山,二十四日浙東諸義旅會師圍攻杭州失敗,江上軍聲為之大沮。

(3) 一六四六年、丙戌、王二十九歲(魯監國元年、隆武二年、順治三年)

△正月元旦,王在紹興,改元頒歷,稱監國魯元年。江上諸藩鎮次第來朝。同月遣曹維才、柯夏卿為使,奉書閩中。

△三月初一,閩中遣陸清源犒師浙東,被方國安所殺。

△五月,閩中殺魯使陳謙。

△同月二十九日,王作親征六詔,飛遞江干,無奈士無鬥志,江上師潰。三十日,卯刻。王發宮眷,命保定伯毛有倫扈宮眷、王子由定海而出。方國安率殘卒挾王擬奔台州。

△六月初一,紹興棄守,大勢既去,浙之東西先後淪陷。

△同月十八日,王奔台州不得,次黃巖,幾為方國安、馬士英所挾出獻清軍。幸王由海門脫,登海舟,張名振來扈,航海至舟山,守將黃斌卿不納。

△同月,王之嬪妃宮眷及王子,被叛將張國柱所邀劫,北去投清,嬪妃王子終被殺。

△八月二十一日,隆武帝聞仙霞嶺不守,乃自延平出奔汀州。二十八日,清兵入汀州,隆武帝及后妃蒙難於汀州之府堂。

△九月初九,鄭彩、周瑞自閩迎王於舟山。黃斌卿素畏鄭氏,閉門不出,乃與王洽議入閩。

△十月十四日,丁魁楚、瞿氏耜奉桂王由榔監國於廣東肇慶。二十五日,鄭彩扈魯王發舟山。

△十一月十八日,桂王即皇帝位於肇慶,仍稱隆武二年,以明年為永曆元年。二十四日,鄭彩奉王次中左所(今廈門),尋次長垣。

△十二月鄭成功舉義旗於海上,奉隆武舊朔,招兵南澳,以圖恢復。

(4)一六四七年、丁亥、王三十歲(魯監國二年、永曆元年、順治四年)

△正月初一,王次中左所,晉封諸臣,禡牙出師,往來諸島,後雖連復諸地,終以兵餉不繼,將帥失和,清兵援至,復者旋失。

△七月,王親征,次長垣,會鄭彩、周瑞、周鶴芝、阮進之師攻福州,敗績。

△十月,鄭成功頒隆武四年戊子大統曆於海上,王則頒魯監國三年戊子大統曆於海上。時鄭成功對王修寓公之禮,而不稱臣。於是海上遂有二朝。

⑸一六四八年、戊子、王三十一歲。

△正月初一,王在閩安鎮。未幾,鄭彩殺大學士熊汝霖,閣臣請罷朝諭祭。王畏彩,不果行。後再殺鄭遵謙,王聞之,為泣下,輟朝五日,不敢問。

⑹一六四九年、己丑、王三十二歲。

△正月初一,王次福寧之沙埕。議蹕福寧州,有不合者,遂不復及遷事。

△四月,清兵陷福安。鄭彩還三沙,王間走壺江、崑崎山等處。

△七月,時閩地盡失,鄭彩棄王他去。六月,張名振收復健跳所,表迎王來蹕,七月初五,王次之健跳所。清兵來圍,阮進救之,清師解之。

△八月初五,世子生,母李氏。

△十月十二日,張名振、阮進、王朝先合兵討黃斌卿,誅之。二十日,王駐蹕舟山,擢封諸臣。

△十一月,王遣阮美為使,乞師日本,未果而返。同月冬至日,王頒監國五年曆於廷臣,行朝賀禮。

⑺一六五〇年、庚寅、王三十三歲。

△正月初一,王在舟山。

△八月,鄭成功襲取鄭彩、鄭聯據地,自是成功擁有金、廈二島,威震海上。

△十一月,冬至日,王頒監國六年曆,一如五年例,廷臣朝
　　賀。
(8) 一六五一年、辛卯、王三十四歲。
　　△正月初一,王在舟山。諜報誤傳清帝死,群臣入賀。
　　△二月王設醮於舟山。
　　△六月,舟山大旱,王布袍步禱,群臣咸草具以從。
　　△七月,清兵分道進犯舟山,張名振奉王攻吳淞,以牽制之。
　　△九月初二,舟山星隕如雨,是日城陷。王繼妃張氏,及諸
　　臣皆死之。張名振遂奉王航於海,次三沙。張名振致書勸
　　鄭成功會師迎勸,王亦與之書,盼其拯此同患。成功命兵
　　科給事中徐孚遠前至王之行宮,面啓宜去監國號。王復書
　　說明勉從監國意。乃使人迎王居金門。
　　△十二月二十九日,張名振、沈宸荃等奉王次中左。
(9) 一六五二年、壬辰、王三十五歲。
　　△正月,王在中左所,尋躋金門。鄭成功贄千金,紬緞百匹,
　　以宗人府府正之禮見之,並安插諸宗室從官,月給餼焉。
　　尋奉王居金門,如寓公焉。
(10) 一六五三年、癸巳、王三十六歲(魯監國八年、永曆七年、
順治十年)
　　△三月,王在金門,時有搆王於鄭成功者,成功禮儀漸疏。
　　王乃自削其號,疏謝監國號,漂泊島嶼,賴舊臣王忠孝、
　　郭員一、盧若騰、沈佺期、徐孚遠、紀石青、林復齊等調
　　護之。
(11) 一六五五年、乙未、王三十八歲。

△正月,王在金門,同居者有盧溪王、寧靖王術桂,及避地遺臣王忠孝、盧若騰、沈佺期、辜朝薦、徐孚遠、紀許國等。鄭成功皆待以上賓,軍國大事悉以諮之。同月,永曆帝遣使持敕來自龍安,命王監國。

△十一月二十七日,張名振病卒於舟山。時王在金門,獲訃聞,極震悼,贈賻特厚。

(12)一六五六年、丙申、王三十九歲。

△正月,王在金門。

△三月,王徙居南澳。

(13)一六五七年、丁酉、王四十歲。

△正月,王在南澳。

(14)一六五八年、戊戌、王四十一歲。

△正月,王在南澳。時張煌言遙奉桂朔,凡有大舉,必與延平合議,不敢顯通監國,用絕嫌疑,以固同愾。

△五月十五日,行營恭祝監國魯王千秋,張煌言賦詩感懷。

(15)一六五九年、己亥、王四十二歲。

△夏,王以盜警由南澳奔還金門所。

△五月,鄭成功率軍北伐,八月敗退。

(16)一六六〇年、庚子、王四十三歲。

△正月,王在金門。春,張煌言獲悉魯王移蹕金門,乃上疏報告北伐軍失敗情況。

(17)一六六一年、辛丑、王四十四歲。

△正月,王在金門。

△同年初七,清世祖崩。初九,清聖祖即帝位,以明年為康熙元年。

△三月二十四日，鄭成功東征伐舟師抵澎湖。

△四月初一，鄭成功率軍東征，舟師登陸安平港。

△十二月，荷蘭台灣總督揆一向鄭成功投降，台灣收復。同月初三，緬酋執帝后及皇太子以獻清師，永曆帝蒙塵於緬甸。翌年四月二十五日，俱被害於雲南。

(18)一六六二年、壬寅、王四十五歲。（永曆十六年，清康熙元年）

△正月，王在金門。

△五月初八，鄭成功薨於東寧，享年三十有九。

△六月，閩南遺老以成功既卒，無人供奉魯王，貽書相商張煌言，煌言答書中有曰：「今不幸延平王薨逝，大喪未畢，費繁難支，即軍儲尚恐不給，何暇言及宗祿。……南北相距，動輒數千里，近來賊哨出沒，孤艇難行，安得時時供億。再四躊躇，倘國主能韜光斂跡，移寓海上或沙關之間，則不肖尚可稍將芹曝，而浯島亦免窺伺之虞。……然我輩所為何事，而至親藩流離瑣尾，飢餓於我土地，非特諸勳公之責，亦諸老先生之羞也。若新府肯敬承先志，敦厚天潢，哀王孫而進食，又何煩不肖之片芹寸曝哉！」之語。

△七月，張煌言上書魯王，勸其爭取閩海勳鎮，速正大號，以求正統。

△九月，張煌言在浙久候閩音，消息既杳，知鄭氏無擁立之意，甚憤慨，乃又上疏於王，並進膳銀。

△十一月十三日，王素有哮疾，是日中痰而薨。

△十二月二十二日，時島上風鶴，不敢停櫬，乃卜地於金城東門外之青山，穴坐酉向卯，其地前有巨湖（今古崗湖），右有石峰（即大帽山）。

王生前屢遊其地，曾題勒「漢影雲根」四字於石，因而卜葬斯土。十二月辛酉安厝，按會典親藩禮營葬。寧靖王術桂率同島上文武親臨致祭，並撰壙誌，敘王本末及生薨年月，勒石藏諸壙中。

(19) 一六六三年，癸卯（康熙二年）。

金門魯王墓

△正月，張煌言遣使祭告於王。

△二月，王之次妃陳氏生遺腹子，名弘甲，為寧靖王所收養。金廈陷清後，隨王棲於東寧。

△翌年七月，張煌言被執，不屈而死。至是南明抗清復國之業告終。

第四節　魯王在金門生活與真墓之發現

如上節所述，隆武二年（一六四六年，魯監國元年、清順治三年）五月，清兵入浙東，紹興師潰敗，魯王浮海入舟山，而守將黃斌卿居然不納，幸有鄭彩、周瑞自閩來迎，奉王居中左所（今廈門）。嗣後往來諸島，克復福州、興化等二十七州縣，聲威大震，終以兵餉不繼，將帥失和，不久清軍援至，所

復州縣旋失。而閩地盡失的同時,「鄭彩棄王他去」、「乞師日本,未果而返」、「時鄭成功對王修寓公之禮,而不稱臣。」諸事不遂心願,魯王心情之鬱卒悲沈可想可知。永曆五年(一六五一年,順治八年)清兵分道進犯舟山,九月初二城陷,魯王只得投靠鄭成功,而成功命徐孚遠「前至王之行宮、面啟宜去監國號」,在如此脅迫之下「乃使人迎王居金門」,鄭成功見面「以宗人府府正之禮見之」、「尋奉王居金門,如寓公焉。」如寓公者,蓋無所事事,既不得行其志,屈居人下,不免有所牢騷,是以翌年有人搆陷打小報告給成功,「王乃自削其號,疏謝監國號,漂泊島嶼」,而張煌言等舊臣「凡有大舉,必與延平合議,不敢顯通監國,用絕嫌疑」,處境真是窘迫困頓之極,幸有一班忠貞舊臣如王忠孝、沈佺期、盧若騰等人安慰調護。

　　永曆十年(一六五六年,順治十四年),魯王正月還在金門,到了三月徙居南澳(今廣東汕頭外海島嶼),原因不詳,往不好方面去猜想,恐怕是受不了島居之窩囊氣,或與鄭成功又有牴牾衝突[9]。居南澳三年,因「盜警由南澳『奔還』金門所」,「奔還」兩字顯其狼狽狀,至此不能不徹底隱忍苟命於金門了。永曆十六年(一六六二年,康熙元年)鄭成功不幸薨於台灣,成功既卒,竟然「無人供奉魯王」,諸遺老貽書相商於張煌言求助,張復書相拒,在信中不客氣盼望魯王「倘國主能韜光斂跡,移寓海上或沙關之間,則不肖尚可稍將芹曝」,並指責遺

---

[9] 盧若騰「魯王將入粵賜詩留別次韻奉和」詩中記「恥作池中物……身原關治亂,跡不礙行藏」。或可得大概,而「恥作池中物」一句,自可想見魯王當時的處境。

老「然我輩所爲何事,而致親藩疏離瑣尾,飢餓於我土地」,對鄭經也隱喻諷刺「若新府肯敬承先志,敦厚天潢,哀王孫而進食,又何煩不肖之片芹寸曝哉」。而成功既卒,海上諸臣又有議復奉王監國之舉,而張煌言在浙久候閩音,消息既杳,知鄭經無擁立之意,不僅憤慨,乃又上疏魯王,並進膳銀。凡此皆可見魯王顛沛落魄之困局,至十一月十三日,中痰而薨,享年四十有五,或許這是魯王最好的解脫!同年十二月二十二日,寧靖王朱術桂率同「島上」文武治喪,並撰壙志,安葬魯王於古崗畔之陽。[10]

---

[10] 關於魯王壙誌全文,茲附錄於后:
監國魯王,諱以海,別號常石子,始封先王諱檀,為高皇帝第九子,分藩山東兗州府,王其十世孫也。世系詳玉牒。王之祖恭王,諱坦頤(按應是頤坦),父肅王,諱壽鏞。傳位第三庶子安王,諱以派,王兄也。崇禎十五年冬,虜陷兗州,安王及第一子、第四弟以衍,第五弟以江,俱同日殉難。山東撫臣奏聞。王以第六庶子,母王氏。始生時,授鎮國將軍,部覆應繼王位,于崇禎十七年四月初四日,冊封為魯王。方三月初旨,使臣持節甫出都,而京都旋告失陷矣。東省驛騷,王遂南遷。弘光帝登極南都,移封王于浙台州府。南中不守,虜騎薄錢塘,浙東諸臣豎義旗,扶王監國,都紹興,則弘光乙酉閏六月間事也。次年仲夏,浙事中潰,王浮瀣入舟山,會閩中諸師在北,迎王至中左所,覆移師琅琦。附省諸邑,屢有克復,虜援大至,復者盡失,王又再抵舟山,躬率水師入姑蘇洋迎截虜舟,而浙虜乘機搗登舟山,竟不可援矣。王集餘眾南來,聞永曆皇上正位粵西,喜甚,遂疏謝監國,棲蹤浯島金門城。至丙申徙南澳,居三年。己亥夏復至金門。計至魯而浙而閩而粵,首尾凡十八年,王間關瀣上,力圖光復,雖末路養晦,而志未嘗一日稍懈也。王素有哮疾,壬寅十一月十三日中痰而薨。距生萬曆戊午五月十五日,年纔四十有五,痛哉!元妃張氏,兗濟寧州張有光長女,原浙之寧波人,兗陷殉節。繼妃張氏,亦寧波人,舟山破日投井而死,有子六皆庶出,第一子、第三子在兗陷虜,存亡未卜。次子卒於南中。第四子弘桭、第五子弘模、第六子弘棟,俱在北蒙難。僅存夫人,今

總之，魯王以明朝宗室，間關海上十八年，其中居金門達八年之久，而惟鄭氏是依，又不以禮待，卒至埋骨浯島，榛莽爲墟，黍飯無聞，實亦可憫。而魯王在金門八年，棲居金門城，平日喜遊古崗湖，在湖南巨石手書鐫刻「漢影雲根」四字，並與從亡諸臣有酬唱題咏之作，如金門人盧若騰有詩「即韻奉和魯王初伏喜雨詩四首誌后」、「魯王入粵賜詩留別次韻奉呈」與幾首賀壽詩；皆是明證，可惜魯王詩作未見流傳，否則於其時的際遇與心境之了解有更大之幫助。除此外，金門民間有稱魯王爲「蕃薯王」或「地瓜王」者，謂魯王喜食蕃薯，常以此果腹充飢。又相傳魯王次妃陳氏是金門下市村人。[11]此皆無可究實，姑誌之，作爲閒話談片。

魯王既薨，因鄭氏不以禮待，至受沈王於海之誣。而魯王墓塚，歲久湮失，榛莽成墟。道光十一年（一八三三）金門人

晉封。次妃陳氏，遺腹八閱月。女子三，長爲繼妃張氏所生，選閩安侯周瑞男衍昌爲儀賓，未嬪。尚二女俱氏出，未字。島上風鶴，不敢停櫬，卜地于金門城東門外之青山，穴坐酉向卯。其地前有巨湖，又有石峰，王屢遊其地，題「漢影雲根」四字于石，卜葬茲地，王顧而樂可知也。以是月念二日辛酉安厝。謹按會典親藩營葬，
　　奉
旨翰林官撰壙誌，禮部議諡。今
聖天子遠在滇雲，道路阻梗，末繇上請，姑同島上諸文武敘王本
末及生薨年月勒石藏諸壙中。指日中興，
特旨賜諡改葬，此亦足備考訂云。
永曆十六年十二月念二日，遼藩寧靖王宗臣術桂同文武百官謹誌。

[11] 詳見郭堯齡〈魯王與金門之史蹟調查研究〉，《海山行客－金門國家公園八十六年度人文史蹟調查研究》（許維民計畫主持，金門國公園管理處，民國87年3月出版），頁一八～一九。

林樹梅，在金門城城東發現一古墳，鄉人稱其為「王墓」。林氏參稽古書，判定其為魯王墓，乃報知福建興泉永巡道周凱，周凱乃檄命金門縣丞清界址，加封植，禁樵蘇，樹碑以表之。碑題「明監國魯王墓」，左上鐫「大清道光十六年歲次丙申四月建」，右下鐫「福建興泉永道富陽周凱書」；碑陰刻有「明監國魯王墓碑陰記」、[12]碑文記魯王自舟山兵敗來金，及病歿事，並由金門西村舉人呂世宜書寫，相得益彰。後於民國二十四年（一九三五）夏，由金門人許維舟於塚墓右側倡建「魯亭」，翌年春完成。亭中央立碑乙座，正面由當時軍事委員長蔣中正先生頒題「民族英範」四字，碑陰有許維舟之「募建魯亭記」，亭中另有其時黨政要員諸多題聯，茲不贅述。及民國四十三年「九三」砲戰時，亭右上角被亂砲擊毀，旋予修復。但至民國四十七年「八二三」砲戰時，於八月廿四日下午，該碑「王」字右上方，被敵炮擊缺約一尺。九月八日下午，又被敵砲擊中，斷而倒塌。翌年一月七日下午，墓頂再被俄製一二二加農砲彈命中，雖未全毀，已飽受摧殘。後經砲兵六〇〇群劉祥齋上尉，將墓碑扶正修復，雖迄立如初，惟碑文部份已破壞。[13]

從道光十一年（一八三三）至民國四十八年（一九五九）八月二十二日，一百二十餘年來，眾人均認為此墓為魯王墓，不料魯王真塚，於民國四十八年八月二十二日下午四時發現。發現人乃金門構工部隊劉占炎中校，八月二十日時國軍在舊金

---

[12] 該事件與碑文，詳見周凱〈明監國魯王墓考〉、〈明監國魯王墓碑〉，收《內自訟齋文選》（台銀文叢第82種），頁一五〜一七，頁四三〜四四。

[13] 詳見周之道《金門峰火》（台北，新高地文化公司，民國87年8月初版），頁二四八〜二四九。

城東炸山採石，意外發現深埋土下之石碑，繼向下掘挖。壙蓋畢露，其壙四周及蓋，係用三合土灰砌成，堅固異常。八月二十二日，劉中校慎重其事，為保持原狀，僅在碑後一公尺處鑿開一洞，命謝文瀾中尉派士官入內檢視，獲石碑一具，經清洗後，始發現「皇明監國魯王壙誌」八字及全文。[14] 劉中校以事體重大，乃報上級處理。後奉司令官劉安祺上將之命令，由金防部、政委會、金門縣政府等組成監掘小組，並由金防部政治部副主任劉本欽上校主持其事，而郭堯齡先生以正氣中華報副總編輯身份參與其會。同月二十六日上午九時，經焚香祭拜後，派人開鑿壙蓋，發現壙底為火燒紅色方磚所鋪，縫隙灌有水銀，壙中尚存腐剩之棺材木三塊，餘已變成黑色渣滓。隨即派士官伍志強、郭世賢入內取出魯王骸骨，殘棺中另有永曆通寶銅錢三枚。總之，此次挖掘所得，有無字墓碑、墓案、壙誌、遺骸、瓷碗、紅方磚、銅錢、殘棺木等等。當時監掘完畢，劉上校囑郭堯齡草擬報告書，以司令官名義呈報國防部，並約定未奉上級指示前，不得發佈新聞。後國防部連同壙誌拓本及照片等呈報總統，旋交中央研究院院長胡適博士研考，並為壙誌作跋，於同年十一月二日發刊台灣中華日報南北兩版，引起海內外重視，一時報章雜誌皆有考證及評論紀載。而郭堯齡亦於十一月五日起，一連六天在正氣中華日報刊載「考正歷史，魯

---

[14] 關於魯王壙誌之發現，據金門舊金城人邵來猛先生言，是他於該年八月二十日上午九時許在附近撿拾枯草木時，碰巧以鋤頭入壙內隨意勾梳取出，最先發現。唯此事經過未載於正式文字記錄，而當事人劉占炎中校如今也不易尋得查訪對質，不過，另經實地向郭堯齡先生請益，郭先生之說與當時文字報導相符，有關細節與事實只有等訪查到劉占炎中校才能瞭解，姑誌於此，待後來者留意。

王重光」一文，備述發現魯王真塚經過，從此為鄭成功洗雪三百年不白之冤，亦使魯王真塚重現人間。[15]

民國四十八年冬，先總統蔣公巡視金門，親蒞魯王真塚地址視察，當即指示金門當局在太武山小徑建築新墓，歷時三年始告完成，並於五十二年二月四日舉行安葬典禮，此即小徑魯王新墓的由來。

魯王真塚既已發現，並於小徑重新營葬，則原來舊墓終須一探，以探知真相。金門地方人士於民國七十一年十二月集合研討，此墓究為何王之墓？或為魯王之疑塚？抑或衣冠塚？或明鄭屬僚之墓？或是咸議挖掘，以明真象。案經縣政府層呈國防部轉行政院，由文建會推薦成功大學教授黃典權，暨師範大學教授王啟宗兩位專家，於七十二年十一月三日蒞金監臨發掘，出土銀鐲、纓絡、宋元豐銅錢、小瓷碗、古磚等等，而塚中碎骸，經土公蔡水源鑑定係屬女骨。黃、王二教授據此遺物並參詳歷史文獻；鑑定為宋代士宦人家命婦之墓。乃以瓦棺拾骸，仍就原穴封葬，由縣政府刻豎碑曰「宋元豐命婦之墓」，另立碑墓旁，敘述發掘考證經過，並整修墓園，種植花木。而原有之魯亭、石碑，則仍予以保存維護。[16]

第五節 「漢影雲根」石刻之相關問題探討

---

[15] 參見(1)劉占炎〈發現皇明監國魯王墓記〉，頁 31～33。(2)郭堯齡《魯王與金門》（金門縣文獻委員會，民國 67 年 1 月再版），頁一〇～一四。

[16] 同註 11 郭堯齡前引文，頁八～九。

魯王摩崖石刻「漢影雲根」原位在古崗湖獻台山上，不知何時墜落？古坑人謂被風雷刮毀，也有說是因古坑人取石毀壞，此說略謂於民國十年（一九二一）古崗僑商董春波等人，捐建古崗國小時，村民將墜石斷片擊碎，取去蓋建校舍，故該石僅存「漢影雲」三字，不見「根」字，故金門俗諺：「古坑（鼓崗）村人走到石龜（指魯王石泐處如龜形），就會青瞑。」即譏笑鼓崗人不識真蹟寶貨之意。今觀巨石缺「根」字部份，極為齊整，宛如刀切，不似自然缺損，此事實如何，已難追究？[17]民國五十九年（一九七〇）十月，金門社教館館長王秉垣雇工重刻三字於山左摩崖，「根」字則由擅長書法之薛祖森補書，成「漢影雲根」四字，以供觀瞻，使魯王遺墨，重現原貌。

漢影雲根石刻

　　今考察該石刻，值得思索探討的問題有：

①該石刻是否確為魯王手書真蹟？

②該石刻為何無落款？

③該石刻刻於何時？

④「翰墨之寶」印作何解？是誰之手筆？

⑤「漢影雲根」四字作何解？

---

[17] 陳漢光、廖漢臣〈魯王史蹟考察記〉，頁一一六。

今試一一作解：

「漢影雲根」爲魯王手書，應無疑義。明遺臣沈光文挽王詩序云：「墓前有大湖」，魯王壙誌記：「其地前有巨湖（按即鼓崗湖），右有石峰（即獻台山），王屢遊其地題『漢影雲根』四字于石。」，何況其旁又有從亡諸公諸葛倬等人之刻石題詠。此石刻現立於山腰，在魯王石刻倒置石頭之上，相距十來步，石上刻有七律四首，其前曰：「監國魯王遵澥而南，揮翰勒石，爲『漢影雲根』四窩字，意念深矣！倬等瞻誦之餘，同賦詩誌慨。」是爲明證。而林焜熿《金門志》卷一〈分域略〉、「山川」亦記：「獻台山，左揖雞籠，右抱南磐，在太文山南，旁即鼓崗湖……又『漢影雲根』四字，明監國魯王寓島時，手書刻石。諸葛倬、吳兆煒、鄭纘祖、鄭纘緒各有詩鐫石室旁。」[18] 周凱《內自訟齋文集》也載：「今墓前有鼓崗湖，廣四十餘丈，湖南多石，鐫王手書『漢影雲根』四字，並鐫從亡諸公題詠，其爲王嘗遊處，又似可信。」[19] 林文湘〈鼓崗湖春禊序〉：「金門城東，巨石礧砢，重壘蜿蜒，中瀦爲湖。……湖之北，傍山瓦矗，湖之南，圓埠環拱。……湖西一箭地曰後浦，明監國魯王墓在焉。石上鐫『漢影雲根』四字，魯王書也，以外即汪洋大海矣。」[20] 等等文獻皆可爲旁證。

另，值得注意者，諸臣謂此四字爲「四窩字」，按「窩」字之解，據《中文大辭典》「窩」字條解，有七義，其中或可

---

[18] 林焜熿《金門志》（台北，中華叢書委員會，民國45年7月印行），頁九。
[19] 林焜熿前引書，頁二六～二七。
[20] 林焜熿前引書，頁三三七。

解為「物之下陷處也」，或可解為「別墅之獨處者也」，[21]此處自以「物之下陷處也」為正解，但若解為「別墅之獨處者也」亦未嘗不可，魯王喜愛此地風光，站在巨石上，神遊其間，領略江山之恢奇，俯仰古今變幻，中間一碧淵涵，魚鱉肥美，誠一勝境，廬墓卜葬在此，有別墅建於此處也說不定。

該石既確定為魯王所書，則刻於何時應進一步考證。前引諸葛倬賦詩，後題「永曆歲次甲午秋仲朔恭題」，甲午為永曆八年（清順治十一年，西元一六五四年），考明末魯王兩居金門，一在永曆六年至十年，一是永曆十三年至十六年病薨，因此在時間上是符合的，正是魯王駐蹕金門時。我們根據詩後所附年代，可以斷言此四字所刻年代之下限是永曆八年八月初一日之前，至於其上限應在永曆七年三月之後，此事又與「漢影雲根」石刻未勒落款有關，茲一併論之。

按野史訛傳「成功沈王於海」一語，事出有因。成功因奉桂王永曆正朔，對於監國以宗人府府正之禮相見，禮節頗疏。前引魯王大事紀，永曆七年（監國八年，清順治十年，西元一六五三年）三月，王疏謝監國，自削其號，說明了此時期的魯王可謂處境窘困。試思手書「漢影雲根」，落款年代若題為「監國××年」自是不妥不安，若題「永曆××年」亦是不甘不願；

---

[21] 關於魯王未能落款之心境與處境，在此可引一旁證作說明，《惠安王忠孝公全集》卷四書奏類〈回啟魯王〉中記：「而刻下有極大典要……可昭垂千古分誼者，莫於年號一事。……今若削去隆武年號，直書監國，職心不安。若專書隆武，而不書監國，何言擁戴？」（頁七六）可見當年書寫「隆武」或是「監國」，臣下都已經感到困惑矛盾，何況此時魯王已削去「監國」年號，更是不方便，因此乾脆都不題寫，省得自找麻煩。

而落款人名又如何寫之？是寫「監國」「魯王」，或直書自己名號，均頗費思量，乾脆都不提不寫，來個清靜不煩心，是則此四字未題落款，正突顯出魯王當時處境之艱難困窘與無奈，未落款正是一切盡在不言中。[22]總之，此四字石刻，應是在永曆七年三月至八年八月初一之間所勒，而以永曆八年上半年最有可能。復按，盧若騰詩（瞻魯王漢影雲根石刻）中有「峭壁新題氣象尊」句，若知此詩寫作年代日期，則可以推斷出更確切信實之年代日期，惜今存盧氏版本之輯注皆未附有是項資料，實為莫大遺憾！

「漢影雲根」石刻四字之上在正中有一篆印「翰墨之寶」亦值得提出一探究竟。「翰墨」筆墨也，為書寫所資，因以為文章之代辭。[23]「翰墨之寶」，自然是稱許「漢影雲根」四字猶如筆墨文章之擅場，為詞壇文苑之墨寶。但試問魯王怎會有如此自誇之舉，自吹自擂稱許自己筆墨文章之佳為「翰墨之寶」，若謂是當時從遊諸臣之勒題，也未免逾越體制，僭越身份了。因此不可能是魯王親題，也不是從遊諸臣之勒題。有可能者，一是後代之人觀賞之餘予以勒印，而且此人必非一般文人雅士，否則當會落款題名，較有可能者或是清代官宦之流，礙於身在官場不便落款。第二種可能是與魯王同時者，論其身分不下魯王，才敢以平輩同儕口氣許之為「翰墨之寶」。若論此人，再三思考，則恐怕以靖寧王朱術桂較有可能。按，朱術桂，字天球，號一元子，明太祖九世孫遼王之後，始授輔國將

---

[22] 林尹等《中文大辭典》（台北，中國文化大學出版部，民國79年9月八版）第六冊，頁一七五一。
[23] 《中文大辭典》第七冊，頁八一四～八一五。

軍。家本荊州，流寇亂至，避難南京，繼入浙，後入閩，屢進至郡王。在浙時，依監國魯王，督方國安軍。浙江陷，乃偕監國南下，漂泊諸地，終依成功，遂居廈、金兩島。永曆十七年十月，兩島俱破，成功已薨於台灣，乃從嗣王鄭經，十八年春，渡台灣。三十七年六月，清軍破澎湖，鄭克塽議降，術桂自縊死。[24]術桂人品雄偉，美髯弘聲，善書翰，喜佩劍，沈潛寡言，為鄭氏將帥及民兵咸尊仰之。朱術桂與魯王既同為藩王，同時落難駐蹕金門，魯王遺腹子弘甲（即朱弘桓）為術桂收養，「皇明監國魯王壙誌」碑誌題眉之小篆復為術桂所題，壙誌內文亦是術桂所書，加上其本人善於書翰，種種關係湊泊之下，於公、於私、於交情、於身份、於體制諸項角度切入探討思慮，此「翰墨至寶」極有可能是寧靖王朱術桂所題。若鄙意推論無誤，此摩崖石刻則更添價值，更增輝煌矣！

而「漢影雲根」四字尤啟人深思。時人解者，有所費解，莫名所以，謂漢朝怎有影子？白雲焉有根柢？遂謂漢影是指漢室之華夏與滿清外夷之區分，蓋南明飄搖如同大漢華夏之分影，雲根為深山高遠雲起之處，故「漢影雲根」寓寄明室之國運不絕，其分支必據守其根據地，再造風雲。或另有一說，謂雲根如雲漂泊無根，故「漢影雲根」意指明室之分支至此，飄搖零落，如雲之無根可繫。[25]此二說不能說解錯，卻未能得魯王之心意與深意。

---

[24] 《台灣省通志》卷七〈人物志〉（台中，台灣省文獻委員會，民國59年6月出版）民族忠烈篇「朱術桂」，頁二一六～二一七。

[25] 洪春柳《浯江詩話》（台北，設計家文化出版事業有限公司，民國86年6月出版），〈明鄭詩選〉盧若騰「躬瞻魯王漢影雲根石刻」，頁八六～八七。

解此四字,一方面須從字義、字面去解,另一方面卻又須跳脫出字義、字面,從其時之局勢、魯王之心境、與此地之地理形勢等各方面多管齊下去解,方能較貼近事實,蓋諸葛倬等人已很明確指出「漢影雲根四窩字,『意念深矣』!倬等瞻誦之餘,同賦時誌『慨』。」足可說明其時魯王題字「意念」與「感慨」之深。

今試從字面先解「雲根」二字。據《中文大辭典》「雲根」條解其義有三:①謂山之高處也;②石也,雲觸石而出,故云,③雲也。[26]林文湘描述此地形勝,謂:「金門城東,巨石礧砢,重疊蜿蜒,中瀦為湖。一潤由高瀉下,作曲水流觴,可據湖漱飲之。湖之北,傍山瓦甗,湖之南,圓埠環供。中間一碧淵涵,魚繁肥美,蓋浯洲一勝區也。湖西一箭地曰後浦,明監國魯王墓在焉。石上鐫『漢影雲根』四字,魯王書也,以外即汪洋大海矣。」[27]其旁諸葛倬賦詩「匪石根維砥柱牢」,吳兆煒詩「頂立雲根崇灪嶽」、鄭纘緒「雲根菁蒨擎秋空」、盧若騰〈恭瞻魯王漢影雲根石刻〉詩「峭壁新題氣象尊,蛟龍活現跳天門」皆是描述此地之高聳壁立,因此「雲根」斷解為此地巨石高聳應無不妥。但若進一步思考此時期正是魯王依附鄭成功時,當年唐魯衝突,而鄭成功立場則是先後奉唐王與桂王正朔,成功因之不以賓主之禮相見相待,是以宗人府府正之禮見之,乃屬同輩之儀,奉之「如寓公焉」。而且永曆七年因有搆訟王於成功者,成功禮儀漸疏,魯王被迫自削其號,不敢再稱「監國」,是以站在巨石上,瀏覽四周景色,只見湖光山色,樹影

---

[26] 《中文大辭典》第九冊,頁一四三九。
[27] 同註20。

濤聲,誠有漂零淪落亡國哀痛,不免感到形影相弔,隻身漂泊,加上一向又有哮喘之宿疾,更是感嘆如雲之漂泊無根,今後何去何從?林文湘說得好:「夫魯王以兗州分封之裔,甫襲爵,而甲申之變乘之,崎嶇閩浙之交,艱辛踣躓,流離瑣尾,後乃依鄭氏於浯江島上。當時貞臣若王愧兩、盧牧洲諸公,其才學鬱而弗舒,所吟皆顛沛佗傑之辭,酸辛嗚咽之調,即欲強為逸豫之作,不能也。」[28]正因魯王有如許感慨,所以盧若騰詩才會從旁鼓舞道:「玉葉葳蕤自有根……懸知底定東歸後,南國甘棠一樣論」,諸葛悼亦安慰道:「十年潛見寄波濤,手斸虯螭紫爓高。……為彰影續扶桑炎,匪石根維砥柱牢,他日曰歸仍帶礪,從公倍憶舊譽髦。」

再解「漢影」二字。「漢」字之義與本文有相關者有:

①天河也; ②世稱男子曰漢;
③日中,白日也; ④朝代名;
⑤國名; ⑥種族名等等;[29]

「影」字之解有[30]:

①人物因光而生之陰影也; ②人物映現於水面或鏡面之影也;
③自然風物之姿容也; ④像也;
⑤日影也; ⑥幻影物之假象也;
⑦庇蔭也; ⑧與景同等等。

因此光從字面解,便有多義,而且皆可通。如

---

[28] 同註20。
[29] 《中文大辭典》第五冊,頁一四九六。
[30] 《中文大辭典》第三冊,頁一五五二~一五五三。

①盧若騰詩「銀潢蕩漾多分影」即指天漢雲河之義。

②而諸葛倬詩「爲彰影續扶桑炎」涵蘊更深。按扶桑有三解，㈠在碧海之中，地多林木，葉皆如桑，又有椹樹，樹兩兩同根偶生依倚，是以名扶桑。㈡指扶桑爲東海神木，日之所出。㈢謂桑維翰著賦以見志之故事。[31]因此就詩解詩，諸葛倬之詩含意甚深，一方面謂魯王棲依金門，盼能再起風雲，二則形容君臣相依如扶桑，表示忠貞，三則也可解爲勸魯王莫再有意氣之爭，誠心誠意與桂王合作如扶桑之相依倚。㈣則表彰魯王示志明心，是以吳兆煒詩「靜看漢影識高深，頂立雲根崇瀚嶽。湖水近知日月心，波光時聆晴光阜。」此「日月心」即復明室之心，皆是此義。

③鄭纘緒詩「漢影昭回催瀚曙，雲根菁蒨晴秋空……最是臣靈簪氣色，靜看一葉化江紅。」則是指其地理位置與四周風光。此巨石坐東朝西，西望故國，正是「漢影」所在，朝夕遊觀，「其所見雲垂海立，沙走雷犇，風檣馳驟，蜃蠻離合，陰火潛燃，可驚可愕之事，皆足以發其雄特瓌瑰之辭。其或雨霽天晴，霧斂煙銷，鷗鷺徵逐，草樹籠倉，碧疇簑笠，綠野牛羊，可歡可怍之景，皆足以生其靈雋窅眇之趣。」[32]但因「境因時變，而詩亦與之俱變也」，「即欲強爲逸豫之作，不能也」，所以在艱辛踣躓，流離瑣尾之下，不免所吟皆顛沛佗傺之辭，酸辛嗚咽之調。

感慨良深，思慮遙渺，思故國，感身影，如雲根，似浮萍，亡國餘痛，百感交集之下，終於揮翰寫下震爍人心哀痛惋嘆的

---

[31] 《中文大辭典》第四冊，頁四四二。
[32] 同註 20。

「漢影雲根」四字，悲乎！末路王孫，其景可嘆，其情可憫！總之，「漢影雲根」四字之解，不可光從字面去解，也不可拘泥於一說，或定於一說，方能接近魯王感慨之深！

另，該石旁又有一詩，字乃狂草，狂放奔逸，由於久經風化，兼又倒置，解讀起來，實在費心費力，今幸有金門人薛祖森、宋夢琪、李國俊、許維民等人，於民國八十五年六月二十三日勘察，初步得出詩句如下：「鯨箸賓虹擎浪開，石方如砥自天來，一絲涉道合東北，湖月星雲滿釣台。湖海翁狂」。不過經本人查看辨讀之下，略有出入，「擎」字或為「驚」，「自」字或為「與」，題刻之人或為某「易」姓者，當然也有可能是董颺先。總之，此首狂草詩句，實在難以辨識，遑論解讀，謹附於文末，尚乞方家共同努力解讀。

第六節　小結

甲申之變，山東騷動，魯王南赴國難，移居浙江台州。等到南都淪亡，浙東義旅雲起，共擁魯王監國於紹興。當時文武臣工，鄉野縉紳，頗能共心協力，一時中興。卻不料唐王來詔，不奉不接，從此浙閩水火，不能敵愾同仇，清騎一薄錢塘，義師旋潰江上，魯王浮海出走，幸賴張名振扈之，暫碇舟山。適巧鄭彩來北，乃議奉魯王南抵廈門，尋處長垣，往來諸島間，尚能艱難舉事，連復浙省三府一州二十七縣。終以兵餉不繼，閩浙將帥失和，清軍後援又至，復者旋失。當時魯王退躊沙埕，假舟楫為宮殿，落日狂濤，臣主相對，艱難漂泊。不久張名振迎歸浙江健跳，敗黃斌卿於舟山，軍旅復振，據有一地。不意

清師再進,舟山陷落,魯王諸臣差幸脫險,南行依鄭成功於廈門。成功待王僅是宗人府府正之禮,安插諸宗從官,月致餼資。王居金門,如寓公,未得行其志,時局爲之,且奈之何哉!

永曆七年,當時有搆王於成功者,成功禮儀漸疏,魯王顧全大局,自削監國號,賴舊臣王忠孝、郭貞一、盧若騰、沈佺期、徐孚遠等調護。魯王流困伏處,徒望水天嘆息,真有人情弗堪之痛。金門城東,巨石疊砢,中有一湖,名爲鼓崗,爲浯江勝區。魯王喜游其地,穿蹬迂迴,登臨其上,頗有領略江山恢奇,俯仰古今變幻的感懷,雖有意爲逸豫之作,寸心實在不忍不願。遙望故國,形影相弔,感懷漂零身世,深有亡國哀痛之慨,於是揮翰題下「漢影雲根」四字以抒懷感世,只是將要落款題號,不免有悲不勝情之無奈與悵惘,是題「永曆」抑或題「監國」?遂不提也罷,正有「個中情事誰分明,聊將揮毫解內心」的幾許感慨。

永曆十年徙居南澳,十三年,還蹕金門。當時義旅,魯邸侍從,擁有軍旅只剩張名振、張煌言二人。張名振與鄭成功商借兵糧,前後數年,三入長江,進出江南,雖然孤軍凜凜,以單弱兵力,三起三躓,終究壯志難伸,含恨而逝。煌言繼領其軍,慘淡經營,後隨成功北伐,直入長江,還是功敗垂成,還歸浙海,待機而動。魯王雖末路養晦,而志未嘗稍有一日之懈。不期於永曆十六年壬寅十一月十三日丑時,忽然中痰薨逝。

魯王自魯而浙而閩而粵,首尾共計十八年,間關海上、漂泊諸島,力圖光復,一旦違別,也代表明祚之告終。殘留天地之間的,也只是這「漢影雲根」的摩崖石刻,碧血丹青,永留海澨,徒供後人之憑弔惋嘆了,最後,謹錄清人黃家鼎「金門弔明監國魯王」詩句,以爲結尾:「大廈傾難獨木支,人心推戴見當時,中興一旅思龍種,遺老孤忠泣豹皮,跋扈將軍空寄

命,崎嶇海島孰持危。殘棋已覆猶爭劫,宰樹蒼涼啓後疑。」[33] 寫至此,驀然驚見一個落寞身影沒入蒼茫海天之中,遠遠地,悠悠地,傳來一聲廣遠的嘆息!

---

[33] 見黃家鼐《泉州府馬巷廳志》(光緒癸巳年刊本,台北市福建省同安縣同鄉會重印,民國 75 年 10 月),〈附錄卷中〉,頁 三二一。

金門「提督衙」之歷史背景——

身經百戰、提督江南的楊華

第一節 楊華之家世

清總兵楊華故宅為縣定古蹟,在今金門湖下,為三進房屋,俗稱「提督衙」。

金門楊氏始祖為南宋福州觀察使亮節公字允藏、小名廿六使。楊氏固宋朝世臣,德祐間,元兵侵迫,楊亮節奉度宗楊淑妃(亮節之妹),及二皇子廣王昰、益王昺如婺州。元兵復迫,亮節護保二王逃匿山中七日,乃走溫州,航海至福安,於是廣王即帝位,尊淑妃為太后,亮節為處置使。嗣後元兵又侵逼福安,帝再遷至泉州,詎料招撫使蒲壽庚悖亂,閉城不納,帝遂揚航南遷,崖山一戰,宋軍失利,陸秀夫背負幼帝投海死,南宋亡。時亮節因事別往,未及跟從,至潮洲回,聞帝崩,恥為元臣,乃率同長、次子來浯島寶珠石下定居,名曰官澳,相地之宜,耕耘傳家,乃埋名晦跡以終其身。[1]

楊亮節生有三子:佛細、佛成、佛曇,三子因途勞染病,寄養於漳浦佛曇橋(古稱佛潭,俗稱浮南橋,位居漳浦縣東北),

---

[1] 楊志文《金門縣湖峰鄉土誌》(金門縣湖峰社史料編纂委員會,民國84年12月),〈宗族篇〉「金門楊氏派系簡介」,頁三六~三七;「楊氏祖序」,頁四三。

居然派衍成族，人丁逾萬，瓜秩綿綿。[2]金門楊姓，除金城十餘戶係清代由閩南遷居，另烈嶼前埔、湖尾西堡、及金門城等，各有數戶支派不同外，餘均係亮節公派系。長子佛細卜居湖地，因而肇基，生子四人，編分房分，曰前倉、上厝、下厝、上下厝、後上厝。後上厝楊建業，乃佛細之孫，為避倭害，遷居湖峰（湖下），經營開創，枝榮葉茂，子孫蕃衍，遂成湖峰楊氏始祖，後再支分林厝、榜林、東坑、頂埔下、埔后、烈嶼東林、下市、西浦頭、料羅、新市、安民、建華、及後浦等地。建業公生子三人：仲思、仲惠、仲敬，復編房分，曰：天、地、人，加上前倉、下厝、上下厝為「日、月、星」，成六房世系，一脈相承，苗裔熾昌，人才輩出。

　　楊建業由官澳避居湖下，此地得名，乃昔有安歧湖（或稱湖尾湖），係金門五大名湖之一。（五湖者曰古崗、安歧、山外、東村、東店，今除重崗湖外多已成陳跡）。湖尾村位於湖末端，湖南村位湖之南端，湖下村位於湖之下端。清屬同安縣馬巷廳翔風里十九都古湖保，現隸金門縣金寧鄉湖埔村。建業公之肇建開基，傳聞關心風水，曾禮聘地理師詳勘村落，留下一則傳說：當時欲開墾立家，曾禮聘有名地理師，週詳勘查村址，首先初勘兩處適於創建者為抉擇，其一為徐厝下，脈成東坑山直下，背山面海，地勢峻秀，據云奠基該地，所出苗裔，文人秀壯，但人丁欠旺。其二為湖下（湖峰）現址，脈承煙墩山蜿蜒朝西南而下，兩面環海，地勢低斜，據云若奠基該地，枝茂葉盛，苗裔昌熾，但文人稍遜。最後相地現址為宜，遂農山漁海，安居樂業而肇基，因成一閭煙，今則綿延世澤，宗枝繁衍。復據云湖下（湖峰）村

---

[2] 詳見楊志文前引書，「佛曇鎮楊氏淵源」，頁三五～三六。

莊為糞箕穴，村前為糞箕嘴，極宜廣植林木掩蔽，避免財富由箕嘴外流。又云村前有一公共池塘，昔時係配和創建宗祠而開鑿，其池塘應多挖深，要經常蓄水，如此，對整個村莊具有興旺發達之象徵。[3]

傳聞掌故，不必認真，不出文人，則出武將，安邦武略，將帥聯鑣，楊華是也。

楊華固為建業公之後裔，其前後家世則因族譜未曾續修，家宅神主失落不全，裔孫支派播遷，族眾疏遠，遂不明昭穆，無法銜接，實屬遺憾，茲先抄錄在家宅中調查現存神主牌位如后：

一、楊華之父母

　　陽面：皇清誥封昭武都尉字達夫楊公暨配邵氏恭人神主／出嗣子臣、孝男福、王全祀奉

　　內函：

　　　A　一行：生於康熙己卯年（按三十八年，一六九九）二月二十六日戌時

　　　　二行：考諱通官行三享壽七十六歲

　　　　三行：卒於乾隆乙未年（四十年，一七七五）五月初三日子時

　　　　下行：葬在溝沙上坐南向北

　　　B　一行：生於康熙甲申年（四十三年，一七〇四）十月十五日未時

　　　　二行：妣諱申娘享壽六十七歲

　　　　三行：卒於乾隆庚寅年（三十五年，一七七〇）四月初八日卯時

---

[3] 楊志文前引書，「湖峰肇建，風水攸關」，頁八五。

下行：葬在龜山坐南向北

二、楊華本人

陽面：皇清誥授武顯將軍謚端毅楊府君神主／孝男武鎮、承重孫有森全祀

內函：

一行：生於乾隆十年乙丑（一七四五）四月廿四日辰時

二行：顯考諱華字良淵號鳳山提督江南全省水陸軍門享壽八十二齡

三行：卒於道光六年丙戌（一八六二）七月初二日午時

下行：坟塋坐寅向申兼甲庚分金庚寅庚申／風水做法分壙歸中繩弍尺分拜廳把棺三寸壙尾灰路五寸弍／葬在本鄉之西穴坐寅向申兼甲庚分金庚寅庚申

三、楊華之妻洪氏

陽面：皇清誥授一品夫人淑惠楊門洪氏神主／承重曾孫長榮、孝男武鎮祀

內函：（無）

四、楊華長子

陽面：皇清例贈承德郎亡冢男楊子美字伯瑩位

內函：

一行：生於乾隆四十年（一七七五）十月二十七日辰時

　　　　二行：皇清例贈承德郎顯考伯瑩府君之靈神主

　　　　三行：歿時嘉慶十三年（一八〇八）正月初三日辰時

　　　　下行：致祭孝子楊克家、克明、克勤

五、關係不詳，推測或為楊華之祖

　　陽面：皇清誥授昭武都尉超庵楊府君之神主

　　內函：（無）

六、關係不詳，推測或為楊武鎮之妻

　　陽面：皇清誥授淑人楊門肅謹丁太淑人神主／男光修、佾、
　　　　　宗祀

　　內函：（無）

七、關係不詳，傳聞為楊武鎮繼室

　　陽面：（缺）

　　內涵：

　　　　一行：生同治乙丑年（四年，一八六五）六月十七日酉
　　　　　　　時

　　　　二行：妣蔡氏名荨娘靈位壽三十歲亡

　　　　三行：卒光緒庚子年（二十六年，一九〇〇）五月廿一
　　　　　　　日丑時

　　茲再依據神主牌位、楊華墓誌銘、皇帝誥書、楊華墓碑等，將其世系整理如下表，其中容有錯誤，敬待指正！

表一：楊家世系簡表

```
                                        楊亮節
                          ┌──────────────┼──────────────┐
                         佛曇            佛成           佛細 ──(不詳)
                                                          │
                                                    建業……楊則……楊己 ── 楊達夫
                                                    妣陳氏        妣陳氏   妣邵申娘
                                                   (譚發)              (超庵?)(譚通官)
         ┌────────┬────────┬────────┬────────────────────────────────┬────────┐
        楊王      楊福     楊臣    楊華                                              楊權
                         妣李氏  字良淵，號鳳山
                         洪徽柔  (子美，字伯瑩)
                         陳氏                                                    文良 ── 克家
                                 │
                                 武鎮
                                 妣丁氏
                      ┌──────────┼──────────┬──────────┐
                     肇基        克勤        克明
                     妣張氏      妣林氏      妣李氏
                                 (廷芳)
                                 ↓
                      ┌──────────┼──────────┬──────────┐
                     光宗        光尚        光修       有森
                                                        ↓
                                                       長榮
```

※說明：
1. 「……」符號代表不知幾代世系。
2. 「↓」符號代表世代清楚，但不知何房子孫。
3. 《湖峰鄉土誌》頁四六有「楊華衍系」，錯誤失實，茲不取。

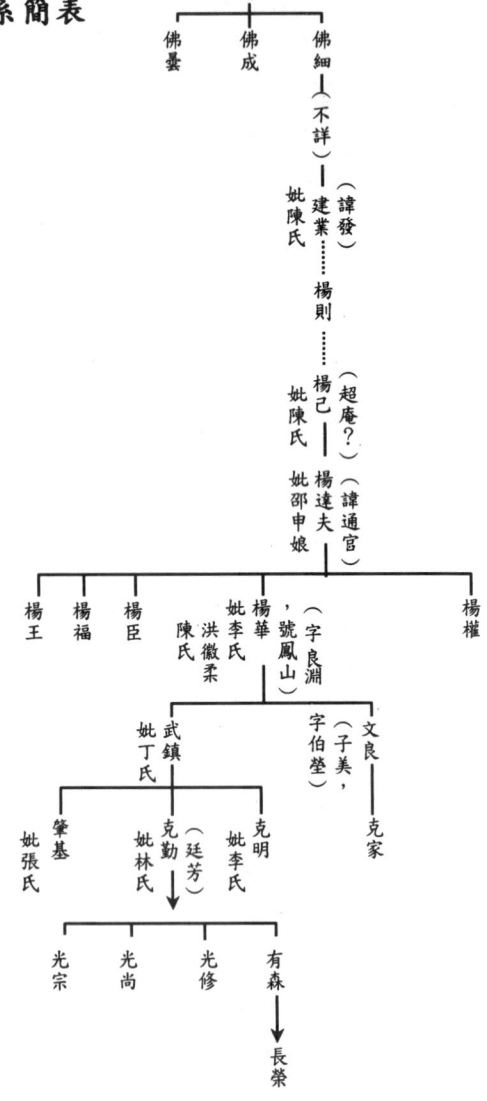

第二節　楊華生平事蹟

楊華字良淵，號鳳山，其生卒年如上引神主牌：生於乾隆十年（一七四五）四月廿四日，卒於道光六年（一八二六）七月初二，享年八十有二。生平事蹟林焜熿《金門志》有傳，引錄如后：

> 楊華，字良淵，號鳳山，湖下人。為廈門前營外委，從征林爽文，前後八戰，獲賊最多。嘉慶元年，陞海壇守備，先後擒盜百餘，奪船八，奉檄護送琉球貢船，至五虎洋，擒盜蔡老等，奪回被擄水手。逸盜陳阿包，招集亡命，四出劫掠，勢甚張，剿之白犬洋，擒阿包，伏誅，補閩安左營都司。擒盜陳才，復獲盜首許跳，補狼山左營遊擊，累遷京口副將，陞蘇松鎮總兵，署江南提督。乞休歸，卒年八十二。子武鎮，都司，署澎湖副將。[4]

今楊氏後裔藏有手抄本「皇清誥授武顯將軍，鎮守江南，蘇松總兵官，江南全省提督，鳳山楊公墓誌銘」，不知何人所撰，抄本復被蛀蝕殘損，茲試抄補如下：（按，「……」為蟲蛀蝕殘損不知有幾字空格者，「□」為確定不明字數者）

> 名將有四：曰戰將、曰驍將、曰大將、曰儒將。大將……（大將者）而能不戰而屈人之兵。儒將者，不貪功，功成而身能退。同安入我□朝□武功□□並時者，李忠毅邱剛勇，才名最著；而蘇松鎮軍鳳（山）……予嚐望……醇，而夙服公有大將……儒將（之）風也。今……鎮，以公名

---

[4] 林焜熿《金門志》（中華叢書委員會，民國 45 年 7 月），卷十人物列傳三〈楊華〉，頁二四七～二四八。

幽□□讀□（試）按狀而為之剬次焉。公諱華，字良淵，號鳳山，同安浯洲人。偉軀幹，沈鷙負重，家貧投筆從軍，喜講韜鈐（按原文作鈴，誤），得孫吳大意。乾隆四十一年（一七七六）戍台灣□□□外委。瓜期滿，回標考驗，提督黃海澄公器之，拔補□□□委，勖以遠大之圖。五十一年（一七八六）冬，林爽文亂台灣，帶兵進剿，前後八戰，賊軍皆披，將軍湖督常公以為能，擢把總，隨征南路，獲給最多。五十七年（一七九二）擢千總。嘉慶元年（一七九六）陞海（壇守備），哨至斧頭澳，擒盜郭大玉等。復於湄洲獲盜船□□□□九十二名。于平海洋獲盜船二陳執等四十三名。二年（一七九七）四月，護送琉球貢船至（五虎）洋，擒盜蔡老等，釋陷賊水手蔡元等二十二名。五□□□本標左營遊篆。時逸（盜陳阿包）招合亡命，因（出劫掠）……甚，公率兵轟之白犬洋……船一，獲船六，阿包伏誅。九月補閩安右營都司，擒盜陳才等，復獲盜首許跳等。四年（一七九九）三月，檄委督造金州戰艦，帶赴交納，奉旨授狼山左營遊擊。五年（一八〇〇）五月，特授□□□□。七年（一八〇二）陞京口副將；八年署狼山總兵；九年兩署蘇□□□，蘇松之要害曰吳淞，向為秦盜蔡牽屢次闌入。公至，則堅明約束、斷接濟、搜間諜、增設砲台，自金山衛、劉家河、福山港、寶山等處，聯絡聲援，在洋防堵，無間寒暑，賊不□□□南界。十年（一八〇五），實授蘇松總兵，奉命總理沿海地□□□□，署江南提督。旋卸事回崇明任。十六年（一八一一）十一月，蒙恩予告□籍編□詔公任閩疆，屢上首功……，及調江南，罕……不若忠毅剛勇之……剛勇，浡歷閩……故始終百戰，與之………北洋，先聲奪人，□□□羅，布置嚴密，賊雖鳥竄，□□□□狂隕，而聞范韓之名，則心膽皆寒，

見順昌之幟，……避。其不致如道覆窺伺建業，倭奴突犯瓜儀者，……長城，攝其魄而扼之吭也。夫倖事爭功，貪戀祿位，□□□宅，以遺子孫者，此武臣之常態也。公起家行伍，不蹺梯榮，不屑鑽刺，故浮沈偏裨者二十載。迨膺專閫，期□□主，冰蘗自持，年甫傳政，引疾懸車，角巾私第，口□□□，課兒孫誦讀騎射，與父老話桑麻，開綠野之莒，□□□□之居士，壽邁耆英，福備箕疇，守老氏知止不殆之□□□澤，成功者退之□□之。古來名將，蓋不數數□□□□。道光六年（一八二六）七月……距生乾隆十年（一七四五）四月……曾祖妣氏□，祖妣□□，母氏□皆贈一品夫人……誥封夫人李氏先公卒，生子文良早歿，例贈承德郎……艋舺把總周名源成。繼室誥封夫人洪氏，生子（武鎮）任閩安左營都司，有幹稱，克荷先業，娶原福建水（師）……丁公次女。長孫克明，娶李公祿次女。次孫延芳，娶太……林公廷瑚女。三孫肇基，娶閩安副將張公保女，將以……年九月十六日卯時，葬公碧湖之西，原穴坐寅向（申兼甲）庚，銘曰：橫海威名震天吳兮，庚辰手鎮靜颶……勒勳功成不居兮，歸杖私明，匪便其身圖兮，嶷景……仙□兮，騎箕委。魂歸于壤，而魂歸于虛兮，風……拓其遺模兮。（※按，括號內之文字，為筆者推敲補入。）

根據上引二文，有若干背景需作一補充說明，方可明瞭：其一是清朝綠營軍制。綠營兵制，以省為軍區，下設鎮、協、營、汛等建制單位，領兵大員所轄軍隊，分別稱「標」、「營」。例如各省總督所屬為「督標」，巡撫所屬為「撫標」，提督所屬為「提標」，總兵所屬為「鎮標」。鎮為軍區基礎，各省境內重鎮，

每鎮設總兵官（正二品）一員，稱「鎮守總兵官」。其上承提督（從一品）節制，提督統馭全省軍區各鎮軍隊，稱「提督總兵官」。標下分治為協（副將所屬）→營（參將、游擊、都司、守備所屬）→汛（千總、把總、外委所屬）。也即是總兵之下為副將（從二品）→參將（正三品）→游擊（從三品）→都司（正四品）→守備（正五品）→千總（從六品）→把總（正七品）→外委千總（正八品）→外委把總（正九品）→額外外委（從九品）。[5]

其二是清朝官吏的任用制度。清代崇尚科舉，凡以舉人、進士身份入仕，稱「科甲出身」。再就是經國子監培養出來的貢生，叫「學校出身」，第三種是因父祖做官推及子孫，或遇難受蔭的叫「恩蔭出身」，以上三種統稱「正途出身」。其中科甲出身歸入甲班，「選班首重科目正途」，任官有優先權利，有頗多官職是限於正途出身才能充當的。相對於「正途」的即是「異途」（或稱偏途、雜途），大抵通過捐納，荐舉優行生，以及吏胥遷秩而入仕的，統歸其內，凡屬異途出身，頗多官職是不能擔當的。官員補缺，先分別班次，再根據各官初任還是再任，定出「除」（或稱授，新任官，此外如服除乃指丁憂後第一次任官）、「補」（原任官因某事故出缺後待補，可能開復原官或另任）、「轉」（同一衙門內改任同一品位，但地位又稍高于前者）、「改、調」（從某一衙門改調另一衙門，品級相同無變動者）、「升」（升任）、「遷、隆」（官員因過被罰，或革職或降調）、「署」（又分「署理」：官員官階相等代理職務；「接署」：官員奉旨署理某官職；

---

[5] 參見(1)郭松義著《清朝典制》（吉林文史出版社，1993年5月一版），第七章軍事制度第二節綠營，頁四四五～四四八。(2)李鵬年等《清代六部成語詞典》（天津人民出版社，1990年8月一版），兵部成語「鎮協」條，頁二四三；與「標營」條，頁二七四。

「攝理」：高階代低階；「護理」：低階代高階；「贊理」：副手協助主官處理事務；「督理」：官員奉命，或奉委督率屬員辦理某事；「暫理」：官員因公出差或因事出缺，在未派委新官正式接任之前，遴選委派某員暫時代理。）官員補缺，任命形式亦各不相同，首先是「特授」（或稱「特派」、「特簡」，由皇帝親自拔擢，不拘品級、出身。）、「開列具題」（若干重要官員缺由吏部而軍機大臣開列具資格者姓名、履歷，分別正陪，請旨定奪。），再就是「銓選」（銓選門類繁多，有即選、正選、插選、并選、抵選、坐選、月選、大選、急選等，此處不擬詳述），此外還有「大吏保荐」（奉荐）、「督撫題調」（地方道府、副將以下之任官，督撫有拔補、題調之權，不過若是委署、暫代，則需每三個月上奏報告。）[6]

明瞭清朝官員任用制度與軍事制度，我們自能知曉楊華歷任軍職升遷之過程，即：汛兵→乾隆四十一年（一七七六）廈門營外委（從九品，時年三十二歲）→乾隆五十一年（一七八六）擢把總（正七品，四十二歲）→乾隆五十七年（一七九二）擢福建水師提標中營千總（從六品，四十八歲）→嘉慶元年（一七九六）升海壇守備（正五品，五十二歲）→嘉慶二年（一七九七）九月補閩安右營都司（正四品，五十三歲）→嘉慶四年（一七九九）奉旨授狼山左營遊擊（從三品，五十五歲）→嘉慶五年（一八〇〇）五月，特授某官（原文缺，時五十六歲）→嘉慶七年（一八

---

[6] 參見：(1)郭松義前引書，第四章職官管理制度第一節官員的選拔和任用，頁二五八～二六六。(2)李鵬年前引書，「回署」（頁一七）、「署事」（頁一八）、「署理」（頁二〇）、「接署」（頁二〇）、「護理」（頁二〇）、「贊理」（頁二〇）、「督理」（頁二〇）、「暫理」（頁二一）、「借品調補」、「對品調用」（均頁二二）條等。

〇二）升京口副將（從二品，五十八歲）→嘉慶八年（一八〇三）署狼山總兵（正二品，五十九歲）→嘉慶九年（一八〇四）兩署蘇松某官（原文缺，應即是總兵官，時六十歲）→嘉慶十年（一八〇五）實授蘇松總兵，奉命署江南提督（從一品，時六十一歲）→嘉慶十六年（一八一一）十一月，蒙恩乞休歸，時六十七歲。其間升官仕途中獨缺升參將之記載，可惜文獻資料欠缺，無能查證。

綜觀上述，可知楊華從基層之汛兵做起，「不踩梯榮、不屑鑽刺，故浮沈偏裨者二十載」，直到三十來歲仍是從九品的外委，嗣後寅緣時會，乾隆末平台灣林爽文之亂，尤其嘉慶年間，蘇、浙、閩、粵四洋，正是洋盜橫行猖獗，紛擾海上歲月，不少官員因圍剿不力而降調褫職，李長庚甚至因而喋血陣亡；反之，王得祿、邱良功正因此滅賊建立殊勳，天章炳爍，邀九重特達之知，專閫一方。[7]楊華亦是身經百戰，不僅防守堵禦，也全力追剿攔截，擒殲甚眾，可說是以名將稱者。而且大器晚成，從五十歲開始發達，官符如火，一路高升，由守備、都司、遊擊、副將，終至總兵提督，一生備嘗艱辛，卒以功名終，毫無僥倖可言，墓誌銘中，稱許其為大將儒將、不戰屈人、不貪邀功、成功身退，是實言，非虛語溢美之客套話。

第三節　福蔭家人

---

[7] 詳見卓克華《邱良功墓園之調查研究》（金門縣政府，民國 85 年 3 月），第一章〈邱良功其人其事〉，頁一～二二。

清制，封授有功官員及其先世以官爵名號，稱為「封贈」，凡九品以上文武官員，都可得到相應封階。辦理封贈事宜，文職隸吏部、武職隸兵部，凡需封授封贈者，據其官職、品級，開列名氏存部題奏，得旨給予封贈，前引諸神主牌位中：①楊華之父母，楊達夫誥封昭武都尉正四品，邵申娘恭人四品，②楊華誥授武顯將軍正二品，③楊超庵誥授昭武都尉正四品，④丁肅謹太淑人三品，⑤楊華之妻洪淑惠誥授一品夫人，⑥子楊子美（伯瑩）例贈承德郎正六品。據此對照推敲，可知：

㈠楊華之父楊達夫卒於乾隆四十年（一七七五），母邵申娘卒於乾隆三十五年（一七七○），乾隆四十一年左右楊華還只是從九品之外委，因此有可能是在嘉慶二年（一七九七）擔任正四品都司時上奏朝廷追贈。另外，七品至四品官常辭本身封贈給祖父母（三品以上常可追贈兩代以上），因此筆者推論楊超庵有可能是楊華祖父楊己。

㈡楊華本身做到從一品之提督，照理至少應封贈從一品的振威將軍，卻只是正二品的武顯將軍，有可能提督江南只是護理，並非實授。反之，其妻洪淑惠（徽柔）在世封贈「夫人」，有可能比楊華晚死，死後追贈「一品夫人」，反而升一級。

㈢楊子美（伯瑩）或為楊華長子，即墓誌銘中「夫人李氏先公卒，生子文良早歿，例贈承德郎」同一人，可能無後，由楊華繼室洪淑惠子楊武鎮之子楊克明等人負責祭祀。而「丁太淑人」參據前錄墓誌銘「武鎮……娶……丁公次女」或為楊武鎮之妻，而祭祀孝男或則即是克明（光修）、克勤（廷芳、光尚）、肇基（光宗）。

㈣楊華祭祀者為「孝男武鎮、承重孫有森仝祀」，楊華之妻（武鎮之母）祭祀者為「承重曾孫長榮、孝男武鎮祀」，據此推測：楊華之孫（武鎮之子）與曾孫（武鎮之孫）未見列名，恐有早夭或英年遽逝之可能，此或可解釋說明何以楊家兩代發達之後，後代竟沒沒無聞，家世中道衰落之情形。

不僅如此，楊華在職時，亦把握機會，依制請求封誥，今老宅猶存四道封誥。第一道封誥外軸寫有「林字一千八百九號／千楊華／貳軸」，乃嘉慶元年正月初一頒賜，追贈楊華父為武略騎尉（正六品），母親為安人（六品），時楊華剛從千總（從六品）晉升為海壇鎮標右營守備（正五品），誥書內容如下：

「奉天誥命

奉

天承運。

皇帝制曰：寵綏國爵，式嘉閱閱之勞，蔚起門風，用表庭闈之訓，爾楊通迺福建水師提標中營千總，今陞海壇鎮標右營守備楊華之父，義方啟後，穀似光前，積善在躬，樹良型於弓冶，克家有子，拓令緒於韜鈐，茲以覃恩贈爾為武略騎尉，錫之敕命。於戲！錫策府之徽章，洊承恩澤，荷天家之庥命，永貫泉壚。制曰：怙恃同恩，人子勤思於將母，糾桓著績，王朝錫類以榮親，爾邵氏迺福建水師提標中營千總，今陞海壇鎮標右營守備，楊華之母，七誡嫻明，三遷勤篤，令儀不忒，早流珩瑀之聲，慈教有成，果見干城之器。茲以覃恩贈爾為安人。於戲！錫龍綸而煥采，用答劬勞，被象服以承庥，永光泉壤。

嘉慶元年正月初一日　」

第二道封誥外軸書有「恩字十九號總兵楊／參軸」，為嘉慶十四年正月初一頒贈，追贈楊華祖父楊己為武顯將軍（正二品），祖母陳氏為夫人（二品），時楊華已任江南蘇松鎮總兵，誥文如下：

「奉天誥命

奉

天承運。

皇帝制曰：嘉勞臣之偉伐，遠溯家風；策專閫之崇勳，上推祖德。舊章斯在，新渥攸加。爾楊己，迺江南蘇松鎮總兵楊華之祖父，善可開祥，教能貽穀。集軒車於里閈，早知世澤之長；擁節鉞於方州，聿見孫謀之裕。爰頒寵爵，俾荷崇褒。茲以覃恩贈爾為武顯將軍，錫之誥命。於戲！錫五色之徽章，丕光令緒，沛九重渙澤，益煥膚功。休命其承，淳風追表。制曰：豐功炳爍，端襲慶於閨門；懿德深長，恆鍾祥於子姓。特加渥典，用遡休聲。爾陳氏乃江南蘇松鎮總兵楊華之祖母，毓質清門，作嬪名族。肅雍壺範，夙知詒穀之風；碩大孫枝，彌見含飴之澤。式逢慶典，特賚徽章。茲以覃恩贈爾為夫人。於戲！發珩瑀之流光，恩綸下貫；煥中褠之異采，寵命攸敷。茂獎欽承，良型彌播。

嘉慶十四年正月初一日」

第三道封誥外軸亦書有「恩字十九號總兵楊華／參軸」，與第二道封誥乃同時頒賜楊華父母（楊通、邵氏），誥文如下：

「奉天誥命

奉

天承運。
皇帝制曰：國爵優崇，樹膺揚之偉烈；家聲光大，表燕翼之良謨。特布新綸，用彰舊德。爾楊通迺江南蘇松鎮總兵楊華之父，清門代啟，素履恭脩。教子義方，早授豹韜之略；傳家忠孝，果符鵲印之祥。慶典式逢，崇階宜陟。茲以覃恩贈爾為武顯將軍，賜之誥命。於戲！顯揚克遂休茲，天室徽章；作述交輝展也，人倫盛事。令名無數，世澤長垂。制曰：元戎受任，既協吉於師貞；閫範貽芳，更推原夫母德。克光內則，戴錫殊恩。爾邵氏乃江南蘇松鎮總兵楊華之母，早習規型，夙嫺圖史。令儀不忒，表懿範於閨門；慈教有成，樹鴻勳於幕府。式頒慶典，用闡徽音。茲以覃恩贈爾為夫人，於戲！錫茂獎於蘭陔，芳蕤益播；被惠風於蕙佩，馨澤彌新。祗服誥詞，允揚休問。
嘉慶十四年正月初一日」

第四道與第二、三道皆是嘉慶十四年正月初一頒賜，對象為楊華本身，與妻室李、洪二氏，但未見副室陳氏。據此可推知至遲嘉慶十四年正月前，楊華第一任妻子李氏已逝，再娶繼室洪氏徽柔，方得以李、洪二氏皆得誥封，同理亦可想見楊華對前妻思念之情義。外軸亦同樣寫有「恩字十九號總兵楊華／參軸」，據此，可推測第一道外軸之「貳軸」應是指有兩道誥命，則應有另一道是頒賜給楊華之祖父母誥命，今不見，或是佚失，惜哉！第四道內文如下：

「奉天誥命
奉
天承運。

皇帝制曰：閫外疏功，特重丈人之任；師中樹績，爰標上將之名。望起干城，恩頒綸綍。爾江南蘇松鎮總兵楊華，謀猷克壯，材藝兼優。早執銳以披堅，久司軍旅；迺建牙而仗節，遂總戎麾。袠帶從容，功信成於樽俎；車徒整練，勢儼並於金湯。爰貴寵綸，俾膺嘉獎。茲以覃恩特授爾為武顯將軍，賜之誥命。於戲！式頒殊寵，用酬閥閱之勳；祗服徽章，益展韜鈐之略。尚勤後效，無替前勞。

制曰：推恩錫爵，王臣奏秉鉞之勳；履順思莊，女士著宜家之美。良型既播，茂獎宜加。爾江南蘇松鎮總兵楊華之妻李氏，毓質名閨，作嬪右族。恪恭當室，率禮法於珩璜；毘勉相夫，樹勳名於帷幄。特頒令典，俾闡徽音。茲以覃恩贈爾為夫人。於戲！被七章之褕翟，象服攸宜，貴五色之綸絲，鸞書有耀。祗承顯命，允樹芳規。

制曰：功成帷帳，錫天寵於中權；化起閨闈，沛殊恩於內助。爰申茂獎，用闡芳型。爾江南蘇松鎮總兵楊華之繼妻洪氏，孕玉名門，承筐鼎族。宜家宜室，早知伉儷增光；織素織縑，果見後先媲美。綸章戩錫，慶澤均沾。茲以覃恩封爾為夫人。於戲！播彤管之芳蕤，垂聲珩瑀；佩緗函之鳥燹，流譽筓珈。休命祗承，榮名益邵。

嘉慶十四年正月初一日」

另，林焜熿《金門志》卷七選舉表〈國朝選舉〉「封贈」欄中記載：「楊己（華祖）、楊通（華父）、楊權（華兄），並贈武顯將軍蘇松總兵」[8]是知楊華猶有一兄長楊權，而其下之「蔭襲」欄未見楊武鎮等諸子名諱，可知諸子在楊華死後並未得到任何蔭襲，而在「國朝武職」中，「封爵」無楊華名；「提督」為蔡攀

---

[8] 林焜熿前引書，頁一八七。

龍、李光顯、吳建勳，亦無楊華名；僅在「總兵」欄中有「許盛、李耀先、楊華、陳光求、文應舉」等人，可知楊華本職實是正二品之總兵官，所謂「提督江南」（從一品）應只是署理、護理之職務，所以在世、身後僅獲贈正二品的武顯將軍。

　　楊武鎮既未獲蔭襲，《金門志》〈國朝武職〉記彼「總兵華子，道光間閩安左營都司（正四品），歷署水師提標左右營遊擊（從三品），護理澎湖副將（從二品）」〈楊華傳〉記「子武鎮，都司，署澎湖副將」[9]蔣鏞《澎湖續篇》〈澎湖水師協鎮〉記「楊武鎮，護理，同安金門人」[10]林豪《澎湖廳志稿》卷六武職表「水師副將」亦記「楊武鎮，護理，同安金門人」[11]皆嫌過於簡略，皆對任職年代未見記載，而家譜未見、神主牌佚失，坟墓被盜發，墓碑不存，既乏文獻，無法對其人生平作進一步探究介紹，實有無可奈何之憾！另筆者在今鹿港鎮金門街之「金門館」拜殿左壁之「重建浯江館捐題碑記」中，赫然見到楊武鎮捐獻之大名，碑刻爲「台協水師右營都閫府楊印武鎮捐銀陸大員」。此碑立於道光十四年（一八三四）四月，故可佐証前引墓誌銘、《金門志》、《澎湖續篇》、《澎湖廳志稿》內文，又可確知楊武鎮之確切在職年代。而碑刻楊武鎮之前爲「原台灣艋舺水陸參府周印承恩捐銀式拾大員」，筆者懷疑此周承恩說不定即是前引墓誌銘中之「艋舺把總周名源成」，若屬實，或因兩人誼爲僚屬同袍，因此遂結爲兒女親家也說不定！

---

[9] 林焜熿前引書，頁一八〇、二四八。
[10] 蔣鏞《澎湖續篇》（台銀文叢第一一五種），頁五五。
[11] 林豪《澎湖廳志稿》、林文龍點校本（台灣省文獻會，民國 87 年 4 月），頁一九二。

第四節　身後文物與傳奇

楊華生前因軍功武職,封贈三代,光耀門風,恩澤啓後。死後亦留下一華宅,供子孫棲身。關於此宅之建築與風水,頗有一段傳奇可談,《湖峰鄉土誌》載其事:「楊華提督,少時處境窘困,家無立錐之地,壯年從戎,前後隨軍擒剿海盜無數,屢獲晉陞,某次,華剿賊建奇功,嘉慶皇帝仁宗,特准召見於皇宮,對其英勇戰績,勞苦功高,獎勵備至,斯時華肅立殿階,仰首注視殿宇而興嗟,皇上奇之,問為何故,華因而奏明家乏片瓦棲身故也,皇上同情處境,憐憫有加,遂賜建皇宮式三進平屋衙署一座於湖峰故鄉,鄉人稱之為『提督衙』,後乞休歸鄉,樂娛晚景,卒年八十有二,墓葬於村之西北隅,稱之為『新墓』(按該墓地原有山坵,稱之為『山仔頂』,為創築墓園而挖成平地),相傳當時卜葬該墓地,對整個村莊風水不利,故葬後一連三日,全村雞犬不鳴,揣其作為並非故意,蓋因所僱地理師受賄於某大姓村莊而蓄意惡作劇,但對整個村莊似無影響,然對其後裔竟乏興旺跡象,故目前其裔孫零落,故居頹唐不堪,真是『一代英名今弗在,遺留故宅憶當年』,撫今追昔,感慨系之。」[12]

令人感慨系之的不僅此,楊華、楊武鎮父子二人之墳墓竟先後同月被盜發,武鎮墓碑今已不存,實堪浩嘆。按楊華墓在湖下村西北一百公尺處,俗稱新墓,碑長五十八公分、寬四十公分,鐫刻「皇清誥授武顯將軍楊公暨誥封夫人徽柔洪氏副室夫人陳氏壽域」。有短石柱及石獅等物,墓於民國五十六年五月十六日晚

---

[12] 楊志文前引書,「仰殿興嗟,御賜宮宇」,頁一六二。

被不肖之徒挖盜,竊去殉葬器物。其子武鎮墓在村西,亦於同月被盜發。此外,楊華墓前石獅柱造型亦有一說:「凡高官貴爵構建官衙或墓地,靡不樹立石柱,表示顯榮,而文官柱端是筆尖,武官柱端是醒獅;但武官雕塑醒獅站姿亦有分別,即生前曾經皇上召見者,醒獅四腳趾分開,否則四腳趾靠攏,因此,總兵楊華之官衙及墓地,其硬軟體建造,確有裝建塑醒獅,且四腳趾分開,予以證實曾經面聖也。」[13]

　　以上種種傳說,皆昔年民間不明官府禮制,見楊華故居華美壯觀,美侖美奐,竟有此傳奇說法。按清制,京官五品以下,外官四品以下,由于授官、京察、大計、保舉、升調、俸滿、丁憂、終養、病痊、降革、處罰等等,均須朝見皇帝,文官由吏部引見,武官由兵部引見,基本上在乾清宮或養心殿引見。尙書、侍郎以綠頭名籤進呈皇帝,得旨宣進引見。另外京官大員和外省高官,奉召或因公晉謁見皇帝,奏對事件,接受旨意,稱爲「陛見」,亦稱「朝見」、「謁見」。各省武職大員,定期謁見皇帝,亦稱陛見,皆在太和殿陛見。其中直隸提督、總督每年輪替來京陛見一次,總兵分班兩年輪替一遍;其他各省提督、總兵三年奏請陛見一次,如未准,次年再行奏請。在陛見中,皇帝除徵詢赴任官員的打算、意見之外,還要發布上諭,上諭針對地方的吏治民生,及前任得失,提出一些原則性的,或具體性的實際要求。[14]因此楊華每次升調、保舉均會有機會去「引見」或「陛見」皇帝。民間不明禮制,總以爲得以晉見皇帝,是一種莫大之光榮與恩寵,

---

[13] 同前註。
[14] 參見:(1)郭松義前引書,第二章禮儀制度第四節朝覲、引見和相見,頁一二九～一四五。(2)李鵬年前引書,「引見」、「陛見」條,頁二三～二四。

是以有此傳奇故事！楊華故居金門民間俗稱「提督衙」，有可能是二種原因：一是楊華提督江南時所建，二是因楊華曾作過提督江南而有此尊稱、泛稱，若是第一種情況，則此宅第應該是建於嘉慶十年（一八〇五）左右。若是第二種情形，則應是他致仕休歸後所建，大約是嘉慶十六年（一八一一）時。由於墓誌銘曾提及楊華不僥爭事功、不貪戀祿位、不建豪宅以遺子孫之風範，個人較偏向此宅不是在任時所建，有可能是致仕退休後，為貽養終年所建，何況他晚年其子楊武鎮仍身居都司、副將等要職，家境已是不錯，應有能力興建，以符合體制、地位、聲望，至於所謂皇帝賜建云云，不免誇大其詞了！

再，前引神主牌謂楊華葬在「本鄉之西穴」，墓誌銘亦記「葬公碧湖之西」，墓地原有山丘，土名「山仔頂」，正是坐高望下之佳城，焉有將山丘剷平之理，筆者懷疑此墓風水或有礙湖下村，於楊家中衰後予以剷平，今地名「新墓」此一「新」字或許點出其中曖昧難言之處。

有關楊華文物，除上述故居、誥書、墳墓、藍采和神像外，尚有若干傳奇，茲一併抄錄於后，作為塾尾，結束本文：

㈠征剿海盜：據說海賊蔡牽曾夢到「羊吃菜」之情境，後與楊華作戰，憶及此乃「楊吃蔡」之意，遂屢屢避開與楊華正面交戰，楊華遂得以不斷追剿獲勝其黨羽。

㈡神明指點：楊華追剿海盜頭目許跳之初原呈敗勢，欣幸楊華府中供奉的「藍采和」神像顯靈指點，並引途指路，令楊華繼續追趕，不得鬆懈，許跳始料未及，而慘遭敗亡。另有一說藍采和提示楊華脫鞋追趕不歇，終能轉敗為勝；或說是楊華拿頭旗

時，因所穿草鞋丟落一隻，為撿拾草鞋而回頭，因此扭轉頹勢云云。

㈢退隱因由：楊華擒剿海盜屢建功勳之後，朝中仕宦讚揚淚賞者有之，嫉妒中傷者有之，暗中與海賊勾結之奸臣，更欲剷除而後快。某日，楊華又夢見家中奉祀之「藍采和」神像託夢告誡：「儘速歸隱故鄉去吧！」楊華毫不遲疑，隨即面聖乞休告老還鄉，而得長居金門湖下村故里，歡度晚年。

㈣清廉致仕：楊華為官，清廉施政，頗獲佳評，當年告老還鄉時，反對派宣言「楊華截獲海盜錢銀眾多，生活富裕」，仁宗皇帝雖不信實，但為防堵爍金眾口，仍暗派官員至金門勘察，只見楊華夫人（一說是楊華老母）正在紡紗，而楊華則正吃著稀飯，家境毫不寬裕，傳言至此不攻自破。[15]

---

[15] 詳見楊天厚〈湖下村楊華提督衙的故事〉，《金門日報》，民國 88 年 7 月 22 日刊載。

金門將軍第的歷史研究——

大腳將軍盧成金的傳奇

第一節　盧家先世略考

　　金門縣後浦北門將軍第係金門縣定古蹟，此宅第之創建人為清代官至溫州總鎮之盧成金。盧氏一族之發祥有二說：一是盧人為姜姓戎族中一支，姜即是羌，意為牧羊人，從原始社會時代起，即逐水草而居，長期在中國西部草原山地，和西北高原一帶活動。這些人因游牧飲食之便，攜帶「盧」器（盛飯菜器皿），久之，這些器皿成為部落之共器，群體之特徵，終以「盧」做為圖騰命名之人群。另一說是：周代姜子牙受封建立姜姓齊國，至第十一世裔孫高傒，因擁立齊桓公之勳績，封賞得「盧邑」為采邑，傳之百年，其裔孫取邑名為姓，遂由高氏而為盧姓，肇始後世一大族系。[1]至秦代出現一代名人博士盧敖，由於其子孫家於涿水之上，涿水一帶古稱范陽或涿縣，范陽縣最早建於秦代，故城在今河北定興縣南四十里之固城鎮，城西十里有地名范陽陂，陂水南流注入易水，易水亦謂之范水。范陽城之得名，即因城建於范水之北，後來盧氏遂以最早出名的盧敖族人聚居地「范陽」為地望，

---

[1] 詳見盧美松《中華盧氏源流》（廈門大學出版社，1996 年 9 月一版），第一章『盧人發祥』與第二章「盧氏得姓」，頁一～三七。又此書得作者親贈，並請益若干疑問，謹致謝忱！

不僅此,盧氏自戰國、秦漢,乃至於隋唐,千餘年來,主體家族成員多出於此,地因人靈,人因地顯,盧氏從發祥起就是重臣巨族,成為漢晉高門、隨唐望族,擁有顯赫家勢,歷久不衰,傳說清代乾隆皇帝出巡,途經范陽,曾揮毫題下「自古幽燕無雙地,天下范陽第一州」之聯語,也難怪范陽盧氏如此自豪。[2]

從漢末至宋代千餘年間,盧氏家族世代簪纓,歷朝顯貴,直到北宋末,金兵入侵,元朝代宋,盧氏家族強宗高第的地位慘遭打擊,族人倉惶南逃,蕩析離居。其中一支遷居福建,據記載最早始自唐初高宗,為平定閩南漳州地區「蠻獠嘯亂」,這批府兵將校中,有校尉盧鐵(字如金)與其子盧伯道,因平亂有功,受封落籍,盧如金曾孫盧武輝開基漳州墨溪(今寶鎮盧橋頭村),後裔繁衍,遍佈閩南遍地。唐末僖宗年間,固始人王潮、王審知兄弟率鄉民從王緒軍隊入閩,其中有盧、林二姓,後兩姓以文顯,為福州巨族。[3]

另外,金門盧若騰一支始祖並非上述兩派,其遷閩開基祖為盧鄒,本河南光州固始縣人,在唐僖宗朝任侍御史中丞,宦游於閩,後合族卜居同安,其裔孫一支由盧宗發帶領,於明代遷往浯州島(今金門)定居,開金門盧若騰一支。[4]

不過,據盧成金後裔所提供的盧怡堂所輯之《霞洞族譜》,與道光年間盧德繡所修之《盧氏族譜》,細閱內容,頗有時空誤植,成為盧鄒派下之誤,此或因枝繁葉茂,分流愈遠,遂紛擾不清之故。據今人盧美松之調查,並參照盧成金裔孫自稱源自南安

---

[2] 盧美松前引書,頁八〇~八四。
[3] 盧美松前引書,頁一五三~一五八。
[4] 盧美松前引書,頁一五四。

縣溪仔尾霞洞鄉之說法，金門盧成金頗有可能是盧如金一派之裔孫。茲先簡略將龍岩縣霜平山（今屬漳平市）盧姓世序表列如下：

〈甲：盧家先世略表〉

```
                                    ┌─ 肆才 ─ 清
……盧如金……得（德）成 ─ 八四 ─ 成（升）┤        ┌─ 秉華
                                    │        ├─ 秉崇
                                    └─ 治郎 ─ 亨┤
                                             ├─ 秉恭
                                             └─ 秉旺
```

其中盧得成遷龍岩永福里方家山四十（目）坑霜平山（今屬漳平市官田鄉坪山村）。盧亨諸子後皆遷居：長子盧秉華遷安溪縣湖丘鄉卓源（竹園）村、次子秉崇遷長泰坊洋鄉青陽村、三子秉恭約於明宣德年間遷南安縣（美林鄉李東、霞洞，和石碼宮後澳下村、洪瀨大洋村，石井淘江盧青村，及東田鄉等地），[5] 據此金門盧家既來溪仔尾霞洞，自是盧如金派下。盧秉恭之選擇遷居南安縣自有其考慮，按，南安是閩南文化的發祥地，亦為泉州諸縣、市的母縣。三國吳永安三年（二六〇）置縣，取名東安，西晉太康三年（二八二）改稱晉安，南朝後梁時又改梁安。梁天監年間又置南安郡，為福建省三郡之一，轄興、泉、漳三府之地。隋開皇九年（五八九）改郡為縣，為全省四縣之一。唐武德六年（六二二）置豐州於南安，州治設在今豐州鎮。武德九年并豐州

---

[5] 盧美松前引書，頁一七〇～一七二，頁一七八。

入泉州（按今福州）。唐嗣聖元年（六八四）分出南安、莆田、龍溪三縣置武榮州，南安縣城豐州為武榮州治，因四周環柳，又名「柳城」。唐久視元年（七〇〇）武榮州治遷往東南十五里今泉州地。豐州鎮乃作南安縣治，取名「南安」，意謂保護閩疆南部安定。

而且南安地處晉江中遊，東與鯉城、晉江緊連，南與金門隔海相望，西與安溪、同安毗鄰，北與永春、仙游接壤，晉江支流東、西兩溪從西而東橫貫縣境中部，沿溪階地相當發育，並形成串珠狀的河谷平原，是糧食主產區。甘蔗種植和製糖業發達，為福建省主要產糖縣。龍眼、荔枝、楊梅、菠蘿等果樹遍山漫野，水果總產量居福建省首位。[6]

溪仔尾一地，據李漢青《南安續志》介紹，：謂「溪尾的地點恰恰位於本邑——南安的中心，它左傍滾滾長流的西溪，自古以來，就已成為西溪的航運中心。每日上安溪、泉州帆船，都要停泊那邊卸貨上貨，或補充食料。溪濱設有碼頭，好讓過往的旅客、估客上上下下。在公路網尚未發展之前，它是西溪的航運站，據說在全盛時期，每日經過溪尾上下溯的船兒，就達數百隻之多，其地位之重要可見一斑。自從它被設為縣治所在地之後，它的形勝更加重要起來，溪尾鎮因擅溪利，縱橫十數里內，平疇宏開，阡陌交錯，農產豐足，物阜民殷，是個魚米之鄉。鎮西的湖塘、蓮塘，鎮北的美林、南廳、都算得巨鄉大里，人煙稠密，廬舍櫛比，渠道縱橫，雞犬相聞，映襯的溪尾鎮有如皇冠中的寶石，因而益輝耀。……至論山水方面，溪尾附近，東南有困九山、南

---

[6] 陳曉亮《尋根攬勝話泉州》（華藝出版社，1991年12月一版），第三章第四節〈南安縣〉，頁一六〇～一六一。

山、謝坑鎮；西有貴峰山；西北有高鎮山、楊梅嶺；東北有鳳凰山、鵲鳥髻山、魏嶺；北有葛嶺、保福山、后鼓山。雖山度不高，而卻層巒疊岫，環如列屏，蒼松翠柏，靈岩古剎，饒有畫意，所謂山水鍾靈，人物毓秀，殆非虛語。」[7]

再，民國八十九年六月二十六日筆者同閻亞寧教授親自至原鄉訪查，承蒙盧茂成老先生提供他於一九九七年十月所撰寫之簡略「李東盧氏族譜」，對照筆者於同年一月下旬親自到金門盧家訪查抄錄神主牌位內函與歷代祖先祀辰表，內容出入頗大，但「李東盧氏族譜」未必盡然不可信，「前言」謂族譜寫作依據為：「范陽霞美盧氏繁衍概略，從第一世太始祖至第六世高祖的概述，是根據前輩世代傳說和有些尚存祖墳現狀，回憶推理整理的。因此，存在誤差是難免的。從第七世祖至第十二世，是稽查《四房功德目錄簿》作依據，加以推理計算寫下來的，誤差必然較少。從第十三世以下的輩屬關係，就比較準確無誤。此著對祖宗繁衍的記敘，僅留給下輩文賢者完繕盧氏家譜作參改。請予以保管下去。但願下輩不忘祖宗的繁衍淵源，加強團結，相互友愛。」「族譜」中提及：「燈號為范陽衍派」、「字句為仁德南近、昆崇丁繼、成世維新、振茂昌榮。文章華國、詩禮傳家，光前裕后，少芳萬年。」均可信，但：「以上三十二輩，前節十六句為太始祖所傳，後半節十六句，系於清庚戌科進士，第十四孫盧少波（字芳年）編篡銜接的，至今已傳至『華』字輩了。」則顯然有誤；庚戌科若指的是清宣統二年（一九一〇），則清末科舉早在光緒三十二年已停考。往前推六十年為道光三十年（一八五〇），如

---

[7] 李漢青《南安續志‧後編》（陳其志基金會，民國63年10月）頁一一三〇～一一三二。

是一則年齡不符,二則據《明清進士題名碑錄索引》;道光庚戌科中進士者並無盧姓者。[8]

「李東盧氏族譜」又提及先世來歷:相傳李東盧氏太始祖為盧仁榮,始祖妣盛氏,於明朝中葉,從同安縣墨溪地區遷到李東(霞洞)定居開基,時李東大姓為侯,而盧氏三代單傳,遂受欺侮。據聞盧族婦女欲到侯厝井腳打水,常被調戲,至第五代,侯氏漸衰,盧姓人丁漸旺,才敢抗爭,今井腳有一塊田地稱「圍來」,乃當年與侯氏械鬥時遺跡。盧氏六代之後,人丁興旺,繁衍神速,今之美林鎮人口約三千五百人,盧姓即高居二千人以上,可以想見族人興旺,裔孫繁衍。由於「李東盧氏族譜」於六世以下世系與金門盧家提供家譜有所出入,茲暫不取,但兩地盧家系出同脈,是絕對可以斷言的。而其間誤差,蓋因原鄉盧家,世遠代湮,又無法親自到金門詳實調查,致有訛誤,固無可奈何也。茲先條列筆者在金門盧家所抄錄之神主牌位,再表列世系,以清眉目:

甲　金門盧家神主牌位彙抄

(1)盧雍等人(成金之祖與曾祖)

陽面:

　　　　一行:誥贈武顯將軍祖考諱雍盧公
　　　　二行:皇清貤贈武顯將軍曾祖考繼維盧公二品大夫曾祖妣勤慈鄭氏仝神位
　　　　三行:誥贈二品夫人祖妣端森陳氏
　　　　四行:孝孫成金奉祀

---

[8] 朱保炯等《明清進士題名碑錄索引》(上海古籍出版社,1979年10月新一版),頁二八○七~二八○九。

內函：

　　　　Ａ 一行：生於〇年（原缺）九月二十九日〇時
　　　　　　二行：祖考諱雍字成穆行三享壽〇歲
　　　　　　三行：卒於〇年十一月初七日〇時
　　　　　　下行：葬在南安縣二十三都新村鄉左坐申向庚兼
　　　　　　　　　卯酉分金庚寅庚申
　　　　Ｂ 一行：生於〇年〇月〇日〇時
　　　　　　二行：曾祖考諱鞠字繼維號茂圃行三享壽〇歲
　　　　　　三行：卒於〇年〇月〇日〇時
　　　　　　四行：生於〇年〇月〇日〇時
　　　　　　五行：曾祖妣氏鄭閨名〇享壽〇歲
　　　　　　六行：卒於〇年〇月〇日〇時
　　　　　　下行：合葬在南安縣廿三都新村鄉左坐寅向申兼
　　　　　　　　　艮坤分金丙寅丙申
　　　　Ｃ 一行：生於〇年九月十八日〇時
　　　　　　二行：祖妣氏陳閨名〇享壽〇歲
　　　　　　三行：卒於〇年五月十五日〇時
　　　　　　下行：葬在南安縣廿四五都蔡林鄉畬頭山坐午向
　　　　　　　　　子兼丁癸分金庚午庚子

⑵盧世憶（盧成金之父）

陽面：皇清誥贈武顯將軍顯考諱記字世憶盧府君之神主／孝
　　　男成金奉祀
內函：

>　　　　一行：生於乾隆乙巳年（按五十年，一七八五）
>　　　　　　　六月十六日酉時
>　　　　二行：顯考諱記字世憶行三享壽六十有八歲
>　　　　三行：卒於咸豐壬子年（二年，一八五二）八
>　　　　　　　月十一日申時

(3)林孰娘（盧成金之母）

陽面：皇清誥贈二品夫人顯妣盧門謚貞懿林太夫人神主／孝
　　　男成金奉祀

內函：

>　　　　一行：生於乾隆壬子年（五十七年，一七九二）
>　　　　　　　八月十一日○時
>　　　　二行：顯妣林氏閨名孰娘享壽七十有三歲
>　　　　三行：卒於同治甲子年（三年，一八六四）十
>　　　　　　　月二十一日辰時
>　　　　下行：葬後浦鄉前娘仔宮南吳厝路邊坐巽向乾
>　　　　　　　兼辰戌分金丙辰丙戌

(4)盧成金

陽面：皇清誥授武顯將軍賞戴花翎記名簡放總兵歷任浙江海
　　　門溫州等處總兵官乍浦協副將顯考剛肅盧府君之神
　　　主／孝男松志植志棟志楷志嶽志杖期孫同慶等仝奉
　　　祀

內函：

>　　　　一行：生於道光壬午年（二年，一八二二）正
>　　　　　　　月二十九日午時

二行：考諱鐵官章成金字維麗芬亭行一享壽七十有四歲

三行：卒於光緒乙未年（二十一年，一八九五）六月二十九日午時

下行：葬在古坑大社左邊／坐子向午兼壬丙分金丙丁丙午

(5)黃、劉等三夫人

陽面：皇清誥贈夫人顯妣盧門黃夫人劉夫人黃夫人神主／孝男松志植志棟志楷志嶽志杖期孫同慶等仝奉祀

內函：

A 一行：生於道光〇〇年〇月〇日〇時

二行：嫡妣黃氏閨名悶娘享壽〇歲

三行：卒於道光〇年九月十九日〇時

B 一行：生於道光壬寅年（二十二年，一八四二）十二月十七日〇時

二行：清誥贈夫人盧門黃氏諱吻娘享壽八十四歲

三行：卒於民國乙丑年（十四年，一九二五）三月二十六日未時

下行：葬在下後垵鄉北苔鳥山之陽坐甲向庚兼寅申分金丙寅丙申

乙　盧氏家譜世系表

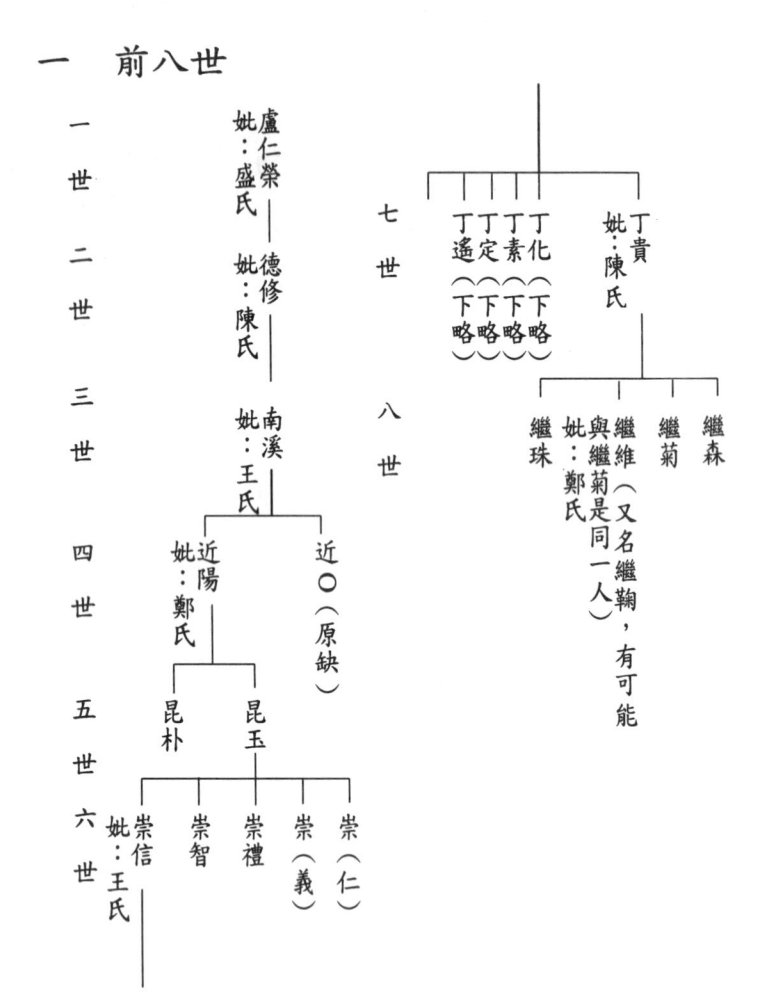

一　前八世

一世　盧仁榮　姙：盛氏

二世　德修　姙：陳氏

三世　南溪　姙：王氏

四世　近陽（姙：鄭氏）、近○（原缺）

五世　昆朴、昆玉

六世　崇（仁）、崇（義）、崇禮、崇智、崇信　姙：王氏

七世　丁遙（下略）、丁定（下略）、丁素（下略）、丁化（下略）、丁貴　姙：陳氏

八世　繼珠（姙：鄭氏）、繼維（又名繼鞠，有可能與繼菊是同一人）、繼菊、繼森

二　八世之後

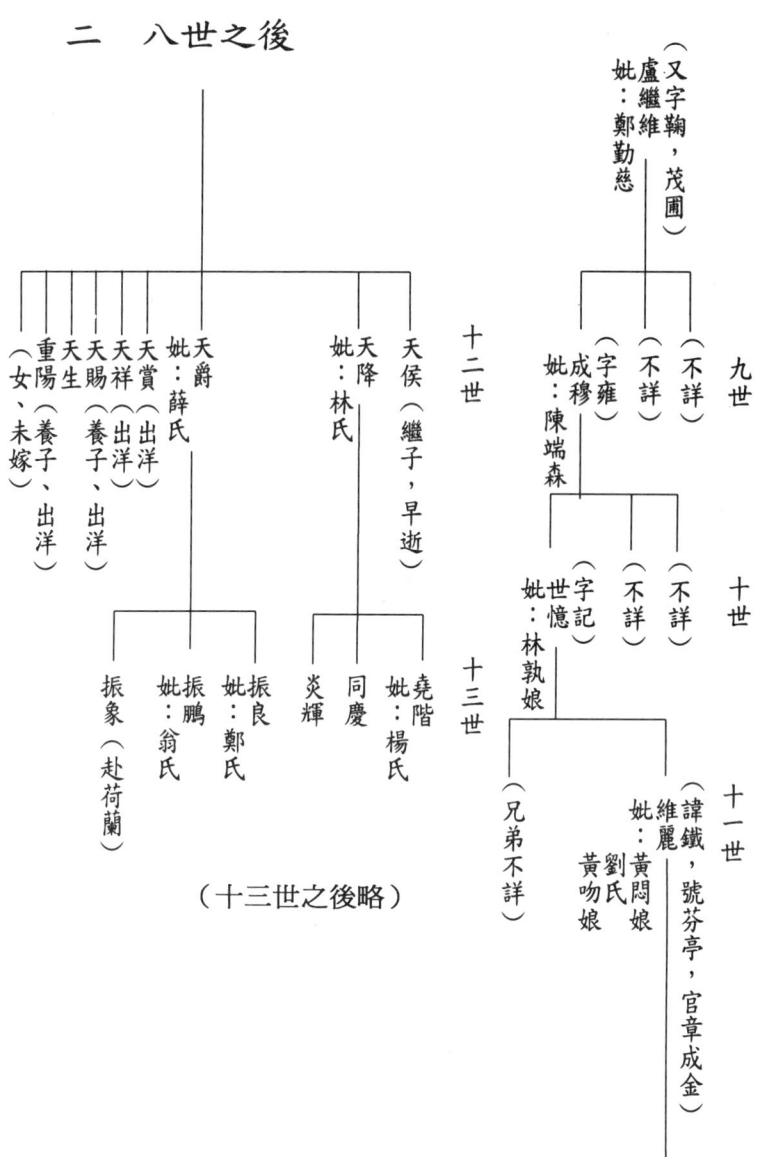

九世
盧繼維（又字鞠，茂圍）
妣：鄭勤慈

　（不詳）
　（不詳）
　成穆（字雍）
　妣：陳端森

十世
　（不詳）
　（不詳）
　維麗（諱鐵，號芬亭，官章成金）
　妣：林執娘
　　世憶（字記）

十一世
　（兄弟不詳）
　維麗（諱鐵，號芬亭，官章成金）
　妣：黃悶娘
　　　劉氏
　　　黃吻娘

十二世
天侯（繼子，早逝）
天降
妣：林氏
天賞（出洋）
天賜（出洋）
天祥（出洋、養子）
天生（養子、出洋）
天爵
妣：薛氏
重陽（女、未嫁）

十三世
堯階
妣：楊氏
同慶
炎輝
振良
妣：鄭氏
振鵬
妣：翁氏
振象（赴荷蘭）

（十三世之後略）

第二節　幼時及遷浯傳說

　　盧成金後來貴為浙江溫州鎮總兵，自不免有若干神奇附會傳說，雖事涉無稽，不妨視之為茶餘飯後閒談。前述盧茂成復撰有《元帥傳說》，於盧成金出生預兆有一段傳聞，茲引錄如下：「盧成金。出生前夕，其父盧世憶到今大石村后深洋壩溝網漁時，深夜聽見有兩個鬼母，抱著兩個胎兒分別要到哈水頭（今李西）和霞美盧（李東）投生，相遇於路上，互不讓路。只好論投生後的官職大小讓路，抱到哈水頭投生的鬼母說：他抱的是『文魁』；抱到霞美盧厝投生的鬼母說：他抱的是『大人』，品辨之後，才相讓路而去。其父捕魚到深夜回家，其妻陳氏已生下個男孩了，暗地裡高興極了，估計就是昨夜在后深洋鬼母抱來投生的大人了。天亮之後，便跑遍霞美村整個角落，進行詢問，查明昨夜全盧厝並沒有婦女生孩子。這樣其妻生下的男孩子無疑地，就是鬼母抱來的投生的大人。心裡更加高興，也就不能自禁地把情況傳遍全村了。」

　　對於成金幼年家貧勤學苦練武功及隨父販售豬仔亦有一段傳說：「盧厝請來拳師，扎館在祖厝教學拳術，但盧維鐵家貧如洗，無法加入武術館為徒，只好旁觀自學自練。有一次，獨自一人習作練功，被拳師發現了。拳師詳細觀察，以為盧的武術功夫勝過在學的學徒。便追上去問其所以然。盧回答拳師說：我因家貧無法入館拜師求教，是旁觀自學自練的，沒有規範，沒有系統。就這樣深得拳師的同情和喜愛，拳師當面表示，要義務接受盧為武館學徒。於是，盧借機勤學苦練，終於成器。但由於家境所迫，

十幾歲,就陪其父販賣豬苗(按即豬仔),所以人們都叫他為『豬仔鐵』後來成名了,才稱他盧成金,叫做鐵練成金。」

之後父子遷居金門,也有一段「為民鎮邪」的故事:「盧父子販賣豬苗,往返石井、內河至大小嶝、金門等地。有一次,金門後浦民眾染疫症,拜問當地城隍,城隍公指點弟子,要請盧大人入境,才能平息災情。那末,那裡去請盧大人?簡直是,丈二和尚摸不著頭腦。猶豫之時,城隍再明確指點:盧大人就在某時某日,從石井開過來的客船上。於是,那一天清早,後浦眾弟子信心百倍地到碼頭等候迎接盧大人。當船未靠岸時,先派人搖著小船到這艘客船上,查看誰是盧大人?問來問去全船都沒有一個當官的盧大人,唯有兩個販賣豬苗的父子是姓盧的。城隍指點,正是這兩個姓盧的一個。因此,眾弟子就熱情把他父子倆人迎接入境。果然,他父子倆一步入後浦境里,妖魔鬼怪全退,疫症消除,民眾平安,就此,盧父子獲得當地民眾的愛護和關照。」

盧氏父子既遷居金門,後來置屋在後浦南門新街頭福德宮左後側,今屋貌尚存,租與莊元春擇日館,莊氏後人克紹箕裘,承習舊業,為人卜卦指點。而成金幼年時常在城隍廟偃臥,復有一段「冥役搧扇」傳聞:「成金幼年時,家居於城隍廟附近,暑夜睡於廟前石階,傳說與其鄰接偃者,每感睡夢中,清風徐來,心甚異之,一日某甲臥其側,迷矇中聞殿前范謝二將軍,催冥役速為盧大人搧扇,醒後告同儕,成金氣宇不凡,日後當顯貴,故城隍僚屬亦另眼看待云」[9]

---

[9] 不著撰人《金門先賢錄》第二、三輯,(金門縣文獻委員會,民國61年6月),十一〈盧成金忠勤廉正〉頁一四〇~一四二。

弱冠之後，投伍軍旅，民間有一段拜神抽籤之說法：「成金弱冠，以家貧輟學，感家計前程兩渺茫，意欲從戎，以展懷抱，尚猶豫難決，乃赴大街靈濟寺（俗稱觀音寺）禱神問卜，得第五十壬寅籤，籤文曰：『佛前發誓無異心，且看前途得好音，此物原來本是鐵，也能變化得成金』。是籤本解謂謀事不成，外出不利，然成金因原名鐵，忖籤文明示鐵亦能化金，男兒志在四方，更有何慮，乃改名成金投效金門鎮標麾下。」[10]

投軍之後，又有諸多「尋靴意外建功」之傳說，前述盧茂成《元帥傳說》記：「有一個時期，豬苗生意蕭條，盧成金便與盧大瓶（二房人）到浙江溫州地帶做別的生意。當地政府張榜招兵，圍勦寨賊的動亂。盧大瓶見榜後，自以為盧的武藝高強可以參戰，未經回客棧與盧商議，便擅自拆榜報名，迫使盧大人要承擔大瓶的作為。消息告之家中，家人為其擔心，驚慌萬狀，只好應從。因盧身高大，足趾寬大，沒有大號鞋穿，其姑母即為其繡製大號軍鞋一雙，送其出征。盧成金應征前，在選擇馬匹時，用拇指按在馬背測驗馬力，軍營幾十隻戰馬無可一可擇。無奈之時，養馬夫向頭人建議，把一隻從來沒人敢用的惡馬，讓盧一測，果然真正合盧之意，選上了。此馬一過盧手中，十分馴服，眾軍兵盡皆欽服；接著是選擇兵器了，盧選擇了一支從來無人用過的八十一公斤重關刀。馬匹、兵器都擇好之後，便帶領三佰名兵將，出征迎戰。首次，戰敗於寨賊，退兵時，跳過一條三丈二尺寬的崖溝，不謹慎將其姑母繡製的大號軍鞋掉了一隻，非撿回來不可，盧令大瓶回頭跨過深溝撿鞋。盧大瓶乘賊兵未追逐之時，扛著戰旗，跳回崖溝，借此機會，虛張聲勢，吶喊：救兵已到，衝

---

[10] 同上註。

呀!頓時,賊兵信以為真,陣腳一片混亂,紛紛回頭逃跑,這時,盧奮起大刀追擊,真正把敵兵頭領一刀殺下馬腳,大長士氣,乘勝再追擊賊軍,徹底平了賊窩,得勝凱旋回營。此事稟報朝廷,獲得皇上加封『元戎』,後提升閩浙『提督』,就此光明成器。」

而金門民間亦有類似傳說,只不過時代背景轉成明朝末年之「盧大人」了,傳說內容如下:「明朝末年,內地有賊亂,到處有人打家劫舍,盧大人去投軍當兵捉賊。盧大人很高大,是個七尺大漢,他負責舉領兵的軍旗。有一次,官兵去捉賊,官兵這邊打輸了,大家趕緊跑,盧大人也把軍旗扛在肩頭上跑。他的腳大,沒處買鞋,他姑姑幫他作了一雙鞋,他一直綁在身上。跑跑跑,跑到一半,才發現那雙鞋遺失了一隻,他想說:『糟了,一雙鞋不見了一隻,又沒處買,這怎麼行!』他趕緊回頭去找鞋,旗也扛著去,一團官兵跟著旗招回去。那賊兵在後面追,看見這官兵軍旗忽然打回轉,都說:『糟了,他們的援軍到了,那旗又招回來了!快跑快跑!』結果敗兵變勝兵,又追回去打贏了。也是這盧大人有福氣,他就因此建了功,連續十三升到總兵,會自己帶兵打仗。」[11]

按此一類型傳說,亦見於蔡攀龍,其內容如下:「蔡攀龍軀體魁偉,傳說其足比常人大逾一倍。初從軍時,其岳母為特製一靴,長二尺,所謂『將軍相貌何魁奇,靴囊貯得一小兒』是也,攀龍珍惜之,故罕穿也。某次與賊打仗,將靴佩帶腰間,赤足從行,嗣軍官被賊打敗,落慌而逃,奔十餘里,攀龍忽覺腰間所佩雙靴失落一隻,思其靴巨大,乃岳母特製,他處無從購買,今失

---

[11] 見唐蕙韻《金門民間傳說》(金門縣政府,民國 85 年 12 月)〈盧大人舉軍旗〉,頁一〇六—一〇七。

去一隻,則所剩一隻亦無所用,亟需從速找回,時攀龍為執旗士(俗稱旗牌官),乃獨自撐大旗徒步折回尋靴,賊眾正在追奔之際,忽遙見官軍大旗從間道衝來,疑為官兵援軍大至,急轉頭奔跑,前逃官軍回望賊眾崩潰,乃乘勢揮師逐之,遂獲大勝。主將論功行賞,以攀龍為首云。」[12]

盧蔡兩人傳說,誰先誰後,究竟何人是「母型」亦或「原型」說法,已難追究,姑誌此節,聊為掌故軼聞,以為談資。

第三節　盧成金生平史實

以上一節,純為採摭民間與族裔之傳聞,自不必認真探究,關於盧成金信實可靠之生平事蹟,幸有行狀可據,《金門縣志》有詳實節錄,茲轉引如下:

> 盧成金,字維麗,號芬亭,後浦人。幼有大志,家貧,稍長即棄學投金門鎮標充伍。旋戍臺灣,隨師船捕海盜,迭建首功,見知於金門鎮師林建猷,拔額外外委,管駕戰船,從巡南北洋,獲劇盜甚夥。咸豐三年(一八五三),超擢右營經制外委,時小刀會匪竄陷廈門,忽以船七十餘艘攻撲金門,成金與鏖戰於中港及金龜尾,轟巨砲迎擊,值風逆,砲中熱砂反撲,成金立舵樓,面血涔涔下,不自知也,戰益奮,卒追奔至大擔洋,燬匪船殆盡,旋進勦廈門,登岸即燬賊砲,據要害,斷其糧道,遂同大兵克復廈寨。並

---

[12] 參見唐蕙韻前引書,頁七九與頁一〇五的二則傳說。另前引《金門先賢錄》第二、三輯「蔡攀龍」則(頁六五),亦有如此傳說,茲不重複贅引。

攻復鼓浪嶼要口,奪回軍械,搜捕逃逆餘黨。四年,以積功補提標後營把總、七年總督王公檄赴順昌縣轄援勦髮逆,至即駕駛砲船,沿河堵禦,殲賊無算。是時幫帶林榮邦,分駐順屬洋口,餘氛未靖,為縣令所劾,成金力解於統帶,代任其責,即星夜率所駕乘流迅駛,直抵洋口,未及曉,以攻燬賊巢,俘其正犯以歸,榮邦因得免罪,八年,將樂告急,成金又率所部赴援,甫達境,即收復南口等村,移紮高灘,又攻復三潤渡、積善各村,遂約縣令馬某乘勝兜勦,追至孔山,賊正渡河,出其不意襲擒偽軍師饒象晉,餘眾驚潰。於時總督王公,以先後防勦順昌出力,檄以千總儘先補用,並先換五品頂戴,既而石達開以大股悍隊逼縣城,晝夜環攻,危如壘卵,且城中乏砲械,眾心惶惶,成金顧謂馬大令曰:公第督木石應,某當力守無怖也。遂登陴,百計堵禦,無間可承,忽中夜聞微震聲,知賊穿地道為轟城計,亟下急令,括囊橐立築子城,城甫就而大聲陡發,砂石飛揚,迟尺莫辨,圮城十餘丈,敵之大隊逼城下,肉搏爭登,城上矢石雨注,當著輒斃。然敵勁甚,攻益力,正危急間,彈藥又告匱,乃以傲製春秋砲石,藉資射擊,勢稍懈,而圍仍不解。入夜,成金更募死士。縋入賊營縱火,賊始驚潰,圍解,翌日分隊出城追擊,成金首先陷陣,所向披靡,馳入煙火中,斬其驍將以徇,賊乃悉竄。捷聞,總督王公以成金身歷五十餘戰,獲保危城,厥功尤偉。據奏,得旨賞藍翎,以守備儘先補用。九年,檄赴洋口、永安、安溪剿匪,事竣擎補福建水師提標左營守備。十年,總督慶端以堪勝水師總兵入告,委護南澳鎮中軍遊擊,視事未旬日,即奉調馳往延建防勦,在沙溪口城門衖一帶,擒獲逆匪多名,焚毀賊巢數十,後調授浙江衢州,隨大軍克復江山二邑。十一年春,廷諭賞換花翎,以

都司升用。三日,奉調授閩,馳至建郡,聞江常警報,即折回扼紮仙霞關擊退賊匪。境甫靖,復赴浙,是冬進紮溫州,勦辦平陽、瑞安金錢會匪,生擒股首潘宗英等數十人,同治改元(一六一一),凱旋署理金門鎮右營游擊。二年陞南澳左營游擊,督帶水提師船商艇,緝捕洋盜。十一月,署銅山營參將,仍統水師。三年冬,髮逆竄陷漳郡,詔安相繼失守,縣令趙子美闔門殉難,銅山僅隔衣帶水,而兵糧積欠已四年,呼應不靈,舉島惶懼,成金至,集紳衿勸諭,殷商傾囊助餉,士氣頓振。用輕舸載砲迎擊,逆眾不敢進逼,卒保危疆。旋丁母憂,回籍守制。十年,總督英桂密保水師出色人員,以成金有專閫才,薦於朝,奉旨交軍機處存記。既而浙江黃巖改海門鎮署,總督文公,奏以成金護鎮篆,時移營伊始,成金蒞位,苦心經營,不逾月,凡百俱舉,台州府劉欵見之,服其才。十二年(一八七三),入都引見,召對稱旨,交軍機以總兵遇缺簡放,旋授浙江乍浦副將,乍浦當江浙兩省要衝,為海疆重地,兵燹甫經,營政紊亂,成金履任,悉心整頓,部署一新。時值海氛告警,浙撫楊昌濬,函召面決機宜,至則囑以修建保安城、陳山嘴各砲台,時成金方病瘧,力疾視事,與工役同作苦,行道者見之,不知其為協帥也。光緒六年(一八八〇),捕獲販私船數十艘,以鹽解局,估值分賞弁兵,以船變價,製旂甲,建營房,涓滴歸公,不費庫帑,而軍容頓改,同城徐同知贈句云:「忠勤報國酬知己,廉正持躬到古人。」蓋紀實也。七年春,浙撫譚鍾麟巡閱海口,見戶浦部署謹嚴,軍容狀盛,荐於總督何璟,奏署溫州總鎮。下車,即破除情面,力矯積弊,嘗劾一屬員,浙撫某喻意溫處道緩頰,成金不為動,某撫銜之,而終無疵可摘。故溫處道溫忠翰,稱為直道而行、勁節君子,而總督何公亦以尚能任

勞任怨聞於朝,九年回本任。又值海疆戒嚴,成金督飭兵勇,不十日築土壘百餘里,設備嚴密,又作假砲臺以疑敵,於是濱海儼同紫塞。越春,法艦攻鎮海關,砲聲相聞,民心動搖,成金激勵士卒,躬親巡邏,眾賴以安,及秋和局成,成金見時事日非,即引病歸,去官之日,軍民遮留,請立生祠,峻卻之曰:無陷余罪,厚我多矣。居鄉惟課耕課讀為事,暇則一卷自怡,鄉人有乞一言為左袒者,則曰:均鄉人也,獨厚汝,吾不敢。苟有裨於閭里者,又必竭力提倡之,生平廉潔處己,忠恕待人,而剛直不阿,遇事敢言,尤非權力所能奪。任水師營時,屬下把總宋飛熊,為閩撫所劾,成金以非其罪,封還其檄,為申辨至數十以上,僚寀皆咋舌代危,卒藉力爭得解。在官三十餘載,非宴會無盛饌,非禮服無華美,凡所執行,皆視職權所至,不僭不阿,遇公家事,則又無分畛域,赴之如不及,乍浦處浙東偏,與江南華亭縣接壤,華之柘林等鄉,嘗逼歲除,有盜擄人,鄉民奔告,成金即命師船扮商往,弁兵以越境有難色,成金立趣之行,翌晨獲盜十餘,並歸所擄者,華民德之。性至孝,常以丁父艱適在洋追賊,不得奉臨,引為終身恨,每語輒泫然。覃恩誥授武顯將軍,卒年七十有四。子長松志,次植志,均同安縣學附生,三棟志,外委把總。[13]

　　綜觀上引,可知盧成金之歷任軍職從:金門鎮標兵→額外外委(從九品)→咸豐三年(一八五三)超擢右營經制外委→提標後營把總(正九品)→(咸豐七年代任幫帶)→(咸豐八年儘先

---

[13] 郭堯齡等《金門縣志》(金門縣文獻委員會,民國68年6月初版),卷十二〈人物志〉,頁六七六～六七八。

補用千總、先換五品頂戴)→(咸豐八年儘先補用守備、賞戴藍翎)→咸豐九年掣補福建水師提標左營守備(正五品)→咸豐十年委護南澳鎮中軍遊擊(從三品)→咸豐十一年春正式任都司(正四品)、賞換花翎→同治元年(一八六二)八月署理金門右營遊擊→同治二年陞南澳左營遊擊→同年十一月署銅山營參將(正三品)→同治三年十月丁母憂回籍守制六年→同治十年護浙江海門、鎮署→同治十二年入都引見，詔交軍機處以總兵遇缺簡放，旋授浙江乍浦協副將(從二品)→光緒七年(一八八一)浙撫、閩浙總督奏署溫州總兵(正二品)→光緒十一年見時事日非，即引病歸。無一不是身經百戰，從基層一步一步陞任至正二品之總兵官，絕非僥倖躐等得到，前述民間傳說尋靴建功等等，恐有失實誣衊之訛。而行狀稱彼「在官三十餘載，非宴會無盛饌，非禮服無華美，凡所執行，皆視職權所至，不僭不阿，遇公家事則又無分畛域，赴之如不及」，亦非溢美阿諛之虛詞，今盧家尚存二功德匾，一為「恭頌／鎮定海邦／芬翁盧協台德政」，另一為「恭頌／師名君○／芬亭恩憲盧老大人」，不僅可確證其為人治官與行事，而金門民間有二段傳聞，雖未必真實，亦可想見其為人風義，茲錄之如下，以供參考：[14]

(一)「幼人之幼」：成金性摯純，仁民愛物，某次漳泉地區之役，居民流離失所，成金率軍經某村，聞道旁嬰兒啼聲，甚憫之，令士卒覓拾得一幼嬰，乃懷之胄甲內，及事平，為其訪尋父母，嬰父大喜過望，謝曰：此兒受大人再生之恩，乃其洪福，倘不棄，願螟蛉膝下。成金以某意真誠，且己尚無子，乃收養之，並名曰

---

[14] 同註9前引書，頁一四一～一四二。

天賜,天賜及長,常隨營馳驅於閩贛,頗有膽識,惜年十九即夭折。以成金蔭授武信騎尉。

(二)「告病成真」:成金因見時局日非,且已年高,堅欲退休,乃藉口痔瘡告假,實無此疾,及旨下准其退休,竟痔發。家居時,成金以衣不淨,不欲家人代勞,率皆親自洗滌。

而成金身教影響,其女更以貞孝壼範名世,《金門先賢錄》紀其事:成金女韻秋,少師事兄松志,湛經學,諳史事,事母劉以孝稱,內外無閒言。嘗因劉病劇,禱天願以身代,剜心頭肉和藥以進,孝感動天,母病竟癒。事為萬縣丞(鵬、江西人)所聞,以將門有孝女,大加褒獎。未幾,父歿,諸兄旋外出,惓念母衰病,未忍遽離膝下,遂矢志不字,終其身。尋母終,哀毀逾恆,轉疾數載,卒年四十有五。

尤其眷念元配黃氏閔娘,更可想見其人深情念舊之一面,金門民間傳說一則「再世姻緣」故事:成金母曾為成金育一童養媳黃氏名閔娘,不幸九齡就夭殤,成金極為傷心,終身哀念不已,及長娶劉氏,無出,在廈得悉一黃家,有女亦名閔娘,成金以為幼侶轉世,納為側室,育子五女二。及誥封三代,元配報黃氏,劉氏不快,大恚,成金解釋,黃氏係已故之閔娘,劉氏乃語塞,實成金齊家之對策,究為舊情,或為兒息,終非局外所能悉也。[15]此則傳說,參酌前引神主牌位,不僅可信其事,而盧家今存「盧氏歷代祖先祀辰表」末附「惠邑劉氏外祖祀辰」,劉氏夫人因臉上有七顆痣,家人尊稱彼為「七星夫人」,凡此種種傳聞及現存文物,均可佐證盧成金之篤厚溫良,至情至性,百年之後,猶風範其人。

---

15 同上註。

第四節　建屋析產蔭庇家族

同治十二年（一八七三）盧成金以正二品總兵銜實任浙江乍浦協從二品的副將，在清代，凡九品以上文武官員，都可以得到相應的封贈，封贈目的是為了「遂臣子顯揚之願，勵移孝作忠之風」，所以除顯榮本身之外，還可以推逮父母妻室。盧成金此時實缺雖是從二品的副將，清代官吏任用類例有「除、補、轉、改、調、陞、遷、降、署」等不同，[16]一般高階代低階事稱「攝理」，低階代高階稱「護理」，盧成金早在同治十年即「護理」浙江海門總兵，同治十二年入都引見，確定以「總兵」遇缺簡放，可能一時無適當地方的總兵缺，不得不授任浙江乍浦的副將缺，因此盧成金實際上是正二品的武職，得以封贈為「正二品武顯將軍」，其黃、劉二妻室也得以封贈為「夫人」（再高則為一品夫人）。對於父母先祖的封贈，按制，官居二品、三品給誥命三軸，追贈兩代。官居四品、五品給誥命兩軸，逮及父母及其妻。不過，有時官員為表示孝心，可請准將本身封贈加到

盧成金宅第

---

[16] 詳見：(1)郭松義等《清朝典制》（吉林文史出版社，1993年5月一版）第四章第一節〈官員的選拔與任用〉，頁二五八〜二七二。(2)許雪姬《北京的辮子》（自立晚報社文化出版部，1993年3月一版），第二章〈文官的調補與銓選〉，頁二三〜三三。

父母、祖父母和曾祖父母身上,但要辭掉本身封贈。[17]因此咸豐九年(一八五九)盧成金任福建水師提標左營正五品的守備時,可能辭掉本身封贈,推恩封贈父母為正五品「武德騎尉」與「宜人」;祖父母也是貤贈為正五品的「武德騎尉」與「宜人」,有誥封二幅。到了同治十一年因進級加官,不僅本身為正二品的「武顯將軍」,劉、黃二氏也封贈為「夫人」;父母、祖父母也再誥封為「武顯將軍」與「夫人」,計有三幅,合計共五幅誥封,今皆保存於「皇恩誥命」匣木中,懸於正廳堂樑頂,承蒙盧家後人慨允請下拆視,略有破損,若干字跡也漫漶不清,有待重新裝裱。茲暫先錄成金任浙江乍浦協副將時其本身誥封,內文如下,以供示例:

「奉天承運皇帝制曰:簡蒐軍旅,運籌參坐鎮之權;管握兵機,決策贊元戎之任。克宣勇力,宜錫崇褒。爾堪勝總兵浙江乍浦協副將盧成金,禦侮長才,折衝壯略。虎符分統,作上將之股肱;鶴列森陳,樹偏師之羽翼。奏膚功於保障,展茂烈於干城。慶典欣逢,殊榮用沛。茲以覃恩,授爾為武顯將軍,錫以誥命。於戲!聲威有赫,良由將帥同心;綸誥生輝,祗受國家上賞。益勤武備,允荷恩光。

　制曰:策府疏勳,甄武臣之懋績;寢門治業,闡賢助之徽音。爾堪勝總兵浙江乍浦協副將盧成金之妻黃氏,毓質名門,作嬪右族。擷蘋采藻,夙彰宜室之風;說禮敦詩,具見同心之雅。茲以覃恩,贈爾為夫人。於戲!錫寵章於閨閫,惠門常流;荷嘉獎於絲綸,良型允播。

---

[17] 郭松義前引書,〈官員的品級與俸祿〉,頁二七二~二八二。

制曰：澤沛丹宸，式獎起桓之績；恩流彤管，載揚淑慎之風。爾堪勝總兵浙江乍浦協副將盧成金之繼妻劉氏，姆教素嫻，婦功克備。婦言雍肅，能庇內外以同心；閫範修明，庶絜後光而媲美。茲以覃恩，封爾為夫人。於戲！表宜家之有則，寵命均頒；嘉繼室之能賢，休光允荷。

同治拾壹年拾月初玖日」

同理依世爵制，成金之子，盧松志蔭封為正七品的「武信騎尉」、盧植志為正六品的「武略騎尉」，茲不贅。

盧成金發達之後，不僅蔭庇三代及子孫，復於北門大井腳購地營建新居，宅為三進，門前鋪石板，整體形貌樸實無華，正反映居亭之風格。此宅之建，金門民間也有一段傳說：「成金於光緒九年回乍浦協副將任，有意退隱，乃函囑在金摯友楊媽愛，代為鳩建三進新居，楊某因所購地不甚廣，詢之梓人可否蓋三進，梓人謂僅容兩進，及屋將成，成金返里，以兩進不敷兒孫住用，召工磋商，能否擴為三進，梓人不敢忤其意，答曰可，乃重新拆建，故是屋前二進，地上尚存磚二層。楊某以梓人前後異言，恐成金怪其謀事不力，竟氣憤成疾。」[18]傳說中之楊媽愛確有其人乃楊都試，為盧家姻親，金門後浦人，字篤藩，媽愛其俗名，光緒三十一年乙巳科貢生。關於購地建屋之傳聞，經查詢盧家後人有二點需要補充與糾正：一是屋前之地原為某蔡姓所有，邱良功原欲購下，蔡姓始終不肯。後來盧家意欲商購建屋，蔡姓初允且不在乎價錢，等到鋪好地基，卻又反悔不肯出售，因此，一開始蔡姓允賣面積原足蓋三進，蔡姓不賣，打亂計畫，只得建成兩進，

---

[18] 同註9。

成金返里知曉此事，召工磋商，再改建成三進，造成屋宅縮小規制，楊都試即因此事內疚於心而生病，並非匠師前後反覆異言。另一是「將軍第」落成之確實年代，盧家後人曾提供一條重要線索，略謂此宅之建，除爲成金暨子孫居住外，也兼爲其子娶媳，喬居新屋之用，是以第一進牆壁爲兩「囍」字之磚雕紋飾，正是慶賀新婚之意。然而新屋落成，大喜娶妻之時，卻逢太后駕崩，因此其祖妣楊仙鶴娶進門時不能熱熱鬧鬧，大事鋪張，成爲一輩子心頭遺憾。按此太后應是慈安太后，慈安之暴崩，事在光緒七年（一八八一）三月，此時盧成金方從浙江乍浦協副將升調溫州總兵之時，正是雙喜臨門，卻不料慈安暴崩，只得低調娶媳，此說若確實，則將軍第之落成年代不出光緒六年底或七年初，決非光緒九年；而且此時正是盧成金宦途高升得意之時，建屋安置家人，乃常情之舉，尚談不上有意退隱而建屋之說。

不過，再根據盧家所提供的光緒十七年（一八九一）八月析產鬮書，內文卻有進一步的資料可供檢索，如鬮書前言中曾提及「即將買過邱家之住屋壹座參進、護厝壹列，買地並起蓋，計共英銀貳仟捌佰元。令本生子天降等四人，憑鬮分居，以便永遠奉祀祖先」，其中嫡長子天降應分產業有「一、買過邱男爵炳忠，起蓋厝壹座參進，及護厝壹列，內應得前進廳壹半、前進西房壹間、中進西前房壹間、中進西櫸頭壹間、護厝東房壹間、中進深井壹半。並與天爵、天賞、天祥全管中進大廳壹間、中進巷頭小樓貳仃、東面小厝壹間、護厝過水亭壹間、東面水井壹口、及護厝之深井、門口之石埕、西面之通巷」，其他諸子天爵、天賞、天祥所分大同小異，只是廳房之不同而已。此鬮書之可貴在於不僅明確指出今將軍第宅土地是向邱良功之孫邱炳忠買來，起蓋住

屋一座三進、及護厝一列，買地連同起蓋，共花費英銀（鷹銀）二千八百元，並詳述了將軍第初建時形制、規模與大小。

除購地建屋外，成金亦曾返鄉謁祖修墳建祠，返鄉之年據《元帥傳說》為光緒九年（一八八三），時成金年六十二歲，回署浙江乍浦協，且正值中法有事，海疆戒嚴之際，恐怕時機有些不對，再加上原鄉今存盧成金與同宗盧長吉於光緒十六年庚寅冬重修一世祖盧仁榮與妣盛氏之墓碑，依理推斷筆者較相信是光緒十六年（一八九〇）該年才返鄉謁祖修墳，並懸掛一「元戎」匾額於盧氏祖祠堂神主龕上右側，「元戎」猶云總戎，主軍事者之稱，與元帥同，此匾原鄉族人誤會為其軍銜，乃後來稱盧成金為「元帥」之由來。祠堂又懸掛一對聯：「文至翰林太史第、武陞提督元戎衙」，大顯盧厝威風。除建祠修一世祖墳外，成金尚重修其祖母陳氏墳墓，墓在蔡林嶺（昔南華織造廠西北側，今改美林消防水帶廠）。此次返鄉，族人方知其顯祖耀宗、高居要位，遂有「仗勢欺人」及「攀親扯戚」之二段逸聞出現，《元帥傳說》記其事，茲轉錄如下，其一：「李東幾個愚民想借其勢，胡作非為，曾於光緒二十八年（一九〇二年）間，幾個肩挑貨販，路過八尺嶺，與原南安縣爺座轎往溪美視察相遇。有意橫穿其道，并毆打官役，觸犯官法，惹來官禍。李東受官方圍剿，全村村民搬遷到村后小溪岸上，搭蓋草棚，以避官法。長期下去，不得安寧。後才派村民盧茂地前往金門尋找盧大人，求他解危。盧一面指責愚昧的村民的不法行為，另一方面立刻下函給南安縣令，不許株連無辜，為顧及官威，維護官法。即收買乞丐為凶首投案，焚燒三門塘。凶首已辦，鄉里已廢，既給官方面子又保護村民免受其害，了結這場官禍，村民才從小溪岸搬回村中，拯救李東免廢。」

其二:「盧光榮之後,回家修理其祖母陳氏墳墓。其墳葬在蔡林嶺,蔡林鄔氏得知之後,以為盧是他們的外甥孫,熱情借此機會宴請,但盧認為蔡林龍脈小,支撐不了元帥、提督官威,一味謝絕宴請,而鄔厝一直以為盧是他們姓鄔的外甥孫,要跪拜鄔厝桌腳,豈有支撐不了之理。一定要宴請盧,多次虔誠邀請。盧確實也感到不好再辭,便定日赴宴。不過要有個條件,即要搭布幕在外,不得請入屋裡。鄔不理解其含意,不聽勸說,一味以外祖自居,偏偏設宴在大厝內中堂,敞開大門迎接。盧一到了鄔厝,看到如此熱情場面,便暗自嘆氣!恐會誤了鄔厝。無奈之際,叫他們立即封閉大門,打開兩邊小門,然後,盧才往右邊小門,倒退入鄔厝大廳赴宴。宴請後,鄔厝便惹來人畜不安之大禍,敗的很慘。盧即採用法術,解除鄔厝的禍害。」

除返鄉修墳坊外,成金對自身父母墳墓尤為重視。成金之父盧記(世憶)生於乾隆五十年(一七八五),卒於咸豐二年(一八五二),享年六十有八。父卒之時,成金官居外委,職階低微,又因戎事,在洋追賊,不得奉臨,草葬在西門外義塚,引為終身之憾,每語泫然。及成金晉階武顯將軍,為父母請得誥封,乃擇吉遷葬於下後垵之北、苔鳥山之陽,頗稱廣袤,不料民國五十年代因軍事構工,墓碑、墓桌及石柱等物均被移用,今也不知去向。成金母林氏孰娘、諡貞懿,生於乾隆五十七年(一七九二),卒於同治三年(一八六四),享壽七十有三,葬於後浦鄉南面娘仔宮吳厝路邊,此一帶原為賢聚鄉盧氏墳地,以同宗之誼獻給成金為母營葬壽域。

到了光緒十七年,時成金已七十高壽,不能不為身後之事作一籌謀預算,於是立下鬮書。所謂鬮書就是分家文書,可分為「父

在分業鬮書」與父亡「兄弟分業鬮書」兩種[19],此時成金年事已高,且子女皆已成人,授室訂婚,自覺來日不多,一方面想早日息肩,一方面使子女力圖立業,自應分業析產,以維家道不墜,此種作法類似今之所謂生前贈與性質。成金在鬮書前言中詳述了家族現況與經濟財富:「主立鬮書人,父芬亭。蓋聞江流以衍派而愈長,木本以分支而益茂,欲使克昌厥後,何妨各異其居。予緣嫡妻黃氏無出先逝,繼室劉氏亦無出,奉 慈命為嗣續計,復娶副室黃氏,迺生四子一女。子即天降、天爵、天賞、天祥,女即重陽是也。而先經予妹翁盧氏,以一子名天侯者入繼,並抱養兩子,曰天賜、天生,蓋生、繼、養共有七子。謹按立嫡子之律,有曰:嫡妻五十以上無子者,得立庶長子。予嫡妻、繼室、既皆無出,而天侯又未娶,故自當遵律,即立庶長子天降為嫡長子,以承宗祧。茲因諸子均已授室訂婚,予老矣,亟宜為兒輩分析計,免致後來有生養之分,爭較是非。第念予由行伍歷官專閫,素以廉潔自持,未嘗妄取非義之財,所置之業,實屬無多。若欲別其生養,照例辦理,恐或有不足之憂,今特為變通,庶法與情得以兩全而無弊。爰就予所有財產物業,除撥充祀業,追薦祖先功德,風水養贍,及子女婚嫁等費外,盡數秉公分析。即將買過邱家之住屋壹座參進,護厝壹列,買地並起蓋,計共英銀貳仟捌佰元,令本生子天降等四人憑鬮分居,以便永遠奉祀祖先。又將典來黃姓住屋兩座、契面錢伍佰柒拾捌仟文,先行修理錢項不算,再貼英銀捌佰元,勻作兩份,令養子天賜等二人憑鬮分居。其餘財產

---

[19] 有關鬮書內容與研究可參見(1)周翔鶴〈清代臺灣鬮書研究〉《清代臺灣史研究》(廈門大學出版社,1986年4月一版),頁三〇〇~三一二。(2)朱鋒〈臺灣的鬮書〉《臺灣文物論集》(中華大典編印會,臺灣省文獻會,民國73年6月再版),頁二三九~二五五。

物業、統令諸子憑鬮均分。而繼男天侯，隨任多年，盡子職，雖未娶，故係侍親積勞所致，實與尋常夭亡者有間。著破格與應份園業，供其祭祀，將來各房必須以本生子承繼，乃準其以入嗣先後之序，輪流收息。仍將此業，同大公祀業，並載鬮書，請官蓋印給示，勒石存案。至予之衣冠服用等物，本屬無幾，現在皆已凋敝，他日如尚有餘贐，著一律給嫡長子天降收用，諸子概不得爭較。其現存之家器什物，除祭祀應用者，點交嫡長子天降收存，毋庸分給外，餘已由予儘數均分，或有不足者，亦已另給銀項，聽自補置。所有大公祀業、及天侯應分契據，俱交嫡長子天降執掌。大公祀業、每年收息以充祭費、應由本生子天降等四人，輪流承祭。而天賜、天生以抱養故，自難使其共承祭祀，今亦破格准其附末輪流，異日如敢有佔越等情，即由各房公革，不許與輪。此係予及族親中見，從公辦理，諸子宜憑鬮書承管，日後如有不肖者，或執長幼之序、或拘酌給之律，更圖爭較者，罔遵父命，是謂不孝。許諸子就鬮書呈官究辦，但願既分之後，各具天良、無失和氣。今欲永遠遵行，合立鬮書，一樣六本，及應份契據，交諸子各執存照。祀業追薦、祖先功德、風水、養贍、婚嫁等費、及各房應份之業、開列於左。」

緊接之後，即是盧家家產（如土地、房屋、器物等）之紀錄與分業，由於事涉盧家財產之隱私，此處不便引錄詳述，茲僅作一大概之分析。鬮書內容大體包括祭祀公業、共業、贍養費、鬮分等項，茲逐項簡述如后：

祭祀公業：將家產撥出部份作「大公祀業」的基金，並將其租息充作祖先祭辰、年節、祭掃墳墓及各房子孫應試等費用，自光緒十八年壬辰起，按房次序，以年為度，輪流值公，收取租息，

辦理祭祀,若不足時各房均攤,剩餘時各房男一人女一人「飲祭餘」。

共業:以現住宅第充為各房共同居住之用,「其餘別房概不得以私主進,亦不得藉端居住,並儲積物件。」

贍養費:以現款或房地產,分別供「予及爾諸母劉氏黃氏」、「生作養贍死作葬費」,若有剩餘可按房份均分。反之「倘或不足,各房均當勻攤,不得推諉」。

鬮分:將全部淨實家產,扣除前三項外,按房份均分,抽籤鬮分。

鬮書之末列有諸人名諱「主立鬮書人父芬亭、族親盧金榜、作中人楊振圭、許甘侯、知見母劉氏、黃氏、本生嫡長子天降、本生次男天爵、本生三男天賞、本生四男天祥、養子天賜、代書人楊都試」。

綜觀此一鬮書,有如下幾項特色:

1、兼顧了往者(祖先)永遠香煙與祭祀,老者的贍養與未來身故。

2、提早分業析產,避去日後兄弟爭執,促使各房力圖立業,以維子孫生計,以繫家道不墜。

3、透過祭祀公業與共業,以維繫家族,並辨別譜系支派。

4、家長、諸母退居「知見人」身份,不干分產之事,家財悉數交委族親、作中人主持分配與抽鬮,且呈官蓋印、勒石存案,公正無私,子孫自能和睦翕從。

5、設想周到,諸子女之婚嫁費、子孫之應試費、已故繼子天侯身後諸事、二養子天賜、天生亦「破格准其附末輪流」,可見成金處事公平、謀事長遠之考慮,尤其女兒

「重陽嫁費銀肆佰元」特多,「各房男一人、女一人」,「及外甥」皆可同飲祭餘,皆顯示出成金尊重女性之胸懷。

第五節　化身成神及身後文物

盧成金生於道光二年壬午（一八二二）正月二十九日午時,卒於光緒二十一年乙未（一八九五）六月二十九日午時,享壽七十有四,葬於古坑鄉大社左,風水方位為坐子向午兼壬丙,分金丙丁丙午。墓地之由來尚有一傳聞,據說成金在世曾調停古坑與珠山一帶的械鬥,因此古坑人便送一塊地給成金作壽域佳城,但成金深知彼官威熾盛,墓地位置對沖古坑,於古坑一地不利,故墳墓遂偏幾度不正對古坑。後來古坑人在墓龜披晒漁網,以「天羅地網」方式罩住墳墓,破掉此一風水。嗣後至民國五十年,因金門軍方構建古崗樓,闢路犯墓址,乃不得不遷葬娘仔宮其母墓之右側,碑及墓台仍用原物,惟石獅望柱等無法移豎均不立,深為可惜,望柱兩根今尚存置將軍第屋前左側。

成金遺物除墳墓外,尚有:鑽袍甲武器,惜金門於日寇佔據期間,盧家子孫為避惹禍,丟棄井中,今僅存大刀、佩劍、短刀等。另有袍甲一套、鞋屐乙雙、及去官時僚屬購繡字錦幛乙幅,原陳列於金門文物館,再轉金門社教館,幾經轉手已不知去向。賓五幅誥封。舭成金及劉夫人半身畫像。鼌兩方功德牌,一方被釘成柴門,幸筆者發現,搶救回來;一方則被拆卸成兩塊,釘成水缸蓋。跻一塊大烏磚。另傳尚有若干瓷器,如巨型花瓶、果盤

等,又九龍紋銅碗、令箭乙支、玉如意乙把,及其他瑣碎物件如板指、玉珮、掛珠、水煙槍等等,惟此次探訪未得親見。

　　成金任官三十載,身經百戰,捍衛鄉梓家國,晚年也能析產分業,蔭庇子孫,澤及先人。死後復能庇佑原鄉族人,顯靈驅散鬼魂,後世宗親感念,建「元戎殿」供奉,此中經過,《元帥傳說》記載:「李村于一九八〇年,以金圭山遷回舊址時,是按當時十二個生產隊劃塊分配建厝地皮的。盧培強厝建在原姓莊地帶。厝建成遷入居住,邪氣十足,難以安居,至一九八一年間,其妻陳要染病,險些喪命,請來泉州的南海觀音查根由,發現盧培強的厝宅是建築在莊姓地基,莊氏鬼魂在興風作弄。有一天,南海觀音主持,進行陰陽調解時,盧成金靈魂突然出現在陰壇中,一時香灼熄滅,嚇的莊氏鬼魂逃散。盧魂闡述:我是元帥,居住者是我的四代孫兒,不許任何鬼魂來作弄。並表明,他要回李東庇護村民,要求村民要為他塑『佛像』、建廟宇。同時,擇定每年的五月十三日是他的生日,九月初三日是夫人的生日,盧厝眾民要為他奉祀。此消息一傳開來,轟動全村,盧厝民眾照其要求辦理,先雕塑『佛像』。一九八四年八月,旅星僑胞盧冰坤先生暨夫人黃玉瑛女士,回來探親,聽其傳說,便熱心獨資人民幣伍仟元,建築『元戎殿』于尾寮埔水尾,當年的農曆十二月二十八日,盧厝村民為『元戎殿』的竣工喝采。自此,盧元帥靈魂座鎮『元戎殿』庇佑村民,有求必應,非常靈驗。盧大人的芳名和生前事蹟,在李東重揚,流芳萬年。」

　　此事真假姑不置喙,但立廟塑像供奉是真,綜觀盧成金一生,傳奇無數,不愧是大將軍、奇男子,聲威有赫,澤蔭裔孫!

第六節　小結

　　盧成金生前身後史實已如前文探討，茲於本節將其生平事跡簡化成大事年表，列表於後，一則清眉目，再則作為殿尾，結束本文：

道光二年（一八二二）：生於該年正月二十九日午時。
道光年間（一八二二～）：幼貧，隨父販豬仔，綽號「豬仔鐵」，通曉武術。後隨父遷居金門，在後浦南門新街頭福德宮左後側置屋而居。
咸豐初年（一八五一）：弱冠因家貧意欲從戎，赴大街靈濟寺（觀音寺）抽籤問卜，改名「成金」，投效金門鎮標充伍。旋戍台灣，迭建功勞，拔額外外委（從九品），管駕戰船，從巡南、北洋。
咸豐二年（一八五二）：八月十一日丁父艱，適在洋追賊，不得奔臨，引為終身恨，時三十一歲。
咸豐三年（一八五三）：超拔右營經制外委，與小刀會匪鏖戰，積功補提標後營把總（正九品），時三十二歲。
咸豐七年（一八五七）：屢屢攻剿順昌縣太平軍，殲敵無算。時三十六歲。
咸豐八年（一八五八）：因防剿太平軍及收復諸多失地，閩浙總督檄以千總盡先補用，並先換五品頂戴。九月再敗石達開大軍，確保贛南縣城，得旨賞戴藍翎，以守備儘先補用。時三十七歲。
咸豐九年（一八五九）：檄赴洋口、永安、安溪剿匪，事竣，掣補福建水師提標左營守備（正五品）。時三十八歲。

咸豐十年（一八六〇）：委護南澳中軍遊擊（從三品），視事未旬日，即奉調多處地方防剿太平軍，焚毀敵巢，收復失地，迭建功績。時年三十九歲。

咸豐十一年（一八六一）：春，廷諭賞換花翎，以都司（正四品）升用。三月，奉調援閩，境甫靖，復赴浙剿辦會匪，生擒股首。時四十歲。

同治元年（一八六二）：八月，署理金門右營遊擊。時四十一歲。

同治二年（一八六三）：升南澳左營遊擊，督帶水提師船商艇，緝捕洋盜。十一月，署銅山營參將（正三品），仍統水師。時四十二歲。

同治三年（一八六四）：力抗李世賢太平軍，卒保銅山危疆。十月二十一日丁母憂，回籍守制六年。時四十三歲。

同治十年（一八七一）：漕運總督文彬奏以成金護理浙江海門鎮署。時五十歲。

同治十二年（一八七三）：入都引見，召對稱旨，授浙江乍浦協副將（從二品）。成金履任，修建砲台，悉心整頓，部署一新，軍民獻匾恭頌。時年五十二歲。

光緒六年（一八八〇）：捕獲販鹽私船，船鹽變價，分賞弁兵，製旗甲、建營房，涓滴歸公，廉正持躬。時五十九歲。

光緒七年（一八八一）：閩浙總督何璟奏署溫州總鎮（正二品），另向邱良功之孫炳忠買地起蓋屋宇，即今之將軍第。時六十歲。

光緒九年（一八八三）：回乍浦協副將本任，值清法戰爭起，法艦入侵，督飭兵勇，設備嚴密。時年六十五歲。

光緒十一年（一八八五）：及秋和局成，成金見時事日非，即引病歸。居鄉以課耕讀為事。時六十四歲。

光緒十六年（一八九〇）：返南安縣溪仔尾霞洞原鄉謁祖、修墳、建祠。

光緒十七年（一八九一）：八月抽鬮析產於諸子女，書中詳列祀業，追薦祖先功德、風水、養贍、婚嫁等費，及各房應分之業，計一式六本。七十歲。

光緒二十一年（一八九五）：卒於該年六月二十九日午時，享壽七十有四。

一門三節坊的歷史研究
——蔡家三位節婦的辛酸標記

第一節　金門瓊林蔡氏概述

一門三節坊位在瓊林村西郊的古官道上，乃道光年間旌表瓊林蔡仲環妻陳氏，次子尚聞妻陳氏，三子尚功妻黃氏婆媳三人節孝所立。

瓊林舊稱「平林」，緣此地「所居多樹木，望遠森然若蓋」[1]，世故稱之，「瓊林」之美名由來則是明帝「御賜里名瓊林」[2]。瓊林在明代隸屬同安縣綏德鄉翔風里十八都，清初同，道光年間改馬巷廳翔風里十八都瓊山保。民國初年，金門設縣，屬第二都瓊山保，二十四年改制為瓊林第二區瓊山保所屬。三十四年，金門光

一門三節坊

---

[1] 蔡鴻略（尚溫）修《浯江瓊林蔡氏族譜》（道光元年修，民國81年4月重印），頁一三。
[2] 見林焜熿《金門志》（中華叢書委員會，民國45年7月印行），卷九人物列傳（二）「蔡獻臣」條，頁二一九。

復，初歸滄湖鄉，依次再歸沙美鎮、瓊浦區、金湖區、金瓊鄉，至民國五十四年再歸隸金湖鎮迄今。

金門蔡氏有兩大支派，一是濟陽派，以瓊林蔡氏為代表，並發展到許坑、中下蘭、小徑、壠口、前水頭、後浦、列嶼等。一是青陽派，以蔡厝（昔山兜）、安岐、湖尾為代表。瓊林蔡氏家族之發展，據說始自唐末五代自河南光州固始遷至同安西市，再遷於金門許坑，傳到十七郎，入贅平林陳十五公家，是為瓊林蔡之始祖。後因蔡氏子孫昌繁，陳氏遂遷陽翟（今陽宅），另結新社，瓊林乃成蔡氏世居之處。

十七郎再傳宣義，三傳子春、致政、季炳三人。子春傳三人，其中二十四郎開下廳族，二十六郎留住瓊林。致政有子六人，其中二十三郎留居瓊林；二十二郎開庵裡族，二十七郎開宅裡族，二十九郎開別族。

二十六郎諱望高，字天賜，其長子早逝，由二十三郎的四子維德承繼，並續留住瓊林；而二十三郎其他三子均開別族。總之，從一世十七郎至五世維德，族裔或為僧侶、或早逝，或開別族，而留住故居，光大先人者，唯維德一人。

維德長子一禾的後裔開上坑墘、下坑墘、大厝與前坑墘四房。次子一蓮後裔開新倉長房，新倉上二房、新倉下二房、新倉三房，與前庭房，共五房。三子一梅，早逝。四子一蜚贅晉江劉家。由於子孫昌盛，共析分九房，分住四甲：⑴大厝甲，大厝房居住；⑵坑墘甲，由上坑墘甲、下坑墘房、前坑墘房居住；⑶大

宅甲，新倉上二房、前庭房居住；(4)樓仔下甲：由新倉長房、新倉下二房、新倉三房居住。[3]

新倉上二房傳至二十二世的蔡子倫，生有五子，第三子蔡衛，字仲環，娶妻斗門陳氏。仲環不永天年，陳氏二十九歲守寡，茹苦含辛撫育三子。次子尚聞早逝，娶妻斗門陳氏；三子尚功亦早逝，娶妻後水頭黃氏。婆媳三人即一門三節坊所欲旌表的節婦，也是本文所要研究的對象。

第二節　建坊入祠的條件

在我國傳統社會中，為綱常名教之所關，世道人心之所繫，官府對於具有忠孝節義之人，旌表其人之善行耆德，以為獎善之儀範，作為維持風教之一種手段。依《欽定大清會典事例》所載，可與旌表之種類有九：鑛樂善好施，賓急功好義，甜節孝，羆累世同居，跡百歲人瑞，鉤親見七代，悇夫婦同登耆壽，胳兄弟同登百歲等。其中「節孝」，指孝子、順孫、義夫、節婦、烈婦、貞女、孝婦等等。也即是說，旌表節孝就是在表揚這幾種人之「孝順」與「節烈」事蹟。旌表的種類雖然繁多，旌賞的方式則依事蹟的不同而異，從歷代旌賞實例來看，可粗略的分為：鑛無形的捐職，賓有形的給賞、賜匾及建祠建坊。捐職就是「捐納制度」的規定，按捐貲納粟的多寡，取得晉官賜銜。給賞則多賜給銀兩、綢緞；賜匾又因旌表種類而不同，有皇帝御書匾額、南書房翰林

---

[3] 蔡主賓《金門縣古蹟瓊林蔡氏祠堂修護研究計劃》（漢光建築師事務所，民國78年4月），第一章〈金門瓊林村發展概要〉、第二章〈金門瓊林村蔡氏家族發展概要〉，頁一～四，頁一三～一五。

書寫匾額，及地方官給匾等數種，此外，累世同居或是百歲情形下也有題詩文的。建坊、建祠則以紀念性實質空間，如牌坊、節孝祠等為主，立於閭里，作為表彰，以樹風聲，是旌賞中最為隆重的一種。清代旌表節孝的建坊條件，據《欽定大清會典事例》之「禮部風教」記載，計有：[4]

（一）節婦不論元配或副室，自三十歲以前夫亡，至五十歲完全守節；或未及五十歲身亡，但已守節十五年以上。[5]

（二）夫婦未成婚就流離失散，守志到老再行結合者。

（三）孝女以父母無子孫，終身奉養不嫁的。

（四）官婦或民婦遭寇，守節殉身者。

（五）童養媳拒絕未婚夫私姦調戲，守節致死者。

（六）強姦不從，以致身亡者。

（七）節婦被翁、姑、父、母等逼嫁致死的。

關於婦女的旌表，依大清會典禮部則例，按其身分階層又可分為王室婦女、命婦、營伍婦女，和庶民婦女，但是通常考核方式是以婦女的德行良窳為標準，分為貞、孝、節、烈四種名目，「女曰貞，婦曰節；孝者，婦女善事其父母、翁姑也；烈者，婦女慘遭不幸，奮不顧身也。」[6]，婦女只要合乎上述四種標準，即

---

[4] 詳見崑崗等奉敕撰《欽定大清會典》（光緒二十年刻本，台北新文豐出版公司，民國 65 年影印本）第十三冊，卷四〇三～四〇四〈禮部風教〉旌表例，頁一〇四八～一〇四五六。

[5] 對於守節年限，清代屢有修改，越後越短，如清初為二十年，世宗雍正時減為十五年，宣宗道光時再減為十年，穆宗同治時再縮短為六年。

[6] 盧德嘉《鳳山縣采訪冊》（台銀文叢七十三種）〈采訪案由〉，頁二二～二四。

可依例請旌。請旌的程序，大致如下：首先由當地士紳造明該婦的履歷，上面註明係來自某鄉里，其戶首與出結保證者，貞女、孝女要戴父母名氏，已許字者曰字某姓，未字者則云未字，貞節婦須戴夫名，孝婦兼錄舅姑名氏，並某年于歸，某年夫卒，守貞、守節若干年，現存年若干歲等。又節婦之子孫如何，有科名仕宦者，亦須登錄其上，烈婦　亦同，均須一一詳明，以防冒報。這類履歷造冊，須層層彙轉，作業程序繁複。[7]直到清末，仍有旌表婦女之行，而婦女、鄉里、子孫亦多以獲得旌表殊榮自勉。

至於旌表的方式，前已述及，有賜匾、給銀建坊，與入祀節孝祠幾種，其中又以建坊入祠，更受時人重視。建坊即是牌坊，簡稱為坊，是一種紀念碑，以題名、題字為主體，以縱柱、橫柱組成，在柱上施以雕刻，有些牌坊又有屋頂，或可稱為牌樓。牌坊可分為：貞孝、節烈與節坊等幾種，其建造位置並沒有嚴格規定，係由官方給銀三十兩，聽本家自行建坊。不過，貧窮人家縱能獲准建坊旌表，但在官方僅補助象徵性的三十兩，餘均由本家自理的情況下，困於財力，每每無法建坊，此所以志書烈女傳中合於建坊者，比比皆是，卻少見節坊。

第三節　蔡家三節婦略考

一門三節坊所表揚的三位節孝婦女事蹟與生平，流傳極少，一般人所常用者，不外乎林焜熿的《金門志》與瓊林蔡氏的《浯江瓊林蔡氏族譜》（以下簡稱蔡氏族譜）。

---

[7] 同前註。

《蔡氏族譜》記新倉上二房二十二世的子倫生有五子：長子名首，字仲元，娶陽翟陳氏；次子名質、字仲彬，娶董林許氏；三子名衛，字仲環，娶斗門陳氏；四子名輔，字仲佐，娶官裡許氏；五子名豹，出繼蔡子月。長子條下又記：「與母黃氏、三弟仲環、合葬內厝后，有大溝，有牌。」[8]仲環生三子：長子名炒，字尙淳，號芳桂，太學生，娶東店黃氏，有妾；次子名紹，字尙聞，早世，娶斗門陳氏；三子名老，字尙功，早逝，娶后水頭黃氏。[9]以上諸人之生卒與事誼均未有紀錄，不能進一步追索稽考，誠屬遺憾！另一方面，《金門志》卷一〈分域略・坊表〉簡單地記下：「一門三節坊，在瓊林」[10]卷十二〈列女傳・節孝〉則稍微詳細地記載：[11]

> 陳氏，陳海女，平林蔡仲環妻。年二十九寡。撫子芳桂、尙聞及遺腹子尙神。尙聞娶陳文心女，陳氏年二十一亦寡。尙神娶黃志傳女，黃氏年二十九又寡。姑媳同志，勤儉持家，晚年孫、曾繞膝，一家八十餘人，五世同爨。姑卒年七七，媳年今俱五十七，道光十一年，合詞請旌。二陳斗門人，黃汶水人（案牘）。

　　雖短短數行，卻足以提供稽考若干史實：

　㈠請旌之年爲道光十一年（一八三一），則該節孝坊應該不外乎道光十一、十二、十三年此數年間建置，但其中仍有若干疑點（見後文），穩當說法，當然是建於道光年間。

---

[8] 見《蔡氏族譜》，頁六七四。
[9] 《蔡氏族譜》，頁七〇〇。
[10] 林焜熿《金門志》，頁二三。
[11] 同前註前引書，頁二八〇。

㈡族譜記三子為「尚功」，志書記為「尚神」，互有牴牾，不知何是？

㈢志書記「晚年孫、曾繞膝，一家八十餘人，五世同爨。」，經查族譜，記二十四世之尚淳生五子：長子名撥，字文思，早逝；次子名度，出繼尚聞；三子名如，庶出，出繼尚功；四子名寂，庶出；五子名齒，庶出。可知尚淳有側室，二子出繼，二子留下，長子夭折。尚聞有二嗣子，長名光篡，字永經，太學生，尚濯次子承繼，娶董林呂氏；次名度，字永恢，尚淳次子承繼，早逝。是知尚聞妻陳氏並無生育，二子皆是他繼而來，其中一子且早逝。尚功亦有二嗣子：長名炎，字永潤，尚撫三子承繼；次名如，字永□（族譜原缺），尚淳三子承繼。二十五世永字輩，永經與永潤下空白，不詳，永恢無記。[12]族譜所記如不誤，則志書所記孫曾繞膝，一家八十餘人，恐過甚其詞，名存而實亡者多矣！茲將二十二世以下四代世系表，簡化如下表，以清眉目：

---

[12] 《蔡氏族譜》，頁七二八。

22世
蔡子倫
妻陳氏

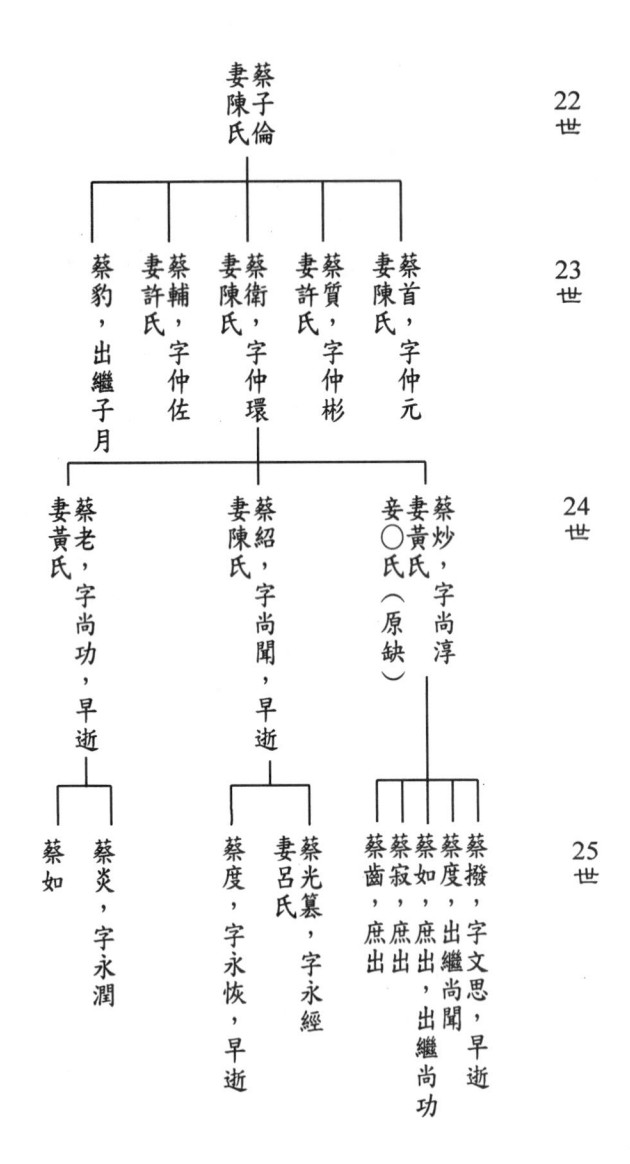

23世
- 蔡首，字仲元，妻陳氏
- 蔡質，字仲彬，妻許氏
- 蔡衛，字仲環，妻陳氏
- 蔡輔，字仲佐，妻許氏
- 蔡豹，出繼子月

24世
- 蔡炒，字尚淳，妻黃氏，妾○氏（原缺）
- 蔡紹，字尚聞，早逝，妻陳氏
- 蔡老，字尚功，早逝，妻黃氏

25世
- 蔡撥，字文思，早逝
- 蔡度，出繼尚聞
- 蔡如，庶出，出繼尚功
- 蔡寂，庶出
- 蔡齒，庶出
- 蔡光纂，字永經，妻呂氏
- 蔡度，字永恢，早逝
- 蔡炎，字永潤
- 蔡如

㈣如志書所記，此則記載是採自「案牘」，是「道光十一年，合詞請旌」，而且該年「姑卒年七十，媳年今俱五十七」，顯然可見仲環妻陳氏是屬於身故旌表，二位媳婦則是生前題坊，並不一樣，不可混爲一談。

㈤若假設「姑卒年七十」即具呈題請旌表的同一年——道光十一年，則仲環妻應生於乾隆二十七年（一七六二），卒於道光十一年（一八三一）享壽七十。守寡的二十九歲時是乾隆五十五年（一七九〇），即該年爲蔡仲環卒年。陳氏於二十九歲夫亡守節，長達四十一年，故符合旌表條件。二媳陳氏道光十一年是五十七歲，則守寡的二十一歲爲乾隆六十年（一七九五），該年即蔡尙聞身逝之年，比其父仲環晚五年死，陳氏則生於乾隆四十年（一七七五）。三媳黃氏與二媳陳氏同年，則二十九歲是嘉慶八年（一八〇三），即蔡尙神卒年。而尙神爲遺腹子，若假設是仲環死亡那年即出生，則生於乾隆五十五年（一七九〇），卒於嘉慶八年（一八〇三），享壽不過十三年，而黃氏是年二十九歲，兩人相差十六歲，除非是老少配的「小丈夫」婚姻型態，否則顯然不合常情。總之，除婆婆陳氏、二媳陳氏之推論，個人相信較接近事實外，三媳部份尙有待發掘更多史料，進一步推敲稽考。

此外，個人又翻查《同安縣志》，於卷七「建築・坊表」與卷三十八、人物錄十一之「列女」，竟然無一語提及蔡家三位節孝婦女。再翻查黃家鼎《泉州府馬巷廳志》卷十坊表與卷十六烈女亦是如此，實在令人詫異。所幸在《馬巷廳志》書末附錄下篇黃家鼎所撰〈募置金門節孝祠祭業引〉中所附「金門新節孝祠牌位姓名」發現有「清儒蔡仲環妻陳氏、清儒士蔡尙聞妻陳氏、清

儒士蔡尙神妻黃氏」[13]，可知三人牌位曾供奉在金門節孝祠內供人追思弔念。

扼於史料，三女所能稽考史實，僅有以上。有關貞節烈女諸傳，志書一向簡略，多半只記夫名、里居、年歲，是因文不足以傳其事？或是因浮詞濫譽，轉沒其真？其實論她們事蹟，不外乎養親、撫孤、守節而已，內涵貧乏單調，不知從何下筆，只好章重句複，篇篇一例，周凱在《廈門志》〈列女傳〉說得好：[14]

> 論曰：貞節諸傳，或詳、或略，非有所輕重於其間也。婦人無奇行，養親、撫孤、厥功已偉。至其所以苦節之貞，淒其風雨，黯然深閨，雖其子孫且有不能詳者，他人焉從而悉之；不過曰若養親、若撫孤、若苦節而已。章重句複，篇篇一例，即或略舉其義，率皆能養親、撫孤者。無異同即無優絀，無優絀即無輕重，亦第標識姓氏、里居、年歲而已。雖然，當日抱貞完操，祇各行乎其心之安夫；豈藉是以為名哉？則今之僅識其姓名、里居、年歲，亦九京貞魂所原鑒也。

第四節　節孝坊題詞人物考

蔡家三節婦略考如上，今再進一步稽考坊表上之題詞人。節孝坊柱身前後均有題聯，西面（陽面，有龍形浮雕）有兩聯，一為「甲辰科鄉進士愚姪李嘉卉頓首拜」所題的「正氣萃金閨兩世

---

[13] 黃家鼎《泉州府馬巷廳志》（光緒十九年刊本，台北市福建省同安縣同鄉會，民國75年10月重印），頁三五七。
[14] 周凱《廈門志》（台銀文叢九十五種），頁六〇一。

冰清光綽楔,煊音流彤管九重日出煥絲綸」。李嘉卉其人查《金門志》、《馬巷廳志》、《同安縣志》諸志書中的人物列傳、名宦列傳與選舉表、職官表等等,均無斯人記載,想必不是金門人。再翻查《泉州府志》、《漳州府志》與《中國人名大辭典》、《中國文學家大辭典清代卷》等等,也無其人資料,只好暫闕,敬待高明教之啟之。

同面柱聯尚有「賜進士出身江西即用知縣愚弟廷蘭頓首拜」的「殉婿易撫孤難,不死為存一塊肉;寡婦貞孀潔,未亡真見三宅人。」蔡廷蘭為澎湖林投澳人,會試中式第二百零九名,殿試二甲六十一名,《澎湖廳志稿》有傳,轉錄於下:[15]

> 蔡廷蘭,字香祖,學者稱秋園先生,雙頭掛社人。廷蘭幼而穎異,五歲讀書倍常童,八歲能文,十三補弟子員,屢試輒冠其曹。旋食餼,名藉甚,澎之廉吏蔣鏞尤愛重之。道光十二年,澎湖饑,興泉永道周凱奉檄勘賑,廷蘭賦詩以進,備陳災黎窮困狀。凱大加稱賞,瀕行贈以詩,有「海外英才今見之,如君始可與言詩」之句。因手錄讀書作文要訣一卷授之,題曰《香祖筆談》。時凱方以詩古文詞倡導閩南學者,廷蘭以海島諸生,為所器重;於是臺郡當道名流,如熊介臣、周潤東、姚石甫、劉次白諸公,莫不知澎海有蔡生矣。十四年,主講台灣引心書院。越明年,鄉試罷歸,由金門放舟,遭颶風,船飄十晝夜,抵越南之思義府菜芹汛登岸,乃由陸返閩。途次與南國人以詩相酬和,藉以采風問俗。行四閱月,歷萬餘里,因即見聞所及,成《海南雜著》一卷。十七年,凱調任臺灣道,舉充丁酉

---

[15] 林豪《澎湖廳志稿》(台灣省文獻會,民國 87 年 4 月),頁二五二～二五三。

拔萃科。是年旋領鄉薦。郡守聘主崇文書院講席,兼引心、文石兩書院山長。二十四年,會試成進士,以知縣即用,分發江西,年已四十有四矣。二十九年四月,補峽江縣知縣。至則清積案,獎善類,月課諸生,為文手自校閱。觀瀾書院久廢,乃助修郡治章山書院,使邑士得以時就近肄業焉。峽江素稱瘠區,逋賦者眾,以大義勸諭士民,民皆悅服,完納如額。次年,值秋收荒歉,自捐司房筆資,請豁免逋賦;并設法賑恤,多所全活。咸豐二年七月,解任。是歲充江西鄉試同考官,九月署南昌水利同知,十月卸事。三年,回峽江任,五年八月卸事。六年九月,委署豐城縣。適江水暴漲隄壞,捐廉二千七百兩,僱夫修築張家嘴、羅家角隄岸。又出貲募人撈拾屍首數百,安插難民。時粵寇逼境,所在土匪焚掠,人心風鶴。亟出駐江上,舉辦團練,令富者出貲,貧者出力;其條目簡易可行,民始有固志,屢卻悍寇,以防堵出力,巡撫耆齡保舉,升用同知。九年三月十五日,在任病卒,年五十有九。廷蘭自少力學,以博雅稱,於詩工古體,於文尤善四六,所撰《海南雜著》,刊行已久。為諸生時,佐蔣通判輯刊《澎湖續篇》,網羅故實,多出其手。臺灣道周凱歿於任,金、廈門下士林樹梅輩,議刻《內自訟齋文集》,鳩資助費。廷蘭銳身自任,移書臺地同門生施進士瓊芳等曰:「吾師素負知人愛士之目,今此事宜各盡心力,庶彰吾師之明;豈可諉之樹梅,使私為己責哉」?其風義之篤如此。卒後,遺稿罕有知者。光緒四年,主講文石書院廈門林豪為蒐其《惕園古近體詩》兩卷、駢體文、雜著各若干卷。

按,澎湖雙頭掛蔡氏乃由金門遷居澎湖,開澎祖為蔡鳴震,廷蘭是抵澎之第六代。道光二十三年(一八四三)廷蘭由澎赴京

會試途中,先至金門瓊林謁拜祖廟,並爲三年前其族兄蔡蔚亭等人所建十一世宗祠立碑紀事,今碑文猶存,惜有若干字跡漫漶毀損,無法辨識。碑末題銜爲「道光二十三年癸卯冬十月,新倉三房二十二世孫廷蘭謹記。溫陵石室居刻」。另有柱聯一對:「紹業本詩書,風雅千秋延祖澤;傳家爲孝友,雲仍(按此字爲礽之誤)奕葉篤宗支。」上下落款爲「歲道光癸卯小春」、「新倉三房裔孫廷蘭敬書」。他也爲瓊林蔡德妻顏氏的「欽旌節孝坊」書寫對聯,文曰:「飲蘗奉姑,代職寢門全孝道;和風訓子,流徽巾幗享高年。」、「愚弟廷蘭頓首拜贈」。由於廷蘭是新倉三房第二十二世孫,比新倉上二房二十三世的蔡仲環大上一輩,但禮貌上仍謙稱「愚弟」。

　　不過,此處便產生一疑問:廷蘭是道光二十四年(一八四四)會試成進士,知縣即用,分發江西,是年已四十四歲。前述李嘉卉爲「甲辰科鄉進士」,甲辰應該也是道光甲辰二十四年,若往上推一甲子是乾隆四十九年(一七八四)年齡上便見不妥當,換句話說,此一門三節坊應是道光二十四年左右建成,才會有此落款題詞,前述於道光十一年(一八三一)請旌建坊,如是拖了近十三年才恩准建坊,若謂因作業程序繁複,須層層彙轉,公文牛步化如此一拖十三年,未免令人駭異。其中關節,百思不得其解,是官府作業推拖刁難?還是該房發生鉅變不幸,因而延誤?這一切也只有等待史料的發現,作進一步推敲解釋,在這之前,關於此節孝坊的建置年代不宜論斷爲道光十一年。

　　節坊陰面(東向,有鳳形浮雕)也有二對聯,一是「台灣安平左營遊府姻再姪郭揚聲頓首拜」所提的「苫席偕安,一姑兩媳

冰霜節，栢舟共矢，萬苦千辛銕（鐵之俗字）石心。」，郭揚聲為金門後浦南門人，《金門志》有傳，錄於后；[16]

> 郭揚聲，字騰圃，後浦人，七歲入塾，嘗指揮群童，戲為列陣狀，以糖餌作軍餉，散給必均，師奇之曰：「此兒將來必以武略顯。」既長，性豪放不羈。入金門右營編伍，戍臺灣，補營外委，遷把總。道光三年，提督許萬齡巡臺檄捕內山賊魁林永春，並馬砱山洋盜擒之，護理艋舺及滬尾守備。張丙等倡亂，揚聲於雞籠張犁莊，擒逆黨蔡歡、陳硯等，誅之。擢安平千總，補澎湖守備，護理遊擊事。旋以歷任在洋獲盜功，賞戴花翎，越級升補遊擊，駐守鹿港。漳泉分類械鬥，揚聲建議謂：勿縱兵以擾民，勿過激以釀巨禍，當道韙之，遂親履各莊，召鄉耆諄諄勸諭，餘黨皆知所警。時奸匪乘機搶掠，難民赴鹿港，號救無虛日，乃倡率紳耆捐貲賑恤，親率弁兵會知府仝卜年彈壓安撫，事甫定，而颶風為災，海水挾大雨盛漲，下湖更甚，復設法查恤，死者瘞，亡者歸，活二萬餘人。署澎湖副將，移署安平協副將，安平緝捕尤繁，而兵缺口糧，揚聲會商知府，以嘉慶十七年所存部帑生息，源源接濟，由是眾益用命，相謂曰：「嚮來月餉必攤扣，至是始免，真造我於無窮也。」乃奉揚聲祠位，私祀於安平武廟。總督劉韻珂，以揚聲材，奏請越級超擢安平副將，亦異數也。揚聲雖起家戎伍，恂恂有儒將風，於文員不存畛域，遇事必虛心察詢。先後在臺澎二十九年，熟悉南北洋務，及盜蹤出沒，遇有緝捕，往必獲。待下嚴而有恩，故所屬樂為用，撫群季恩誼甚篤，歲割俸廉養贍，遇文人必折節敬禮焉。後以升任副將，入

---

[16] 林焜熿《金門志》，頁二五二～二五三。

觀,順途回籍葬母,卒於家,年五十有七。(墓誌。以下續修。)

郭揚聲任職台灣水師協標左營遊擊,據鄭喜夫《台灣地理及歷史》卷九〈官師志〉第二冊,「武職表」所記:約是道光二十二年後,至道光二十五年陞署澎湖水師副將,[17]如是,參酌以上蔡、李二人中式落款年代,與郭氏任職年代幾乎可以斷定一門三節坊決非道光十一年所建,以道光二十三、四年左右最有可能。另一聯為「松負雪柏含霜,孤埴雙標同萬苦;玉藏山珠在水,前輝後映並千秋。」、「廣東水師提督軍門,愚再姪吳建勳頓首拜。」吳建勳其人其事,《金門志》亦有傳:[18]

> 吳建勳,字勗齋,原籍永定縣,祖亮興移居後浦。嘉慶二十三年,建勳充金門鎮右營繚手,赴戍臺灣,拔外委,班滿,回遷金門千總,廈門守備,送護理前營右營遊擊,屢獲洋盜周吃等,擊其船,燬其巢,題補游擊,復於紫泥社等,獲吳生毛,唐漢、林貶,周交各海寇,以功題升參將,署閩安協副將。總督鍾音保奏堪勝總兵之任。十九年入觀,召見三次,交軍機處記名,累署海壇、金門、定海總鎮兵。嘗扮商巡緝湄州外洋,獲盜無算。擢廣東水師提督。時海氛告警,靖逆將軍奕經派守永清門,旋以夾板退出繳還砲臺,飭赴新任,並揀帶水勇前往虎門查收各砲臺。適張斌師船失事,關防砲械被盜搶失,建勳即出洋分派將弁,追至洋浦北蔡,獲盜犯吳祖帶等,復在洲墩狗頭山及儋州一帶,先後擊沈賊船,生擒譚保多名。九月,盜首梁

---

[17] 鄭喜夫《台灣地理及歷史》〈官師志〉第二冊「武職志」(台灣省文獻會,民國69年8月)頁一~六。
[18] 林焜熿《金門志》頁二五三~二五四。

亞喬、吳亞美等，帶船十隻，率賊夥投誠，事平班師，面總督祁塤，已以廉州辦賊功奏保副將賴恩爵等，建勳遂據實互奏。報聞建勳論事剛直，性清勁，不可以私干，嘗議豬頭山不可建砲臺，宜於山左沙擔龕為便，與塤意見不合。恩爵曾囑為保舉，願以萬金為壽，建勳拒之，恩爵慚懼，遂與塤子相結。至是塤參奏建勳操防不力，奉旨降為副將，留粵補用，又參奏建勳前議豬頭山砲臺及山左沙龕俱無庸建設，指以為罪。嗾建勳所革書識何龍韜摹擬建勳手書函稿為左證，建勳疏辨。會恩爵接署提督，委任屬員煅煉成獄，建勳欲再疏請申理，不得達，乃誣服。遣赴軍臺效力，後奉赦回籍，卒於家（誦清堂文集）。

總之，佐証以上四人身份背景與落款年代，一門三節坊建置年代不太可能是道光十一年，以道光二十三、四年較有可能。但何以從具呈題請旌表建坊的道光十一年，一拖十三年，至道光二十三、四年才得以建成，史文有闕，只能待來日有新史料發現解決了。另，附帶一提，該節孝坊之興建方式，據當地耆老所談與邱良功之母許太夫人節孝坊一樣，均是採用屯土搭蓋方式。

至於節孝坊建物變遷，大約是於民國三十年代被颱風吹掉上層構件，構件部份散落在溪沙後及瓊林村內，其中聖旨牌據說是被軍車撞損，殘餘部份似曾流落在金門人陳成器手，中再轉賣出去。民國五十年代，節孝坊一度修復，大失原貌，整修師傅為蔡復晉（正司）、蔡其烈（副手）。民國八十六年（一九九七）鋪路時，再構築外面之小圍牆，而成今貌。[19]

---

[19] 據民國88年1月23日下午，訪問瓊林村耆老蔡水加、蔡朝栽、蔡炳泰等三人口述資料。及88年6月續訪問金門陳成器先生整理而成。

第五節　餘論

　　金門瓊林蔡氏，約於南宋高宗時入居瓊林，歷七百年之蕃衍，裔孫昌盛，共有進士六、舉人七、貢生十五、武將六，其他進學出仕者亦不乏其人，而族內具有忠烈節孝事蹟者更是不勝枚舉。其中孝子賢孫、美夫節婦，志行卓異，足以激勵風化，表正鄉閭者，有司仍具實蹟以聞，大力宣揚，表節義、列志譜、修牌坊，一門三節坊的陳、黃氏婆媳三人，即是其典型。

　　中國的貞節觀念在宋代是一個極重要轉折期，在這之前，提倡貞節僅是倡論空談，這之後逐漸奉行實踐，尤其是程頤的名句「餓死事小，失節事極大」，更是影響後世觀念鉅大。明清以來，受程朱理學影響，故於婦女貞節方面特別加強，尤其在法令方面，對於旌表節烈婦女規定的很詳細，有積極的褒獎，也有消極的懲治兩種法令來鼓勵婦女守節。在這樣風氣主導下，貞節觀念更加深化，節婦旌表已不僅是個人的光榮，整個受旌家族的社會地位也可隨之提升；反之，再醮婦則被恥笑鄙視。所以，夫死守節或殉夫，已為社會大眾與婦女本身視為理所當。因此節婦的旌表，已成宗族中無上光榮，對一生一世毫無社會地位可言的婦女來說，更是一生中唯一可光耀門楣，可揚眉吐氣的機會。

　　因此家有節婦者，無不想盡辦法，以求旌表，汲汲營求，於是流弊也就逐漸產生。在明清若干實際例子中，我們不難發現有地方官吏在薦舉節婦過程中有需索錢物之流弊，否則誣論其短，事竟不行，或者文移覆勘，動經數年，更有窮鄉小戶的節婦，終身泯沒無聞而終者，比比皆是。尤其清代政府，竟只給銀三十兩聽本家自行建牌坊，更是極不合理。雖然如此，但究竟這是毫無

地位的婦女，一生最大尊榮，立節垂名，受到地方仕紳父老的尊崇，也可藉此提高門第，旌表鄉閭的作用。對於一門三節坊，我們有如上歷史價值與社會意義的看法。

不僅如此，一門三節坊位在瓊林村西郊的古官道上，古人在通衢要道上豎坊立碑，以傳達政令，頌揚功德，旌表宅里，足以激勵風化，表彰節義，成為一種社會性質榮寵。另一方面，由於牌坊石碑立於官道通衢，反過來又成為今日考證昔年古街衢官道的路標指引，今人陳炳容就根據從金門城到官澳間，沿途的牌坊、古橋、碑石考證出一條古官道通路線。[20]這恐怕是當初立一門三節坊時所未料到的後世附加作用，這也替一門三節坊更添增了值得保存的價值。

---

[20] 詳見陳炳容《金門的古墓與牌坊》，（金門縣政府，民國86年8月），第六章〈金門主要古官道的調查〉，頁一五四～一五六。

金門黃氏酉堂之歷史研究——
一位黃姓郊商的故事

第一節　黃氏源流及遷活事蹟

黃氏姓源有三：一、出自金天氏：宋《學士集》載，少昊裔孫台駘封於汾州，其後為沈、姒、蓐、黃諸國，為晉所滅，後亦以黃為氏。二、出自陸終：《姓纂》載，陸終之後，受封於黃（在今河南潢川縣西），後為楚所滅，其後以國為氏。三、出自嬴姓：《姓氏解紛》載：伯益之後，以黃為氏。案：陸終、伯益皆顓頊之後，黃氏之興，甚始皆一也。

嗣後，據「金水黃氏族譜」載：其先世居河南省光州府固始縣，至晉，中原板蕩始南遷。開閩始祖為黃道隆，初公為東郡會稽市令，漢東（按為隋末劉黑闥稱王之國號）建康諸郡盡亂，家園不寧，晚歲棄官避地入閩，初居仙遊大尖山小尖山之陽。後以里匪所逐，遂遷居盤龍山東、靈秀山之左，名其地曰黃田。黃道隆生四子：守寬、守恭、守昭、守謙，時兄弟走散。黃守恭任官泉州，因而籍泉（按：或云改遷於桐城之西關，泉州城外原多植刺桐，故又名桐城，後黃守恭捨宅為開元寺，寺在泉州城內西街紫雲舖，兩相對勘，正好符合）。唐垂拱二年（六八六），黃守恭因桑樹生蓮之奇蹟，遂捨宅為寺，號曰蓮花寺，後易其名，有興教寺、龍興寺、開元寺、大開元萬壽禪寺、紫雲寺等異名。守

恭之後，由於子孫發達，傳下燈號，由江夏改寫紫雲堂號。黃守恭生四子：經、紀、綱、綸。黃綱居南安之蘆洋；黃紀居惠安之錦田；黃經居安溪南門外參山嶺下長泰里；黃綸居同安之金柄，名為「四安」。[1]厥後子孫多登科第，世世安樂，閱唐宋元明，垂及千年，裔孫散佈，金門乃其一。

　　黃氏在金門為五大姓之一，據志書載：唐德宗貞元十九年（八〇三），閩觀察使柳冕奏設萬安監，以蕃養馬匹，時泉州有五個牧馬區，浯州（今金門）為其中之一，於是牧馬監陳淵奉派入浯州，開墾畜牧，隨行者有：蔡、許、翁、李、張、黃、王、呂、劉、洪、林、蕭等十二姓，黃為其中之一，被視為金門黃氏之源起，因失記載，譜牒不存，致今千餘年，無從查考。今但知金門黃氏分立五股：一西園、二汶水、三金水後浦沙仔頭、四後浦頭、五英坑、東店、官澳，於清宣統元年（一九〇九）成立黃氏宗盟，塑黃守恭神像，每年正月初十前迎請輪值，二月十八冥誕之日，舉行祭典，初定每股長老四人參加，祭後宴會設二席。至民國六十年（一九七一）改組成金門縣黃氏宗親會，因人口遷徙變更，經決定將沙仔頭及後壟合併英坑等成一股，此後與祭人數增多，現祭後宴會增至六席以上。[2]

---

[1] 參見(1)楊緒賢《台灣區姓氏堂號考》（台灣新生報印行，民68年出版）肆、台灣一百大姓考略「黃」姓，頁一八八～一九〇。(2)黃成匣、黃啟政等編修《金水黃氏族譜》（金門縣金水黃氏大宗編印，民國72年9月出版），〈紫雲公譜〉，頁二〇一～二〇五，頁二〇九～二一二。

[2] 《金水黃氏族譜》收錄之〈金門黃氏考〉，頁二一八，及〈金門黃氏宗盟紀〉，頁二一九～二二〇。

金門黃氏五股,其中金水(前水頭)始祖為黃仲卿,乃同安房綸公派下。其祖父黃十郎,由金柄遷往南安白石村,後仲卿避胡元之亂,來浯執教而定居。黃仲卿,諱輔,元延祐二年(一三一五)乙卯科進士,遁世不仕,始遷於浯州之前水頭,娶妣蔡氏,生三子:長景懋、次景昌、三景盛。惜康熙癸卯年(二年,一六六三)清兵佔據金廈,焚屋毀城,徙民於界內,金門遂墟,宗族逃散,牒譜糜爛失詳,是以黃十郎與黃仲卿行實皆不可考,僅知黃仲卿忌辰六月二十五日,妣蔡氏忌辰十二月二十八日,合葬于前山深垵頂香爐山西小石山,碑題曰:江夏祖塋,墓形號「貓兒洗面」。要之,由黃綸至黃仲卿,中間傳世幾何,族譜失闕,無可詳考。

由黃仲卿至創建酉堂之黃俊,其譜系如下:[3]

黃俊塑像

---

[3] 《金水黃氏族譜》,頁三〇六、三〇七、三〇九、五〇二、五〇三、五〇四。

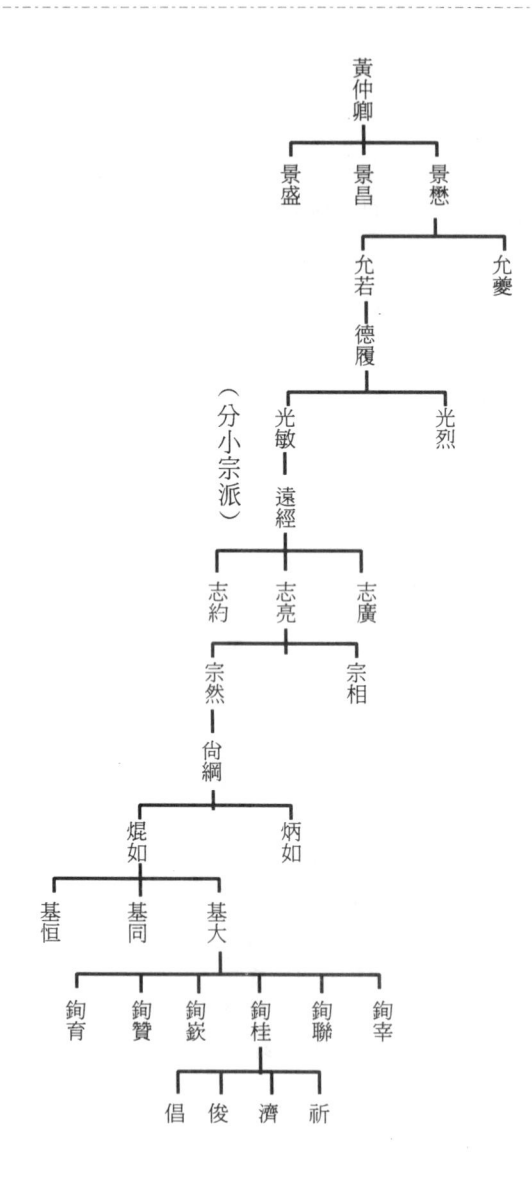

```
                        黃仲卿
          ┌──────────────┼──────────────┐
         景盛           景昌           景懋
                        │ ┌────────────┐
                       允若          允夔
                        │
                       德履
                   ┌────┴────┐
                  光敏      光烈
                   │
                  遠經
          ┌────────┼────────┐
         志約     志亮     志廣
                   │
              ┌────┴────┐
             宗然      宗相
               │
              尙綱
          ┌────┴────┐
         焜如      炳如
     ┌────┼────┐
    基恆 基同 基大
    ┌────┬────┬────┼────┬────┐
   鉤育 鉤贊 鉤欽 鉤桂 鉤聯 鉤宰
                ┌────┬────┬────┐
               倡   俊   濟   祈
```

（分小宗派）

一世 仲

二世 景

三世 允

四世 德

五世 光

六世 遠

七世 志

八世 宗

九世 繼

十世 焜

十一世 基

十二世 武

十三世 數

據上表可知,自黃仲卿遁世不仕,遷居金門前水頭,為金門黃氏肇基始祖,歷十世,至十一世黃基大,其事蹟才較詳確。

黃基大在黃氏族譜記載:祐上祖,誥贈中憲大夫,乃長房(黃鉤宰)孫靜軒公(黃函)貤贈者。生于明天啟乙丑年(五年,一六二五)十月初三,卒康熙亥巳年(四十年,一七〇一)三月二十五日。妣李氏慈惠,生於崇禎丙子年(九年,一六三六)九月十五日,卒康熙甲申年(四十三年,一七一四)九月初八日。葬古坑獻台山,號「五虎朝金獅」,又號「金交椅」,碑題曰:「處士祐上黃公墓」;妣葬滬仔頭牛大石前。後遭癸卯之亂,海氛未靖,逃離家鄉,未幾平定,使返梓里。因長子鉤宰、四子鉤欽、六子鉤育均遷居漳州,五子鉤贊失傳未詳。僅次子鉤聯分居下界(又名下井仔腳);三子鉤桂則居於頂界(又稱黃厝頂,因地為大宗祠故址,又為黃氏族人所居)。[4]

時遭海氛,宗黨廢墜,屋宇無存,黃基大又年邁,不免慨嘆宗祠廢墜,先靈無以妥安為懷。唯力未逮,爰構畫圖型,以示後之繼成。蓋雖有是心,然事非一日可成也,故預定其規模體制以示後代努力。至乾隆初年,長房孫黃函(汝標),經商北地而致富,家資百萬富甲於浯。秉祖父遺志,捐私囊建構大宗祠後進。旋又建小宗祠全座於中界,號曰世澤堂,以奉先祖父之靈。時建材擇用上等,有福州杉、泉州白,均為閩之名產,顯見其工整精緻,美侖美奐。越三十餘載,三房孫黃俊(汝試),復自資添建大宗祠前進,傳為里閭佳話。

---

[4]《金水黃氏族譜》之「祐上祖派下軼記」,頁五〇二、五〇六、五〇七。

第二節　酉堂始祖黃俊其人其事

壹、黃俊之生卒年月

黃汝試即創建酉堂之黃俊。其祖黃基大，父黃鉤桂。黃鉤桂，黃氏族人稱其為葫蘆墓祖，據黃氏族譜記其生平：

> 丹一，諱必科，諡質義，鄉飲大賓，誥封奉直大夫。生順治丁酉年（十四年，一六五七）二月，卒雍正甲寅年（十二年，一七三四）十一月初二，葬龜山下葫蘆墓。妣吳氏恪順，誥封五品宜人，生康熙己酉年（八年，一六六九）九月初五，卒康熙壬辰年（五十一年，一七一二）八月二十二日，葬謝厝後坪頂。庶妣李氏淑順，與鉤桂合葬。鉤桂生子四：長祈、次濟、三俊、末倡。

黃俊字伯癸，諱汝試，諡懋齋，誥贈奉直大夫。生於康熙壬午年（四十一年，一七〇二）三月二十六日戊時，卒乾隆癸卯年（四十八年，一七八三）七月十八日未時。妣蔡氏慈敏，生於康熙甲申年（四十三年，一七〇四）八月二十一日未時，卒於乾隆乙酉年（三十年，一七六五）閏二月二十二日辰時。于嘉慶六年（一八〇一）九月二十三日丁酉午時，公妣合葬，由六房孫奉祀。族譜中並記黃俊生子六：長兩、二四、三六、四八、五十、六格。一、長房黃兩，子二：竹、樹。二、二房黃四，字位震，諱如榴，國學生，生子二：長註（承，字廷獻，失記），次斌（字廷謨，歲進士）。三、三房黃六，字如棻，號愔盧，捐河東豐濟廳，勅授修職郎，諱拱台，妣郭氏、魏氏，生子五：樹（出承兩后）、任（庠生，失記）、偏（捐監生）、泮、仰（字廷佐）。四、四

房黃八，生子二：顏（承，失記）、天杭（承）。五、五房黃十，號誠圃，子女多人：顏（出承八后）、柳（庠生，失記）、梅（字雪三）、檜、棣、天杭（出承八后）、楡、聰明（失記）、明珠、芙蓉（失記）。六、六房黃格，生子四：長大廷、次大丕（子時雍，俱失記）、三、四俱失記。[5]

以上所據爲民國七十二年金門縣金水黃氏大宗編印之《金水黃氏族譜》。另民國四年黃宣樑手抄之《私祖派黃氏族譜》卷五上編〈譜錄〉（許維民老師所提供，謹此致謝）所記與之略有出入，茲抄錄於下：

㈠俊字伯癸，大諱汝試，謚懋齋，誥贈奉直大夫，鉤桂公三子也。妣蔡氏五品宜人，生六子：長名兩，次名四，三名六，四名八，五名十，六名格。公生於康熙四十一年壬午（缺）月二十六戌時，卒于乾隆四十八年癸卯七月十六日未時，享八十二壽。蔡氏名滿，諱慈敏，生于康熙四十三年甲申八月二十一日未時，卒于乾隆三年乙酉閏二月二十二日辰時，享六十二壽。嘉慶六年辛酉九月二十三日丁酉午時，公合妣葬在兩水會坐巳揖亥兼巽乾、丁巳、丁亥分金，庶妣由六房孫奉祀。神主題曰：誥封奉直大夫懋齋，黃府君之神主，父諱汝試，字伯癸，號懋齋行三，享壽八十二歲。誥封五品宜人慈敏，蔡太君之神主，母名滿，諱慈敏，享壽六十二歲。另如杜、如棟，長孫廷苞、次孫廷獻、三孫廷猷、四孫廷瑋，仝奉祀。

關於其第二代，續抄如下：

㈡兩字（缺），俊公長子也，妣（缺）氏，養長子竹北仔，次承繼子樹。

---

[5] 《金水黃氏族譜》，頁五〇四、五〇五。

㈢四字位震,諱如榴,國學生,俊公次子也。妣(缺)氏,撫長子註生,次子斌。

㈣六字如棻,號榕廬,捐現任河東豐濟廳,勅授修職郎。俊公三子也。妣郭氏,生五子,長樹出承兩后,次任,三庶出偏,四泮,五庶出仰。公生于雍正八年庚戌臘月初三日辰時,卒于乾隆(缺)年辛卯七月十二日午時。乾隆(缺)年癸卯十一月初四日辛卯日卯時葬在本鄉鏊山東南方始祖墓邊,坐亥揖巳兼乾巽丁巳、丁亥分金,以(缺)爲案牌題曰:勅授杭州鹽縣正堂,愘廬黃府君之神主,父諱棻,字拱台,號愘廬,行三,享壽四十二歲,男廷猷、廷簡、廷璧、廷佐。郭氏生于雍正十二年八月二十八日子時,卒于嘉慶十八年八月二十七日午時,葬在本鄉牛嶺山尾,坐亥向巳兼壬丙,分金辛亥、辛巳,追針丁亥、丁巳。勅授杭州鹽縣正堂,黃門郭老孺人之神主,母諱謙娘,行一,享八十壽,孝男三房廷璧,四房廷佐,長房孫奉階,次房孫席豐,仝祀。魏氏副妣,生于乾隆七年八月二十九日巳時,卒于道光三年二月初五日戌時,享八十二壽。道光三年二月初九日丑時葬在本鄉牛嶺山尾,坐亥向巳兼壬丙,分金辛亥、辛巳,逢針丁亥、丁巳,以(缺)爲案牌題曰:副妣慈勤,黃門魏氏老孺人之神主,母諱新官,享八十二壽,孝男廷佐,承重孫席豐,仝奉祀。郭氏、魏氏合葬。

㈤八字(缺),俊公四子也。妣(缺)氏,撫長子顏,次子天杭。

㈥十號誠圃,字(缺),俊公五子也。妣(缺)氏,生十子:長顏,出承八后;次柳、三梅、四檜、五棣、六杭,承八后;七榆、八庶出聰明、九庶明珠、十庶芙蓉。

㈦格字(缺),俊公六子也。妣(缺)氏,生四子:長大廷,次大丕,三三、四四。

族譜記載缺略零亂如此,幸蒙酉堂裔孫黃承德先生之協助,尋得黃俊墳墓及長兄黃祈之墓。黃俊墓碑題款如下:

奉直大夫懋齋黃先生
誥封　　　　　　　　佳城
五品宜人慈敏蔡太君

可怪者,黃俊夫婦之墓碑未題有後世裔孫之奉祀,且稱之為「黃先生」,口氣極淡極薄,不似裔孫之所為,仔細觀查墳墓、墓碑、墓台三者質料不同,顯然有所重修,而蔡氏慈敏卒於乾隆乙酉三十年(一七六五),黃俊則死於乾隆癸卯四十八年(一七八三)。死後二十八年才於嘉慶六年(一八○一)再合葬,這其中種種疑點,經詢問黃承德先生,一概不知,僅回答黃俊另有細姨之墓在海邊,今已不知位置矣。

按清代封蔭之制,生存曰封,歿後曰贈。五品以上為大夫,曰誥封誥贈;六品以下為郎,曰勅封勅贈。一品官得封贈曾祖父母、祖父母、父母,并本身妻室,誥命四軸。二、三品官得封贈祖父母、父母、并本身妻室,誥命三軸。四品至七品官得封贈父母及本身妻室,勅命二軸。八品以下,止封本身妻室,誥命一軸。其願以本身應得封典貤封者,俱准其貤封。據此,則黃俊之得以誥封奉直大夫,其妻蔡慈敏之得以誥封五品宜人,必其諸子中在黃俊生前有官至五品者,經查「金水黃氏捐納職員」名冊,中有「長房十四世六公,字如棻,號悋廬,清河東豐濟廳現任」,「長房小宗派派譜」中記黃如棻,亦有「捐河東豐濟廳,勅授修職郎」之記載,直隸州、廳等級同府,皆正五品,正相符合。清制規定京官自郎中、員外郎以下,外官自道員,知府以下;武職自參將以下,直至從九品和未入流官,都可捐買。在諸多捐納項目中,

價格最高的就是「捐實官」，以定額最低的乾隆初年為例，報捐道員需銀一萬三千一百二十兩。知府一萬零六百四十兩，知州四千八百二十兩，知縣三千七百兩，連最低的從九品和未入流職，也得一百六十兩。[6] 據上引族譜記黃如棻為「河東豐濟廳現任」，可知為捐實官，則至少報捐一萬餘兩，黃家在清初之富饒可推想得知了。然而據林焜熿《金門志》卷七選舉表之〈國朝選舉〉記：「黃汝試，如棻父，封中憲大夫」[7]「中憲大夫」為正四品之封贈，與族譜、墓碑所題不同，頗啟人疑竇？原先認為可能是黃如棻其後官愈做愈高，或是他子作官封蔭，經查族譜他子並無是項紀錄，而黃如棻生於雍正八年（一七三〇），卒於乾隆三十六年（一七七一），改葬於乾隆四十八年十一月（按，此年七月正是黃俊卒時），黃如棻比其父黃俊早卒，自是也不可能；而族譜、墓碑、神主牌比較不可能錯誤，則或是金門志書採錄失實誤記，這其中疑點，只有敬待高明教之解了。嗣又經燒香擲筊，蒙黃氏諸祖默許，檢視黃氏歷代祖先牌位，竟發現若干神主碑記載與族譜有所出入，且足以補正族譜者。茲先記黃俊之牌位。

　　甲、黃俊牌位之陽面記：

　　　　一行：誥封奉直大夫懋齋黃府君之神王（按黃俊夫婦牌位之神「主」之主字均未點主字，成一「王」字，頗可怪，可想見當年逝世、入殮、埋葬等等頗為倉促，殆有曲折隱情！）

---

[6] 參見許大齡「清代捐納制度」，轉引自郭松義等人著《清朝典制》（吉林文史出版社，1993年5月第一版），第四章職官管理制度，頁二五九～二六〇。

[7] 林焜熿《金門志》（中華叢書委員會，民國45年7月印行），卷七〈選舉表〉「六、國朝選舉」，頁一七八。

　　　　　　三　　廷獸
二行：男如杜長　　廷苞仝敬祀
　　　　　房孫
　　　如棟次　　廷獻
　　　　　四　　廷瑆

內函記：

一行：生於康熙壬午十月廿六戌時
二行：父諱汝試字伯癸號懋齋行三享八十二壽
三行：卒於乾隆癸卯七月十八未時

下記：

嘉慶六年辛酉九月廿三日丁酉午時合妣葬在兩水會坐巳揖亥兼巽乾丁巳丁亥分金。

乙、蔡氏牌位之陽面記：

一行：誥封五品宜人慈敏蔡太君之神主
　　　　　　三　　廷獸
二行：男如杜長　　廷苞
　　　　　房孫　　仝敬祀
　　　如棟次　　廷獻
　　　　　四　　廷瑆

內函下記：

嘉慶六年辛酉九月廿三日丁酉午時合考葬在兩水會坐巳揖亥兼丙壬亥巳辛亥分金。（其風水方位與黃俊不同，亦是一怪！）

丙、黃位震牌位之陽面：

一行：皇清顯考國學生效愨黃府君神主
二行：　　廷獻
　　　　男廷謨　奉祀

內函記：
一行：生雍正戊申年十月十一卯時
二行：父諱如樁字位震謚愨行二享壽五十三
三行：卒乾隆己亥年十月初九戌時

下記：

葬在下徐社西山頭仔坐庚向甲兼申寅丙寅丙申分金。

丁、黃彬牌位之陽面因水漬，模糊難以辨讀，內函記：

一行：生乾隆己丑九月廿五日戌時
二行：父諱彬字廷謨行二年二十二
三行：卒乾隆庚戌八月初七己時

戊、黃文杭牌位模糊不清，辨讀如下：

一行：皇清顯考國學生謚和愛黃府君之神主
二行：…………（不清）奉祀

內函記：

一行：生乾隆丁酉年一十月初九日寅時
二行：考諱文杭字韋芝行二享年三十三歲
三行：卒於嘉慶己巳年二月十六日寅時

下記：

葬在赤坎坐庚向甲兼酉卯分金庚申庚寅

除以上諸牌位外，尚有黃懷爵、柯康、黃國華（即媽褒）、黃宣穆（即左昭）、林媚娘……等人之牌位，因與本文無涉，茲不抄錄於后。另酉堂黃氏神主牌位尚有一些置於內堂神龕，經擲筶請示，結果擲無筶，不允檢視，遂未能進一步抄錄，以供參證，徒呼奈何。不過，能找到黃俊夫婦墳墓及牌位，是絕大收穫，在內堂桌上另有黃俊塑像，題「酉堂始祖」、「民國七十二年桂月重新塑像，裔孫振源、振南、振新、黃雄叩奉」。其旁又置有一神龕，內奉有多尊媽祖神像，據黃承德先生告知，皆是黃俊當年經營貿易之船隻上所供奉之媽祖遺物，尤彌覺珍貴。[8]

綜合上引族譜、墳墓、牌位等文物參照，值得吾人注意者有三：

一、族譜記黃俊生於康熙壬午三月廿六日戌時，牌位記十月廿六日，應以牌位為準。

二、族譜中黃俊諸子弟名為「兩、四、六、八、十、格」恐有誤，殆為同輩份之排行，觀其譜中述黃俊由「六房孫奉祀」可以想見。可怪者，神主牌位記載諸子僅四房，其中長子如杜、次子如棟，餘不詳。若謂僅此四子，焉有不填上其他二子之名號，若謂僅此二子，則譜中三子如棻，及抄錄所得之二子如榴（族譜誤記為如榴）牌位又確有其人，較可能之原因是黃如棻與黃如榴均比黃俊早卒，故不列名牌位。另外再仔細翻查手抄本族譜（卷五.下篇），發覺在四子八下註有一「承」字，極有可能出繼他房，

---

[8] 以上資料皆是筆者於民國83年8月11日、12日至金門實地採訪所得。

故不列名。而六子格下註有「此條可能有誤」,則證諸牌位,可以反證族譜有誤,換包話說,正因黃格不是黃俊之子(是族譜誤記),所以牌位理所當然不會列名。

三、黃十之子「天杭」應為「文杭」之誤。黃四之子「斌」應是「彬」字之誤。

至於黃俊墓碑題銜口氣冷漠之原因,承許維民、葉鈞培兩位老師提示,謂可能是黃俊生前自題,故自稱「奉直大夫懋齋黃先生」,此條提示極有價值,若果真能成立,不僅解決了墓碑問題,更解決了「西堂」名稱之問題,簡單地說,黃俊在外奔波半世,能夠經商致富,積貲百萬,其中有賴蔡氏在家克勤克儉,操勞持家,或則在旁襄助,或則任勞任怨。蔡氏於乾隆乙酉年死,黃俊感傷極深,對於生理貿易頓覺倦怠,有感於風波險惡,人生無常,萌生退休之意,遂於是年開始興建「西堂」,於翌年完成,作為退養天年之所,兼為課讀子弟仕進之處。除此之外,我們從黃俊自題墓碑之淡雅稱呼,亦可想見黃俊人品之高俊清雅,也難怪其後熱心於添建宗祠,捐建書院與魁星樓(未成)之義行了。

黃氏西堂族人拉雜稽考如上,以下則針對黃俊其人作一考述。黃俊一生行實,值得一探者有四:一、營商致富,二、創建西堂,三、添建宗祠,四、捐建書院。除創建西堂一項留待下節探討外,本節先對其他三項作一探述。

貳、營商致富

按族譜記:黃俊當時擁有財產百萬,後人稱公謂西堂百萬祖,其發財亦傳奇之事也。黃俊自幼家貧,販漁為生。某日擔魚至後山販賣,突聞有人呼喊其名,回頭視之,但見芒草搖曳低頭,似在竊笑,如是者三,後不禁感慨人窮亦被芒草欺,遂決意轉行

從商,另謀生路,遂先至廈門某飯店打雜。一日,一老人食畢,方才發覺身上無錢,俊以十數銅錢,慷慨解囊,予以解危,老人詢其名。俊以小事一件,為善不欲人知而不言,老人默識其面而辭。時飯店之旁為一貿易商行,俊日日過之,一日發覺行東多算錢予人,遂正告行東,經派人索回銀錢,欲以金錢酬謝,俊拒之,行東見其誠信篤實,遂挽留商行任職。俊粗通文墨,有云「手能執筆,腳能執算盤」,旋重用,派任廈滬津航運押貨之職。是時適遇海盜蔡牽掠奪商船,俊押載之船亦被擄。賊首見俊之臉甚面善,詢問之下,正是當年義助解危之飯店夥計,而此老人也正是蔡牽本人,遂將俊之貨船全載放回。從此之後,凡俊押船通行無阻,因之自營致富,往來北洋營運,積貲百萬,擁船十數艘。[9]

關於黃俊義助蔡牽而發跡之傳說,與艋舺張德寶(張百萬)發跡故事頗為相同。張德寶在艋舺廣有貲財,號稱百萬富翁,其貲產來源來自其父張秉鵬從事航海貿易的利潤。據說張秉鵬原籍泉州晉江,起初在艋舺一家商行做小夥計,薪水微薄,由於勤奮努力而稍有積蓄,遂改行從事航海貿易。有一次,他與同行商船多艘由北方辦貨回台,不意在途中遭遇蔡牽一幫的攔截,而蔡牽本人登船所搶的正是張秉鵬之船。張氏一見海賊上船,駭得跪在神案前連連磕頭。蔡牽誤以為張氏擺香案是在歡迎他,傳令勿加殺害,只將人貨搶奪至牽船,並詳細詢問諸人來歷身世,以便通知其家人備款前來贖取。牽之妻子姓張,亦是泉州人,聽見張秉鵬自報籍貫,又見其忠厚老實,不免起了同情心,遂騙蔡牽說張秉鵬為其堂兄之子,彼此以姑姪相認,要求蔡牽釋放人員與船

---

[9] 參見《金水黃氏族譜》,頁五〇七;及筆者於民國83年8月12日、13日訪問黃啟政先生、黃承德先生紀錄所得。

貨，蔡牽果然信以為真，不但釋放張秉鵬，並給了他一面黃旗，以為通行證，以免將來再遭盜劫。當時東南沿海海盜幫，以蔡牽勢力最強，有他的旗幟保護，可免盜劫之患。從此張秉鵬不但自己商船航行貿易不怕盜患，並且可用來庇護同行商船。因此之故，張秉鵬所經營的船頭行生意日盛一日，終於積貲百萬，成為艋舺一帶首富，有了「第一好張德寶」之稱。[10]類似的傳說還頗多，從各地所流傳的這些故事，自可發現反映了當時人的心態。當時從事航海貿易，固然利潤可觀，但風險極大，成功者千不及一。對於這些少數成功的百萬富翁，時人不免聯想牽扯上與海盜有曖昧關係，才能順利躲過盜劫，可惜以黃俊為例，正是大錯特錯，絕對不可能，蓋黃俊生於康熙，卒於乾隆，而蔡牽之劫掠沿海乃嘉慶年間事，試問何來義助蔡牽之可能。然而黃俊營商致富之事，自然是不假，觀其族兄黃汝標「公有經天緯地之才，而致富於北地，家貲百萬。」之族譜記載，[11]及其族姪黃楚（如樑）之記載，亦是如此，黃震群撰「毅齋公行述」敘其曾祖黃楚事蹟如下：[12]

> 公自少小有大志，見其叔父（指黃俊）居奇致富，則有乘風破浪之志。十五歲便喟然曰：人生富貴，何必于章句之末以求利達。因投筆謀之叔父，而上北行商一年，而得倍利。後則自管，駕商船貿易津錦之間，家遂苟美。年三十則曰：有財而不貴，何以榮親，因納粟奏名，捐職州同知，

---

[10] 曾文欣「張德寶與漳泉拼」，《台北文物》第二卷一期（台北市文獻委員會，民國42年4月出版），頁六九～七一。
[11] 《金水黃氏族譜》，頁五〇一。
[12] 《金水黃氏族譜》收「附毅齋公行述——道光八年二房孫震群手撰」，頁五〇八～五〇九。

封贈儒林郎於雙親,母猶及身受榮封。既而曰:重洋風波,南北馳逐,辛苦萬狀,且貽親憂,不若在廈以居奇。乃於廈之寮仔後街賃棧,採買北洋之貨而發配商船,貿易南北,多獲厚利。及年五十餘則曰:人貴知足,知足不辱,遂賦歸來,在家課督兒孫攻書,冀其成名。持籌勝算,必周親朋友之信朴者,或須資本貿易於台、廣、浙、江、津、錦之處,而一年一計之。其兄弟克諧以孝,猶子比兒。其教子侄,惟期其讀書,不能,方任之商賈。

而黃震群本人「及震群之長也,從經商於北地」,他如黃秦(如燦)「乃父秦公,商賈杭州……置田產又置有行店……現惟在街一店及船仔頭兩間行屋,亦多傾壞」等等,均可見黃氏貿遷之族風,故「祐上祖派下軼記」云:[13]

> 當時宗人大多營南北貿易,頗得厚利,所蓋房屋,皆是石基磚牆之兩進大瓦屋,整齊排列,鼎盛一時。故有「洋船十八艘,錢銀折樓椽」、「擇一日良辰,上樑十八支」、「有水頭富,無水頭厝」之美稱。

當黃氏族人如此之裔盛及擁貲,自必為鄉人所豔羨。然而「其貿易獲利歸者千無二、三焉,即間而有之,往往無端被案而傾其囊,可慨也已。」[14]黃俊既然是極少數成功者之一,鄉人羨慕之餘,自不免茶餘飯後,多所揣測,遂誤以為彼與蔡牽有如是之關係。甚至筆者懷疑,鄉人之此種捏造附會之瞎說,往壞的方面推敲,恐怕或是胥吏企圖羅織黃氏之罪,以其與蔡牽有所交結而得

---

[13] 同註4。
[14] 林焜熿《金門志》,卷十四,〈七、商賈〉,頁三五四。

以致富,來大敲其竹槓,「無端被案」,正是此意,而黃俊與蔡牽之傳聞,或是在此背景之下傳開,其後之書院官司與西堂之突然沒落無聞,殆與此有關!

參、添建宗祠

前述黃俊自資添建大宗祠前進,爰成乃祖之志,傳為里閭佳話。考金門金水大宗祖祠,始建年代因明萬曆年間所修族譜已失無存,未能確定,但參閱十一世黃基大遺誌之記載,又可推敲一二,原文如下:[15]

> 大宗原六轝祖厝一座,後廳堂一。廳東西分配八房:其東后房二間,係本房伯字子啟應分。其東前房帶過路共三間,係小功伯字子雲應分。其西后房共四間,及落轝二間,係本房象田曾叔祖之遺業,歸在子啟伯應得,厝祖相承。又東廳一間,係子雲伯應分。西廳一間並連房一間共二間,係我祖錦軒分與長男胞伯子光應分。又門樓外西序頭二間並未蓋,南邊地基一間,及祖厝門樓外庭一所,分與次男子秦即吾父也。又東廳連房一間,係下店廣平兄之三男鴻策應分。又東序頭一間,係廣翰七兄應分。此二間相連,兄與姪嫌零居之屋。于壬辰年將此二間,同賣與基大。附近合一娶媳婦居住,賣出銀肆兩存契。而大宗僅有後廳一堂,現有石柱盤,東西二箇,廳墻外柱為據。承祖傳述,其廳堂正塑,定約五日清廳掃堂。與族叔兄弟姪及新婦謁廟,又祖忌二日清堂祭祀,其餘暇日付住房屋之人女工貯器。因前甲寅年被風雨倒墮,以後族眾屢欲興建,礙各房

---

[15] 《金水黃氏族譜》收「清康熙丙子年基大公字祐上貤贈中憲大夫之誌」,頁七〇五。

間之人，未能一齊附起蓋，而眾等欲議，求東西房間各開闊一尺之地則築牆蓋廳一座，而伯等住房應分之人不願，如開闊一尺，其房無地，房位難以附蓋。致此建立弗成，至于癸卯遭變，破其巢穴之後，流離逃避各方，幸今挽回得復故里。正始興建立乾坤宇宙之時。當時族人敬愛和順為貴，亦不如先前之固執，姑勸諭招侄等應分之房共三間，並予啟伯二間，共五間，付大宗。埃過地中建一宗祠堂，不必附其房，而祖廳三分之一，分配西房之應分。埃過西面蓋成一屋，免其廳當混雜不成宗祠。此基大之愚見，存意欲舉行也。倘若族中叔侄，有賢愚不一而妒成，規矩方員有固執從祖者，則無以從議，即東西房間各付一房，作四擎起蓋，而西面餘地蓋成一帶護厝住居，切不可照舊附至八房，吾地乃倚土之龍脈，力少而築，蓋大廈如前代先人難以興起，然地居雖扁小，而厝和則人和，而和氣致祥，理勢自然，則瑞氣將興發至焉。

此文寫於康熙丙子年（三十五年，一六九六），黃基大生于明天啟五年（一六二五），卒於康熙四十年（一七〇一），寫此文時黃基大已七十二歲。文中提及「壬辰年將此二間賣於基大」，壬辰應即是順治九年（明永曆六年，一六五二年），又記「前甲寅年被風雨倒墜」，甲寅應即是康熙十三年（一六七四）或明萬曆四十二年（一六一四）之一，在觀其後文「于癸卯遭變，破其巢穴之後，流離逃避各方」，此癸卯為康熙二年（一六六二），則甲寅年以明萬曆四十二年較合理，若然，黃氏金水宗祠至遲在明代萬曆年間已有，至於其初建年代已難究詳。

黃氏宗祠自明代萬曆年間已風雨倒墜，康熙初年又遭兵燹，屋宇無存，成為黃基大晚年耿耿於懷的一件大事。至乾隆六年（一

七一四），遂由黃汝標捐私囊四百兩有奇以襄其事，經兩載落成，黃汝標並留下前堂供族人興建，以防閒言閒語，謂上人貪功也。今宗祠猶有「重建大宗祖祠紀略」碑，碑文如下：[16]

> 建祀以妥先靈，厥典鉅焉。吾族自毀於兵燹，久廢未舉。祖考祐上公嘗議舉其事，且欲裁己地以綴於公。弘開舊址，俾山川秀氣攸鍾，然當陽九之後，力不從心，爰書其經畫，遺我後人。迄於今四十餘載，族人始謀重構，嘖有煩言，道旁又將興歌功。弟汝標，祐上公長孫也，憫祖志久而不繼，願捐私囊之資，以襄鉅典。惟前一堂留與眾共立，匪有吝也，不欲專以上人也。於是鳩工庀材，經兩載而落成，總其費凡四百兩有奇。規模緣人口而壯麗，氣叶地靈以輝煌，則先靈妥而振振之，公族得以長發其祥矣。父兄長老高前人之有志，豔後昆之克繼，欲傳其事，以為後之好義者勸勗。汝榜修文以紀之，榜素無文辭，不獲命，姑敘其略，俾久而不忘爾云。
>
> 乾隆八年癸亥仲夏穀旦勒石

乾隆四十年（一七七五），黃俊（汝試，時七十三歲）又獨捐銀捌佰兩，親自監工，續成前進，閱九個月而後告成，與黃汝標兩個堂兄弟「兄作於前，弟成於後」成一佳話，並撰「續建祖祠記」以誌其盛事：[17]

> 凡事有祖宗貽其休，而子孫享其利者，是為族事。族事非一人之所得專也，有前人開其局，而後人贊其成者，是為述事。述事非一人之所得諉也，吾族自遭海氛，屋宇蕩然

---

[16] 《金水黃氏族譜》收「重建大宗祖祠紀錄」，頁七〇一。
[17] 《金水黃氏族譜》收「續建祖祠記」，頁七〇二。

無餘,開復以來,諸事草創,雖能奠厥攸居,未聞寢成孔安。先王父祐上公,每念及此;心甚痛焉。爰倡議建祠以妥祖妣,合族人力未能舉,而規模體制預畫成憲。其所以責望我後人者深矣!乾隆癸亥,功兄汝標慨然繼志,自傾私橐之金,搆成一本之廟,門堂戶寢整然可觀。於是祖宗有所憑依,子孫有所瞻仰,而祐上公之孝思亦因之而一慰。乃其制猶未全也,汝標兄蓋曰:吾成後進以妥先靈,非不能再成前進以壯廟貌。第不欲專其美於己,姑留此以待後之能成先志者。噫!吾兄之所待,待眾人乎?待一人乎?試於是時聞之,竊有志焉而未遑也。邇來年老無事奔波,乃乘其餘閒,鳩工庀材,日親董正,以續成前進。高大寬廣一依祐上公規畫,左右廂廊、內外庭宇,咸飭焉。其後廟共嫌太高,亦折卸而更張之,凡攻石之工若干、攻木之工若干、塼埴設色之工若干、皆所不計,總期于壯麗,而止費銀捌佰兩,閱九個月而後告峻。落成之日,大宴族人,族人相與嘉嘆云:以一人獨肩一族事,兄作於前,弟成於後,甚盛事也。自今以往,堂構常新,先祖是皇,凡幼子童孫,小大稽首,諸父兄弟,合族以食,綽綽有餘地者。皆吾子兄弟兩人賜也。嗟呼!吾祖四十餘年之志,吾兄弟早已酬之,吾兄三十餘年事,今日始克竟之,予滋愧焉,凡我族人不責試以疏,亦已幸矣,豈曰能賢。或曰吾族之賢而有力者,不乏矣,彼皆能自成美事,子奈何專之?夫試以盡己職已耳,族人之賢且有力者,又豈無他事之美,可以自盡其職乎?不揣固陋,撮數語以勒真岷,亦望我族人諒試之無可諉云爾。

乾隆歲乙未年(缺)月(缺)日裔孫汝試立

自乾隆四十年續建,歷經九十餘年,宗祠破舊,遂在同治七年(一八六八)由黃肇亨、黃夢庚倡修,經兩載而成,宗堂護厝為之一新,黃夢庚並撰文誌事,文章如下:[18]

> 我大宗之建由來久矣,憶自乾隆乙未續建至今,廟貌已舊,不能不為之更新。況頂護厝已壞,下護厝未建,尤為吾輩所當致意也。庚於是與肇亨弟,坐議重修,欲鼓舞族人進主以成其事。幸肇亨弟亦重水源而好義舉,不顧進主之人尚多未定,肯取私囊之資先為費用,即日鳩工庀材。自己至庚,經兩載而宗堂之修,與護厝之建,始一齊告竣。落成之日,族人咸曰:大宗之得一新,護厝之得完竣者,皆肇亨弟之力。庚亦謂肇亨弟之不吝,又兼以勞力勞心,親董正而始終而異。其敬祖如此必有厚報,果是年得占震卦,一索之慶矣!謹傳其事以為後之好義者勸,是為誌。
> 同治九年庚午小春月穀旦裔孫夢庚序

庚午之修,宗祠頗壯,歷時不久,不意光緒十二年(一八八六),後進東北角忽傾頹,遂又重修,翌年蕆事,黃斗星(字堯臣,號台三)撰文以誌其事:[19]

> 憶大宗自庚午續修以來,廟貌頗壯,不意於去年,後進東北角忽傾頹。於是我族長再為鼓舞進主,以成其事,重整一新。蕆事之日,大振音樂以妥先靈,甚盛事也,爰述以誌不忘。(當大宗奠安之日,適余入泮回家之時)
> 光緒十三年強圉大淵獻,涂月,律中大呂用事婺女上八日躔元枵之次,斗星序於題塔書齋。

---

[18] 《金水黃氏族譜》收「大宗重修並建護厝紀錄」,頁七〇二~七〇三。
[19] 《金水黃氏族譜》收「大宗再修序」,頁七〇三。

黃氏宗祠于同治庚午創修添建下護厝,至光緒十三年族人復舉續修,時至民國,百年來,風雨侵襲,東西廂房先後傾頹,前進腐蝕虫蛀,後進東北角及護厝相繼倒塌,遂於民國六十七年函告海外諸宗親捐款,六十八年歲首興工,十月告竣,耗資新台幣一百餘萬,祖祠奐然壯麗,黃成匣(字乃劍)誌其事,文曰:[20]

> 我大宗祠始建年代,昔毀於兵燹,致無可考。迄清乾隆年,汝標公重建後進,汝試公續建前進,竟先祖之遺志,表棠棣之孝行,祠內碑誌甚詳。後肇亨公于同治庚午年創建,添建下護厝,至光緒丁亥年,族人復舉續修,慶瓜瓞之綿延,喜後昆之克紹。唯近百年來,風雨侵襲,東西廂先後傾頹,前進腐蝕不堪,後進東北角及護厝相繼倒塌,先靈難安,宗人焉忍,奈工程需費浩大,非少數人力能所及。迨去夏選定執事人,並函知各宗僑,幸吾全體宗裔,素懷孝思,恒念木本,出錢出力,任勞任怨。歲首興工,孟冬告竣,計耗資新臺幣壹佰柒拾餘萬元,廟宇奐新,壯麗輝煌,祖德宗功,光前裕後,匣幼失學,非文所長,爰自不揣固陋,謹撰以記云爾。
>
> 民國六十八年己未陽月仲卿公十八世裔孫、成匣字乃劍敬撰

　　要之,黃氏宗祠自創建以來,歷經乾隆、同治、光緒、民國之重修添建,其中最稱壯舉者,乃乾隆年間黃汝標、黃汝試兩堂兄弟之義行,兄作於前,弟成於後,二人獨力捐資以襄其事,以孝其思。而二人之能獨力任事,捐其私囊,蓋皆經商致富,挾其鉅資以成。

---

[20] 《金水黃氏族譜》收「重修祖祠記」,頁七〇三。

肆、捐建書院

金門之有書院，宋有燕南，元有浯洲，明則無考。迨至清代，先是金門總兵陳龍於康熙二十六年（一六八七），「立書院，延里中士黃君顯為諸生師，安攘並施，教養兼事。」[21]，乾隆三十一年（一七六六），金門通判王忻新蒞茲土，「尊崇道學則書院祀紫陽，振起文風而生徒增月課。」[22]，至乾隆三十五年（一七七〇）金門通判程煜，因為「邇以書院舊規狹隘，不足廣培多士，復捐清奉，倡建堂廡，費靡千餘金，置膏火，延名師，為多士式，海濱鄒魯，於焉不替。」[23]然而林焜熿《金門志》所記頗有出入：[24]

> 浯江書院，在後浦丞署西。初為義學，猶卑狹。……前通判程某，規創基址未成。乾隆四十年，通判移駐馬家巷，議將署料拆卸運往水頭。職員黃汝試以拆卸可惜，請變價建為書院，繳銀一千五百元，塑像朱文公及先賢像於中。

既云「倡建堂廡，費靡千餘金」，林氏志書又言「規創基址未成」，豈不矛盾。經查《馬巷廳志》方得一索引，廳志卷之九「官署」記：[25]

---

[21] 見《金門縣志》（民國81年，初版），卷二土地志第二章古蹟第四節石碑之「清總兵陳龍功德碑紀」，頁二九二。
[22] 同上註所收之「清金門通判王忻去思碑」，頁二九二。
[23] 同註21所收之「清金門通判程煜德政碑」，頁二九二。
[24] 林焜熿前引書，卷三規制志「九、書院」，頁六三。
[25] 見《泉州府馬巷廳志》（光緒癸巳年木刻版，民國75年10月10日台北市福建省同安縣同鄉會重印），頁七八。

舊通判署在府署右,……乾隆三十一年移駐金門浯洲嶼,就縣丞署棲止。……其金門縣丞署,雍正十三年建。乾隆三十五年,署通判程煜重修。三十九年……改駐海疆要地……於馬家巷孔溝建治。前任胡邦翰詳變價給金門士庶為書院,前為公館。價銀一千五百元。

同書卷之六「學校」又記:[26]

金沙書院,即金門舊署,變價建馬巷署。金門士民共捐二千餘員。以后進五間,書房兩間,又三間,并兩廂,給士子肆業,其二堂、花廳、大堂以外,仍為往來聽治之所。

按金門舊縣丞署在後浦西門,民間俗呼「文衙門」。清雍正十二年(一七三四)移同安縣丞駐金門,十三年建署。乾隆三十一年(一七六六)縣丞移駐灌口,而以原駐晉江安海之泉州府通判移駐金門,且就縣丞署棲止。乾隆三十五年,署通判程煜重修。四十五年,縣丞復自灌口移駐金門,判署仍為丞署。綜合上引史料,明顯地可看出程煜假公濟私,借口倡建書院,以倡捐所得改為修建衙署。如今要將判署拆卸運走,黃汝試自是不甘又捨不得,因當初興建時「費縻千餘金」,是以黃汝試也「繳銀一千五百員」予以買下充作書院,並名為「金沙書院」,金沙即金水,也即是黃姓族人所居之水頭,則「金沙書院」豈不就等同「黃氏書院」,以衙門充為黃家書院,自會引人抨擊,認為黃俊託大猖狂,極有可能此一書院名稱替黃家引來後來之禍患。

林氏《金門志》又續記其後之衍變:[27]

---

[26] 同上註前引書,頁五七。
[27] 同註24,頁六三~六四。

四十六年仍設縣丞。新丞歐陽懋德至，無樓所，商諸紳士，即義學地建為書院。汝試復捐銀四百七十六員，合監生徐行健一千員，及鄉之好義者關之。……諸神像自署中遷入，而判署仍為丞署。

照此記載，則當初黃汝試所繳銀一千五百員，買下判署充為書院，如今又恢復為縣丞署，豈不白白損失，等同捐建一座衙門給官府。嗣後之情狀，林志續記：[28]

汝試復議捐膏火銀二千員，置田產以充學租，且欲於隙地建魁星樓。未幾歿，歐亦陞去。汝試子監生如杜，置海澄尾鄉曲田種五石五斗，契銀二千零四十四員，年可得租粟一百零九石八斗。後訟被官侵沒。

田地、銀兩被侵沒之事，興泉永道倪琇有「浯江書院碑記」載：[29]

乾隆四十五年，始建浯江書院。監生徐行健董其成，復有職員黃汝試捐膏伙二千金，惜歿於晉江令，是以堂構雖新，膏伙缺如。

周凱「浯江書院碑記」亦詳記其事：[30]

金門書院，宋有燕南，元有浯洲，明無考。今日浯江，因國朝乾隆四十六年前，移通判駐馬家巷，虛其署，島中士黃汝試購為書院，祀朱子先儒。後設縣丞，縣丞歐陽懋德至，謀於眾，仍前署。就署西義學改建焉。徐行健董其成，

---

[28] 同上註。
[29] 同上註，頁六八～六九。
[30] 同上註。

汝試願捐銀二千為膏伙，尋卒。其子如杜，以海澄田充之，訟於府，斷如數輸銀存晉江庫，久之被沒，田亦失。

黃汝試死於乾隆四十八年（一七八三），浯江書院則新建於乾隆四十六年，其先他曾「願捐二千為膏伙」給新建之浯江書院，「未幾歿，歐亦陞去」，可能是他的長子黃如杜想要賴，「死不認賬」，反正父親已過逝，縣丞歐陽戀德也調走了，那知新任縣丞（或是歐陽戀德本人，因彼於乾隆五十年又回任），追繳捐銀，被迫以契銀二千零四十四員，購海澄縣尾鄉上等苗田抵充，如杜不服，上訟官府，結果敗訴，「斷如數輸銀存晉江庫」，久之被沒於晉江縣令，田亦失。這一貪墨之晉江縣令是誰？倪琇與周凱二人必知其事其人，惜於碑文含糊其事，官官相護，不肯指名道姓。倪琇於嘉慶二十四年任興泉永道，黃汝試死於乾隆四十八年，則貪污金錢與田土必是任職其間之晉江縣令，經查《福建通志》，其間之晉江縣令有：一、劉詩（乾隆四十九年任），二、徐夢麟（五十年任），三、史必大（五十三年任，有宦績），四、長瞻（五十六年任），五、張炳（五十七年任），六、吳大勳（六十年任），七、袁廷鼇（嘉慶元年任），八、薩恆安（四年任），九、徐汝瀾（六年任），十、趙同岐（十三年任，有宦績），十一、魏學山（二十四年任），[31]但不知是以上誰人了？而族譜記黃如杜無後，由黃如棻長子樹出繼，並有一養子竹，但不知是否有被官府迫害慘死，或心情鬱悶而早卒之事，志書、族譜、碑文、後裔皆無資料可供探究，史料有缺，無法詳探究竟，實為莫大遺憾！

---

[31] 詳見陳壽祺等撰《福建通志》（清同治十年重刊本，華文書局，民國57年10月初版），卷百一十國朝職官「晉江縣知縣」，頁二〇八四。

第三節　酉堂之創建與得名

既已大略明白黃氏播遷蕃衍及黃俊其人其事，本節將分成三項探究：一、酉堂名稱。二、創建年代與得名原故。三、創建因由。

壹、酉堂名稱

黃氏酉堂之正式名稱宜先作一辨明。一般坊間書籍均稱之為「水頭黃氏酉堂別業」，以楊仁江先生所著之《金門縣的古蹟》為例，手冊內文介紹如下：[32]

> 水頭黃氏酉堂別業位於金城鎮西邊，金水村北側濱海的前水頭，是一座別具園林池沼之勝的建築。所謂別業就是在正屋以外，選擇傍山依水，具幽居之美的地方所建造的第宅園林，一般也稱做別莊。水頭黃氏酉堂別業，便是歷代寓居水頭的富商黃俊，在清嘉慶年間所建造的別莊，由於門樓前有橫額題「酉堂」，所以稱為酉堂別業。

「酉堂別業」此種稱呼，蓋率抄自或出自林焜熿《金門志》，該志卷一分域略、九第宅載：「黃氏酉堂別業，在前水頭鄉，有園林池沼之勝，舊址猶存。」[33]《金門志》修於道光同治年間，細思文義，值得注意事項有二：

---

[32] 楊仁江《金門縣的古蹟》（金門縣政府，民國80年8月出版），頁十六～十七。
[33] 林焜熿《金門志》卷一分域略、九第宅，頁二一。

一、稱為「黃氏酉堂別業」,蓋因彼有「園林池沼之勝」,並不知道其始是作為黃俊居家及課讀子弟「私學」之用。何況僅有池沼之勝,何來園林之跡。

二、紀載水頭黃氏酉堂別業「舊址猶存」,此一「舊址」字句頗堪玩味,豈不說明道光年間黃氏酉堂已頗為傾頹荒廢。果真如此,也說明了黃氏子孫在嘉道年間已經沒落。無力修復先人之祖業。

以上二點推論若能成立,則「黃氏酉堂別業」之稱呼恐為當時鄉人之俗稱,抑或林焜熿之率爾稱呼,在在說明了其時黃氏之沒落與私學之荒廢,使得時人不知其原始用途。

從《金門志》之名為「黃氏酉堂別業」,其後續修之志書皆輾轉抄襲,一字不改,如民國十年修,四十七年才印行之《金門縣志》;民國四十七年增修之《新金門志》皆是如此,直至民國五十六年續修之《新金門縣志》才有改變,增添數句:[34]

> 黃氏酉堂別業,在前水頭村,清嘉慶間富商黃俊建,為課子弟之社學,有園林池沼之勝,舊址猶存。(舊志)

既然有所增添補修,下又說明據「舊志」,實在矛盾,此為有關黃氏酉堂紀載之一大突破,了了數句,貢獻不小,使後人有一線索,據之深入采訪調查。惜志書既已說明了酉堂是「課讀子弟」所在,卻又稱為「社學」,顯然修志者不明白清代學制,將「社學」與「私學」混淆了。其後續修之縣志,依然故我,又抄襲此《新金門縣志》,一字不改,如民國六十六年增修之《金門

---

[34] 《金門縣志》(金門縣文獻委員會,民國51年2月出版),卷二土地志第四篇勝蹟,頁二〇六。按,文中之「社學」一詞有疑義,「社學」與「私學」不同,應是私學才對,詳見下文考證。

縣志》，暨近年新修之《增修金門縣志》（民國七十七修），皆是如此。

綜合上述，考「黃氏酉堂別業」之稱呼襲自林焜熿之《金門志》，林氏已有所誤解，今人不宜一誤再誤，以訛傳訛，其先用途爲黃俊退休貽養之所，兼爲課讀子弟之私學所在，宜正名爲「黃氏酉堂」，不必贅添「別業」二字，反滋誤會。

貳、創建年代與得名原故

「黃氏酉堂」之創建年代與得名由來，據族譜稱：乃黃俊於乾隆丁酉（四十二）年建書齋於中界，以是年興建，故號曰：「酉堂」，設有池台亭榭，規模雄偉。[35]民國五十六年續修之《新金門縣志》則記載：「清嘉慶間富商黃俊建」，筆者倒以爲乾隆「丁」酉年，恐爲「乙」酉年之筆誤今酉堂門楣之銘刻匾額可提供一有力之證據。

此橫額乃陳秉衡於「丙戌荔月」所題，上下落款印章已難辨讀，右上落款似爲「什麓」，左下落款，圓形者爲「陳秉衡」，方形者似爲「竹軒」。陳秉衡何許人也？他是斷定酉堂創建年代之一極重要線索，但經詢問酉堂子孫，一概不知，但猜測爲其時之教書先生或文人雅士，再遍查成文出版社之八閩諸多志書，及黃氏族譜，陳氏族譜，古今人名詞典，清室別號名錄、清代人名錄，均未載有陳秉衡其人資料，有之，則是陳希濂此人恰好別字秉衡，但經查其履歷行實及時代，均不可能，陳秉衡究是何人則姑闕之，待他日得若干線索再續查[36]。

---

[35] 同註4。
[36] 按陳希濂字瀫水，又字稟衡。舉孝廉，工隸書，善畫花卉。傳見「清畫家詩史」已上及「國朝詩人徵略」二編四十九，文長，茲不引錄。

陳秉衡題「酉堂」二字，落款年代是「丙戌荔月」，查清代干支丙戌年者有：1.順治三年（一六四六）2.康熙四十五年（一七〇六）3.乾隆三十一年（一七六六）4.道光六年（一八二六）5.光緒十二年（一八八六）等五個年代，其中以乾隆年道光年較有可能。以下先將酉堂各種創建年代可能之說法，臚列於后，再一一探討考辨：

㈠乾隆乙酉（三十、一七六五）年建，乾隆丙戌（三十一）年完成。

㈡乾隆乙酉年建，道光丙戌（六年，一八二六）年重修。

㈢乾隆丁酉（四十二，一七七七）年建，道光丙戌年重修。

㈣嘉慶辛酉（六年，一八〇一）年建，道光丙戌年重修。

筆者原先懷疑酉堂或是因黃俊夫婦於嘉慶辛酉年九月二十三日丁酉午時合葬，黃氏子孫為紀念先祖妣，於是年興建，故名「酉堂」，但前已考證酉堂於道光年間荒廢，以一已荒廢屋宇，再請陳秉衡題字紀念，似無此必要，除非於道光丙戌有再修復之舉，才較有可能。而且族譜、裔孫、志書均說明是黃俊生前所建，黃俊卒於乾隆四十八年，因此嘉慶辛酉年興建之說自是難以成立。

乾隆丁酉四十二年之說自無不可能，但其前添建宗祠後進已撰文提到「邇來年老無事奔波，乃乘其餘閒，鳩工庀材，日親董正，以續成前進。」此事是乾隆乙未四十年之事，既已是退休狀態，自應會有一貽養天年住所，且前述其妻蔡氏恰於乾隆乙酉三十年二月過逝，時黃俊已高齡六十四歲，半世奔波，人事無常，頓覺倦怠，遂在乙酉年興建一宅第供己退休貽養，並為督促課讀子弟仕進之所，取名「酉堂」，一則彰明是於「酉」年所建，二則紀念老妻蔡氏之逝。實在不必再等十二年，高齡七十六歲再建一宅第供己貽養退休之理。因此於情於理，不必硬是指明丁酉年

所建,何況「丁」酉、「乙」酉字形極像,因此筆者懷疑「丁」酉為「乙」之筆誤,即是此理。

若是酉堂興建於乾隆乙酉三十年之說可成立,剩下的就是「丙戌」年問題,「丙戌」年若真的是指道光丙戌六年,當然不是不可能,但前述林焜熿《金門志》提及酉堂「舊址猶存」,《金門志》主要成於林焜熿之手,於道光五年著手探訪筆錄,至道光十五年告一段落,則試問以一剛新修之酉堂,稱其「舊址猶存」豈非不通。若說此句是林焜熿之子林豪於同治末年續修金門志時所添補,雖可通,但不免頗覺牽強,何況酉堂子孫於嘉道年間也已經沒落(見後),恐難有大手筆修復之舉,因此筆者以為乾隆三十一年之說較為順暢,較為合情理,即是:黃俊之妻蔡氏慈敏於乾隆乙酉三十年二月過逝,黃俊為紀念其妻,並退休貽養計,遂於是年動工興建「酉堂」宅第,可能翌年完竣,請陳秉衡題字落款,時丙戌年(一七六六)荔月(六月、夏季), 年代正相銜接、順暢。

參、 創建因由

酉堂之名稱、得名、興建年代既已解決,以下略述酉堂創建因由。黃啓政「祐上祖派下軼記」載:[37]

> 我黃氏以孝傳家,重視教育。二房鉤聯公有書齋一間,在下界下井仔所在地。三房鉤桂公有書齋一間,址在頂界王公宮,東鄰植有龍眼樹者。在乾隆末年鉤桂公派下,先後又增建書齋四間,計伯合公有四維室,楚公有怡齋(即下學仔與四維堂毗連)。冀公有懋齋(即頂六柱書房)。衣

---

[37] 同上註。

言公有卓齋(即頂書房仔),均延聘塾師,私家教導子侄,島上盛傳為文里鄉,莫非因此而馳名耶!……至於頂下六柱之分,今人誤指住下界即下六柱,住頂界即頂六柱,其實不然。緣三房鈞桂公之第四子倡公之長孫名翰,生六子,傳二十三孫,俱甚發達,即稱謂六柱也。二房鈞聯公之長孫名輝之,庶妣亦生六子,傳三十孫,稱之謂下六柱。又該六子均冠一孫字,外人又叫稱孫厝。

可見黃氏「商讀」之家風,前引「毅齋公行述」亦記黃楚「及年五十餘……遂賦歸來,在家課督兒孫攻書。冀其成名。」,「其教子姪,惟期讀書,不能,方任商賈。」[38]而乾隆乙酉年,時黃俊已六十四歲,雖云中年轉業,屈指算來,應該也有奔波海濤三十載歲月之久,半生奔波,老妻溘爾遽逝,此時黃俊之心態,可以以十年後修黃氏祖祠自述:「邇來年老,無事奔波,乃乘其餘閒,鳩工庀材,日親董正,以續成前進。」[39]想像其欲退休憩養之心理,故為己身計,為子孫之前途教育著想,興建酉堂,禮聘教席,設帳講課。

不僅如此,黃俊之設想極為周到,為恐族人執教,囿於親情,有所不便,教席均從外地請來,尤以同安地區為主[40],且善加禮遇,酉堂內設有一花廳,專供教師住宿,以便長期教導子弟。另外,酉堂外置有一大一小、一圓一弦之日月池,蓋取「泮水」之意,兼有園林之景,固期望子弟能怡情養性,專心攻讀之意。要之,酉堂之設,乃黃氏之私學也,乃黃俊私人獨力支持,其長遠

---

[38] 同註12。
[39] 同註17。
[40] 據黃啟政、黃承德兩先生告知,並且均強調此事,表示當年請教書先生之慎重。

目的有二：一則培養子弟有讀書識字能力，二則預備子弟他日進學而應考，退而從商之籌謀。

私學之教，例以一人負擔之教學，即所謂單級編制，概以讀書為主，習字作文為副，而無一定課程。至於其教科書，自以經學、藝文為主，就學長短，固無確定之學年級，亦無一定之修業年限，悉聽尊便。惜教師身份資格亦無限制，是以程度參差不齊，酉堂之終究沒落，殆與此有關乎？而酉堂昔年教科書、學制、教師等等有關情形經詢問黃啟政、黃承德兩位先生，均已不知曉，黃承德先生補充言道：民國二十六年，日本攻陷金門，族人四散，本有若干書籍，被劫掠一空，早已不存。

黃俊自乾隆三十年（乙酉、一七六五）創建酉堂，越十年，又於乾隆四十年（乙未、一七七五）續成宗祠前進及捐置書院，至乾隆四十八年（癸卯、一七八三）辭世，晚年雖所費不貲，也是了卻一樁心事。

酉堂之設，用意固然是延聘塾師，私家教導子姪，但其成效如何頗令人懷疑？富家子弟，或因家中雄貨鉅財，以為先人賺錢既易且鉅，不免生活講求享受，易流於靡爛，而身為家長一放縱子弟，不加管束，不忍夏楚，更會敗壞一家風氣。妒忌者，飛黃流白妄捏污垢；巴結者，逢迎諂媚，幾有吮痔捧臀之醜態；覬覦者，伺機無端羅織，掠劫侵吞。黃承德先生曾講述一故事，堪為例證，略謂：酉堂建好之後，至第二代，有一友人居住酉堂，每日清晨洗完臉後，必會故意將銅盆拋棄堂前日月池，觀察居停主人之反應，以試其待客誠意與胸懷氣度。此事若果，只因酉堂有錢，以扔銅盆方式來考驗主人胸襟，此種方式實在無聊，但此一故事也突顯一般人對酉堂黃氏之覬覦與妒忌之心理。

往來之友人、鄉人如是心態,而酉堂子孫恐有愧先祖之用心,查覽族譜中之「金水黃氏捐納職員」及筆者抄錄所得神主牌位資料,黃俊之子孫二代,頗多功名是捐納買來,其中最多者是「國學生」。按國學生即監生,亦稱太學生,雅稱上舍,乃在國子監肄業諸生之名。清制,監生有四:一優監,即附生文行兼優,於學政三年任滿,選拔入監者。二恩監,聖賢後裔及八旗漢文官學生考取入監者。三廕監,上品文武官或殉難大小文武官蔭一子入監者。四例監,納貲捐監,不入監肄業者。例監又有二種,一者為納貲求官者,另一為納銀一百八十兩捐監,即取得鄉試資格,可應鄉試。[41]可知酉堂子孫難能以正常管道,參加童試、鄉試等歲科考,進學中式,求取功名,僅能捐納買得,如「衣言公行述」記黃紹光之母:「當未入學時,其母教具兼金為先生之饌。蓋清朝時,可以賂當道而便進身,故其母欲速其成。」[42]據此可窺知酉堂子孫之讀書風氣,欲求其志實有學,學優則仕,難矣!

第四節 黃氏酉堂尾聲

創建於乾隆三十年(一七六五)之酉堂,之後即寂然無聞,有之,乃道光十五年(一八三五)林焜熿纂修之《金門志》記載:「黃氏酉堂別業,在前水頭鄉,有園林池沼之勝,舊址猶存。」,簡陋數語,實在難以窺知酉堂詳情,之所以致此,乃因酉堂為黃

---

[41] 黃淑清〈清代台灣文科考試序略─歲科考篇〉,《台北文獻》直字第九十二期(台北市文獻委員會,民國 79 年 6 月出版),頁一三四。
[42] 《金水黃氏族譜》收「附依言公行述──民國四年季冬之月曾孫宣樑修識」,頁五〇九。

氏之私業及私學，外人不易探知。而從「舊址猶存」一語，亦可了解其時酉堂已頗爲荒廢。

酉堂何以荒廢沒落如此，據黃啓政、黃承德兩位老先生推測：黃俊晚年「收山」，賣掉所有船隻，回家養老不再營生，資產自然不會倍增添加，加上興建酉堂、宗祠、書院、十八棟大厦，耗費不少，家道

黃氏酉堂前景

遂因此中衰。除此外，筆者根據族譜推測，恐怕與子孫不壽有關，蓋以道光年代估計，其時應是黃俊算來第三代子孫時，觀看族譜，第三代子孫之後記載不是出繼他房，便是「失記」例如一、黃俊長子黃兩之兩子：黃竹、黃樹，其中黃樹「承名起」，其三子：宗彝、宗器、宗畿皆「失記」；二、黃俊二子黃四之兩子：黃註「承字廷獻，失記」，黃斌之兩子，長子媽懷之子紀南「失記」，次子皇光「名白狗，失記」，三、黃俊三子黃六之子：黃樹「出承兩后」，黃任「庠生，失記」，黃偏之曾孫：黃鼎「失記」、黃念「出承鍛后失記」，黃迎祥、迎禧「少亡」，嘉宗、嘉瑞「失記」，四、黃俊五子黃十之子：黃顏「出承八后」、黃柳「庠生，失記」，黃天杭「出承八后」、黃聰明「失記」、黃芙蓉「失記」；五、黃俊六子黃格之子：黃大丕「子時雍俱失記」，黃三「子侯禮敦失記」，黃四「失記」……不勝枚舉，這說明了黃俊之後兩代三代頗多無後，或因散處各地而「失記」。再參佐筆者所抄錄之神主牌位，如一、黃彬（即黃斌）享壽二十二歲，

二、黃文杭（即黃天杭）享壽三十三歲，雖資料不完全，但似可以說明二、三代頗多是英年早逝，短命無後，須由他房承繼香火。

酉堂門前題匾

若此推論得以成立，似可說明了酉堂何以沒落荒廢原因。筆者進一步查閱林焜熿《金門志》卷十五舊事志「二祥異」，記道光年間：「道光元年秋疫。二年旱，大疫。三年疫。十二年八月大潮，時幼孩多痘殤。二十六年大疫。」等等[43]，證實了道光年間流行疫癘，但不知酉堂子孫是否在這些時疫中不幸染病身亡。

道光之後的酉堂又無與聞焉，至光緒末年，據黃啓政先生言：黃氏子孫（包括酉堂派下）均已散至金門各個鄉里就讀，如奎閣、金水寺[44]等。又，黃承德先生證實：光緒年間酉堂已純為住家，不再設學。則酉堂私學早已隨風散矣！

民國以來，又有幾許變化。先是民國四年（一九一五）金門設立縣治，新制學校之創立，如雨後春筍。初時制不一，就立案性質分，有縣立、公立、私立三種；就學校性質分，有高等小學、國民學校、商業小學、幼稚園四種。高等小學二年制，如今國民

---

[43] 黃焜熿《金門志》，卷十五舊事志、二祥異，頁三六七～三六九。
[44] 金水寺位於該村之西端靠海處，址屬後界，明代為金門城之外武廟，明末燬於兵燹，重建於清康熙二十八年（一六八九），前殿祀關聖帝君，又曰關帝宮，後殿祀觀音佛祖，為全村所公有，設醮開費由全村各姓男口共同分擔，現每月初一及十五兩日有善男信女朝拜，道姑備午餐款待，平日香火亦甚鼎盛。見《金水黃氏族譜》，「鄉土雜錄」，頁七一四。

小學第五、六年級,國民學校四年制,即今國民小學一至四年級。時在前水頭鄉今酉堂現址,於民國八年籌備,民國十年二月正式成立「第二區第四國民學校」,即金水小學,經費就地籌捐,聘古寧頭李觀蘭先生任校長。由於學生人數日增,酉堂場地有限,不堪容納,興修新址,視為要圖,適荷屬峇里吧板開鑿油井,金門旅外鄉僑有所嶄獲,遂在民國十六年間由南洋僑胞發動募捐,興建新校舍,公舉鄉僑黃嘉平先生為主席,並委在鄉鄉老黃金專先生尋找地點,辦理興建。經尋得今址,向黃氏三房派所購買,旋於民國十八年底又派鄉僑黃獻量先生返鄉購料,至十九年興工,二十年底完成,二十一年遷入新校舍。而黃氏三房派也將賣土地所得款,興建世懋堂宗祠,於民國二十三年完成並奠定。[45]

金水小學遷址後,酉堂轉為黃氏家族所居,時六房子孫黃相好因為人誠信,熱心公益,有長者風範,被推舉為房長,負責酉堂,住居其地,後又分四戶,四戶為黃嘉齊、黃仲衷、黃仲林、黃嘉長所居,據聞此時酉堂左廂房部份(即黃仲衷所居)有所添修。民國二十六年十月,日軍攻佔金門,除黃仲衷家留居外,餘均逃難。黃嘉齊前往印尼發展,未再回來;其他則逃至大陸避居,酉堂文物為之一空。三十四年抗戰勝利,黃仲林一家等時局較安定才回來,時黃仲衷一家人仍住左廂房,並添建一房。黃嘉齊所有之正廳及後落一角轉交給黃嘉長家管理,黃嘉長家擁有正廳、花廳、後落一角。而仲林家則擁有後落。

民國三十九年,國軍退守金門,時在金水小學校址設怒潮士校,酉堂則被佔用為「正氣中華日報」之排版房、印刷房,該報

---

[45] 據金門社教館黃國泰組長所提供之「塔峰」雜誌影本,第四卷三期,頁二〇;及「私立金水小學創辦前後」影本(出處不詳)。

為第十二兵團之軍報,每日出四開一張,鉛印,由軍方管理,以刊載中央社軍聞社及軍中地方新聞,每日發行六千份,免費供應軍民閱讀。就在當時,酉堂駐守軍隊,大門口站有衛兵,此時期並有若干改建,如大門口,日月池中之小石板橋及其旁之矮欄干。正氣中華日報後轉轄於金門政委會,社址設在後浦北門街,報社遷離酉堂,時民國四十五年。之前,民國四十三年「九三」砲戰,共軍瘋狂砲擊金門,民間遭受重大損害,酉堂正廳前之軒亭中砲焚燬。之後,仍由黃家居住其間,黃雄一家在左側新建一樓房,黃有碧一家搬出。直至今日,酉堂僅剩黃承德先生(黃仲林子)此一對老夫妻住居後落,晚景寂寞。[46]

第五節　小結

金水位在金門島之西南隅,古名水頭,因島之北亦有村莊名水頭,故分別曰前後水頭,前水頭亦名金水,後水頭名汶水。金門黃氏係同安縣金柄鄉四房黃綸派下,又分有六系,前水頭黃為黃輔中之後,輔中字仲卿,元初隱居於此,由黃綸至黃仲卿,中間傳世幾代,黃氏族譜失闕,無可稽考。由黃仲卿至創建酉堂之黃俊,中又經十二世。

黃俊字伯葵,諱汝試,諡懋齋,誥贈奉直大夫。生於康熙四十一年(一七〇二),卒於乾隆四十八年(一七八三),享壽八十有二。妣蔡氏,生於康熙四十三年(一七〇四),卒於乾隆三十年(一七六五),享壽六十二。夫妻兩人又於嘉慶六年(一八

---

[46] 以上據黃承德、黃啟政兩先生告知,並參考《金門縣志》(金門縣政府,民國80年增修),卷五文教志第四章第四節報社,頁八四八。

○一）合葬，由六房孫世代奉祀。俊少也貧，販漁網罟為生。屢屢感慨時運不濟，終歲勤勞，所獲猶難足以溫飽。迨至中年離鄉，至廈門另謀生路。初在飯店僕役，嗣又時運亨通，得以在船頭行任職。行東見渠誠信篤實，識文執筆，不次拔擢重用，遂鴻圖得展，附舶出海。略有積蓄，即經商自營，往來北洋，轉販易貨，歷數十年之奮鬥，積貲百萬，擁船十數艘。半生辛苦，幸而行囊綽有餘裕，適乾隆乙酉三十年，老妻忽逝，遂萌退休之意，構築酉堂，至此葉落歸根，優游晚景，安老於梓里矣！

　　黃氏以孝傳家，頗講禮節，家道殷實，尤重子弟教育，島上盛傳為文里鄉。故設有頗多書齋，延聘西席，教導子孫，舉其犖犖，有四維堂、怡齋、禦齋、卓齋。而黃俊既賦歸來，在家課督兒孫攻讀，冀其中舉成名，遂在乾隆乙酉年（三十年，一七六五）創建「酉堂」，一則紀念其妻，二則作為貽養之處，三則供子孫課讀有所。而金門前清屋宇形式，大率一堂兩房四廂，中室為堂，旁室為房，堂前為階，東西為廂房，俗稱「櫸頭」，在前為圍牆大門。舊仕宦之家，於門上懸匾，書某某第，鄉舉者書文魁明經，百姓之家，則多書郡望堂名。俊既非仕宦鄉舉，遂於翌年請陳秉衡者，題名「酉堂」，以資紀念，世代銘紀。堂外浚池，取泮水佳兆，期望子孫凜然求進，雁塔題名，時俊已六十四歲。越十年，俊又獨力續成黃氏宗祠前進，乘其餘閒，鳩工庀材，日親董理，了卻一椿大事，並於是年購置金沙書院。四十六年捐建浯江書院，且欲建魁星樓，惜未成，又二年，乾隆四十八年（一七八三）辭世。

　　酉堂之設，乃黃氏私學，故其學制、教席、書本等等，外人均不得其詳，惜其子孫未能志實有學，學優而仕，多以捐納買得

官學、職官,有愧黃俊之深意。而酉堂裔孫復遭時劫,或染疫早夭,或丁單裔孤,家道因而中衰,至道光初葉,酉堂已寂然荒廢,鄉人不察,以為酉堂乃黃氏別業,不復知其為黃氏私學。道光之後,又無與聞焉,成為子孫住宅,裔孫散聚奎閣、金水寺課讀。

　　民國以來,又有幾許滄桑,先是民國十年於酉堂設金水小學,後因學生增多,無法容納,遷建他地。時酉堂交由黃相好管理,其後代遂住居其地。民國二十六年,抗日戰起,金門地當閩海要衝,首遭日寇蹂躪,淪陷八年,備極慘痛,酉堂子孫,相率逃難,或輾轉至南洋,或渡海往同安、南安,文物不及攜帶,慘遭洗劫一空。三十四年,抗戰勝利,黃氏族人絡續返回,不旋踵,國共內戰,三十九年,國軍退守金門,酉堂被軍方佔用,設正氣中華日報社址,並有若干改建補修。四十三年爆發九三砲戰,酉堂再遭一劫,軒亭被擊焚毀。近年日久時移,屋宇破舊傾圮,幾成危屋,僅剩黃承德老夫妻居住,人與屋,屋與人,景況淒涼,不堪目睹!

跋

　　大概是 1990 年某晚，一通邀稿「合作調查古蹟」的電話，改變了我十年來治台灣史的方向，由社會經濟史轉向了一個「前無古人」的新領域——古蹟史。十多年來與眾多的古建築學者或建築師，展開密切的田野調查，撰寫近六十多本的古蹟調查報告書（也即是六十多篇的古蹟史論文）。這些研究報告均有三～六位學者的嚴謹親切的審查指正，都是歷經期初、期中、期末三次的審查（換句話說，即歷經約十五人次的審查），不僅審查通過，且多次謬承肯定讚賞，不但鼓舞了個人邁向此新課題探索的信心，而且「但開風氣不爲師」，自信不但於台灣古蹟史小有貢獻，並且走出一條治史新路，開創了異於傳統史學的一個新領域。歷史學的結構元素，不外乎「人、地、時、事、物」，於「人」有紀傳體；於「地」有地理志、方志；於「時」有編年體；於「事」有紀事本末體；但「物」呢？慢慢地，多年來個人形成一些想法，想透過「物」寫成「古蹟史」，進一步擴展成「古蹟學」。「古蹟」的歷史研究，不僅橫跨了社會史、經濟史、地方史、宗教、民俗、職官等等，而且是結合了歷史學、人類學、社會學、民俗學、考古學、建築學等等學科理論，正是「科際整合」最佳合作研究對象。另外，私心也盼望爲日趨狹窄沒落的歷史學子的就業市場，打開一條新路。如果能形成一門新學科，「名留青史」，個人將來能在學術史上留下一席之位，更是不敢奢望。

這十多年，治古蹟史的辛苦與樂趣，讀者可從書前林（會承）、閻（亞寧）二兄的「序」中略知。一些治學與田調論述，尤其某些調查報告所揭露的第一手史料，尚未受到應有的重視與運用，大部份原因是個人尚未將其整理出版，更重要的原因是個人覺得這些論文功力未深，不夠成熟，不急著出版。但以「有涯」的青春，實難以應付「無涯」的學術研究，一直到 2000 年歲暮的意外中風，使我一時癱瘓在床，原以為不起，從此報銷，才開始有整理「遺集」的想法。這次中風歷經四年艱苦的復健與調養，差幸復原到可以讀書、教書、寫作的地步，整理舊作新文出版印行的想法卻轉成一種悲愴深沈的心願，其中寺廟部份已在去年先行交由揚智出版社印行，定名《從寺廟發現歷史》。此書不但倖獲國科會審查通過予以全額獎助出版，居然不過半年售罄，已修訂再版中。其餘的古蹟論文我初步想法，分類編輯，編成「卷の一：家族與人物」、「卷の二：書院與教育」、「卷の三：古道與交通」、「卷の四：寺廟與信仰」、「卷の五：竹頭與木屑」，另外可能將若干舊文裒成「清代台灣工藝史」一一陸續整理出版，私衷盼望二十年辛苦的一些研究成果，能為台灣史學留下一些助益，人生一夢，不致白白交卷，更希望「古蹟學」的想法能引起迴響，早日形成一新學科、新學門，殆為中風身殘的我餘生最大的企求，略綴數語，是為跋。

錢穆選輯新書簡訊

全新修訂本 25K

中國學術思想史小叢書

書　名	頁數	定價
中國學術思想史論叢(一)	280	220
中國學術思想史論叢(二)	530	370
中國學術思想史論叢(三)	375	300
中國學術思想史論叢(四)	405	320
中國學術思想史論叢(五)	366	290
中國學術思想史論叢(六)	261	210
中國學術思想史論叢(七)	430	340
中國學術思想史論叢(八)	530	370
中國學術思想史論叢(九)	261	210
中國學術思想史論叢(十)	270	220

孔學小叢書

書　名	頁數	定價
論語新解	600	420
孔子與論語	395	310
孔子傳	245	200
四書釋義	372	300

中國學術小叢書

書　名	頁數	定價
學術思想遺稿	231	190
經學大要	626	630
學籥	233	180
*國學概論	333	270
中國學術通義	338	270
現代中國學術論衡	297	240

中國史學小叢書

書　名	頁數	定價
中國歷代政治得失	182	110
*中國文化史導論	249	170
中國史學名著	362	250
*政學私言	262	180
中國歷史精神	208	150
中國史學發微	304	210
中國歷史研究法	207	150
國史新論	336	240

中國思想史小叢書

書　名	頁數	定價
甲編		
中國思想史	233	190
宋明理學概述	327	260
朱子學提綱	249	200
陽明學述要	116	110
中國思想通俗講話	126	120
乙編		
靈魂與心	185	160
雙溪獨語	431	360
人生十論	237	200
湖上閒思錄	150	150
晚學盲言(上)	710	530
晚學盲言(下)	648	460

中國文化小叢書

書　名	頁數	定價
中國文化精神	237	200
文化與教育	364	300
歷史與文化論叢	421	350
世界局勢與中國文化	384	300
中國文化叢談	409	320
中國文學論叢	310	250
文化學大義	204	170
民族與文化	172	170
中華文化十二講	172	170
從中國歷史來看 中國民族性及中國文化	144	160

八十憶雙親師友雜憶合刊	428	290

(*套書不單賣)

經學大要—最後遺著，首次出版

蘭臺叢書簡訊(一)

文史專著

書名	作者	開數	頁數	定價
簡牘學要義(精)	馬先醒	16k	250	900
簡牘論集(精)	馬先醒	25k	240	600
漢史文獻類目(精)	馬先醒	16k	368	900
中國古代城市論集(精)	馬先醒	16k	290	600
漢簡與漢代城市(精)	馬先醒	25k	399	600
天才王國維及其他	馬先醒	25k	374	320
居延漢簡新編(上)(精)	馬先醒	16k	445	1800
歷史人物與文物	馬先醒	18k		350
李斯相秦之研究	陳守亭	25k		300
《大德南海志》大典輯本	邱炫煜	25k	163	250
明帝國與南海諸蕃國關係的演變	邱炫煜	25k	404	400
嚴復評傳	郭良玉	25k	276	250
臺灣宦遊文學研究	謝崇耀	25k	479	440
國寶沉浮錄	楊仁愷	16k	392	2000
中國書畫鑑定學稿	楊仁愷	菊8	438	1200
從儒教的歷史發展看「僑生大學先修班」當前處境與發展之道	成秋華	16k	157	350
文字優化論	郭致平	16k	611	720
中國中古史探研	邱炫煜	25k	180	280

哲學思想

書名	作者	開數	頁數	定價
我的治學心路歷程	林繼平	25k	290	320
王學探微十講	林繼平	25k	270	320
宋學探微(上)	林繼平	25k	440	460
宋學探微(下)	林繼平	25k	402	420
禪學探微十講	林繼平	25k	250	280

其他出版品 25K

書名	作者	定價
代書DIY	周力生	200
勸忍百箴今釋今註	木魚居士註	200
杜鵑舍苞早放花	吳自甦	270
戀戀鄉情	何元亨	150
酷兒工作族	賴芳眞	250
毛澤東的謀略	蘇純修	220

簡牘期刊 16K

書名	頁數	定價
國際簡牘學會會刊第一號	280	900
國際簡牘學會會刊第二號	530	900
國際簡牘學會會刊第三號	678	2500
國際簡牘學會會刊第四號	404	1500
簡牘學報第一卷(一、二、三期合訂本)	324	1500
簡牘學報第二卷(四、六期合訂本)	314	1500
簡牘學報第三卷(第五期,勞貞一先生七秩榮慶論文集)	496	1800
簡牘學報第四卷(第七期)	464	1800
簡牘學報第五卷(第八期,張曉峰先生八秩榮慶論文集)	652	1800
簡牘學報第六卷(第九期,居延漢簡出土五十年專號)	445	1800
簡牘學報第七卷(第十期)	270	1800
簡牘學報第十一期	317	1500
簡牘學報第十二期(黎東方先生八秩榮慶論文集)	412	1800
簡牘學報第十三期	437	1500
簡牘學報第十四期	380	1800
簡牘學報第十五期	390	1500
簡牘學報第十六期(精)(勞貞一先生九秩榮慶論文集)	616	2500
簡牘學報第十六期(平)(勞貞一先生九秩榮慶論文集)	616	2300

天文物理 16K

書名	作者	頁數	定價
物理學宇宙(上)	李太楓、鄭興武評	478	560
物理學宇宙(下)	蕭耐園、黃崇源評	503	520

蘭臺叢書簡訊(二)

中國上古史研究期刊 16K
(編者:中國上古史研究編輯委員會)

	頁數	定價
創刊號	163	680
第二號	214	680

中國中古史研究期刊 16K
(編者:中國中古史研究編輯委員會)

	頁數	定價
創刊號	279	680
第二號	276	680
第三號	306	680

宋史研究叢刊 25K
(編者:宋史座談會)

	頁數	定價
宋史研究集第三十一輯	586	680
宋史研究集第三十二輯	576	680
宋史研究集第三十三輯	614	780
宋史研究集第三十四輯	538	680

台灣宗教研究通訊 25K
(編著者:李世偉 等)

	頁數	定價
第四期	338	520
第五期	298	520
第六期	342	520

蘭臺文化館 18K

書名	作者	頁數	定價
中國傳統孝道的歷史考察	朱嵐	355	680
中國古先智慧今註	王爾敏	264	280

蘭臺考古論叢 18K

書名	作者	定價
初學錄	李均明	1800
胡平生簡牘文物論集	胡平生	1800
醫簡論集	張壽仁	1100
雙玉蘭堂文集(上)	何雙全	1800
雙玉蘭堂文集(下)	何雙全	1800
古俗新研	汪寧生	680
秦史探索(精裝)	何清谷	800

臺灣人行腳系列 25K
從古蹟發現歷史

	作者	定價
卷の一:家族與人物	卓克華	420

國家圖書館出版品預行編目資料

從古蹟發現歷史－卷の一：家族與人物／
卓克華著. －臺北市：蘭臺，2004〔民 93 年〕
冊： 公分──（臺灣人行腳系列：1）
ISBN 986-7626-15-X （平裝）
1. 臺灣－歷史 2.臺灣－傳記
673.22 93013980

臺灣人行腳系列 01

從古蹟發現歷史
卷の一：家族與人物

作　　者：	卓克華
編　　輯：	蘭臺編審委員會
發 行 人：	盧瑞琴
出 版 者：	蘭臺出版社
登 記 證：	行政院新聞局出版事業登記臺業字第六二六七號
地　　址：	臺北市中正區懷寧街 74 號 4 樓
電　　話：	(02)2331-0535（代表號）
傳　　真：	(02)2382-6225
劃撥戶名：	蘭臺網路出版商務股份有限公司
劃撥帳號：	18995335
網路書局：	www.5w.com.tw　電子信箱：lt5w.lu@msa.hinet.net
總 經 銷：	成信文化事業股份有限公司
地　　址：	臺北縣中和市中山路二段 366 巷 10 號 10 樓
電　　話：	(02)2249-6108
出版年月：	2004 年 8 月
版　　次：	初版
定　　價：	新臺幣 420 元整

ISBN：986-7626-15-X　　　　　版權所有※翻印必究